Schürnbrand / Janal • Examens-Repetitorium Verbraucherschutzrecht

Unirep Jura

Herausgegeben von Prof. Dr. Mathias Habersack

Examens-Repetitorium Verbraucherschutzrecht

mit Prüfungsschemata und 6 Klausuren

begründet von

Dr. Jan Schürnbrand †

fortgeführt von

Dr. Ruth Janal, LL.M.
Professorin an der Universität Bayreuth

4., neu bearbeitete und erweiterte Auflage

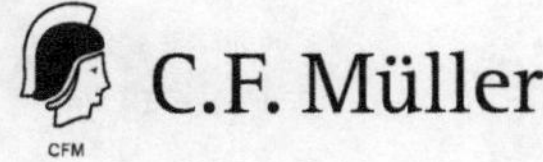

Jan Schürnbrand, 1972-2016, Studium der Rechtswissenschaft in Konstanz, Poitiers und München, 2002 Promotion, 2007 Habilitation, jew. in Mainz. Von 2008 bis 2012 ordentlicher Professor an der Universität Erlangen-Nürnberg, bis 2016 Inhaber des Lehrstuhls für Bürgerliches Recht, Handels- und Gesellschaftsrecht, Rechtsvergleichung an der Eberhard Karls Universität Tübingen.

Ruth Janal, Jahrgang 1974, Studium der Rechtswissenschaft in Freiburg, 2000 Master of Laws in Information Technology Law an der University of New South Wales (Sydney), 2003 Promotion an der Albert-Ludwigs Universität Freiburg, 2014 Habilitation an der Freien Universität Berlin. Von 2014 bis 2018 Professorin an der Freien Universität Berlin, seit April 2018 Inhaberin des Lehrstuhls Zivilrecht VIII an der Universität Bayreuth.

Bibliografische Information der Deutschen Nationalbibliothek

Die Deutsche Nationalbibliothek verzeichnet diese Publikation in der Deutschen Nationalbibliografie; detaillierte bibliografische Daten sind im Internet über <https://portal.dnb.de> abrufbar.

Print: ISBN 978-3-8114-6145-1
ePub: ISBN 978-3-8114-8914-1

E-Mail: kundenservice@cfmueller.de
Telefon: +49 6221 1859 599
Telefax: +49 6221 1859 598

www.cfmueller.de

Satz: TypoScript, München
Druck: CPI books, Leck

Vorwort

Im Vorwort der ersten Auflage hat *Jan Schürnbrand*, der Begründer dieses Lehrbuchs, auf die besondere Dynamik des Verbraucherprivatrechts hingewiesen. Diese Dynamik ist nach wie vor ungebrochen. Für die Neuauflage wurden neben zahlreichen neuen Entscheidungen insbesondere Ausführungen zu den Regelungen über Verbraucherverträge über digitale Produkte (§§ 327 ff. BGB) sowie eine passende Beispielsklausur aufgenommen. Das Lehrbuch befindet sich auf dem Stand von Oktober 2023.

Der Trend des Verbraucherprivatrechts zur Querschnittsmaterie mit eigenen Prinzipien setzt sich mit den §§ 327 ff. BGB fort. Auch die Relevanz für die Praxis und für die Juristischen Staatsprüfungen steigt weiterhin. Wie seit der ersten Auflage ist es das Ziel des Lehrbuchs, auf schwierige und prüfungsrelevante Materien intensiv, aber in der gebotenen Kürze einzugehen. Die Lerninhalte werden durch Fallbeispiele sowie durch vertiefende Klausuren illustriert. In einigen Bundesländern zählen nicht alle Materien des Verbraucherprivatrechts zum Gegenstand der Juristischen Staatsprüfungen. Ich habe das Lehrbuch deshalb um Hinweise auf die Prüfungsordnungen ergänzt. Natürlich soll das Lehrbuch auch weiterhin die Vorbereitung auf Schwerpunktbereichsprüfungen erleichtern, in denen das Verbraucherprivatrecht Gegenstand ist.

Für die Neuauflage habe ich auf den pauschalen Einsatz des generischen Maskulinums verzichtet. Stattdessen werden die weibliche und die männliche Form abwechselnd genutzt. Das jeweils andere Geschlecht und diverse Personen sind hierbei mit angesprochen.

Die Mitarbeiterinnen und Mitarbeiter an meinem Lehrstuhl in Bayreuth haben für die Neuauflage die erforderlichen Aktualisierungen recherchiert, den Fußnotenapparat angepasst und an der Entwicklung des neuen Klausurbeispiels 5 mitgewirkt. Für ihre Unterstützung danke ich sehr herzlich insbesondere Frau *Emily Greiner* und Herrn *Frederic Stelter* sowie Frau *Julia Bernatska* und Frau *Pia Schönrich*.

Über Rückmeldungen und Anregungen aus dem Leserkreis freue ich mich. Diese erreichen mich am besten unter ruth.janal@uni-bayreuth.de.

Bayreuth, im Januar 2024 *Ruth Janal*

Aus dem Vorwort zur 1. Auflage

Das Verbraucherschutzrecht ist durch eine besondere Dynamik gekennzeichnet; es entwickelt sich immer mehr zu einer Spezialmaterie innerhalb des deutschen Zivilrechts. Sein besonderer Reiz geht von der Überlagerung der einschlägigen Vorschriften des BGB durch die zugrunde liegenden europäischen Richtlinien und der dazu ergangenen Rechtsprechung des EuGH aus. Seine immense praktische Bedeutung schlägt sich immer deutlicher in den Prüfungsanforderungen der juristischen Staatsprüfungen nieder. Das rechtfertigt es, einen besonderen Querschnittsband vorzulegen, der Entwicklungen abbilden soll, die in den klassischen Werken zum Allgemeinen Teil und zum Schuldrecht notgedrungen nicht im Vordergrund stehen können.

Das Werk versteht sich als echtes Lernbuch und richtet sich an den fortgeschrittenen Studenten. Mein Anliegen war es, auf schwierige und prüfungsrelevante Materien intensiver einzugehen, zugleich aber insgesamt den Umfang des Bandes nicht zu sehr anwachsen zu lassen, damit der Examenskandidat sich die Spezialmaterie des Verbraucherschutzrechts in einem überschaubaren Zeitraum aneignen kann. Der Konzeption der Reihe Unirep Jura entsprechend wechseln sich lehrbuchartige Ausführungen und Fallbeispiele ab. Letztere orientieren sich durchweg an der höchstrichterlichen Rechtsprechung und vermitteln daher zugleich einen Überblick über diese. Zusätzlich sind die wichtigen „leading cases“ in den Fußnoten durch Fettdruck hervorgehoben.

Erlangen, im Februar 2011 *Jan Schürnbrand*

Inhaltsverzeichnis

§ 2

Allgemeine Geschäftsbedingungen

§ 3

Schutz des Verbrauchers bei besonderen Vertriebsformen

Abkürzungsverzeichnis

aA	andere Ansicht
ABl.	Amtsblatt
Abs.	Absatz
AcP	Archiv für die civilistische Praxis (Zeitschrift)
AEUV	Vertrag über die Arbeitsweise der Europäischen Union
aF	alte Fassung
AG	Aktiengesellschaft
AGB	Allgemeine Geschäftsbedingungen
allg. M.	allgemeine Meinung
Alt.	Alternative
Art.	Artikel
AT	Allgemeiner Teil
Aufl.	Auflage
B2B	Business to business
B2C	Business to consumer
BAG	Bundesarbeitsgericht
BB	Betriebs-Berater (Zeitschrift)
Begr.	Begründung
BeurkG	Beurkundungsgesetz
BGB	Bürgerliches Gesetzbuch
BGH	Bundesgerichtshof
BGHZ	Entscheidungen des BGH in Zivilsachen
BT	Besonderer Teil
BT-Drucks.	Drucksache des Deutschen Bundestags (Legislaturperiode/Nummer und Seite)
DB	Der Betrieb (Zeitschrift)
ders.	derselbe
d.h.	das heißt
dies.	dieselbe(n)
DStR	Deutsches Steuerrecht (Zeitschrift)
EGBGB	Einführungsgesetz zum Bürgerlichen Gesetzbuch
Einl.	Einleitung
EuGH	Gerichtshof der Europäischen Union
EuGVO	Verordnung über die gerichtliche Zuständigkeit und die Anerkennung und Vollstreckung von Entscheidungen in Zivil- und Handelssachen
EuR	Europarecht (Zeitschrift)
EuZW	Europäische Zeitschrift für Wirtschaftsrecht
f., ff.	folgend(e)
FamRZ	Zeitschrift für das gesamte Familienrecht
FS	Festschrift

GA	Generalanwalt
GbR	Gesellschaft bürgerlichen Rechts
ggf.	gegebenenfalls
GmbH	Gesellschaft mit beschränkter Haftung
GPR	Zeitschrift für das Privatrecht der Europäischen Union
HGB	Handelsgesetzbuch
Hk-BGB	Handkommentar zum BGB
hM	herrschende Meinung
Hrsg.	Herausgeber
Hs.	Halbsatz
i.d.R.	in der Regel
i.S.d.	im Sinne des
i.V.m.	in Verbindung mit
JA	Juristische Arbeitsblätter (Zeitschrift)
JURA	Juristische Ausbildung (Zeitschrift)
JuS	Juristische Schulung (Zeitschrift)
JZ	Juristenzeitung
KG	Kommanditgesellschaft
krit.	kritisch
MünchKomm	Münchener Kommentar zum BGB
m.w.N.	mit weiteren Nachweisen
nF	neue Fassung
NJW	Neue Juristische Wochenschrift
NJW-RR	NJW Rechtsprechungsreport Zivilrecht (Zeitschrift)
NZG	Neue Zeitschrift für Gesellschaftsrecht
OHG	Offene Handelsgesellschaft
PAngV	Preisangabenverordnung
RegE	Regierungsentwurf
RL	Richtlinie
Rn.	Randnummer
S.	Satz; Seite
s.o.	siehe oben
sog.	sogenannte(r)
st. Rspr.	ständige Rechtsprechung
StVO	Straßenverkehrs-Ordnung

UKlaG	Gesetz über Unterlassungsklagen bei Verbraucherrechts- und anderen Verstößen (Unterlassungsklagengesetz)
usw.	und so weiter
UWG	Gesetz gegen den unlauteren Wettbewerb
VerbrKrG	Verbraucherkreditgesetz
VerbrKrRL	Verbraucherkreditrichtlinie
VersR	Versicherungsrecht (Zeitschrift)
vgl.	vergleiche
VRRL	Verbraucherrechterichtlinie
VuR	Verbraucher und Recht (Zeitschrift)
WM	Wertpapier-Mitteilungen (Zeitschrift)
WohnImmoKrRL	Wohnimmobilienkreditrichtlinie
ZEuP	Zeitschrift für Europäisches Privatrecht
ZGR	Zeitschrift für Unternehmens- und Gesellschaftsrecht
ZGS	Zeitschrift für Vertragsgestaltung, Schuld- und Haftungsrecht
ZIP	Zeitschrift für Wirtschaftsrecht
ZJS	Zeitschrift für das Juristische Studium
ZPO	Zivilprozessordnung

Verzeichnis des abgekürzt zitierten Schrifttums

Beck'scher Online-Kommentar BGB, 66. Edition Stand 1.5.2023 (Hrsg. *Hau/Poseck* u.a., zit.: BeckOK BGB/*Bearbeiter*)

Beck-online.GROSSKOMMENTAR BGB, Stand Juli 2023 (Hrsg. *Artz/Ball* u.a., zit.: BeckOGK/*Bearbeiter*)

Beck'scher Online-Kommentar Mietrecht, 32. Edition Stand 1.5.2023 (Hrsg. *Schach/Schultz/Schüller*, zit.: BeckOK Mietrecht/*Bearbeiter*)

Blank/Börstinghaus/Siegmund, Miete Kommentar, 7. Aufl. 2023 (zit.: *Blank/Börstinghaus/Siegmund/Bearbeiter)*

Brox/Walker, Allgemeiner Teil des BGB, 46. Aufl. 2022 (zit.: *Brox/Walker* BGB AT)

dies., Allgemeines Schuldrecht, 47. Aufl. 2023 (zit.: *Brox/Walker* Schuldrecht AT)

Buck-Heeb, Examens-Repetitorium Besonderes Schuldrecht 2, 9. Aufl. 2024 (zit.: *Buck-Heeb* Schuldrecht BT 2)

Bülow/Artz, Verbraucherprivatrecht, 6. Aufl. 2018 (zit.: *Bülow/Artz*)

Dammert/Lenkeit/Oberhauser/Pause/Stretz, Das neue Bauvertragsrecht, 2017 (zit.: *Stretz*, in: Dammert et al., Das neue Bauvertragsrecht)

Emmerich, BGB – Schuldrecht Besonderer Teil, 16. Aufl. 2022 (zit.: *Emmerich*, Schuldrecht BT)

Erman, Handkommentar zum BGB, 16. Aufl. 2020 (zit.: Erman/*Bearbeiter*)

Grüneberg, BGB, 82. Aufl. 2023 (zit.: Grüneberg/*Bearbeiter*)

Grigoleit/Auer/Kochendörfer, Schuldrecht III, Beck'sches Examinatorium, 3. Aufl. 2022 (zit.: *Grigoleit/Auer/Kochendörfer*, Schuldrecht III)

Habersack, Examensrepetitorium-Sachenrecht, 10. Aufl. 2024 (zit.: *Habersack*, Sachenrecht)

Grunewald/Peifer, Verbraucherschutz im Zivilrecht, 2010

Handkommentar BGB, 11. Aufl. 2022 (Hrsg. *Schulze* u.a.; zit.: Hk-BGB)

Huber/Bach, Examens-Repetitorium Besonderes Schuldrecht 1, 8. Aufl. 2022 (zit.: *Huber/Bach*, Schuldrecht BT 1)

Jauernig, BGB, 18. Aufl. 2021 (Hrsg. *R. Stürner*; zit.: Jauernig/*Bearbeiter*)

Kötz, Vertragsrecht, 2. Aufl. 2012

Langenbucher, Europäisches Privat- und Wirtschaftsrecht, 5. Aufl. 2022 (zit.: Langenbucher/*Bearbeiter*)

Looschelders, Schuldrecht – Allgemeiner Teil, 20. Aufl. 2022 (zit.: *Looschelders* Schuldrecht AT)

Medicus/Lorenz, Schuldrecht I, 22. Aufl. 2021

Medicus/Petersen, Bürgerliches Recht, 28. Aufl. 2021

Münchener Kommentar zum BGB, 8. Aufl. 2019 ff. (Hrsg. *Säcker*, *Rixecker*, *Oetker und Limperg*; zit.: MünchKomm/*Bearbeiter*)

Musielak/Mayer, Examenskurs BGB, 4. Aufl. 2019 (zit.: *Musielak/Mayer*, Examenskurs)

Musielak/Voit, ZPO mit Gerichtsverfassungsgesetz, 20. Aufl. 2023 (zit.: Musielak/Voit/*Bearbeiter*, ZPO)

Oechsler, Vertragliche Schuldverhältnisse, 2. Aufl. 2017

Oetker/Maultzsch, Vertragliche Schuldverhältnisse, 5. Aufl. 2018

Petersen, Examens-Repetitorium Allgemeines Schuldrecht, 11. Aufl. 2023 (zit.: *Petersen*, Schuldrecht AT)

Prütting/Wegen/Weinreich (Hrsg.), BGB, 17. Aufl. 2022 (zit.: PWW/*Bearbeiter*)
Riesenhuber, EU-Vertragsrecht, 2013
Schäfer, Gesellschaftsrecht, 6. Aufl. 2023
Soergel, BGB, 13. Aufl. 2000 ff. (zit.: Soergel/*Bearbeiter*)
Staudinger, Eckpfeiler des Zivilrechts, 8. Aufl. 2022 (zit.: *Bearbeiter*, in: Staudinger, Eckpfeiler)
Staudinger, Kommentar zum Bürgerlichen Gesetzbuch, Stand Juli 2023 (zit.: Staudinger/*Bearbeiter*)
Ulmer/Brandner/Hensen, AGB-Recht, 13. Aufl. 2022 (zit.: *Bearbeiter*, in: Ulmer/Brandner/Hensen)
Würdinger, Examens-Repetitorium BGB-Allgemeiner Teil, 6. Aufl. 2024 (zit.: *Würdinger*, BGB AT)

Teil 1

Verbraucherprivatrecht kompakt

§ 1

Grundlagen

I. Konzeption des Buches

Das Buch besteht aus zwei Teilen. Der **erste Teil** konzentriert sich auf die besonders **examensrelevanten Materien** des Rechts der Allgemeinen Geschäftsbedingungen, der außerhalb von Geschäftsräumen geschlossenen Verträge, der Fernabsatzverträge, der Verträge über digitale Produkte und der Verbraucherkredite. Andere Materien, wie etwa das Recht der Verbraucherbauverträge und Time-Sharing-Verträge, können hingegen nur gestreift werden. Gänzlich ausgeblendet bleibt der Verbrauchsgüterkauf. Er bildet einen in sich geschlossenen Komplex, der am besten im Zusammenhang mit dem allgemeinen Kaufrecht erlernt wird.[1] Nicht behandelt werden schließlich das Recht der Wohnraummietverträge und der Pauschalreisen. Praktisch kommen diese Regelungen zwar ganz überwiegend Verbraucherinnen zugute, sie sind aber tatbestandlich neutral formuliert. Der **zweite Teil** des Buchs enthält Klausuren mit einem Fokus auf dem Verbraucherprivatrecht, die auch andere Materien streifen. Ein **Anhang mit Prüfungsschemata** und einem **Glossar** rundet das Buch ab. Paragraphen ohne Gesetzesangabe beziehen sich auf das BGB. 1

Parallel zum Buch sollte stets auch der Gesetzestext genau gelesen werden! Die Regelungen des Verbraucherprivatrechts dienen größtenteils der Umsetzung von Richtlinien der Europäischen Union. Die Normen sind aus diesem Grund oft sehr wortreich formuliert. Auch in der Klausur ist es besonders wichtig, den **Gesetzestext genau zu lesen**. 2

II. Prüfungsordnungen der Bundesländer

Das Verbraucherprivatrecht stellt einen Kernbereich des Bürgerlichen Rechts dar und zählt deshalb zum **Prüfungsstoff der ersten und zweiten juristischen Prüfung** in allen Bundesländern. Einige der in diesem Lehrbuch behandelten Materien sind allerdings in manchen Bundesländern vom Prüfungsstoff ausgenommen. **Kein Prüfungsgegenstand** sind die folgenden Gebiete in den in den Klammern genannten Bundesländern (Stand Sommer 2023): **Zahlungsaufschub, Teilzahlungsgeschäfte, sonstige Finanzierungshilfen, Ratenlieferungsverträge** (Bayern, Baden-Württemberg, Bremen, Hamburg, Hessen, Mecklenburg-Vorpommern, Niedersachsen, Nordrhein-Westfalen, Rheinland-Pfalz, Saarland, Sachsen); **Verbraucherbauverträge** (Bayern, Bremen, Hessen, Nordrhein-Westfalen); **Time-Sharing-Verträge und Gewinnzusagen** (Bayern, Baden-Württemberg, Berlin, Brandenburg, Bremen, Hamburg, Hessen, Mecklenburg-Vorpommern, Niedersachsen, Nordrhein-Westfalen, Rheinland-Pfalz, Saarland, Sachsen, Sachsen-Anhalt). 3

---

1 Vgl. in dieser Reihe *Huber/Bach*, Schuldrecht BT 1 Rn. 43 ff.

III. Systematische Einordnung und Schutzzweck

1. Verbraucherschutzrecht im weiteren Sinne

4 Das BGB enthält als Kodifikation des allgemeinen Bürgerlichen Rechts Regelungen, die im Grundsatz für jedermann gelten. Daneben tritt das Sonderprivatrecht. Darunter versteht man Privatrechtsnormen, die nur zivilrechtliche Teilbereiche erfassen, insbesondere nur bestimmte Gruppen von Personen.[2] Hierzu gehört zunächst das im HGB kodifizierte Handelsrecht als das Sonderprivatrecht für Kaufleute und wirtschaftlich tätige Unternehmen, welches den besonderen Anforderungen des Handelsverkehrs nach Schnelligkeit und Vertrauensschutz Rechnung trägt. In gleicher Weise ist aber auch das Verbraucherschutzrecht **Sonderprivatrecht**, das die besonderen zivilrechtlichen Beziehungen zwischen einem Verbraucher (§ 13) auf der einen und einem Unternehmer (§ 14) auf der anderen Seite regelt.[3] Vor der Schuldrechtsreform des Jahres 2002 wurde der Charakter als Sonderprivatrecht bereits dadurch offenbar, dass das Verbraucherschutzrecht in eigenständigen Gesetzen[4] verankert war. Zwar wurden diese Spezialgesetze mit der Schuldrechtsreform zur „Verbesserung der Transparenz und Übersichtlichkeit des deutschen Zivilrechts" in das BGB integriert.[5] Dessen ungeachtet bildet das Verbraucherprivatrecht aber nach wie vor eine Sondermaterie innerhalb des BGBs, die eigenen Wertungen folgt.

5 Das Verbraucherprivatrecht des BGB zielt vorrangig auf den Individualschutz der Verbraucherinnen. Indem es die Tätigkeit der Unternehmer im Markt ordnet, kommt ihm aber zugleich eine wettbewerbsrechtliche Funktion zu. Damit ergibt sich eine Überlappung im Verhältnis zum Lauterkeitsrecht. Das Recht gegen den unlauteren Wettbewerb wurde zwar ursprünglich ausschließlich als Mitbewerberschutz verstanden, doch ist der Schutz der Verbraucher in § 1 UWG mittlerweile ausdrücklich als Zweck des Gesetzes benannt. Seit dem 28.5.2022 enthält **§ 9 Abs. 2 UWG** eine Anspruchsgrundlage für **Schadensersatzansprüche der Verbraucherinnen wegen unlauteren Verhaltens**.[6] Erst aus der Zusammenschau von BGB, UWG und weiterer Nebengesetze wie dem Fernunterrichtsschutzgesetz oder dem Rechtsdienstleistungsgesetz entsteht deshalb ein vollständiges Bild eines **Verbraucherschutzrechts im weiteren Sinne**. Flankiert werden die materiellrechtlichen Normen durch ein spezielles Regime der **kollektiven Rechtsdurchsetzung**. Verbraucher verzichten oftmals aus Gründen der Rechtsunkenntnis oder des unverhältnismäßigen zeitlichen wie finanziellen Aufwands auf die individuelle Durchsetzung ihrer Rechte. Verbraucherschutzverbände sind deshalb mit der Befugnis ausgestattet, Unternehmer auf Unterlassung von Verbraucherschutzverstößen in Anspruch zu nehmen und mithilfe von Verbandsklagen die Ansprüche einer Vielzahl von Verbrauchern gebündelt durchzusetzen (näher Rn. 401 ff.).

---

2 *Brox/Walker*, BGB AT § 1 Rn. 14 ff.

3 Vgl. *Reymann*, Das Sonderprivatrecht der Handels- und Verbraucherverträge, 2009, S. 103 ff.; zurückhaltend *Bülow/Artz*, Rn. 21 ff.; vertiefend zur „Dreispurigkeit" *Wolf/v. Bismarck*, JA 2010, 841 ff.

4 AGB-Gesetz, Fernabsatzgesetz, Haustürwiderrufsgesetz, Verbraucherkreditgesetz etc.

5 So Begr. RegE, BT-Drucks. 14/6040 S. 97; zum Für und Wider *W.-H. Roth*, JZ 2001, 475, 487 ff.

6 Näher *Grunewald/Peifer*, Rn. 287 ff.

2. Ungleichgewichte zwischen Verbrauchern und Unternehmern

Dem BGB des Jahres 1900 lag eine ganz und gar liberale Vorstellung zugrunde: Wenn man nur die äußere Abschlussfreiheit sichere, sorge schon der Egoismus der Beteiligten dafür, dass ein eingegangener Vertrag Ausdruck eines angemessenen Interessenausgleichs sei.[7] Sofern die Vertragspartner geschäftsfähig waren (§§ 104 ff.), keine Mängel in der Willensbildung vorlagen (§§ 119 ff.) und der Vertrag nicht ausnahmsweise gesetzes- oder sittenwidrig war (§§ 134, 138), wurde der Vertrag von der Rechtsordnung ohne Weiteres anerkannt. Später setzte sich die Erkenntnis durch, dass die rechtliche nicht unbedingt mit der tatsächlichen Entscheidungsfreiheit einhergehen muss. Vielmehr gibt es Ungleichgewichtslagen, in denen es weiterer Voraussetzungen bedarf, um eine **materiell verstandene Privatautonomie** zu gewährleisten.[8] Solche Ungleichgewichtslagen können sich aus verschiedenen Umständen ergeben: aus der Unerfahrenheit einer Partei im Vergleich zu einer wiederholt am Markt handelnden Vertragspartnerin, aus der Komplexität der vertraglichen Regelung oder aus den Umständen des Vertragsschlusses (z.B. Überrumpelung). Notwendigerweise typisierend knüpft das Gesetz dabei an das Zusammentreffen eines zu privaten Zwecken handelnden Verbrauchers und eines professionell agierenden Unternehmers an. 6

Allerdings sind Verbraucher nach traditioneller Wertung des Gesetzes **nicht per se unterlegen.**[9] Vielmehr bedürfen sie des Schutzes einerseits bei besonderen Formen des Vertragsschlusses, namentlich außerhalb von Geschäftsräumen, im Fernabsatz oder mittels Allgemeiner Geschäftsbedingungen, sowie andererseits bei als gefährlich angesehenen Vertragstypen wie dem Kreditvertrag oder dem Bauvertrag. Eine gewisse Sonderstellung nimmt die flächendeckende Regelung des Verbrauchsgüterkaufs sowie der Verträge über digitale Produkte ein; sie ist der überragenden Bedeutung dieser Vertragstypen einerseits bzw. der Komplexität digitaler Produkte andererseits geschuldet. Außerdem sieht § 312a für alle entgeltlichen Verbraucherverträge allgemeine Pflichten und Grundsätze vor, deren Anwendbarkeit an keine weiteren Voraussetzungen geknüpft ist.[10] Die Regelung ist ihrem Umfang nach noch bescheiden, weist aber konzeptionell in eine neue Richtung,[11] indem sie Informationspflichten für alle entgeltlichen Verbraucherverträge aufstellt (näher Rn. 378). 7

IV. Instrumente des Verbraucherprivatrechts

Ebenso vielfältig wie die Störungen der Vertragsparität sind die Instrumente zu ihrer Bewältigung.[12] So sieht z.B. § 477 im Sachmängelgewährleistungsrecht eine Beweislastumkehr zu Gunsten des Verbrauchers vor, während § 241a Ansprüche des Unternehmers bei der Zusendung unbestellter Ware ausschließt und § 29c ZPO einen besonderen Gerichtsstand für Haustürgeschäfte bereithält. Es gibt jedoch drei Mechanismen, die von übergreifender Bedeutung sind und uns im Folgenden immer wieder begegnen werden: 8

---

7 Grundlegend zum Topos der „Richtigkeitsgewähr" *Schmidt-Rimpler*, AcP 147 (1947), 130 ff.
8 Grundlegend zur „Materialisierung des Vertragsrechts" *Canaris*, AcP 200 (2000), 273 ff.
9 Für eine Aufgabe des rollendifferenzierten Schwächerenschutzes plädieren *Engel/Stark*, ZEuP 2015, 32 ff.
10 Im Überblick dazu *Schomburg*, VuR 2014, 18 ff.
11 Vgl. *Gsell*, in: Staudinger, Eckpfeiler, K. Rn. 52: Torso eines allgemeinen Teils des Verbraucherrechts.
12 *Bülow/Artz*, Rn. 25 ff.; *Grunewald/Peifer*, Rn. 10 ff.; *Gsell*, in: Staudinger, Eckpfeiler, K. Rn. 14 ff.

1. Information

9 Das Gesetz verpflichtet den Unternehmer oftmals, den Verbraucher vor und bei Vertragsschluss mit Informationen zu versorgen. Diesen Regelungen liegt das sog. **Informationsmodell** zugrunde. Es zielt darauf ab, die Verbraucher mit der für eine rationale Willensbildung erforderlichen Information zu versorgen und sie damit in die Lage zu versetzen, selbstverantwortlich zu entscheiden.[13] Die Informationspflichten sind mittlerweile allerdings so umfassend und vielfältig, dass Zweifel bestehen, ob das Ziel einer besseren Entscheidungsqualität mit ihrer Hilfe erreicht werden kann (Problem des sog. *„information overload“*).[14]

2. Widerrufsrecht

10 In Durchbrechung des Grundsatzes *„pacta sunt servanda“* wird dem Verbraucher vielfach ein Widerrufsrecht zugebilligt, das er grundsätzlich innerhalb von 14 Tagen ohne Angabe von Gründen ausüben kann. Die Einzelheiten sind übergreifend in §§ 355 ff. geregelt. Im Sinne einer ***„cooling-off period“*** soll der Verbraucher die Gelegenheit erhalten, den Vertragsschluss unbeeinflusst vom Unternehmer zu überdenken und einen Marktvergleich anzustellen.[15]

3. Halbzwingender Charakter

11 Abweichungen von den gesetzlichen Vorgaben sind nur zu Gunsten, nicht aber zum Nachteil der Verbraucherinnen möglich. Das bestimmt etwa § 312m Abs. 1 S. 1 für das Recht der besonderen Vertriebsformen, § 361 Abs. 2 S. 1 für die Rechtsfolgen des Widerrufs und § 512 S. 1 für das Verbraucherkreditrecht. Beim Verbrauchsgüterkauf ist gemäß § 476 Abs. 1 S. 1 ein Verzicht auf Gewährleistungsrechte grundsätzlich erst nach Mitteilung des Mangels möglich (siehe ebenso § 327s Abs. 1 für digitale Produkte);[16] für negative subjektive Beschaffenheitsvereinbarungen gelten nach § 476 Abs. 1 S. 2 besondere Anforderungen. Dabei kann eine Schlechterstellung des Verbrauchers weder durch einen besonders günstigen Preis noch durch einen anderweitigen Vorteil ausgeglichen werden.[17] Selbst eine besonders geschäftstüchtige Verbraucherin kann auf den ihr zugedachten Schutz nicht verzichten. Ergänzt wird der Grundsatz der Unabdingbarkeit durch das in §§ 312m Abs. 1 S. 2, 327s Abs. 3, 361 Abs. 2 S. 2, 512 S. 2, 476 Abs. 4 ausdrücklich angeordnete Umgehungsverbot. Die verbraucherschützenden Vorschriften finden demnach auch Anwendung, wenn sie umgangen werden sollen; eine gezielte Umgehungsabsicht des Unternehmers muss hierzu nicht festgestellt werden.[18]

---

13 Eingehend *Ackermann*, ZEuP 2009, 230 ff.; *Schön*, FS für Canaris, 2007, Band I, S. 1191 ff.

14 Näher dazu und zu anderen Erkenntnissen der Verhaltensforschung *Möllers/Kernchen*, ZGR 2011, 1 ff.; *Engel/Stark*, ZEuP 2015, 32, 38 ff.

15 Eingehend *Eidenmüller*, AcP 210 (2010), 67 ff.; *Kroll-Ludwigs*, ZEuP 2010, 509 ff.; *Stürner*, JURA 2016, 26 ff.

16 Dispositionsfreiheit besteht aber – im Rahmen der §§ 307-309 BGB – für Schadensersatzansprüche, vgl. §§ 327s Abs. 4, 476 Abs. 3.

17 Ganz hM, s. Soergel/*Wertenbruch*, § 475 Rn. 22; MünchKomm/*Weber*, § 512 Rn. 3.

18 Vgl. nur Grüneberg/*ders.*, § 312m Rn. 3; eingehend zur Gesetzesumgehung *Teichmann*, JZ 2003, 761.

V. Einfluss des Unionsrechts

1. Bedeutung der Verbraucherschutzrichtlinien

Der Gedanke des Verbraucherschutzes lässt sich in Deutschland zwar bis zum Abzahlungsgesetz aus dem Jahre 1894 zurückverfolgen. Auch sind in den 1970er Jahren mit dem AGB-Gesetz, dem Fernunterrichtsschutzgesetz und dem Reisevertragsgesetz weitere Regelungen eingeführt worden. Als Motor der Entwicklung erwies sich aber das Unionsrecht: Ab Mitte der 1980er Jahre erließ der Unionsgesetzgeber ein immer dichteres Netz an Rechtsakten fast ausnahmslos in Form von **Richtlinien.**[19] Heute liegen fast allen Einzelmaterien des im BGB geregelten Verbraucherprivatrechts EU-Richtlinien zugrunde. So dient im Schuldrecht Allgemeiner Teil das AGB-Recht der Umsetzung der RL über missbräuchliche Klauseln, das Recht der besonderen Vertriebsformen der Umsetzung der Verbraucherrechte-RL (VRRL) und die §§ 327 ff. der Umsetzung der Digitalen Inhalte-RL. Im Schuldrecht Besonderer Teil ist der Verbrauchsgüterkauf durch die Warenkauf-RL und das Verbraucherkreditrecht durch die Verbraucherkredit-RL sowie die Wohnimmobilienkredit-RL geprägt.[20] **12**

Richtlinien der Europäischen Union gelten – anders als Verordnungen – nicht unmittelbar in jedem Mitgliedstaat. Vielmehr bedürfen sie nach Art. 288 Abs. 3 AEUV der Umsetzung durch die Mitgliedstaaten. Bei Erlass der nationalen Umsetzungsgesetze sind die Gesetzgeber der Mitgliedstaaten an Ziel und Inhalt der Richtlinie gebunden, haben jedoch Spielräume bei der Wahl des Wortlauts und der Systematik. Dies erlaubt eine reibungslosere Einpassung der Regelungen in das Gesamtgefüge des nationalen Rechts. Der Spielraum des nationalen Gesetzgebers ist abhängig vom Harmonisierungsniveau der Richtlinie: Ursprünglich gaben verbraucherschützende Richtlinien nur eine **Mindestharmonisierung** vor und gewährten den Mitgliedstaaten die Freiheit, einen weitergehenden Verbraucherschutz vorzusehen. Dies gilt heute namentlich noch für die AGB-RL. Neuere Richtlinien basieren auf dem **Vollharmonisierungsprinzip**: Die Mitgliedstaaten dürfen das von der Richtlinie vorgegebene Verbraucherschutzniveau weder unter- noch überschreiten.[21] Unabhängig vom Harmonisierungsgrad steht es dem nationalen Gesetzgeber jedoch immer frei, **außerhalb des Anwendungsbereichs** der Richtlinie eigenständige Regelungen zu erlassen. So schließt Art. 3 Abs. 3 lit. f VRRL beispielsweise Verträge über die Wohnraummiete vom Anwendungsbereich aus. Der deutsche Gesetzgeber hat sich dennoch entschlossen, unter bestimmten Umständen ein Widerrufsrecht für Wohnraummietverträge vorzusehen, vgl. § 312 I, IV. **13**

2. Richtlinienkonforme Auslegung und Rechtsfortbildung

Da Richtlinien der Umsetzung in das nationale Recht bedürfen, entfalten sie **zwischen Privatpersonen keine Direktwirkung**. Dies ist selbst dann der Fall, wenn der nationale Gesetzgeber die Richtlinie in Verstoß gegen das Unionsrecht nicht korrekt oder über- **14**

19 Hilfreiche Textsammlung: *Grundmann/Riesenhuber* (Hrsg.), Europäisches Privatrecht, 3. Aufl. 2019; zur Vertiefung *Riesenhuber*, EU-Vertragsrecht, 2013.

20 Demgegenüber beruhen die Regelung der Verbraucherbauverträge in §§ 650i ff. sowie die Bestimmungen über unentgeltliche Darlehen und Finanzierungshilfen in §§ 514 f. auf einer eigenständigen Entscheidung des deutschen Gesetzgebers.

21 Näher zu den Gründen für den Paradigmenwechsel *Stürner*, JURA 2015, 30, 33.

haupt nicht umgesetzt hat.[22] Eine Vorschrift des nationalen Rechts kann auch nicht deshalb unangewendet bleiben, weil sie den Vorgaben einer Richtlinie entgegensteht. Eine Ausnahme gilt nach der Rechtsprechung des EuGH allerdings dann, wenn die Richtlinie der Konkretisierung eines Rechtssatzes des Primärrechts (Grundfreiheit, Diskriminierungsverbot) dient.[23] Es ist dann bei Lichte betrachtet der Verstoß gegen das Primärrecht, der zur Verdrängung des nationalen Rechts führt.

15 Die **Loyalitätspflicht der Mitgliedstaaten** gegenüber der Europäischen Union gemäß Art. 4 Abs. 3 EUV trifft allerdings nicht nur den nationalen Gesetzgeber, sondern auch die nationalen Gerichte. Steht das nationale Recht nicht im Einklang mit einer Richtlinie, so sind die Gerichte der Mitgliedstaaten verpflichtet, das **nationale Recht richtlinienkonform auszulegen.**[24] Hierzu hat der Rechtsanwender in einem ersten Schritt zu ermitteln, welche **Vorgaben der Richtlinie** im Hinblick auf ein bestimmtes Rechtsproblem zu entnehmen sind. Maßgeblich sind insofern die Auslegungsgrundsätze des Unionsrechts.[25] Aufgrund des **Gebots der unionsautonomen Auslegung** können Begriffe in einer Richtlinie einen **anderen Bedeutungsgehalt** haben als im nationalen Recht. Paradebeispiel ist der Begriff der Dienstleistung (siehe dazu Rn. 41). Ausgangspunkt der Auslegung ist auch im europäischen Recht der Wortlaut der Norm, wobei alle 24 Sprachfassungen gleich verbindlich sind. Die jeder Richtlinie vorangestellten **Erwägungsgründen** haben keine bindende Wirkung. Sie können aber für die Ermittlung des Zwecks einer Bestimmung herangezogen werden, weil in ihnen die Regelungsabsicht des Richtliniengebers oftmals deutlich zum Ausdruck kommt. Die **Auslegungshoheit** über Rechtsakte des Unionsrechts liegt beim Gerichtshof der Europäischen Union. Bei Zweifeln über die Interpretation einer Richtlinie sind die jeweils letztinstanzlichen Gerichte der Mitgliedstaaten deshalb verpflichtet, die Auslegungsfrage dem EuGH im Wege des **Vorabentscheidungsverfahrens** nach Art. 267 AEUV vorzulegen.

16 Steht der genaue Inhalt der Richtlinie fest, ist in einem zweiten Schritt zu fragen, ob die einschlägige nationale Vorschrift einen Auslegungsspielraum belässt, der eine **richtlinienkonforme Auslegung** erlaubt. Die richtlinienkonforme Auslegung hat Vorrang gegenüber anderen Auslegungsmethoden, d.h. sie setzt sich gegenüber Argumenten durch, die aus der Entstehungsgeschichte, dem Zweck und der Systematik des Gesetzes abgeleitet werden.

17 **Fall 1:** V und U schließen per Fernkommunikationsmittel einen Vertrag über einen sog. Kurventreppenlift. Dabei handelt es sich um einen Treppenlift auf Schienen, der individuell an das Treppenhaus des V angepasst wird. Nach Einbau des Treppenlifts widerruft V den Vertrag. U ist der Auffassung, V sei zum Widerruf bereits deshalb nicht berechtigt, weil das Widerrufsrecht nach § 312g Abs. 2 Nr. 1 ausgeschlossen sei.

---

22 Vgl. zu den Voraussetzungen unmittelbarer Anwendbarkeit im Verhältnis Privatrechtssubjekte und Staat Langenbucher/*Langenbucher/Donath*, § 1 Rn. 36 ff.

23 Vgl. EuGH NJW 2005, 3695 – Mangold; EuGH NJW 2010, 427 – Kücükdeveci; vgl. zur Einordnung *Mörsdorf*, EuR 2009, 219; mit weitreichenden Schlussfolgerungen für das Verbraucherschutzrecht aus Art. 38 Charta der Grundrechte *ders.*, JZ 2010, 759 ff.

24 Zusammenfassend Langenbucher/*Langenbucher/Donath*, § 1 Rn. 88 ff.; *Herresthal*, JuS 2014, 289 ff.; *Stürner*, JURA 2017, 394 ff.

25 Zusammenfassend *Riesenhuber*, Europäische Methodenlehre, 4. Aufl. 2021, § 13; zur richtlinienkonformen Auslegung des Privatrechts vgl. auch *Gebauer*, in: Gebauer/Wiedmann, Europäisches Zivilrecht, 3. Aufl. 2021, Kap. 3 Rn. 33 ff.

Da V und U hier einen Fernabsatzvertrag i.S.d. §§ 312, 312c geschlossen haben, steht V grundsätzlich ein Widerrufsrecht i.S.d. §§ 312g Abs. 1, 355 zu, sofern dieses nicht nach § 312g Abs. 2 ausgeschlossen oder das Widerrufsrecht bereits erloschen ist. Gemäß § 312g Abs. 2 Nr. 1 besteht ein Widerrufsrecht nicht bei Verträgen zur Lieferung von Waren, die nicht vorgefertigt sind und für deren Herstellung eine individuelle Auswahl oder Bestimmung durch den Verbraucher maßgeblich ist oder die eindeutig auf die persönlichen Bedürfnisse des Verbrauchers zugeschnitten sind. Der Treppenlift ist an das Treppenhaus des V angepasst und damit eindeutig auf die persönlichen Bedürfnisse des Verbrauchers zugeschnitten. Fraglich ist allerdings, ob es sich um einen **Vertrag zur Lieferung von Waren** handelt. Gemäß der Legaldefinition des § 241a Abs. 1 handelt es sich bei Waren um bewegliche Sachen (die nicht auf Grund von Zwangsvollstreckungsmaßnahmen oder anderen gerichtlichen Maßnahmen verkauft werden). Der Treppenlift ist zweifellos eine solche bewegliche Sache. Unklar ist jedoch, ob sich der Gegenstand des Vertrags auf die Lieferung des Treppenlifts bezieht. Bei der Beantwortung dieser Frage ist zu berücksichtigen, dass § 312g Abs. 2 Nr. 1 der Umsetzung von Art. 16 lit. c der VRRL dient. Bei der Auslegung sind somit die Vorgaben der Richtlinie zu berücksichtigen. Die Richtlinie differenziert zwischen (auf die Lieferung von Waren gerichteten) Kaufverträgen und (auf die Erbringung einer Tätigkeit gerichteten) Dienstleistungsverträgen. Allerdings zählen zu den **Kaufverträgen i.S.d. Richtlinie** nicht nur Kaufverträge im engeren Sinne, sondern auch Verträge, die ein Dienstleistungselement umfassen. Das sind einerseits Verträge über die Lieferung herzustellender oder zu erzeugender Verbrauchsgüter (also Werklieferungsverträge i.S.v § 650 BGB). Andererseits handelt es sich auch dann um einen Kaufvertrag, wenn neben der Lieferung der Ware deren Montage versprochen wird. Entscheidend für die Abgrenzung ist nach der Rechtsprechung des EuGH der **Schwerpunkt des Vertrages**: Steht die Lieferung von Waren im Vordergrund, handelt es sich um einen Kaufvertrag. Ist Hauptgegenstand des Vertrags hingegen die Montage verschiedener Güter und hat der Verkauf dieser Güter lediglich ergänzende Funktion, so liegt aus unionsrechtlicher Perspektive eine Dienstleistung vor.[26] Es wären dann nur jene Ausschluss- bzw. Erlöschensgründe des Widerrufsrecht einschlägig, die sich auf Dienstleistungen beziehen (siehe z.B. § 312g Abs. 2 Nr. 11 sowie § 356 Abs. 4). In der Dogmatik des deutschen Rechts wäre der Vertrag dann als Werkvertrag i.S.d. § 631 einzuordnen (siehe näher zum weiten **unionsrechtlichen Begriff der Dienstleistung** Rn. 41). Für die Bestimmung des vertraglichen Schwerpunkts ist auf die Art des zu liefernden Gegenstands, das Wertverhältnis zwischen dem körperlichen Gegenstand und der Montageleistung sowie auf die Besonderheiten des Einzelfalls abzustellen.[27] Im Falle des Treppenlifts ist anhand der näheren Umstände des Einzelfalls zu beurteilen, ob der Vertragsschwerpunkt auf der Übertragung des Eigentums und der Verschaffung des Besitzes am Lift oder auf dem Einbau und der Einpassung des Lifts in die Räumlichkeiten des V liegt.[28] Nur wenn Ersteres der Fall wäre, wäre das Widerrufsrecht des V nach § 312g Abs. 2 Nr. 1 ausgeschlossen.

Die Auslegung im engeren Sinne findet ihre Grenze am möglichen Wortsinn. Auch nach **18**
der Rechtsprechung des EuGH verpflichtet das Loyalitätsgebot die Mitgliedstaaten nicht

26 EuGH NJW 2017, 3215 – Schottelius.
27 BGH NJW-RR 2022, 121 Rn. 22.
28 Dies kann im Einzelfall durchaus unterschiedlich beurteilt werden, siehe BGH NJW-RR 2022, 121 Rn. 26 mit zu Recht kritischer Anmerkung *Finkelmeier*, ZVertriebsR 2022, 43 ff.

zu einer richtlinienkonformen Auslegung über die Grenzen des nationalen Methodenkanons hinweg. Das deutsche Methodenrecht erlaubt jedoch die **richtlinienkonforme Rechtsfortbildung** durch Analogie und teleologische Reduktion. Die hierfür jeweils erforderliche Regelungslücke sieht der BGH in dem Bestreben des deutschen Gesetzgebers, jede Richtlinie ordnungsgemäß in das deutsche Recht umzusetzen.[29] Eine richtlinienkonforme Rechtsfortbildung kommt somit immer dann in Betracht, wenn der deutsche Gesetzgeber den Bedeutungsgehalt der Richtlinie nicht zutreffend eingeschätzt hat. Praktisch relevant ist dies vor allem dann, wenn die Auslegung der Richtlinie durch den deutschen Gesetzgeber einer späteren Interpretation der Richtlinie durch den EuGH widerspricht. Die vom BGH entwickelte Methode der richtlinienkonformen Rechtsfortbildung kommt im praktischen Ergebnis der unmittelbaren Anwendung der Richtlinie nahe; Gesetzeswortlaut und die Erwägungen des Gesetzgebers im Zuge der Umsetzung treten dahinter zurück.[30] Dies ist durchaus nicht unbedenklich, weil die für den Rechtsverkehr wichtige Rechtssicherheit leidet. In einer jüngeren Entscheidung hat der BGH deshalb Vorsicht gegenüber dieser Form der Rechtsfortbildung erkennen lassen.[31] Zu einer **Rechtsfindung contra legem**, also gegen den Wortlaut und den Willen des Gesetzgebers, verpflichtet das Unionsrecht nicht.[32] Soweit eine richtlinienkonforme Rechtsfindung nicht möglich ist, bleibt einer von der fehlerhaften Richtlinienumsetzung betroffenen Person die (freilich etwas mühsame) Option, einen **Staatshaftungsanspruch** gegen die Bundesrepublik Deutschland geltend zu machen.[33]

3. Überschießende Umsetzung von Richtlinien

19 Häufig entscheidet sich der deutsche Gesetzgeber dafür, dem Regelungsregime einer Richtlinie auch **jenseits ihres Anwendungsbereichs** Geltung zu verschaffen (sog. **überschießende Umsetzung**).[34] Beispielsweise schließt nach den europäischen Richtlinien jeder Bezug zu einer beruflichen Tätigkeit die Eigenschaft als Verbraucher aus,[35] wohingegen nach § 13 nur die Zurechenbarkeit zu einer *selbständigen* beruflichen Tätigkeit schadet. Arbeitnehmer sind mithin zwar nicht nach europäischem, wohl aber nach deutschem Recht Verbraucher (näher Rn. 37). Eine besonders weite überschießende Umsetzung hat der deutsche Gesetzgeber im Bereich des Kaufrechts vorgenommen, da auch Kaufverträge zwischen Unternehmerinnen untereinander oder zwischen Verbraucherinnen untereinander den zur Umsetzung der Warenkaufrichtlinie erlassenen §§ 433 ff. unterliegen.

20 In Fällen der **überschießenden Umsetzung** besteht das **Gebot der richtlinienkonformen Auslegung** nur, soweit der Regelungsumfang der Richtlinie reicht. Für den überschießenden Bereich lassen sich dem Unionsrecht nach zutreffender hM keine Vorgaben entnehmen.[36] Aus nationaler Sicht spricht zwar eine gewisse Vermutung dafür, dass die

---

29 **BGHZ 192, 148 Rn. 21 ff. = NJW 2012, 1073**; dazu *Faust*, JuS 2012, 456.

30 Sehr viel enger deshalb etwa OLG München VersR 2013, 1025, 1028 f.; *Schürnbrand*, JZ 2007, 910, 913 ff.; *Gsell*, JZ 2009, 522, 523 ff.

31 BGH NJW 2021, 1008 Rn. 29.

32 EuGH NJW 2006, 2465 Rn. 110; EuGH NJW 2012, 509 Rn. 25.

33 Grundlegend EuGH NJW 1992, 165 – Francovich.

34 Näher dazu BGH NJW 2014, 2646 Rn. 28 ff.; *Mayer/Schürnbrand*, JZ 2004, 545 ff.; *Habersack/Mayer*, in: Riesenhuber, Europäische Methodenlehre, 4. Aufl. 2021, § 14.

35 Vgl. etwa Art. 2 Nr. 1 VRRL, Art. 3 lit. a VerbrKrRL; näher Langenbucher/*Herresthal*, § 2 Rn. 104 f.

36 Näher *Mittwoch*, JuS 2017, 296, 298 ff.

Vorschrift insgesamt einheitlich zu verstehen ist. So sind etwa die Vorschriften des Fernabsatzrechts unabhängig davon gleich auszulegen, ob eine Person zu rein privaten Zwecken, mithin als Verbraucher im unionsrechtlichen Sinne, oder mit Bezug zu ihrer unselbständigen beruflichen Tätigkeit, mithin als Verbraucherin nur im Sinne des deutschen Rechts, handelt. Die Auslegung der Richtlinie wirkt sich dann mittelbar auch jenseits ihres Anwendungsbereichs aus. Je nach Lage der Dinge kommt aber auch eine sog. **gespaltene Auslegung** in Betracht. Dabei wird die Norm im überschießenden Bereich anders ausgelegt als es der Grundsatz richtlinienkonformer Auslegung für den richtliniendeterminierten Bereich erzwingt. Eine solche Normspaltung hat der BGH schon mehrfach im Kauf- und Darlehensrecht praktiziert.[37]

Fall 2: V nimmt bei der D-Bank ein Darlehen i.H.v. 100.000 € zu privaten Zwecken auf. Der von D an V ausgehändigte Vertrag entspricht den gesetzlichen Anforderungen und enthält folgenden Hinweis: „Der Darlehensnehmer kann seine Vertragserklärung innerhalb von 14 Tagen ohne Angabe von Gründen in Textform widerrufen. Die Frist beginnt nach Abschluss des Vertrags, aber erst, nachdem der Darlehnsnehmer alle Pflichtangaben nach § 492 Abs. 2 BGB erhalten hat". Nach zehn Monaten erklärt V den Widerruf des Vertrags. **21**

Da die Parteien einen Allgemein-Verbraucherdarlehensvertrag gemäß § 491 Abs. 2 geschlossen haben, steht V ein **Widerrufsrecht nach § 495** zu. Dieses Widerrufsrecht ist grundsätzlich innerhalb von 14 Tagen ab Vertragsschluss bzw. der Übergabe bestimmter Unterlagen auszuüben, §§ 355 Abs. 2, 356b. Die **Widerrufsfrist** könnte aber gemäß § 356b Abs. 2 S. 1 noch nicht begonnen haben, wenn D den V nicht ordnungsgemäß über die Widerrufsmodalitäten informiert hätte. Problematisch ist insofern, dass die **Widerrufsbelehrung** der D auf die Bestimmung des § 492 Abs. 2 verweist, welche ihrerseits einen Verweis auf Art. 247 § 6 bis 13 EGBGB enthält (sog. **Kaskadenverweis**). Nach den Vorgaben der Verbraucherkredit-RL muss aber die Information über das Widerrufsrecht in „klarer, prägnanter" Form erfolgen. Laut der **Rechtsprechung des EuGH** genügt ein Kaskadenverweis nicht den Anforderungen an eine Belehrung in klarer und prägnanter Form.[38] Angesichts des Gebots der richtlinienkonformen Auslegung und der Auslegungshoheit des EuGH für das Unionsrecht hätte die Widerrufsfrist also mangels ordnungsgemäßer Erteilung der Pflichtangaben nach § 356b Abs. 2 S. 1 noch nicht begonnen. Dies setzt freilich voraus, dass der Vertrag tatsächlich in den **Anwendungsbereich der Verbraucherkredit-RL** fällt. Vom Anwendungsbereich der Verbraucherkredit-RL sind nur Kredite bis zu einer Summe von 75.000 € erfasst, während der deutsche Gesetzgeber den Schutz der §§ 491 ff. auch auf höhere Kredite erstreckt, d.h. eine **überschießende Umsetzung** vorgenommen hat. Die Legaldefinition des Allgemein-Verbraucherdarlehensvertrag in § 491 Abs. 2 kennt somit keine Höchstgrenze. Eine einheitliche Auslegung der Regelungen über den Verbraucherkredit erscheint zwar grundsätzlich sinnvoll, zumal sich die Differenzierung zwischen Kreditsummen unterhalb bzw. oberhalb von 75.000 € nicht aus dem Gesetz ergibt. Der Bundesgerichtshof erachtet die Rechtsprechung des EuGH freilich nicht als interessenge-

37 BGHZ 179, 27 Rn. 27 f. = NJW 2009, 427 (zu § 439 Abs. 4 aF); BGHZ 192, 148 Rn. 45 = NJW 2012, 1073 (zu § 439 Abs. 3); BGHZ 195, 135 Rn. 17 ff. = NJW 2013, 220 (zu § 439 Abs. 1 Alt. 2).

38 EuGH BKR 2020, 248 Rn. 44 ff. – Kreissparkasse Saarlouis.

recht,[39] weil der Kaskadenverweis knapp und präzise ist, während eine umfassende Information eine sehr lange Erläuterung erfordern würde.[40] Deshalb lehnt der BGH eine Übertragung der EuGH-Rechtsprechung auf nicht von der Verbrauchkredit-RL erfasste Verträge ab.[41] Dies führt zu einer **gespaltenen Auslegung** der einschlägigen Vorschriften. Da der in Fall 2 geschlossene Vertrag nicht in den Anwendungsbereich der Verbraucherkredit-RL fällt, ist nach Auffassung des BGH von einer ausreichenden Belehrung des V im Wege des Kaskadenverweises auszugehen. Der Beginn der Widerrufsfrist wurde folglich nicht durch § 356b Abs. 2 S. 1 hinausgeschoben, und damit ist der Widerruf des V verfristet.

VI. Grundbegriffe

1. Verbraucherverträge

a) Situative Zuordnung

22 Ein Verbrauchervertrag ist nach der Legaldefinition des § 310 Abs. 3 ein **Vertrag zwischen einem Unternehmer und einem Verbraucher**. Verbraucher ist nach § 13 jede natürliche Person, die ein Rechtsgeschäft zu Zwecken abschließt, die überwiegend weder ihrer gewerblichen noch ihrer selbständigen beruflichen Tätigkeit zugerechnet werden können. Verfolgt die Betreffende hingegen überwiegend gewerbliche oder selbständig berufliche Zwecke, handelt es sich um eine Unternehmerin im Sinne von § 14. Die Begriffe Verbraucher und Unternehmer sind **keine starren Statusbegriffe**.[42] Bildlich gesprochen, trägt niemand einen Stempel „Verbraucher" oder „Unternehmer" auf der Stirn. Entscheidend ist allein, ob das konkret anvisierte oder abgeschlossene Rechtsgeschäft als Verbrauchervertrag zu qualifizieren ist. So handelt ein Malermeister als Unternehmer, wenn er im Baumarkt einen Pinsel für seinen Betrieb erwirbt, hingegen als Verbraucher, wenn er später noch einmal wiederkommt, um einen Eimer Farbe für den Neuanstrich seiner Privatwohnung zu kaufen. Ebenso agiert eine Börsenhändlerin als Verbraucherin, wenn sie im Rahmen ihrer privaten Vermögensverwaltung Aktien an- oder verkauft. Das Maß geschäftlicher Erfahrung und die Schutzbedürftigkeit im Einzelfall wird aus Gründen der Rechtssicherheit nicht berücksichtigt.[43]

b) Zweckbestimmung des Vertrags

(1) Grundlagen

23 Entscheidendes Abgrenzungskriterium ist somit, ob sich das Rechtsgeschäft einer gewerblichen oder selbständig beruflichen Tätigkeit zuordnen lässt. Unter einer **gewerblichen Tätigkeit** versteht man eine **planmäßige und auf Dauer angelegte, wirtschaftlich selbständige Tätigkeit unter Teilnahme am Wettbewerb**.[44] Anders als im Han-

39 *Grüneberg*, BKR 2023, 273.
40 Siehe näher Lühmann/Latta/Siemonsen-Grauer, BKR 2020, 232.
41 BGH BKR 2020, 255 Rn. 4; BGH BeckRS 2022, 8315.
42 Anschaulich *K. Schmidt*, JuS 2006, 1; *Bülow/Artz*, Rn. 54.
43 BGHZ 162, 253, 257 = NJW 2005, 1773; BGH NJW 2008, 435, 436.
44 MünchKomm/*Micklitz*, § 14 Rn. 19 ff.

delsrecht spielt der Ausschlusstatbestand der freien Berufe keine Rolle: Ärztinnen, Steuerberaterinnen, Rechtsanwältinnen usw. sind Unternehmerinnen,[45] sofern sie weisungsfrei agieren und nicht sozial abhängig sind. Das Merkmal der **Selbständigkeit** grenzt den Unternehmer vom abhängig Beschäftigten ab und ist erfüllt, wenn der Betreffende seine Tätigkeit im Wesentlichen frei gestalten kann. **Planmäßig** ist eine Tätigkeit, wenn sie auf eine Vielzahl von Geschäften angelegt ist.

Nicht erforderlich ist, dass die gewerbliche Tätigkeit als Haupteinkommensquelle dient. **24** Daher handelt auch diejenige Person, die nebenberuflich bei eBay Waren verkauft, gewerblich, und ist als Unternehmerin zu qualifizieren.[46] Ebenso kommt es nicht auf eine besondere Geschäftserfahrenheit bezüglich des konkreten Rechtsgeschäfts an, erfasst ist vielmehr auch das **branchenfremde Nebengeschäft**. So ist ein Landwirt auch dann Unternehmer, wenn er erstmalig Dachziegel für seine Scheune erwirbt.[47] Und eine Händlerin, die innerhalb ihres Geschäftsbetriebs regelmäßig nur Kaufgeschäfte tätigt, muss die Anforderungen der §§ 491 ff. beachten, wenn sie ausnahmsweise einem Kunden ein Darlehen gewährt. Bei Kaufleuten streitet nach der Rechtsprechung des BGH die Vermutung des § 344 HGB dafür, dass ein solches Nebengeschäft den erforderlichen unmittelbaren Bezug zur gewerblichen Tätigkeit des Händlers aufweist und kein reines Privatgeschäft vorliegt.[48]

Der Begriff des Unternehmers ist aber grundsätzlich **strikt vom Begriff des Kaufmanns i.S.d. HGB zu unterscheiden**, weil der Begriff des Unternehmers unionsrechtlich, der Begriff des Kaufmanns national determiniert ist. Ein Kaufmann ist stets Unternehmer, ein Unternehmer aber nicht notwendigerweise Kaufmann. Der **Begriff des Unternehmers** ist insofern weiter, als er auch freiberufliche Tätigkeiten und Tätigkeiten ohne Gewinnerzielungsabsicht[49] erfasst. Zudem sind Kleingewerbetreibende stets Unternehmer, aber nur dann Kaufmann, wenn sie sich nach § 2 HGB freiwillig ins Handelsregister eintragen lassen. Soweit die §§ 631 ff. den Begriff des Unternehmers verwenden, ist damit der **Werkunternehmer** gemeint, d.h. eine Person, die sich zur Herstellung eines Werks verpflichtet. Diese Person kann, muss aber nicht zwingend auch Unternehmer i.S.d. § 14 sein. **25**

(2) Grenzfälle

Unternehmerin ist nach alldem, wer planmäßig und auf Dauer angelegt, wirtschaftlich **26** selbständig am Markt teilnimmt. Alle anderen Personen sind Verbraucher. Schwierigkeiten kann die Abgrenzung bei der **Verwaltung eigenen Vermögens** bereiten. Grundsätzlich ist die Verwaltung eigenen Vermögens dem Bereich der privaten Zwecksetzung zuzuordnen. Anders entscheidet die Rechtsprechung, sofern der mit der Vermögensverwaltung verbundene **organisatorische und zeitliche Aufwand** insgesamt nach den Umständen des Einzelfalls einen **planmäßigen Geschäftsbetrieb** erfordert.[50] Ein Indiz

---

45 EuGH EuZW 2015, 327 Rn. 24 – Šiba.

46 Zu sog. „Powersellern" siehe OLG Frankfurt a. M. NJW 2005, 1438; zur Einstufung anderer eBay-Verkäufer als Unternehmer OLG Frankfurt a. M. K&R 2007, 585; *Grunewald/Peifer*, Rn. 25.

47 EuGH NJW 2005, 653 – Gruber.

48 BGH NJW 2011, 3435 Rn. 18 ff.

49 BGHZ 155, 240, 246 = NJW 2003, 2742; BGH NJW 2006, 2250.

50 BGH NJW 2002, 368.

hierfür kann beispielsweise das Unterhalten eines Büros oder einer Organisation zum Zwecke der Vermögensverwaltung sein.[51] Nicht entscheidend ist die Höhe des verwalteten Vermögens. Es mag sich etwa ein hohes Aktienvermögen leichter verwalten lassen als ein Immobilienvermögen mit vielen Mieteinheiten, so dass bei demselben Vermögenswert die Verwaltung des Immobilienvermögens einen planmäßigen Geschäftsbetrieb erfordert, die Verwaltung des Aktienvermögens hingegen nicht.

27 In Fällen der **gemischten Zwecksetzung**, in denen der Vertrag sowohl einem privaten wie einem gewerblichen Zweck dient (sog. ***„dual use“***), ist zunächst zu fragen, ob eine **Aufteilung des Vertrags** in einen gewerblichen und einen privaten Teil möglich ist. Soll etwa ein Darlehen zur Finanzierung verschiedener Gegenstände dienen, so ist die Darlehensnehmerin nur hinsichtlich des privat investierten Geldes Verbraucherin.[52] In den verbleibenden Fällen ist auf den **Schwerpunkt der Verwendung** abzustellen – zu denken ist etwa an den PKW eines selbständigen Anwalts, der sowohl beruflich als auch privat genutzt wird. Sofern sich gewerbliche und private Nutzung genau die Waage halten, ist der Vertrag als Verbrauchervertrag einzuordnen.[53] Dies lässt sich dem etwas unglücklich formulierten § 13 zwar nicht direkt entnehmen, ergibt sich aber aus der gebotenen richtlinienkonformen Auslegung: Nach Erwägungsgrund 17 VRRL handelt eine Person als Verbraucher, wenn die gewerbliche Zwecksetzung nicht überwiegt.

(3) Maßgebliche Perspektive

28 Die Zwecksetzung einer Vertragspartei ist für die andere Partei freilich nicht immer erkennbar. Auf wessen Perspektive es bei der Bestimmung der Verbraucher- bzw. Unternehmereigenschaft ankommt, ist noch nicht abschließend geklärt. Vergegenwärtigt man sich, dass das Verbraucherschutzrecht ein zugunsten des Verbrauchers zwingendes Schutzregime aufstellt (Rn. 11 f.), so spricht einiges dafür, dass allein der vom Betreffenden **objektiv verfolgte Zweck** maßgeblich ist.[54] In eine andere Richtung weist indes die Rechtsprechung des BGH. Unter Beifall des ganz überwiegenden Schrifttums[55] hat er es jedenfalls demjenigen Käufer, der einen gewerblichen Verwendungszweck der Kaufsache **arglistig vortäuscht**, nach den Grundsätzen von Treu und Glauben (§ 242) verwehrt, sich auf die Vorschriften über den Verbrauchsgüterkauf zu berufen.[56] Der Käufer hatte sich als Unternehmer ausgegeben, weil der Verkäufer einen Gewährleistungsausschluss vereinbaren und in Anbetracht von § 476 Abs. 1 S. 1 nur noch mit Gewerbetreibenden kontrahieren wollte. Wenngleich der lügende Käufer, der nach Feststellung eines Mangels nichts mehr von dem Haftungsausschluss wissen wollte, in der Tat als wenig schutzwürdig erscheint, ist diese Entscheidung nicht ohne Risiko. Denn sie macht das Verbraucherschutzrecht letztlich dispositiv: Der Verbraucher muss sich nur vorsätzlich als Unternehmer ausgeben, um als solcher behandelt zu werden.[57] Er kann dann einen Gewährleistungsausschluss wirksam vereinbaren, obwohl ihm das Gesetz diese Option eigentlich versagen will.

---

51 BGH NJW 2002, 368.
52 AA *Bülow*, WM 2014, 1, 2.
53 Näher *Beck*, Jura 2014, 666, 668 ff.; *Meier*, JuS 2014, 777.
54 MünchKomm/*Micklitz*, § 13 Rn. 42 ff.; *Herresthal*, JZ 2006, 695, 697 ff.; *Meier*, JuS 2014, 777, 779.
55 Vgl. nur Staudinger/*Fritzsche*, § 13 Rn. 63; BeckOK BGB/*Martens*, § 14 Rn. 39.
56 **BGH NJW 2005, 1045**; BGH NJW 2014, 2723 Rn. 41 f.
57 Ablehnend daher *Schürnbrand*, JZ 2009, 133, 136 f.; *Faust*, JuS 2010, 254, 255.

Im Schrifttum wird teilweise dafür plädiert, auch bei Fehlen einer arglistigen Täuschung aus Gründen des Verkehrsschutzes auf den **objektiven Empfängerhorizont** (§§ 133, 157) abzustellen.[58] Denn bei fehlender Erkennbarkeit der Verbrauchereigenschaft könne von einem Unternehmer kaum erwartet werden, den vielfältigen Pflichten, die sich mit einem Verbrauchervertrag verbinden, nachzukommen.[59] Der EuGH hat hingegen in einem *obiter dictum* erklärt, jedenfalls der Verbraucherbegriff der AGB-Richtlinie sei unabhängig von den Informationen zu bestimmen, über die der Unternehmer verfüge.[60] Richtigerweise wird man von einer Unternehmerin erwarten können, dass diese beim Vertragsschluss mit natürlichen Personen von deren Verbrauchereigenschaft ausgeht. Will sie dieses Risiko nicht tragen, muss sie ermitteln, zu welchen Zwecken ihre Kunden den Vertrag eingehen. 29

Dies zeigt **Fall 3**:[61] Rechtsanwältin R bestellt bei Internet-Händler I drei Lampen für ihre Privatwohnung. Als Liefer- und Rechnungsadresse gibt sie „Kanzlei Dr. B." samt der Kanzleiadresse an. Später will sie den Vertrag widerrufen. 30

Als Fernabsatzvertrag kann der Kaufvertrag gemäß § 312g Abs. 1 Alt. 2 nur dann widerruflich sein, wenn R als Verbraucherin gehandelt hat. Stellt man allein auf den tatsächlichen, offenkundig rein privaten Verwendungszweck ab, ist das ohne Weiteres der Fall. Selbst wenn man aber die dem Verkäufer erkennbaren Umstände berücksichtigt, ergibt sich nach zutreffender Auffassung des BGH kein anderes Ergebnis. Denn nach der vom Gesetzgeber gewählten negativen Formulierung des zweiten Halbsatzes der Vorschrift des § 13 sei das rechtsgeschäftliche Handeln einer *natürlichen* Person grundsätzlich als Verbraucherhandeln anzusehen. Eine abweichende Einordnung komme in Betracht, wenn die erkennbaren Umstände eindeutig und zweifelsfrei auf die Verfolgung einer gewerblichen oder selbständigen beruflichen Tätigkeit hinwiesen. Dafür genügt aber die bloße Angabe einer unternehmerischen Lieferanschrift nicht. Da sich berufstätige Personen zu den Postzustellzeiten regelmäßig an ihrem Arbeitsplatz befinden, ist damit zu rechnen, dass sich R die zur privaten Verwendung bestellten Waren aus praktischen Gründen an ihren Arbeitsplatz schicken lässt. Will I solche Missverständnisse vermeiden, muss er die Zwecksetzung seiner Kunden im Zuge des Vertragsschlusses abfragen.

c) Der Verbraucher als natürliche Person

(1) Personenmehrheiten

An die Person des Unternehmers stellt das Gesetz keine besonderen Anforderungen. 31
Vielmehr ist jede natürliche oder juristische Person sowie jede rechtsfähige Personengesellschaft Unternehmer, sofern sie nur eine gewerbliche oder selbständige berufliche Tätigkeit ausübt. Nach dem Wortlaut des § 13 kann eine Verbraucherin hingegen nur eine **natürliche Person** sein. Dies wirft Probleme auf, wenn sich mehrere Verbraucher in einem Verband zusammenschließen oder der Vertrag zwischen mehr als zwei Perso-

58 So etwa *Müller*, NJW 2003, 1975 (1979).
59 Siehe auch EuGH NJW 2005, 653, Rn. 52 f. – Gruber (zum Verbrauchergerichtsstand des EuGVÜ).
60 EuGH EuZW 2015, 767 Rn. 21 – Costea.
61 **BGH NJW 2009, 3780**; dazu *Faust*, JuS 2010, 254; *Artz*, ZJS 2009, 719.

nen geschlossen wird. Bei **mehrseitigen Verträgen** ist nach der Rolle der einzelnen Vertragsparteien zu differenzieren.[62] So kann ein Darlehensvertrag mit Blick auf den einen Darlehensnehmer ein Verbraucherkreditvertrag sein, während die andere Darlehensnehmerin keine Verbraucherin ist und deshalb nicht den Schutz der §§ 491 ff. genießt **(Grundsatz der Einzelbetrachtung)**.[63] Demnach ist für jeden Beteiligten gesondert zu bestimmen, ob die Schutzvorschriften der §§ 491a ff. Anwendung finden.

(2) Verbände als Verbraucher

32 Bei Verbänden gilt: Ein eingetragener Verein, eine AG und eine GmbH können als juristische Personen nach dem klaren Wortlaut des § 13 niemals Verbraucher sein.[64] Die Personenhandelsgesellschaften OHG und KG betreiben regelmäßig ein Gewerbe und sind als Subjekte des Handelsverkehrs keine Verbraucher.[65] Schwierigkeiten bereitet jedoch die Einordnung einer **Gesellschaft bürgerlichen Rechts**, die einen **nichtkommerziellen Zweck** verfolgt.

33 Siehe hierzu **Fall 4**:[66] Drei Rechtsanwälte und zwei Steuerberater bilden eine Gesellschaft bürgerlichen Rechts mit dem Zweck des Erwerbs, des Umbaus und der Verwaltung eines mit einem Mehrfamilienhaus bebauten Grundstücks. Auf diese Weise wollen sie ihr Vermögen gewinnbringend anlegen. Zur Finanzierung eines Umbaus will die Gesellschaft ein Darlehen in Höhe von 100.000 € aufnehmen. Die Bank fragt sich, ob sie die Pflichtangaben nach § 492 Abs. 2 in den Vertrag aufnehmen muss.

Nach der traditionellen individualistischen Gesamthandslehre wurden aus Verträgen nur die Gesellschafter einer GbR selbst berechtigt und verpflichtet. Der moderne Gesetzgeber hat sich hingegen für die sog. Gruppenlehre entschieden: Nach § 705 Abs. 2 Alt. 1 ist eine GbR, die als Außengesellschaft am Rechtsverkehr teilnimmt, zwar keine juristische Person, aber gleichwohl rechtsfähig.[67] Daher kann die Immobilienverwaltungsgesellschaft selbst als Darlehensnehmerin auftreten. Der Vertrag muss die Pflichtangaben des § 492 Abs. 2 enthalten, sofern es sich um einen Verbraucherdarlehensvertrag im Sinne von § 491 Abs. 1 handelt. Hierzu müsste die Gesellschaft als Verbraucherin zu qualifizieren sein. Das kommt deswegen in Betracht, weil die Gesellschaftstätigkeit allein auf **private Vermögensanlage** gerichtet ist. Die Verwaltung eigenen Vermögens ist nämlich weder gewerbliches noch selbständiges berufliches Handeln, sofern nicht ausnahmsweise der damit verbundene organisatorische Aufwand das Bild eines planmäßigen Geschäftsbetriebs vermittelt (oben Rn. 26).

34 Allerdings können rechtsfähige Personengesellschaften nach im Schrifttum verbreiteter Ansicht niemals Verbraucher sein, weil § 13 die Stellung als Verbraucher gezielt den

---

62 BGH NJW 2000, 3133, 3135; BeckOK BGB/*Martens*, § 13 Rn. 30.

63 BGHZ 133, 71 = NJW 1996, 2156; *Oechsler*, Vertragliche Schuldverhältnisse Rn. 647.

64 MünchKomm/*Micklitz*, § 13 Rn. 13; Staudinger/*Fritzsche*, § 13 Rn. 31, der jedoch eine teleologische Extension auf den eV nicht ausschließt.

65 Dies gilt auch, soweit sie ausnahmsweise nach Maßgabe des § 105 Abs. 2 HGB nur eigenes Vermögen verwalten, zutr. *Bülow/Artz*, Rn. 77; aA Erman/*Saenger*, § 13 Rn. 6.

66 So bereits **BGHZ 149, 80 = NJW 2002, 368**.

67 Grundlegend BGHZ 146, 341 = NJW 2001, 1056; zu verbleibenden Unterschieden zwischen rechtsfähigen Personengesellschaften und juristischen Personen MünchKomm/*Schäfer*, § 705 Rn. 315 ff.

natürlichen Personen vorbehalte.[68] Demgegenüber **bejaht** die hM die **Verbrauchereigenschaft der Gesellschaft bürgerlichen Rechts**, soweit sich in ihr mehrere Verbraucher zusammengeschlossen haben und private Zwecke verfolgt werden.[69] Denn der Umstand, dass sich mehrere natürliche Personen zu einer GbR zusammenschließen, ändert nichts an deren Schutzwürdigkeit: Die als Verbraucher anzusehenden Gesellschafter haften für die Verbindlichkeiten der Gesellschaft nach § 721 S. 1 persönlich und stehen daher wirtschaftlich so, als hätten sie den Darlehensvertrag selbst abgeschlossen. Im Einklang mit der hM ist im vorliegenden Fall die Gesellschaft selbst als Verbraucherin zu qualifizieren, und die Bank ist verpflichtet, die Pflichtangaben des § 492 Abs. 2 in den Darlehensvertrag aufzunehmen.

(3) Verbände mit gemischter Mitgliedschaft

Einer Gesellschaft bürgerlichen Rechts sollte die Verbrauchereigenschaft allerdings **35**
nicht mehr zugebilligt werden, wenn zu den Gesellschaftern neben natürlichen Personen auch juristische Personen gehören. Denn anderenfalls könnten sich Unternehmer durch die Aufnahme eines Verbrauchers in eine von ihnen gegründete GbR den Genuss der Verbraucherschutzbestimmungen erschleichen. Zudem rechtfertigt es die privatautonome Entscheidung der Verbraucherin, gemeinsam mit Unternehmerinnen eine GbR zu gründen, ihr den Schutz als Verbraucherin zu versagen.[70]

Anders sieht dies der BGH richtigerweise mit Blick auf die Wohnungseigentümerge- **36**
meinschaft (WEG), die keine Personengesellschaft ist, sondern einen Verband *sui generis* darstellt. Erwirbt eine natürliche Person mit dem Ziel der privaten Vermögensverwaltung Wohnungseigentum, so wird sie nach § 10 WEG zwingend Mitglied der Wohnungseigentümergemeinschaft und haftet anteilig für die von der WEG im Interesse der Gemeinschaft getätigten Rechtsgeschäfte. Entscheidend ist, dass sich die einzelne Verbraucherin einer Mitgliedschaft in der WEG nicht entziehen kann. Dies rechtfertigt es, die Wohnungseigentümergemeinschaft als Verbraucherin anzusehen, sofern auch nur eines ihrer Mitglieder Verbraucher ist und die WEG mit dem Vertragsschluss einen nichtgewerblichen Zweck verfolgt.[71]

d) Einzelfälle

Zum Ausschluss eines Verbrauchergeschäfts führt allein der Bezug zu einer **selbständi- 37**
gen beruflichen Tätigkeit. Sozial abhängige und weisungsgebundene **Arbeitnehmer** sind nach deutschem Recht Verbraucher (allerdings nicht nach den Verbraucherschutzrichtlinien der Union, s. Rn. 19). Das gilt zunächst für Erwerbsgeschäfte, die dem beruflichen Fortkommen dienen. So handelt der verbeamtete Lehrer als Verbraucher, wenn er zur Verbesserung des Unterrichts einen Laptop samt Beamer kauft. Aber auch bei Rechtsgeschäften mit seiner Arbeitgeberin handelt eine Arbeitnehmerin als Verbraucherin.[72] Insofern bleibt jedoch im Einzelfall zu prüfen, ob das jeweilige Schutzinstrument

68 Vgl. *Mülbert*, WM 2004, 905, 910 ff.; *Reiff*, FS für Schirmer, 2005, S. 501, 508 ff.; MünchKomm/*Micklitz*, § 13 Rn. 17 f.; *Grunewald/Peifer*, Rn. 21.

69 Vgl. BGH NJW 2007, 1813, 1816; Grüneberg/*Ellenberger*, § 13 Rn. 2; Erman/*Saenger*, § 13 Rn. 6; im Ergebnis auch *K. Schmidt*, JuS 2006, 1, 5 („rechtspolitische Notlüge").

70 BGH DNotZ 2017, 623 Rn. 25 ff.; *Schwab*, JuS 2018, 287, 288.

71 BGH NZM 2015, 665 Rn. 25 ff.

72 Grundlegend BAG NJW 2005, 3305, 3309; s. daneben *Bülow/Artz*, Rn. 67 f.

nach seinem Normzweck einschlägig ist. So wurde der am Arbeitsplatz abgeschlossene Vertrag zur Aufhebung des Arbeitsverhältnisses vom BAG nicht als widerrufliches Haustürgeschäft angesehen, weil der Arbeitnehmer damit rechnen müsse, dass seine Arbeitgeberin ihn am Arbeitsplatz mit Verhandlungen über seinen Anstellungsvertrag konfrontiere und es daher am situationstypischen Überraschungsmoment fehle.[73]

38 Ebenfalls weisungsgebunden, nämlich hinsichtlich der Vorgaben der Gesellschafterversammlung, agiert der **Geschäftsführer einer GmbH**. Deshalb ist er Verbraucher, soweit es um den Abschluss seines Dienstvertrags geht oder er einen Schuldbeitritt zu einer Darlehensverbindlichkeit der GmbH erklärt.[74] Ebenso ist für die **Gesellschafterinnen** zu entscheiden. Denn das Innehaben eines GmbH-Anteils ist als private Vermögensverwaltung anzusehen. Die Rechtsprechung will von dieser Betrachtung allerdings selbst dann nicht abweichen, wenn eine Person zugleich als Alleingesellschafter und Geschäftsführer der GmbH fungiert.[75] Das ist deswegen nicht überzeugend, weil der Betreffende uneingeschränkt alle unternehmerischen Entscheidungen trifft und auch deren wirtschaftliche Folgen zu tragen hat.[76]

39 Die **Existenzgründung**[77] zählt ebenso wie die **Existenzaufgabe**[78] zur unternehmerischen Tätigkeit. Wer also mit Blick auf eine künftige gewerbliche oder selbständige berufliche Tätigkeit ein Darlehen aufnimmt oder ein Geschäftslokal anmietet bzw. ein Inserat für den Verkauf seines Unternehmens aufgibt, ist Unternehmer. Das Gesetz stellt Existenzgründer den Verbrauchern nur für das Kreditrecht und das Recht der Kreditvermittlung gleich (§§ 513, 655e Abs. 2). Überdies ist die Anwendbarkeit des Verbraucherkreditrechts davon abhängig, dass der Kredit einen Umfang von 75.000 € nicht überschreitet.[79] Noch der privaten Zwecksetzung zuzuordnen sind Verträge, die erst der **Entscheidungsfindung über die Existenzgründung** dienen (Existenzgründungsbericht oder Buchung eines Existenzgründungsseminars).[80]

e) Stellvertretung

40 Wird der Verbraucher beim Vertragsschluss durch einen Unternehmer vertreten (und *vice versa*), so kommt es für die Frage, ob ein Verbrauchervertrag vorliegt, zunächst nur auf die **Rolle der Vertragspartei** an.[81] Ein Unternehmer kann sich also nicht die Vorteile der Verbraucherschutzvorschriften verschaffen, indem er einen Verbraucher als seinen Vertreter einsetzt. Umgekehrt verliert ein Verbraucher nicht per se den gesetzlichen Schutz, wenn er sich von einem Unternehmer vertreten lässt. So handelt es sich beispielsweise auch dann um einen Verbrauchsgüterkauf, wenn der Vertrag von einer Unternehmerin als Vertreterin des Verbrauchers geschlossen wurde. Sieht die betreffende Verbraucherschutzregel einen situationsbezogenen Schutz vor (insbes. beim Ver-

73 BAG NJW 2004, 2401.
74 BAG NJW 2010, 2827, 2829; ablehnend *Müller*, FS für Nobbe, 2009, S. 415, 427 ff.
75 Grundlegend BGHZ 165, 43, 46 ff. = NJW 2006, 431.
76 Näher MünchKomm/*Weber*, § 491 Rn. 24 f.; *Mülbert*, FS für Hadding, 2004, S. 575, 580 f.
77 BGHZ 162, 253, 256 ff. = NJW 2005, 1273; MünchKomm/*Micklitz*, § 13 Rn. 62 ff. m.w.N.; aA *Schünemann/Blomeyer*, JZ 2010, 1156.
78 EuGH C-361/89 – di Pinto = BeckRS 2004, 76741.
79 Vertiefend dazu Rn. 281 f.
80 BGH NJW 2008, 435.
81 BGH NJW 2000, 2268 f.; BGH NZM 2015, 665, 670.

tragsschluss im Fernabsatz oder außerhalb von Geschäftsräumen), so ist entscheidend, ob sich der Vertreter bei Vertragsschluss in der betreffenden Situation befunden hat.[82] Hier ist freilich anknüpfend an die Wertung des § 166 Abs. 1 zu differenzieren: Ist die Stellvertreterin eine Unternehmerin, d.h. schließt sie den Vertrag als Vertreterin in Ausübung ihrer selbständigen Erwerbstätigkeit, bedarf es des situationsspezifischen Schutzes der §§ 312 ff. nicht.[83]

2. Waren und Dienstleistungen

Gegenstand des europäischen Verbraucherprivatrechts sind Austauschverträge über Waren und Dienstleistungen. Diese Begriffe sind unionsautonom auszulegen und knüpfen an die im AEUV geregelten Grundfreiheiten der Warenverkehrsfreiheit und Dienstleistungsfreiheit an. **Der Begriff der „Ware"** ist im BGB an eher versteckter Stelle legaldefiniert: Nach § 241a Abs. 1 handelt es sich um bewegliche Sachen, die nicht auf Grund von Zwangsvollstreckungsmaßnahmen oder anderen gerichtlichen Maßnahmen verkauft werden. Sofern im Verbraucherprivatrecht „Verträge über die Lieferung von Waren" angesprochen werden, sind damit also Kaufverträge und Werklieferungsverträge gemeint. Dabei ist es unerheblich, wenn der Vertrag nicht nur zur Lieferung von Waren verpflichtet, sondern auch ein Dienstleistungselement, wie insbesondere die Montage, enthält.[84] 41

Der Begriff der „Dienstleistung" ist im BGB nicht definiert. Nach ständiger Rechtsprechung des EuGH handelt es sich bei einer Dienstleistung um das Erbringen einer Tätigkeit gegen Entgelt.[85] Soweit das BGB den Begriff der Dienstleistung in verbraucherprivatrechtlichen Vorschriften verwendet, ist dieser Begriff deshalb deutlich weiter zu verstehen als in den Regelungen zum Dienstvertrag. Außerhalb der §§ 611 ff. bezieht sich der Begriff der Dienstleistung auch auf Verträge, die nach nationalem deutschem Recht z.B. als Miet-, Werk-, Makler-, Beförderungs-, Partnervermittlungs- oder Geschäftsbesorgungsverträge einordnen sind.[86] Dieses weite Verständnis des Begriffs der Dienstleistung lässt sich beispielsweise an § 312g Abs. 2 Nr. 9 ablesen. Kreditverträge, Versicherungen und Bankleistungen im weiteren Sinne werden als **Finanzdienstleistungen** bezeichnet;[87] für sie gelten oftmals Sonderregeln.

Fall 5:[88] E beauftragt Sanitärfachmann S mit der umfassenden Sanierung ihres Gartenpools. Im Rahmen des zwischen den Parteien geschlossenen Vertrags verkauft S der E auch eine Filteranlage für den zu sanierenden Pool. Nach Abnahme und Inbetriebnahme des Pools zeigen sich zahlreiche Mängel. E fordert S zur Beseitigung der Mängel auf, setzt diesem allerdings keine Frist. Nachdem S nicht reagiert, lässt E die Mängel anderweitig beheben und verlangt von S die Erstattung der Kosten. 42

82 BGH NJW 2000, 2268 f.; BGH NJW 2015, 3228; MünchKomm/*Micklitz*, § 13 Rn. 29; BeckOK BGB/*Martens*, § 13 Rn. 34; *Bülow/Artz*, § 4 Rn. 64; aA *Hoffmann*, JZ 2012, 1156 ff.
83 Staudinger/*Thüsing*, 312b Rn. 43; Grüneberg/*ders.*, 312b Rn. 8.
84 EuGH NJW 2017, 3215 – Schottelius = NJW 2017, 3215 (m. Anm. *Mankowski*).
85 EuGH C-533/07 - *Falco Privatstiftung* = NJW 2009, 1865 Rn. 29; *Bülow/Artz*, Rn. 86.
86 Siehe bspw. EuGH C-336/03 – easyCar = NJW 2005, 3055; EuGH C-247/16 – Schottelius.
87 Siehe die Legaldefinition in § 312 Abs. 5 S. 1.
88 EuGH C-247/16 – Schottelius = NJW 2017, 3215 (m. Anm. *Mankowski*).

E könnte gegen S ein Anspruch auf Schadensersatz aus §§ 437 Nr. 3, 281 Abs. 1, 475d Abs. 2 oder ein Anspruch auf Erstattung der Kosten der Selbstvornahme aus §§ 634 Nr. 2, 637 Abs. 1 zustehen. Zu ermitteln ist zunächst, ob hier die kauf- oder die werkvertraglichen Sachmängelvorschriften Anwendung finden. S hat sich zur Sanierung des Pools verpflichtet, d.h. zum Herbeiführen eines Erfolgs. Dies spricht für die Einordnung des Vertrags als **Werkvertrag**, da E nicht lediglich (wie bei einem Dienstvertrag) die Vornahme einer Tätigkeit schuldet. Allerdings hat S im Rahmen des Vertrags der E auch eine Filteranlage verkauft. Der Vertrag könnte deshalb gemäß § 474 Abs. 1 als **Verbrauchsgüterkauf** einzuordnen sein. Verbrauchsgüterkäufe i.S.d. § 474 Abs. 1 sind Verträge, durch die ein Verbraucher von einem Unternehmer eine Ware kauft, und zwar auch dann, wenn der Vertrag neben dem Verkauf der Ware die Erbringung einer Dienstleistung durch den Unternehmer zum Gegenstand hat. Da S als Unternehmer tätig ist und E den Vertrag über die Sanierung ihres Gartenpools zu privaten Zwecken abgeschlossen hat, handelt es sich um einen **Verbrauchervertrag**. Auch stellt die Filteranlage eine bewegliche Sache, d.h. eine Ware i.S.d. § 241a dar. Fraglich ist, ob der Vertrag neben dem Verkauf der Ware eine Dienstleistung zum Gegenstand hat. Die Sanierung des Pools ist nach dem BGB als Werkvertrag, nicht als Dienstvertrag, einzuordnen. Doch ist der **Begriff der Dienstleistung in § 474 Abs. 1 S. 2** aufgrund der dort vorgenommenen Umsetzung der Warenkauf-RL unionsrechtlich geprägt und somit weit zu verstehen. Eine Dienstleistung in diesem Sinne ist jegliches Erbringen einer Tätigkeit gegen Entgelt, d.h. auch die Montage der Filteranlage. Allerdings ist ein Vertrag mit Lieferungs- und Dienstleistungselementen nur dann als Verbrauchsgüterkauf einzuordnen, wenn die Dienstleistung den Verkauf lediglich ergänzt. Dies ergibt sich aus den Worten „neben dem Verkauf". Es ist folglich der **Schwerpunkt der geschuldeten Leistung** zu ermitteln. Hier liegt der Schwerpunkt der von S versprochenen Leistung auf der Sanierung des Pools. Der Verkauf der Filteranlage ergänzt diese Leistungen nur. Der Vertrag ist somit ein Werkvertrag i.S.d. § 631.

43 E hat das mangelhafte Werk des S abgenommen und kann deshalb die Mängelrechte aus § 634 geltend machen. Voraussetzung der Selbstvornahme nach §§ 634 Nr. 2, 637 Abs. 1 ist das fruchtlose Verstreichen einer von der Bestellerin gesetzten Nachfrist. Eine solche hat E dem S laut Sachverhalt nicht gesetzt. Ein Anspruch auf Ersatz der erforderlichen Aufwendungen scheidet deshalb aus. Selbiges gilt für den Anspruch auf Schadensersatz aus §§ 634 Nr. 4, 281 Abs. 1.

§ 2

Allgemeine Geschäftsbedingungen

I. Funktion und Schutzzweck

Allgemeine Geschäftsbedingungen (AGB) sind im Wirtschaftsleben allgegenwärtig. Sie erfüllen im Kern **drei Aufgaben**: Rationalisierung, Lückenfüllung bzw. Rechtsfortbildung und Risikoverlagerung.[1] Vorformulierte Geschäftsbedingungen dienen erstens der **Rationalisierung**, weil sie es den Vertragsbeteiligten ersparen, bei Massengeschäften immer wieder aufwendige Vertragsverhandlungen führen zu müssen. Das ist zweitens insbesondere dort von Bedeutung, wo die Parteien einen Vertrag schließen wollen, der im Gesetz nicht näher oder nicht mehr zeitgemäß ausgestaltet ist. Eine solche **Lückenschließung und Rechtsfortbildung** ist beispielsweise im Bereich des Leasings oder Franchisings sowie bei neuen Vertragstypen des elektronischen Geschäftsverkehrs erforderlich. Drittens schließlich wird der AGB-Verwender versuchen, die gesetzliche **Risikoverteilung** zu Lasten des Kunden zu verlagern, also seine Rechte zu stärken und jene des Kunden zu schmälern. 44

Die mit AGB verbundene Gefahr einer **einseitigen Ausnutzung der faktischen Vertragsgestaltungsfreiheit** rechtfertigt die in §§ 305 ff. vorgesehene besondere richterliche Kontrolle.[2] Während es sich nämlich für die AGB-Verwenderin im Hinblick auf die vielfache Verwendung von AGB wirtschaftlich lohnt, selbstbegünstigende Geschäftsbedingungen zu entwickeln, handelt der Kunde durchaus rational, wenn er auf eine nähere Prüfung der Bedingungen verzichtet. Der Aufwand, wegen eines verschmutzten Anzugs die Vertragsbedingungen der Reinigung zu studieren und Gegenvorschläge zu machen, ist schlicht zu groß. Oftmals verwenden auch die Konkurrenten des AGB-Verwenders gleiche oder ähnliche Klauseln; ein Wettbewerb auf der Ebene der Vertragsbedingungen findet nicht statt. Ökonomisch gesprochen kommt es zu einem **partiellen Marktversagen**, weil die Transaktionskosten für Verbraucherinnen abschreckend hoch sind.[3] Konzeptionell knüpft die AGB-Kontrolle daher nicht an ein persönliches, intellektuelles oder wirtschaftliches Ungleichgewicht der Vertragsbeteiligten an. Ursache für die besondere Schutzbedürftigkeit des Kunden ist vielmehr die aus dem geschilderten Marktversagen resultierende Einschränkung seiner Privatautonomie im materiellen Sinne. 45

Die Inanspruchnahme einseitiger Gestaltungsmacht durch AGB erfolgt keineswegs nur im Verhältnis zwischen Unternehmern und Verbrauchern, man kann ihr ebenso im Rechtsverkehr zwischen zwei Unternehmerinnen oder zwei Privatleuten begegnen. Das deutsche AGB-Recht ist demgemäß im Ausgangspunkt **rollenneutral konzipiert** und **nicht auf Verbraucherverträge beschränkt**. Anderes gilt hingegen für die einschlägige europäische Richtlinie, deren Schutzrichtung bereits in der Bezeichnung „Richtlinie über missbräuchliche Klauseln in Verbraucherverträgen" (Klausel-RL) zum Ausdruck kommt.[4] 46

---

1 *Grünberger*, Jura 2009, 249; Grüneberg/*ders.*, Vor § 305 Rn. 3 ff.; *Brox/Walker*, Schuldrecht AT § 4 Rn. 32 f.

2 BGHZ 184, 259 Rn. 12 = NJW 2010, 1131; *Habersack*, in: Ulmer/Brandner/Hensen, Vorbemerkung Rn. 48; umfassend *Hellwege*, Allgemeine Geschäftsbedingungen, einseitig gestellte Vertragsbedingungen und die allgemeine Rechtsgeschäftslehre, 2010, S. 527 ff.

3 Eingehend *Kötz*, JuS 2003, 209 ff.; MünchKomm/*Fornasier*, Vor § 305 Rn. 4 ff.

4 ABl. 1993 L 95/29; näher zu den unionsrechtlichen Vorgaben Langenbucher/*Herresthal*, § 2 Rn. 112 f., 114 ff.

47 Die Umsetzung der Klausel-RL hat zu einer gewissen **Unübersichtlichkeit** des deutschen AGB-Rechts geführt. **Ohne Rücksicht auf den Status der Beteiligten** finden die §§ 305 ff. im Kern auf sämtliche Vertragsbedingungen Anwendung, die für eine Vielzahl von Verträgen vorformuliert sind. Das Gesetz geht jedoch davon aus, dass **Unternehmer weniger schutzbedürftig** sind. Deshalb finden gemäß § 310 Abs. 1 die Regeln des § 305 Abs. 2 und 3 bei der Einbeziehung von AGB in Verträge mit Unternehmern keine Anwendung. Auch die besonderen Verbotskataloge der §§ 308, 309 sind nominell nicht anwendbar, wenn die Kundin Unternehmerin ist. Gleichwohl entnimmt die Rechtsprechung den Klauselverboten der §§ 308, 309 indizielle Wirkung für eine unangemessene Benachteiligung im unternehmerischen Verkehr i.S.d. § 307. Schließlich muss sich eine Unternehmerin als Verwenderin gemäß § 310 Abs. 3 besonderen Anforderungen stellen, wenn der **Kunde ein Verbraucher** ist.

II. Prüfungsabfolge

48 In der Fallbearbeitung ist zunächst zu ermitteln, ob die **gesetzliche Regelung überhaupt dispositiv** ist. Insbesondere verbraucherschützende Bestimmungen sind regelmäßig halbzwingend ausgestaltet, können also weder durch AGB noch durch Individualvereinbarungen zu Lasten des Verbrauchers abbedungen werden. Gleiches gilt zum Schutze des Mieters für viele Bestimmungen des Mietrechts. Scheitert die Klausel beispielsweise bereits an §§ 312m Abs. 1, 327s Abs. 1, 361 Abs. 2, 476 Abs. 1 oder 512, **bedarf es einer AGB-Prüfung nicht**. Wird eine grundsätzlich dispositive Regelung durch AGB abbedungen oder ergänzt, so ist zunächst zu prüfen, ob der **Anwendungsbereich** der §§ 305 ff. eröffnet ist. Das ist nach § 310 Abs. 4 S. 1 zu verneinen, soweit es sich um einen Vertrag auf dem Gebiet des Erb-, Familien- oder Gesellschaftsrechts handelt. Besonderheiten gelten zudem für Arbeitsverträge. Im Übrigen kommt es nach § 305 Abs. 1 S. 1 darauf an, ob der Verwender der anderen Vertragspartei für eine Vielzahl von Verträgen vorformulierte Vertragsbedingungen stellt. In Verbraucherverträgen unterliegen gemäß § 310 Abs. 3 Nr. 2 sogar vom Unternehmer für die einmalige Verwendung vorformulierte Klauseln der AGB-Kontrolle. Liegen begrifflich AGB vor, ist in einem nächsten Schritt zu prüfen, ob diese nach Maßgabe der §§ 305 Abs. 2 und 305c Abs. 1 **wirksam in den Vertrag einbezogen** wurden. Nur wenn das der Fall ist, stellt sich die Frage, ob eine bestimmte Klausel der **Inhaltskontrolle** nach §§ 307 ff. standhält. Schließlich ist die Vorschrift des § 306 betreffend die Rechtsfolgen bei Nichteinbeziehung oder Unwirksamkeit zu beachten. Ein zusammenfassendes Prüfungsschema findet sich im Anhang (Rn. 506).

III. Begriff

1. Allgemeine Grundsätze

49 Allgemeine Geschäftsbedingungen sind nach § 305 Abs. 1 S. 1 alle für eine Vielzahl von Verträgen vorformulierte Vertragsbedingungen, die eine Vertragspartei der anderen Vertragspartei bei Abschluss des Vertrags stellt. Unter **Vertragsbedingungen** versteht man rechtsgeschäftliche Erklärungen, die nach dem objektiven Empfängerhorizont den Inhalt

des Vertrages oder die Modalität des Vertragsschlusses bestimmen sollen. Wie sich § 309 Nr. 12b entnehmen lässt, sind auch Vorformulierungen einseitiger Erklärungen der Gegenseite (z.B. vorformulierte Bestätigungen der Kundin) unter den Begriff der Vertragsbedingung zu fassen. Die AGB müssen nach der **Absicht des Erstellers** in einer unbestimmten Zahl von Fällen, **zumindest aber dreimal** zum Einsatz kommen.[5] Eine vielfache tatsächliche Verwendung muss hingegen nicht nachgewiesen werden, vielmehr begründet schon die erste Nutzung die Anwendbarkeit der §§ 305 ff. Auch ist es nicht entscheidend, ob die Verwenderin die Vertragsbedingung selbst erstellt hat. Es reicht aus, wenn die von einem Dritten für eine Vielzahl von Verträgen vorformulierte Bedingung auf Verlangen einer Partei Eingang in den Vertrag gefunden hat (z.B. wenn eine Partei ein Vertragsformular aus dem Internet verwendet). Schließlich ist erforderlich, dass die Klausel von einer Seite **gestellt, also der Gegenseite einseitig auferlegt** wurde.

Nach § 305 Abs. 1 S. 3 handelt es sich nicht um AGB, wenn die Vertragsbedingungen **im Einzelnen ausgehandelt** wurden. Die daran zu stellenden Anforderungen sind allerdings sehr streng. Nach der Rechtsprechung bedeutet Aushandeln nämlich mehr als Verhandeln.[6] Der Verwender muss den gesetzesfremden Kerngehalt seiner AGB **ernsthaft zur Disposition stellen** und dem Kunden die Möglichkeit einräumen, auf deren Inhalt einzuwirken. Dafür ist es zwar nicht erforderlich, dass im Anschluss an individuelle Verhandlungen tatsächlich Änderungen am vorformulierten Text vorgenommen werden. Jedoch genügt es nicht, in den Formulartext den Passus aufzunehmen, die Vertragsklauseln seien „ausgiebig und ernsthaft verhandelt“ worden.[7] Denn dann bestünde die Gefahr der Manipulation und der Umgehung des Schutzes der §§ 305 ff. Aus dem gleichen Grund können die Parteien ohne tatsächliches Aushandeln die AGB-Kontrolle nicht mit Hilfe einer Klausel ausschließen, wonach der Vertrag ein Individualvertrag sei. Nicht zu verwechseln ist der Begriff des Aushandelns schließlich mit dem Vorrang der Individualabrede nach § 305b. § 305b regelt das Rangverhältnis zwischen zwei sich widersprechenden Vertragsbedingungen: Kollidiert eine individuelle Vereinbarung mit einer AGB-Klausel, so hat die Individualabrede Vorrang (näher Rn. 64). Demgegenüber betrifft § 305 Abs. 1 S. 3 die Frage, ob eine Vertragsbedingung als AGB anzusehen ist und deshalb überhaupt der AGB-Kontrolle unterliegt. **50**

Sind die Voraussetzungen des § 305 Abs. 1 erfüllt (ggf. ergänzt um § 310 Abs. 3 Nr. 1 und 2), so ist die vom Verwender gewählte Form vollkommen unerheblich, wie § 305 Abs. 1 S. 2 klarstellt. So kann die Vertragsbedingung in der Vertragsurkunde selbst, auf deren Rückseite oder in einem äußerlich gesonderten Vertragsbestandteil aufgenommen werden. **51**

---

5 BGHZ 150, 226, 230 = NJW 2002, 2470.

6 Vgl. schon BGH NJW-RR 1987, 144, 145; zusammenfassend Grüneberg/*ders.*, § 305 Rn. 20; *Miethaner*, NJW 2010, 3121. Das wird für den unternehmerischen Verkehr in jüngerer Zeit als zu weitgehend kritisiert, vgl. nur *Dauner-Lieb/Axer*, ZIP 2010, 309.

7 BGH NJW 2014, 1725 Rn. 26 ff.

52 **Fall 6:**[8] V will seinen gebrauchten PKW veräußern und findet über eine Anzeige im Internet den K, der den Wagen ebenfalls privat nutzen möchte. Schon am Telefon verständigen sich die beiden auf einen Kaufpreis von 4.600 € und sprechen auch darüber, wer ein Vertragsformular mitbringen soll. Schließlich einigt man sich auf das dem V bereits vorliegende Muster der A-Versicherung. Als K nach der Übergabe des Fahrzeugs einen erheblichen Unfallschaden entdeckt, von dem V keine Kenntnis hatte, wird die Wirksamkeit eines im Vertragstext enthaltenen Haftungsausschlusses streitig. Unterliegt der Vertrag der AGB-Kontrolle?

Einer AGB-Kontrolle bedürfte es in **Fall 6** nicht, wenn der Vertrag ein Verbrauchsgüterkauf i.S.d. § 474 Abs. 1 wäre, weil der Haftungsausschluss dann bereits an § 476 Abs. 1 S. 1 scheitern würde (Ausnahme: § 476 Abs. 3). Doch findet § 476 auf den hier vorliegenden Kauf zwischen zwei Verbrauchern keine Anwendung. Für die Eröffnung der AGB-Kontrolle ist entscheidend, ob es sich bei der Vertragsbedingung um eine Allgemeine Geschäftsbedingung handelt. Das Vertragsmuster wurde von der A-Versicherung zur Nutzung durch ihre Kunden erstellt, d.h. die Bedingung ist für eine Vielzahl von Verträgen vorformuliert. Erstellerin und Verwender der AGB müssen nicht personenidentisch sein, d.h. es genügt, wenn eine der Vertragsparteien das von der A-Versicherung erstellte Muster der Gegenseite einseitig auferlegt hat. Genau daran fehlt es aber hier. Ohne dass eine Seite bestimmte Inhalte durchsetzen wollte, ging es den Parteien übereinstimmend um die Benutzung eines erprobten Musters. K hatte die Gelegenheit, selbst einen Alternativvorschlag zu machen, und war in seiner Entscheidung über die Vertragsgrundlage frei. Weil es sich nicht um eine Allgemeine Geschäftsbedingung handelt, erfolgt keine Inhaltskontrolle des Haftungsausschlusses nach §§ 307 ff.

2. Besonderheiten bei Verbraucherverträgen

53 Nach § 310 Abs. 3 Nr. 1 gelten in Umsetzung der europäischen Klausel-RL AGB als vom Unternehmer gestellt, es sei denn, dass sie durch den Verbraucher in den Vertrag eingeführt wurden. Das ist von Bedeutung vor allem für **Drittklauseln**, die eine Notarin oder Maklerin aus eigenem Antrieb verwendet hat.[9] Schon nach allgemeinen Grundsätzen ist nämlich ein „Stellen“ zu bejahen, wenn eine Partei den Notar mit der Vertragsgestaltung betraut; er wird dann zu ihrer Hilfsperson. Beauftragen hingegen beide Parteien die Notarin oder Maklerin, fehlt es eigentlich an der einseitigen Ausnutzung tatsächlicher Vertragsgestaltungsmacht, die einer Vertragspartei zurechenbar wäre. Gleichwohl finden nach § 310 Abs. 3 Nr. 1 die §§ 305 ff. zu Lasten des Unternehmers Anwendung, wenn nicht ausnahmsweise nachweisbar ist, dass der Verbraucher auf den Einsatz eines bestimmten Formulars gedrängt hat. Zu Internet-Plattformen s. Rn. 62.

54 Abweichend von allgemeinen Grundsätzen sind weiterhin gemäß § 310 Abs. 3 Nr. 2 auch Vertragsbedingungen, die nur zur einmaligen Verwendung bestimmt sind, der Inhaltskontrolle unterworfen (sog. **Einmalbedingungen**). Die AGB-Kontrolle wandelt sich hier zur allgemeinen Missbrauchskontrolle. Etwas anderes gilt nur, wenn die Verbraucherin

8 **BGHZ 184, 259 = NJW 2010, 1131**; dazu *Faust*, JuS 2010, 538.
9 Jauernig/*Stadler*, § 310 Rn. 7; mit Beispielen zur Abgrenzung *Löhnig/Gietl*, JuS 2012, 393, 395.

ausnahmsweise auf den Inhalt der Bestimmung Einfluss nehmen konnte. Die daran zu stellenden Anforderungen decken sich in etwa mit jenen, die an das Aushandeln im Sinne von § 305 Abs. 1 S. 3 zu stellen sind (s. Rn. 50).[10]

IV. Einbeziehung in den Vertrag

1. Modifikation des Vertragsschlusses

a) Verwendung gegenüber Verbrauchern

Liegen nach den oben dargestellten Grundsätzen AGB vor, so sind neben den allgemeinen Regeln über den Vertragsschluss die Vorschriften des § 305 Abs. 2 und 3 zu beachten, wenn die AGB gegenüber einer Verbraucherin verwendet werden. Diese sog. **Einbeziehungskontrolle** betrifft zum einen Verbraucherverträge, also Vereinbarungen zwischen Unternehmerinnen und Verbrauchern (B2C), zum anderen Verträge zwischen Verbrauchern untereinander (C2C). Die AGB-Verwenderin muss dann gemäß § 305 Abs. 2 Nr. 1 zunächst bei Vertragsschluss, d.h. im Zusammenhang mit den Verhandlungen und Erklärungen der Vertragspartner, auf die AGB **gesondert hinweisen**. Frühere Hinweise, die andere Geschäfte betroffen haben, genügen nicht. Hinweise nach Vertragsschluss können bei Einverständnis der Gegenseite allenfalls zu einer Vertragsänderung führen, bewirken aber keine Einbeziehung der AGB von Beginn an. Sind die Vertragsbedingungen auf der Rückseite des Angebots abgedruckt, bedarf es eines deutlichen Verweises im eigentlichen Angebotstext. **55**

Lediglich dann, wenn ein ausdrücklicher Hinweis wegen der Art des Vertragsschlusses nur unter **unverhältnismäßigen Schwierigkeiten** möglich ist, genügt nach der gesetzlichen Regelung ein deutlich sichtbarer Aushang am Ort des Vertragsschlusses. Das betrifft etwa den Vertragsschluss an Verkaufsautomaten, Tiefgaragen oder Autowaschanlagen. Nach der hM, die sich auf entsprechende Willensäußerungen des Gesetzgebers berufen kann, bestehen unverhältnismäßige Schwierigkeiten auch bei **Massengeschäften des täglichen Lebens ohne besonderen wirtschaftlichen Wert** (z.B. Einkäufe im Supermarkt). Denn es ist dem Personal nicht zumutbar, bei jedem Vertragsschluss gebetsmühlenartig auf die Geltung der AGB zu verweisen. Zudem bedeutet ein entsprechender Hinweis eine überflüssige Erschwerung der Massenabfertigung.[11] In der Klausur muss das Vorliegen unverhältnismäßiger Schwierigkeiten kurz begründet werden, bevor auf den Aushang der AGB abgestellt werden kann. **56**

Ebenfalls noch vor Vertragsschluss hat der Verwender der anderen Vertragspartei nach § 305 Abs. 2 Nr. 2 die Möglichkeit zu verschaffen, in zumutbarer Weise vom Inhalt der Vertragsbedingungen **Kenntnis zu nehmen**. Zumutbar ist die **Möglichkeit der Kenntnisnahme** nur unter der Voraussetzung, dass der Text in einer für den Durchschnittskunden verständlichen und lesbaren Form abgefasst ist.[12] Auch die Länge der AGB muss für **57**

10 HM, s. Erman/*Roloff/Looschelders*, § 310 Rn. 20; *Grunewald/Peifer*, Rn. 37; aA *Schäfer*, in: Ulmer/Brandner/Hensen, § 310 Rn. 85.

11 MünchKomm/*Fornasier*, § 305 Rn. 72 f. m.w.N.

12 *Habersack*, in: Ulmer/Brandner/Hensen, § 305 Rn. 150; Jauernig/*Stadler*, § 305 Rn. 14.

die Bedeutung des angestrebten Geschäfts angemessen sein.[13] Auf eine **erkennbare körperliche Behinderung** ist Rücksicht zu nehmen. Daher ist etwa Sehbehinderten die Kenntnisnahme in anderer Form zu ermöglichen. Nach der Wertung des Gesetzes werden hingegen Analphabeten oder Personen, die die deutsche Sprache nur unzureichend beherrschen, nicht besonders geschützt, sofern die Vertragspartner die deutsche Sprache als Verhandlungs- und Vertragssprache gewählt haben.[14] Bei einem Vertragsschluss im Internet sind die Anforderungen zumindest dann gewahrt, wenn die AGB des Anbieters über einen **gut sichtbaren und entsprechend beschrifteten Link** aufgerufen und ausgedruckt werden können.[15]

58 Schließlich muss der Verbraucher sein **Einverständnis** mit den Vertragsbedingungen erklären. In der Fallbearbeitung genügt der Hinweis, dass das Einverständnis **konkludent** mit der auf den Vertragsschluss gerichteten Willenserklärung erklärt wurde.[16] Hat der AGB-Verwender die Voraussetzungen des § 305 Abs. 2 sichergestellt, so ist es für deren Einbeziehung unerheblich, ob die Kundin die AGB tatsächlich liest oder deren Inhalt – wie im Regelfall – ignoriert.

Die Parteien können die Geltung bestimmter AGB auch im Voraus durch eine **Rahmenvereinbarung** für künftige Rechtsgeschäfte vorsehen, § 305 Abs. 3. Nur ausnahmsweise kann für Beförderungsverträge und Telekommunikationsdienstleistungen unter den in § 305a genannten Bedingungen auf die Einbeziehungsvoraussetzungen des § 305 Abs. 2 verzichtet werden.

59 Bei **telefonischen Vertragsschlüssen** ist die Erfüllung der Einbeziehungsvoraussetzungen schwierig:

Fall 7:[17] Kundin K will bei Händler H telefonisch 5.000 Liter Heizöl bestellen. Wie kann H seine AGB in den Vertrag einbeziehen?

H muss der K nach § 305 Abs. 2 Nr. 2 bei Vertragsschluss die Möglichkeit zumutbarer Kenntnisnahme der Vertragsbedingungen verschaffen. Ein Vorlesen am Telefon wäre unpraktisch und bei längeren Klauselwerken für beide Parteien unzumutbar. Eine spätere Einbeziehung ist zwar möglich. Darin läge jedoch eine Vertragsänderung, auf die sich die Kundin nicht einlassen müsste. Die hM behilft sich mit der Annahme, dass die Kundin auf die Wahrung des § 305 Abs. 2 konkludent verzichte, wenn der Händler auf seine AGB hinweist und die Kundin nicht deren Übersendung verlange.[18] Ähnliche Schwie-

---

13 Siehe OLG Köln, MMR 2020, 709 Rn. 51: Auch 83 Seiten seien für PayPal-AGB nicht zu lang, weil die AGB die Abwicklung einer Zahlung zwischen fünf verschiedenen Personen ermöglichen sollen.
14 *Looschelders*, Schuldrecht AT § 16 Rn. 13; *C. Schäfer*, JZ 2003, 879, 880 f.
15 BGH NJW 2006, 2976; BGH GRUR 2017, 397 Rn. 61 f.; *Grunewald/Peifer*, Rn. 44. Nach OLG Köln NJW-RR 1998, 1277 ist die Ausdruckbarkeit bei überschaubaren Regelwerken entbehrlich.
16 Grüneberg/*ders.*, § 305 Rn. 41; Erman/*Roloff/Looschelders*, § 305 Rn. 41.
17 Nach *Kötz*, Vertragsrecht Rn. 255.
18 Vgl. *Habersack*, in: Ulmer/Brandner/Hensen, § 305 Rn. 149; MünchKomm/*Fornasier*, § 305 Rn. 75; Staudinger/*Mäsch*, § 305 Rn. 151.

rigkeiten bereitet auch das Einbeziehen von AGB beim **Vertragsschluss über mobile Endgeräte**, da das Display von Smartphones und Tablets nicht groß genug ist, um längere AGB in einer zumutbaren Form darzustellen.[19]

Scheitert die Einbeziehung der AGB, bleibt H immer noch die Möglichkeit, jedenfalls einen **Eigentumsvorbehalt** nachträglich einseitig durchzusetzen. Er muss dazu lediglich vor Übergabe deutlich machen, dass er nach Maßgabe der §§ 929, 158 Abs. 1 nur zur Übereignung unter der aufschiebenden Bedingung vollständiger Kaufpreiszahlung (vgl. § 449 Abs. 1) bereit ist.[20] Lässt sich die Kundin darauf ein, kann darin eine konkludente Anpassung des Kaufvertrags liegen.[21] Selbst wenn die Kundin aus dem Kaufvertrag weiterhin einen Anspruch auf unbedingte Übereignung hat, kann sie diesen im Hinblick auf das Zurückbehaltungsrecht des H aus § 320 Abs. 1 nur dann durchsetzen, wenn sie zur Zahlung des Kaufpreises in der Lage ist. 60

b) Verwendung gegenüber Unternehmern

Werden AGB gegenüber einem Unternehmer verwendet, finden die Einbeziehungsvoraussetzungen des § 305 Abs. 2 gemäß § 310 Abs. 1 S. 1 keine Anwendung. Stattdessen richtet sich der Vertragsschluss ausschließlich nach den allgemeinen Regeln der §§ 145 ff. Dem Antrag muss sich nach dem objektiven Empfängerhorizont entnehmen lassen, dass die AGB Bestandteil des Vertrags werden sollen. Insofern genügt bereits der Hinweis einer Partei auf ihre AGB; bei Branchenüblichkeit kann sogar auf den Hinweis verzichtet werden.[22] Versucht die Gegenseite ebenfalls, ihre AGB in den Vertrag einzubeziehen und widersprechen sich die jeweiligen Bedingungen, spricht man von **kollidierenden AGB**. Regelmäßig wird den Parteien die Diskrepanz zwischen den AGB erst bewusst, wenn ein Streitfall eingetreten ist und die Anwendung der eigenen AGB für sie von Vorteil wäre. Es gibt zwei verschiedene Wege, in dieser Situation den Inhalt des Vertrags zu bestimmen: Der Verweis auf die eigenen AGB stellt eine **Annahme unter Erweiterungen** dar, die bei strikter Anwendung des § 150 Abs. 2 als Ablehnung des Antrags, verbunden mit einem Gegenantrag gilt. Führt eine Vertragspartei den Vertrag durch, ohne erneut auf die eigenen AGB hinzuweisen, ließe sich die Vertragsdurchführung als konkludentes Einverständnis mit den Bedingungen der Gegenseite interpretieren. Diese sog. **Theorie des letzten Wortes** führt jedoch nicht zu einem angemessenen Interessenausgleich, da beide Parteien den Wunsch nach der Geltung ihrer eigenen Vertragsbedingungen deutlich bekundet haben. Kommt es ungeachtet der AGB-Kollision zum Leistungsaustausch, bringen deshalb beide Parteien ihren Willen zum Ausdruck, dass der Vertragsschluss nicht an dem Dissens über die AGB scheitern soll (die Zweifelsregel des § 154 Abs. 1 findet folglich keine Anwendung). Die beiderseitigen AGB kommen nach hM nur soweit zur Anwendung, wie sie sich decken (sog. **Restgültigkeitstheorie**). Im Übrigen bestimmt sich der Vertragsinhalt nach der gesetzlichen Regelung.[23] 61

---

19 Näher *Janal*, NJW 2016, 3201 ff.

20 Vgl. nur BGH NJW 2006, 3488 Rn. 10 ff.

21 So auch *Habersack*, Sachenrecht, § 12 Rn. 240; weitergehend – stets Anpassung des schuldrechtlichen Geschäfts – Jauernig/*Berger*, § 929 Rn. 34.

22 MünchKomm/*Fornasier*, § 305 Rn. 105.

23 Vgl. zum Ganzen **BGHZ 61, 282 = NJW 1973, 2106**; MünchKomm/*Basedow*, § 305 Rn. 113 ff.; Fallbeispiele bei *Würdinger*, BGB AT Rn. 126 f.; *Musielak/Mayer*, Examenskurs Rn. 84 ff.

c) Einbeziehung in Dreiecksverhältnissen

62 Schwierigkeiten bereitet die Einbeziehung von Allgemeinen Geschäftsbedingungen in Dreiecksverhältnissen. Praktische Relevanz hat dies vor allem für die AGB von Dienstleistern der Informationsgesellschaft wie eBay oder PayPal. Diese AGB werden in die Verträge zwischen dem Dienstleister und seinen Kunden einbezogen, enthalten aber oftmals auch Bedingungen, die das Verhältnis der Kunden untereinander regeln sollen (das so genannte **Marktverhältnis**). So regeln beispielsweise die eBay-AGB, ob und unter welchen Bedingungen ein Bieter sein Gebot zurückziehen kann, während die PayPal-AGB regeln, welche Rechte dem Verkäufer gegenüber dem Käufer zustehen, wenn der Käufer einen erfolgreichen Antrag auf PayPal-Käuferschutz gestellt hat. Beim Vertragsschluss der Kunden untereinander werden die AGB des Internet-Dienstleisters aber regelmäßig nicht explizit in den Vertrag einbezogen. Gleichwohl entfalten diese AGB **Auswirkungen auf das Marktverhältnis**: Denn nach dem objektiven Empfängerhorizont ist jede der im Marktverhältnis abgegebenen **Erklärungen vor dem Hintergrund der AGB des Internet-Dienstleisters zu verstehen**. So darf etwa ein Käufer beim Vertragsschluss über den Online-Marktplatz eBay davon ausgehen, dass die Verkäuferin Originalware verkauft, weil die eBay-AGB den Verkauf von Fälschungen ausschließen.[24] Die Willenserklärungen zwischen den Kundinnen der Plattform sind folglich im Lichte der AGB des Dienstleisters auszulegen.[25]

2. Überraschende Klauseln

63 Gemäß § 305c Abs. 1 werden Bestimmungen, die so ungewöhnlich sind, dass der Vertragspartner mit ihnen nicht zu rechnen braucht, nicht Vertragsbestandteil. Die Klausel muss **objektiv ungewöhnlich und subjektiv überraschend** sein. Maßgeblich für die objektive Ungewöhnlichkeit ist der Verständnishorizont einer Durchschnittskundin. Das subjektive Überraschungsmoment entfällt, wenn die Verwenderin auf die betreffende Klausel besonders hinweist. Im Übrigen kann sich ein Überrumpelungs- oder Übertölpelungseffekt sowohl aus der (versteckten oder systematisch verfehlten) äußerlichen Stellung der Klausel innerhalb des Vertragswerks als auch aus inhaltlichen Gesichtspunkten ergeben. Ein praktisch wichtiger Anwendungsfall für inhaltlich überraschende Klauseln sind sog. **Globalsicherheiten**. Bestellt jemand zur Absicherung eines bestimmten Kredits, den eine dritte Person bei einem Kreditinstitut aufnimmt (sog. Anlasskredit), eine Grundschuld oder verbürgt sich für einen solchen, muss er nicht damit rechnen, für alle bestehenden und künftigen Forderungen aus der Geschäftsbeziehung zwischen dem Kreditinstitut und dem Dritten mitverpflichtet zu werden.[26] Eine entsprechende Klausel wird daher nicht Vertragsbestandteil.

3. Vorrang der Individualabrede

64 Individuelle Vereinbarungen genießen nach § 305b uneingeschränkt Vorrang vor AGB. Denn während AGB als generelle Richtlinien für eine Vielzahl von Verträgen abstrakt

24 BGH NJW 2012, 2723, Rn. 29.
25 BGH NJW 2011, 2643, Rn. 15; BGH MMR 2018, 156, 157.
26 Grundlegend **BGHZ 130, 19, 24 ff. = NJW 1995, 2553**; BGHZ 131, 55 = NJW 1996, 191.

vorformuliert sind, ist eine zwischen den Parteien individuell vereinbarte Abrede spezieller. Der Individualabrede soll nach dem übereinstimmenden Parteiwillen Vorrang zukommen. Das hat Folgen für die Behandlung von **Schriftformklauseln**.

Fall 8: Die gewerbliche handelnde Vermieterin V macht rückständige Miete gegenüber ihrem Mieter M geltend. Dieser behauptet, für den fraglichen Zeitraum mit der Assistentin der V telefonisch eine Reduktion des Mietzinses vereinbart zu haben. V hält diese Vereinbarung für bedeutungslos und verweist auf den Mietvertrag, in dem sich kurz vor der Unterschriftenzeile folgender Hinweis findet: „Nachträgliche Änderungen sind nur wirksam, wenn sie schriftlich vereinbart werden. Dies gilt auch für eine Änderung dieser Schriftformklausel." Wie ist die Rechtslage? 65

Die nachträgliche Vereinbarung über die Herabsetzung der Miete könnte zunächst wegen Nichteinhaltung der vertraglich vereinbarten Schriftform gemäß § 125 S. 2 nichtig sein. Jedoch räumt § 305b jeglicher Individualabrede Vorrang vor AGB ein. Daher **setzt sich eine mündliche Abrede gegenüber der Schriftformklausel durch**.[27] Dies gilt auch für die im Beispiel verwendete doppelte Schriftformklausel.[28] Vertragliche Vereinbarungen, die die Parteien für den Einzelfall treffen, sollen nicht durch abweichende AGB zunichte gemacht werden können. Ob die Beteiligten sich bewusst über die Schriftform hinwegsetzen wollten oder gar nicht mehr an die Schriftformklausel gedacht haben, ist ohne Belang.

V. Inhaltskontrolle

1. Grundlagen

Eine Inhaltskontrolle von in den Vertrag einbezogenen AGB findet gemäß § 307 Abs. 3 66
S. 1 nur statt, soweit die Vertragsbedingungen von **dispositiven Rechtsvorschriften** abweichen oder dieses ergänzen. Zu den „Rechtsvorschriften" i.S.d. § 307 Abs. 3 S. 1 zählen auch ungeschriebene Rechtsgrundsätze, die Regeln des Richterrechts und Rechte und Pflichten, die sich aus der Natur des jeweiligen Schuldverhältnisses ergeben.[29] Der zugrundeliegende Gedanke ist einfach: Ein Gericht kann selbstverständlich nicht solche Klauseln für unwirksam erklären, die lediglich geltendes Recht wiederholen. Ein ähnlicher Gedanke liegt § 310 Abs. 1 S. 3 zugrunde, der Verträge, die die Vergabe- und Vertragsordnung für Bauleistungen Teil B (VOB/B) ohne inhaltliche Änderung übernehmen, von der Inhaltskontrolle weithin ausnimmt.

Aufgrund von § 307 Abs. 3 S. 1 unterliegen auch die **Hauptleistungspflichten** und 67
namentlich der vereinbarte **Preis** jenseits der §§ 134, 138 **keiner besonderen richterlichen Kontrolle**. Diese Vereinbarungen der *essentialia negotii* weichen ebenfalls nicht von Rechtsvorschriften ab. Eine Überprüfung scheidet bereits deshalb aus, weil es insofern an

27 BGHZ 164, 133, 136 = NJW 2006, 138, BGH NJW 2017, 1017 Rn. 19. Dies gilt auch dann, wenn die mündliche Abrede nicht durch die AGB-Verwenderin, sondern durch einen Vertreter erfolgt, BGH NJW 2007, 2106 Rn. 48.

28 BGH NJW 2017, 1017 Rn. 18 f.

29 BAG NZA 2022, 401 Rn. 28.

einem nachvollziehbaren Prüfungsmaßstab fehlt. Vielmehr werden der unmittelbare Preis und das unmittelbare Leistungsversprechen durch den Markt bestimmt.[30] Außerdem wird selbst ein flüchtiger Kunde dem Preis sowie der Leistungsbeschreibung, die Art, Güte und Umfang der Hauptleistung unmittelbar festlegt, besondere Aufmerksamkeit schenken. Zu einem Marktversagen, das die AGB-Inhaltskontrolle rechtfertigt, kommt es mit anderen Worten typischerweise nur bei den sonstigen Vertragskonditionen.[31] Abzugrenzen sind kontrollfreie Leistungsbeschreibungen und Preisvereinbarungen von **kontrollfähigen Leistungs- und Preisnebenabreden**. Diese Nebenabreden wirken sich zwar mittelbar auf den Preis und das Leistungsversprechen aus. An ihre Stelle könnte aber bei Fehlen einer wirksamen vertraglichen Regelung dispositives Gesetzesrecht treten.[32] Das gilt etwa für Klauseln, die dem Verwender ein Recht zur Preisänderung oder -anpassung eröffnen (vgl. auch § 309 Nr. 1),[33] die Fälligkeit der Zahlungspflicht regeln[34] oder das Leistungsversprechen einschränken, verändern oder aushöhlen.[35]

68 **Fall 9:**[36] Die Deutsche Post AG verkauft über eine Smartphone-App sog. „mobile Briefmarken". Nach Kauf der „mobilen Briefmarke" wird in der App ein achtstelliger Porto-Code zur Frankierung angezeigt, den die Käuferin handschriftlich auf der Briefsendung anbringen kann. In den AGB heißt es: „Erworbene mobile Briefmarken verlieren mit Ablauf einer 14-tägigen Frist nach Kaufdatum ihre Gültigkeit. Eine Erstattung des Portos nach Ablauf der Gültigkeit ist ausgeschlossen."

Fraglich ist, ob die AGB-Klausel der Inhaltskontrolle unterliegt oder eine **kontrollfreie Leistungsbeschreibung** darstellt. Die Gültigkeitsdauer der mobilen Briefmarke könnte die von der Deutschen Post AG geschuldete Leistung unmittelbar bestimmen und deshalb nach § 307 Abs. 3 S. 1 nicht der Inhaltskontrolle unterliegen. Kontrollfrei ist allerdings nur der **Kernbereich der vertraglichen Vereinbarung**, ohne deren Vorliegen mangels Bestimmbarkeit des wesentlichen Vertragsinhalts ein wirksamer Vertrag nicht mehr angenommen werden könnte. Durch die Verfallsklausel wird das Leistungsversprechen der Post deutlich verkürzt und zudem noch die Rückerstattung ausgeschlossen. Bei der Verfallsklausel handelt es sich folglich um eine **kontrollfähige Nebenabrede**, die das Leistungsversprechen einschränkt. Die Klausel ist aufgrund der wesentlichen Abweichung von den Grundgedanken der §§ 195, 199 gemäß § 307 Abs. 2 Nr. 1 unwirksam.

69 Auch wenn die Geschäftsbedingungen nicht von Rechtsvorschriften abweichen und daher eine Inhaltskontrolle im Grundsatz nicht eröffnet ist, bleibt nach § 307 Abs. 3 S. 2 gleichwohl noch ein möglicher Verstoß gegen das **Transparenzgebot** des § 307 Abs. 1 S. 2 zu prüfen. Eine unangemessene Benachteiligung kann sich auch daraus ergeben,

---

30 Ausnahmsweise kontrollfähig sind deshalb Preisklauseln, die von (nur ausnahmsweise existierenden) gesetzlichen Preisregeln abweichen, siehe etwa BGH NJW 2020, 2726 Rn. 16 ff. zur Kontrollfähigkeit der Kontoführungsgebühren bei einem Basiskonto aufgrund der Preisregel des § 41 Abs. 2 ZKG.

31 *Kötz*, Vertragsrecht Rn. 265.

32 Z.B. Entgelte für die Bearbeitung eines Kreditantrags, siehe BGH NJW 2014, 2420 Rn. 24 ff.; wiederum sind Entgeltklauseln für einen Jahreskontoauszug bei Verbraucherdarlehen zwar Preisnebenabreden, nach Ansicht der OLG Karlsruhe allerdings nicht kontrollfähig, siehe OLG Karlsruhe VuR 2023, 31.

33 BGHZ 176, 244 Rn. 10 = NJW 2008, 2172; BGHZ 180, 257 Rn. 17 = NJW 2009, 2051.

34 BGHZ 81, 229, 242 = NJW 1981, 2351.

35 BGH NJW 2018, 534 Rn. 15.

36 OLG Köln v. 13.06.2023, Az. 3 U 148/22 = WRP 2023, 1255.

dass eine Bestimmung nicht klar und verständlich ist. Der AGB-Verwender hat mit anderen Worten die Rechte und Pflichten seines Vertragspartners möglichst klar, einfach und präzise darzustellen.[37] Kommt er dieser Obliegenheit nicht nach und vereitelt damit, dass der Kunde eine informierte Entscheidung treffen kann, sind auch solche Klauseln unwirksam, die bei angemessener Formulierung aus inhaltlichen Gründen nicht zu beanstanden gewesen wären. Als intransparent hat der BGH etwa folgende Klausel eingestuft: „Der vorstehende Gaspreis ändert sich, wenn eine Änderung der allgemeinen Tarifpreise eintritt".[38] Die Klausel verdeutlicht den Kundinnen nicht, wie und vor allem in welchem Umfang sich eine Änderung des Referenzwertes auf den Preis auswirkt.

2. Auslegung von AGB

Vor einer inhaltlichen Würdigung der Vertragsbedingungen steht die Feststellung ihres **70** Inhalts. Hierbei gelten nicht die allgemeinen Regeln der Vertragsauslegung. Vielmehr sind AGB ihrem Massencharakter entsprechend nach **objektiven Maßstäben**, losgelöst von den individuellen Vorstellungen der Vertragsparteien so auszulegen, wie sie von verständigen und redlichen Vertragspartnern verstanden werden.[39] Maßgeblich sind insofern die Vorstellungen eines **durchschnittlichen Vertragspartners** der Verwenderin. Diese Grundsätze sind auch maßgebend, wenn zu klären ist, ob überhaupt eine rechtsverbindliche Regelung erfolgen soll. Es ist also nach dem Empfängerhorizont einer Durchschnittskundin zu bestimmen, ob es sich bei Erklärungen des Verwenders um Vertragsbedingungen oder um unverbindliche Bitten, Empfehlungen oder tatsächliche Hinweise handelt.[40]

Da der Verwender einseitig Vertragsgestaltungsmacht für sich in Anspruch nimmt, **71** gehen nach § 305c Abs. 2 **Zweifel bei der Auslegung** zu seinen Lasten. Dabei haben Verständnismöglichkeiten, die zwar theoretisch denkbar, praktisch aber fernliegend und nicht ernstlich in Betracht zu ziehen sind, außen vor zu bleiben. Sind dagegen nach objektiven Maßstäben zwei Auslegungsergebnisse rechtlich vertretbar, gilt die für die Kundin günstigere Auslegungsvariante. Der Kundin ist in aller Regel am besten gedient, wenn die Klausel unwirksam ist. Deshalb ist zunächst zu prüfen, ob die Klausel in jeder Auslegungsvariante einer Inhaltskontrolle standhält. Führt eine der Auslegungsvarianten zur Unwirksamkeit der Klausel, so ist diese **kundenfeindlichste Variante** heranzuziehen. Dies mag kontraintuitiv erscheinen. Es hat aber zur Folge, dass anstelle der vom AGB-Verwender vorgenommenen Risiko- und Lastenabwälzung das dispositive Gesetzesrecht zur Anwendung gelangt (Rn. 90), welches für die Kundin regelmäßig günstiger ist. Im Ergebnis erfolgt also diese Auslegung **„zu Lasten des Verwenders"**. Hält die Klausel hingegen in jeder Variante der Inhaltskontrolle stand, ist im Weiteren die **„kundenfreundlichste"** Auslegung zugrunde zu legen (siehe dazu Klausurbeispiele 1 und 2).[41]

---

37 BGH NJW 2007, 3632, 3635; BGH NJW 2008, 1438.
38 BGHZ 179, 86 Rn. 14 = NJW 2009, 578.
39 Vgl. nur Grüneberg/*ders.*, § 305c Rn. 16; krit. Staudinger/*Mäsch*, § 305c Rn. 119 ff.
40 BGH NJW 2014, 2269 zu „Abwicklungsrichtlinien" für das Leasinggeschäft.
41 BGHZ 176, 244 Rn. 19 = NJW 2008, 2172; BGH NJW 2018, 291 Rn. 20.

3. Kontrollmaßstab

a) Gegenüber Verbrauchern

72 Werden die AGB gegenüber einer Verbraucherin verwendet, gilt für die Inhaltskontrolle folgende **Prüfungsreihenfolge**, die bei der speziellsten Norm beginnt und bei der allgemeinsten Norm endet: Zu beginnen ist mit § 309 (Klauselverbote ohne Wertungsmöglichkeit). Dann folgt § 308 (Klauselverbote mit Wertungsmöglichkeit, d.h. mit unbestimmten Rechtsbegriffen wie „unangemessen" oder „ohne sachlichen Grund). Innerhalb der Generalklausel des § 307 sind sodann zunächst die Regelbeispiele des Abs. 2 heranzuziehen, also die Unvereinbarkeit mit wesentlichen Grundgedanken der gesetzlichen Regelung (Nr. 1) sowie die vertragszweckgefährdende Einschränkung wesentlicher Rechte oder Pflichten (Nr. 2). Erst danach ist zu prüfen, ob eine Klausel nach § 307 Abs. 1 S. 1 unwirksam ist, weil sie den Vertragspartner entgegen den Geboten von Treu und Glauben unangemessen benachteiligt. Dabei sind die Interessen des Verwenders gegen diejenigen der typischerweise beteiligten Kundinnen abzuwägen. Handelt es sich um einen Verbrauchervertrag, also einen Vertrag zwischen einem Unternehmer und einem Verbraucher, sind nach § 310 Abs. 3 Nr. 3 ergänzend die den individuellen Vertragsschluss begleitenden Umstände im Rahmen der Abwägung zu berücksichtigen.

b) Gegenüber Unternehmern

73 Werden die AGB gegenüber einer Unternehmerin oder juristischen Person des Öffentlichen Rechts verwendet, sind gemäß § 310 Abs. 1 S. 1 die **Kataloge der §§ 308, 309 nicht direkt anwendbar**.[42] Die Unwirksamkeit der Klausel bestimmt sich allein aus § 307. Die Rechtsprechung neigt freilich dazu, den besonderen Verbotstatbeständen der §§ 308, 309 auch im unternehmerischen Verkehr eine **Indizwirkung** für eine unangemessene Benachteiligung des Vertragspartners zu entnehmen.[43] Demnach ist zu fragen, ob ausnahmsweise sachliche Gründe eine unterschiedliche Behandlung von Verbrauchern und Unternehmern rechtfertigen. In jedem Fall ist nach § 310 Abs. 1 S. 2 Hs. 2 auf die im Handelsverkehr geltenden Gewohnheiten und Gebräuche angemessen Rücksicht zu nehmen. Maßgebend sind sie freilich nur, soweit sie selbst mit Treu und Glauben vereinbar sind.

c) Die Klauselverbote der §§ 308, 309

74 **Einzelheiten zu den verschiedenen Verbotstatbeständen** sowie aus der überbordenden Judikatur zur Generalklausel des § 307 können hier nicht vertieft werden. Soweit ihre Kenntnis überhaupt erwartet werden kann, sind sie sinnvollerweise im Zusammenhang mit der **jeweiligen Vertragsart** zu erlernen. Im Folgenden wird daher nur auf die wichtigsten Klauselverbote der §§ 308, 309 hingewiesen.

75 § 309 Nr. 7 lit. b erklärt einen vollständigen Haftungsausschluss oder eine Haftungsverkürzung für unzulässig, sofern der Schaden auf einer vorsätzlichen oder grob fahrlässigen Pflichtverletzung der AGB-Verwenderin oder deren Erfüllungsgehilfen beruht (siehe ferner § 276 Abs. 3). Bei einer Verletzung von Leben, Körper oder Gesundheit kann nach

42 Eine Ausnahme gilt nunmehr für § 308 Nr. 1a und 1b, s. dazu *Verse*, ZIP 2014, 1809, 1814.

43 Erman/*Roloff/Looschelders*, § 307 Rn. 36; MünchKomm/*Fornasier*, § 310 Rn. 11 f.; krit. *Koch*, BB 2010, 1810, 1813 f.; *Lenkaitis/Löwisch*, ZIP 2009, 441 ff.

§ 309 Nr. 7 lit. a auch die Haftung für einfache Fahrlässigkeit nicht abbedungen werden. Nach § 309 Nr. 8 lit. a kann das Recht des Kunden, vom Vertrag zurücktreten, nicht beschränkt werden. Für Einschränkungen der Mängelrechte des Kunden bei Kauf- und Werkverträgen ist allerdings § 309 Nr. 8 lit. b spezieller. Insoweit ist zweierlei zu beachten: Erstens finden die Klauselverbote des § 309 Nr. 8 lit. b nur auf Verträge über Lieferungen neu hergestellter Sachen und Werkleistungen Anwendung. Zweitens ist eine Abbedingung der gesetzlichen Mängelrechte bei Verbrauchsgüterkäufen nach §§ 476 Abs. 1, 650 selbst im Wege der Individualabrede nur in engen Grenzen möglich, sodass § 309 Nr. 8 lit. b vor allem Bedeutung zukommt für (1) Schadensersatzansprüche (§ 476 Abs. 3), (2) Verträge zwischen Verbrauchern sowie für (3) Verträge über neu hergestellte unbewegliche Sachen bzw. Werkverträge, die nicht unter § 650 fallen. Auch Leistungsverweigerungsrechte und das Aufrechnungsrecht der Kunden dürfen nur unter den von § 309 Nr. 2 und Nr. 3 genannten Voraussetzungen eingeschränkt werden. Für Dauerschuldverhältnisse enthält § 309 Nr. 9 eine Grenze der formularvertraglichen Laufzeitbestimmung sowie der Länge der Kündigungsfristen. Schließlich darf der AGB-Verwender sich die Durchsetzung seiner eigenen Rechtsposition nicht unangemessen erleichtern, indem er sich durch Klauseln von der Verpflichtung zur Mahnung oder Fristsetzung befreit (§ 309 Nr. 4), unangemessene Schadenspauschalen oder Vertragsstrafen vorsieht (§ 309 Nr. 5, 6) oder bestimmte Beweiserleichterungen durchsetzt (§ 309 Nr. 12).

Die **Klauselverbote mit Wertungsmöglichkeit** nach § 308 sind allesamt durch unbe- **76**
stimmte Rechtsbegriffe geprägt, die eine Beurteilung der Klausel anhand einer Abwägung der Interessen des AGB-Verwenders und dessen Kunden ermöglichen. Im Vordergrund stehen hier Klauseln, durch die sich der AGB-Verwender eine unangemessen lange Zeit für die Annahme, Zahlung oder Nacherfüllung des Vertrags ausbedingt (§ 308 Nr. 1, 1a, 1b, 2) sowie Klauseln, mit denen der Vertragspartner seine Bindung an die vertragliche Vereinbarung auf unangemessene Weise zu lockern sucht (§ 308 Nr. 3, 4, 8) bzw. die Bindung des Kunden an den Vertrag unangemessen verstärkt (§ 308 Nr. 7). Gemäß § 308 Nr. 5 und 6 sind gewisse Erklärungs- und Zugangsfiktionen unwirksam. Schließlich erklärt § 308 Nr. 9 ein in AGB vereinbartes Abtretungsverbot nur unter bestimmten Bedingungen für zulässig.

d) Die Generalklausel des § 307

Sind die Klauselverbote der §§ 308, 309 nicht einschlägig oder nicht anwendbar, gilt die **77**
Generalklausel des § 307, wonach eine Allgemeine Geschäftsbedingung unwirksam ist, wenn sie den Vertragspartner der Verwenderin entgegen den Geboten von Treu und Glauben unangemessen benachteiligt. § 307 Abs. 2 enthält Regelbeispiele für eine solche unangemessene Benachteiligung der Kundin, die in der Fallbearbeitung zuerst zu prüfen sind.

Ausgangspunkt sind dabei nach § 307 Abs. 2 Nr. 1 die **wesentlichen Grundgedanken** **78**
der gesetzlichen Regelung, von der abgewichen wird. Dabei ist stets zu fragen, ob die gesetzliche Regelung lediglich der **Zweckmäßigkeit** dient (wie etwa die Bestimmungen zu Leistungszeit und Leistungsort in §§ 269 ff.) oder eine **grundsätzliche Wertungsentscheidung** des Gesetzgebers enthält. Zu den gesetzlichen Grundgedanken zählen unter anderem die synallagmatische Verknüpfung von Leistung und Gegenleistung, die Vorschriften über Willensmängel in §§ 116 ff., die Zugangsbedürftigkeit empfangsbedürfti-

ger Willenserklärungen, das haftungsrechtliche Verschuldensprinzip, der Grundsatz der Vorteilsausgleichung und die Berücksichtigung des Mitverschuldens (§ 254) sowie die Erforderlichkeit einer Nachfristsetzung, §§ 281, 323. Schließlich dürfen dem Kunden keine Sonderentgelte für Tätigkeiten auferlegt werden, die in Wirklichkeit keine Leistungen für den Kunden darstellen, weil sie entweder im eigenen Interesse der AGB-Verwenderin erfolgen oder zur Erbringung der Leistung der AGB-Verwenderin bzw. zur Erfüllung gesetzlicher Pflichten erforderlich sind (z.B. Entgelte für die Bearbeitung eines Vertragsantrags oder für die nach § 505a erforderliche Kreditwürdigkeitsprüfung eines Darlehensnehmers[44]).

79 **Fall 10:** F ist bei Unternehmerin L als Fahrradlieferant von Speisen und Getränken beschäftigt. Über seine konkreten Einsätze wird er mittels einer App informiert. Laut dem zwischen den Parteien geschlossenen Formular-Arbeitsvertrag soll F für die Arbeitstätigkeit das in seinem Privateigentum stehende Fahrrad und Mobiltelefon nutzen. Für jede geleistete Arbeitsstunde gewährt L dem F eine Gutschrift für die Reparatur seines Fahrrads i.H.v. 0,25 €. F verlangt von L die Bereitstellung eines Fahrrads und eines Mobiltelefons während seiner Arbeitszeit. Zu Recht?

Ein Anspruch des F auf Bereitstellung der für seine Arbeitsleistung erforderlichen Arbeitsmittel könnte sich aus § 611a i.V.m. dem Arbeitsvertrag ergeben. Das Gesetz weist die **Verantwortung für die Beschaffung von Arbeitsmitteln** nicht explizit einer der Parteien des Arbeitsvertrags zu. Es ergibt sich jedoch aus der (historisch gewachsenen) Natur des Arbeitsvertrags, dass der Arbeitnehmer lediglich seine Arbeitsleistung schuldet, während die Arbeitgeberin das Substrat zu stellen hat, an und mit dem die Arbeitsleistung erbracht wird.[45] F hat demnach einen **Anspruch auf Bereitstellung** der für die Verrichtung der Arbeitstätigkeit notwendigen Arbeitsmittel. Fraglich ist, ob dieser Anspruch wirksam durch den Arbeitsvertrag abbedungen wurde. Grundsätzlich ist eine „BYOD"-Vereinbarung *(„Bring your own device")*, mittels derer sich der Arbeitnehmer zur Nutzung eigener Arbeitsmittel verpflichtet, durchaus zulässig. Da die Abrede hier formularvertraglich getroffen wurde, unterliegt sie allerdings der Inhaltskontrolle nach § 307 BGB. Denn die §§ 305 ff. finden grundsätzlich auch auf Arbeitsverträge Anwendung (vgl. § 310 Abs. 4 S. 2). Ferner sind die Voraussetzungen des § 307 Abs. 3 gegeben, da die getroffene arbeitsvertragliche Regelung von den ungeschriebenen Rechtsgrundsätzen des Arbeitsrechts abweicht, dass der Arbeitnehmer nur die Erbringung seiner Arbeitsleistung schuldet.[46] Es handelt sich dabei nicht um eine reine Zweckmäßigkeitsregel, sondern um einen auf **Gerechtigkeitserwägungen fußenden Grundgedanken des Arbeitsrechts**.[47] Gemäß § 307 Abs. 2 Nr. 1 ist eine unangemessene Benachteiligung im Zweifel anzunehmen, wenn die Bestimmung mit wesentlichen Grundgedanken der gesetzlichen Regelung, von der abgewichen wird, nicht zu vereinbaren ist. Die betreffende Klausel ist deshalb nur dann wirksam, wenn sie auf Grundlage einer **umfassenden Interessenabwägung** in ihrer Gesamtheit den Vertragspartner der Verwenderin nicht unangemessen benachteiligt. Für die L hat die Klausel den erhebli-

44 BGH NJW 2014, 3713 ff.
45 BAG NZA 2022, 401 Rn. 17 ff.
46 BAG NZA 2022, 401 Rn. 29.
47 BAG NZA 2022, 401 Rn. 30.

chen Vorteil, dass sie Kosten bei der Beschaffung und Erhaltung notwendiger Arbeitsmittel erspart. Zwar dürften potentielle Arbeitnehmer der L i.d.R. ohnehin im Besitz eines Fahrrads und Mobiltelefons sein. Doch führt die Nutzung dieser Gegenstände als Arbeitsgeräte dazu, dass sich das **Verlust- und Beschädigungsrisiko** sowie der **regelmäßige Verschleiß** deutlich erhöhen. Dieser Nachteil der Beschäftigten wird auch nicht durch die Leistung der Reparaturgutschrift aufgewogen.[48] Denn erstens erfolgt diese Gutschrift zeit- und nicht streckenabhängig und ist damit nicht geeignet, den typischen Verschleiß abzubilden. Zweitens berücksichtigt sie keine unfallbedingten Schäden. Schließlich ist es drittens Arbeitnehmern bereits aus Gründen des Datenschutzes nicht zuzumuten, auf ihren privaten Endgeräten Apps ihrer Arbeitgeberin zu installieren. Die Klausel führt folglich zu einer **unangemessenen Benachteiligung** des F und ist damit unwirksam. Der von F geltend gemachte Anspruch auf Bereitstellung essentieller Arbeitsmittel besteht.

Eine unangemessene Benachteiligung der Gegenseite des AGB-Verwenders liegt nach **80**
§ 307 Abs. 2 Nr. 2 auch dann vor, wenn eine Vertragsbestimmung wesentliche Rechte oder Pflichten, die sich aus der Natur des Vertrags ergeben, so einschränkt, dass die **Erreichung des Vertragszwecks** gefährdet ist. Diese Regelung hat besondere Bedeutung für Vertragstypen, die keine gesetzliche Regelung erfahren haben und deshalb nicht an § 307 Abs. 2 Nr. 1 gemessen werden können. Die Rechtsprechung leitet aus § 307 Abs. 2 Nr. 2 ferner ein Freizeichnungsverbot für sog. **Kardinalpflichten** ab. Das sind solche Hauptleistungspflichten oder wesentliche Nebenpflichten, deren Erfüllung die ordnungsgemäße Durchführung des Vertrags überhaupt erst ermöglichen und auf deren Einhaltung der Vertragspartner daher vertraut.[49] Insbesondere darf bei vertragstypisch vorhersehbaren Schäden auch die Haftung für einfache Fahrlässigkeit nicht ausgeschlossen werden.

Ergibt sich aus den Regelbeispielen keine unangemessene Benachteiligung, so kann auf **81**
die Generalklausel des § 307 Abs. 1 S. 1 zurückgegriffen werden. Eine unangemessene Benachteiligung des Kunden liegt vor, wenn die AGB-Verwenderin durch die einseitige Vertragsgestaltung **missbräuchlich eigene Interessen auf Kosten ihres Vertragspartners durchzusetzen** versucht.[50] Schließlich stellt das **Transparenzgebot** des § 307 Abs. 1 S. 2 klar, dass sich eine unangemessene Benachteiligung im Sinne von § 307 Abs. 1 S. 1 BGB auch daraus ergeben kann, dass eine Klausel nicht klar und verständlich formuliert ist.

Fall 11: B vermietet Elektrobatterien für von ihren Kunden gekaufte oder geleaste Elektrofahr- **82**
zeuge der Marke R. In den AGB der B ist geregelt, dass die B im Falle der außerordentlichen Kündigung des Mietvertrags (nach vorheriger Androhung) das Recht hat, die Wiederaufladmöglichkeit der Batterie zu sperren. Eine solche Ladesperre hat zur Folge, dass das Fahrzeug nicht mehr fahrbereit ist, zumal die R-Fahrzeuge nicht mit Batterien anderer Hersteller kompatibel sind. Ist die betreffende Klausel wirksam?

48 Zur grundsätzlichen Möglichkeit einer Kompensation BAG NZA 2022, 401 Rn. 33, 38.
49 Grundlegend **BGHZ 89, 363 = NJW 1984, 1350**; zur Kasuistik Grüneberg/*ders.*, § 309 Rn. 48 ff.
50 St. Rspr., s. BGH NJW 2005, 1774, 1775; NJW 2008, 1064 Rn. 19; NJW 2010, 57 Rn. 18.

Die Klausel könnte nach § 307 Abs. 1 S. 1 unwirksam sein, wenn sie die Vertragspartner der B entgegen den Geboten von Treu und Glauben unangemessen benachteiligt. Dies wäre der Fall, wenn die B mittels der Klausel missbräuchlich versuchen würde ihre eigenen Interessen auf Kosten der Mieterinnen durchzusetzen, ohne deren Interessen angemessen zu berücksichtigen. B hat zwar ein berechtigtes Interesse daran, eine Weiterbenutzung der Batterie nach einer erfolgten Vertragsbeendigung zu verhindern. Auf der anderen Seite steht aber das berechtigte Interesse der Vertragspartner an der weiteren Nutzung des von ihnen gekauften oder geleasten Elektrofahrzeugs, und zwar insbesondere in Konstellationen, in denen beispielsweise die Voraussetzungen einer außerordentlichen Kündigung des Mietvertrags über die Batterie umstritten sind.[51] Nach den mietvertraglichen Regelungen trägt der Vermieter grundsätzlich das Risiko, dass das Mietobjekt nach Beendigung des Mietvertrags weiterhin genutzt wird. Dieses Risiko und die damit verbundene Klagelast will B hier auf ihre Vertragspartnerinnen abwälzen. Dabei ist zu berücksichtigen, dass eine Batteriesperre nicht nur die Nutzung der gemieteten Batterie, sondern auch die Nutzung des von Mieterinnen erworbenen oder geleasten – deutlich höherwertigen – Elektrofahrzeugs verhindert.[52] Auf die Mieterinnen wird damit ein erheblicher Druck ausgeübt, der noch dadurch intensiviert wird, dass viele Personen auf ihr Fahrzeug beruflich oder für den Arbeitsweg angewiesen sind. Vor diesem Hintergrund ist die in den AGB geregelte vorherige Androhung nicht allein ausreichend, um die Interessen der Mieter angemessen zu berücksichtigen. Die Klausel ist unwirksam.

83 Im Zuge der Interessenabwägung spielen einige Aspekte immer wieder eine Rolle. Zunächst verdient das **Preisargument** im Grundsatz keine Anerkennung.[53] Eine geringere Höhe des Entgelts ist keine Rechtfertigung für unangemessene AGB, weil sich der behauptete Zusammenhang kaum nachvollziehbar quantifizieren lässt. Sodann kommt gerade bei Haftungsbeschränkungen der Frage der besseren Vermeidbarkeit oder **Versicherbarkeit** oftmals ausschlaggebende Bedeutung zu.[54] Kann der Verwender ein Risiko eher vermeiden oder deutlich günstiger versichern als die Kundin, bedeutet eine Haftungsüberwälzung regelmäßig eine unangemessene Benachteiligung. Schließlich ist bei der Angemessenheitsprüfung der gesamte Vertragsinhalt zu berücksichtigen. Das hat zur Folge, dass ausnahmsweise bei zusammengehörigen Regelungen eine Kompensation von Vor- und Nachteilen in Betracht kommt. Andererseits können jeweils für sich unbedenkliche Klauseln einen **Summierungseffekt** haben und zu einer unangemessenen Benachteiligung des Vertragspartners des Verwenders führen. Aus dem Zusammenwirken zweier Klauseln kann sich aber auch dann eine unangemessene Benachteiligung ergeben, wenn eine der Klauseln schon für sich genommen unwirksam ist.

84 Das zeigt **Fall 12**: In einem Formular für einen Wohnraummietvertrag findet sich in Ziff. 7 zur Instandhaltung folgender Passus: „Der Mieter hat nach objektivem Bedarf alle Schönheitsreparaturen vorzunehmen, und zwar in Bad und Küche regelmäßig alle zwei, in allen übrigen Räumen alle fünf Jahre." Zur Beendigung des Mietverhältnisses bestimmt Ziff. 12 des Vertrags: „Ohne Rücksicht auf den Zeitablauf in Ziff. 7 hat der Mieter die Wohnung in fachmännisch renoviertem Zustand zurückzugeben." Ist der Mieter zur Durchführung von Schönheitsreparaturen verpflichtet?

---

51 BGH NJW 2022, 3575 Rn. 28.
52 BGH NJW 2022, 3575 Rn. 29.
53 Staudinger/*Wendland*, § 307 Rn. 129 ff.; Jauernig/*Stadler*, § 307 Rn. 4.
54 MünchKomm/*Wurmnest*, § 307 Rn. 44 ff.; Erman/*Roloff/Looschelders*, § 307 Rn. 13.

Die Instandhaltung der Mietsache obliegt nach § 535 Abs. 1 S. 2 dem Vermieter. Eine **Überwälzung von Schönheitsreparaturen** auf den Mieter ist aber grundsätzlich zulässig.[55] Auf diese Weise kann die Vermieterin einen Anreiz dafür setzen, dass der Mieter sorgsam mit der Mietsache umgeht, während der Mieter im Gegenzug davon profitiert, dass die Kosten für eine durch einen Fachhandwerker vorgenommene Renovierung nicht auf die Miete aufgeschlagen werden. Jedoch wird der Mieter entgegen § 307 dann **unangemessen benachteiligt**, wenn er renovieren muss, obwohl hierzu objektiv kein Grund besteht. Unzulässig sind daher **starre Fristenpläne**, die ihn ohne Rücksicht auf den Zustand der Wohnung zum Tätigwerden verpflichten.[56] In Fall 12 sind die Fristen durch Ziff. 7 AGB als Anhaltspunkte ausgestaltet, maßgeblich ist letztlich der Renovierungsbedarf. Die Klausel mit diesem sog. weichen Fristenplan ist daher für sich genommen nicht zu beanstanden. Dagegen stellt die in Ziff. 12 vorgesehene **Endrenovierungsklausel** eine unangemessene Benachteiligung des Mieters dar, weil sie losgelöst vom Zustand der Wohnung und vorher durchgeführten Schönheitsreparaturen eingreift. Im Weiteren ist aber zu berücksichtigen, dass sich beide Klauseln mit der Renovierungspflicht befassen und daher als zusammengehörig betrachtet werden müssen. Im Zusammenwirken sind daher beide Klauseln als unwirksam anzusehen.[57] Der Mieter muss mithin überhaupt keine Schönheitsreparaturen durchführen.

e) Verhältnis der Katalogtatbestände zur Generalklausel

Aufmerksamkeit verdient schließlich das Verhältnis der Katalogtatbestände zur General- **85**
klausel. Unterfällt eine Klausel einem speziellen Verbotstatbestand, ist sie endgültig unwirksam. Umgekehrt bedeutet das fehlende Eingreifen eines speziellen Verbotstatbestands nicht, dass keine unangemessene Benachteiligung des Kunden nach § 307 vorliegt.

Fall 13: Nach der Benutzung der Autowaschanlage des U stellt K fest, dass an seinem Merce- **86**
des der Außenspiegel Kratzspuren aufweist. U weist das Schadensersatzbegehren des K unter Hinweis auf seine AGB zurück, deren einschlägige Passage lautet: „Eine Haftung für die Beschädigung der außen an der Karosserie angebrachten Teile, wie zum Beispiel Antennen, Spiegel und Zierleisten bleibt ausgeschlossen, es sei denn, dass den Waschanlagenbetreiber eine Haftung aus grobem Verschulden trifft". Zu Recht?

Ein Anspruch des K gegen den U kann sich aus § 823 Abs. 1 sowie unter dem Gesichtspunkt einer Schutzpflichtverletzung aus §§ 280 Abs. 1 S. 1, 241 Abs. 2 ergeben. Soweit U der Vorwurf einfacher Fahrlässigkeit trifft, kommt es auf die Wirksamkeit der Haftungsfreizeichnungsklausel an. Da der Verwender mit ihr von dem in § 276 Abs. 1 S. 1 verankerten Grundsatz der Verantwortlichkeit für jede Fahrlässigkeit abweicht, ist die Inhaltskontrolle gemäß § 307 Abs. 3 S. 1 eröffnet. Die Klausel ist ausdrücklich auf Eigentumsschäden beschränkt und verstößt daher nicht gegen § 309 Nr. 7a. Weiterhin gewährleistet sie eine Haftung im Falle grober Fahrlässigkeit und ist demnach nicht nach § 309 Nr. 7b unwirksam.

---

55 Überblick zur Judikatur bei Grüneberg/*Weidenkaff*, § 535 Rn. 41 ff. und *Pieronczyk/Tayaranian*, JA 2019, 248; vgl. ferner *Huber/Bach*, Schuldrecht BT 1 Rn. 768 ff.

56 Vgl. nur BGH NJW 2006, 1728 f. und 2113 f.

57 BGH NJW 2003, 2234, 2235.

87 Jedoch kommt ein Verstoß gegen den **Auffangtatbestand** des § 307 in Betracht. Zwar dürfen in den Verbotskatalogen getroffene Wertungen durch einen Rückgriff auf die Generalklausel nicht ausgehöhlt werden. Sehr wohl kann eine Klausel den Verbraucher aber im Hinblick auf einen dort nicht abschließend berücksichtigten Gesichtspunkt unangemessen benachteiligen.[58] § 309 Nr. 7 zieht also lediglich die Grenze, die bei der Freizeichnung von der Haftung keinesfalls unterschritten werden darf. Hier könnte das aus § 307 Abs. 2 Nr. 2 abgeleitete Freizeichnungsverbot für **Kardinalpflichten** eingreifen. Das sind solche Pflichten, deren Erfüllung die ordnungsgemäße Durchführung des Vertrags überhaupt erst ermöglicht und auf deren Einhaltung der Vertragspartner daher vertraut.[59] Zu solchen wesentlichen Pflichten können je nach Vertragsart auch Nebenpflichten zählen. Viel spricht dafür, dass der Schutzpflicht des U, den Wagen des K vor Schäden zu bewahren, eine solche herausgehobene Bedeutung zukommt. Jedenfalls aber ist der Haftungsausschluss für einfache Fahrlässigkeit vorliegend unangemessen im Sinne des § 307 Abs. 1 S. 1, weil der Kunde dem AGB-Verwender seinen Wagen anvertraut und keine eigene Möglichkeit hat, den Eintritt von Schäden zu vermeiden.[60]

VI. Rechtsfolgen

1. Unwirksamkeit

88 Hält eine Klausel der Inhaltskontrolle nicht stand, ist sie unwirksam. Sie kann nicht mit einem Inhalt aufrechterhalten werden, der in rechtlich zulässiger Weise gerade noch hätte vereinbart werden können. Ist beispielsweise in den Vertragsbedingungen über die Nutzung eines Fitnessstudios eine bindende Laufzeit von drei Jahren vorgesehen, kann die Vereinbarung nicht nach § 140 dahin umgedeutet werden, dass die bindende Vertragslaufzeit im Einklang mit § 309 Nr. 9 lit. a lediglich zwei Jahre beträgt. Dieses **Verbot der geltungserhaltenden Reduktion** ist wichtig, weil der Verwender anderenfalls gefahrlos unangemessene Klauseln stellen könnte.[61] Eine teilweise Aufrechterhaltung der Klausel ist nur **ausnahmsweise zulässig**, wenn sich eine Formularklausel nach ihrem Wortlaut verständlich und sachlich sinnvoll in einen zulässigen und einen unzulässigen Regelungsteil trennen lässt.[62] Da der unzulässige Teil durch schlichtes Streichen von Text zu entfernen sein muss, spricht man insofern vom sog. **blue pencil test.**[63]

89 Nach allgemeinen Grundsätzen führt die Teilunwirksamkeit eines Vertrags gemäß § 139 im Zweifel zur Gesamtnichtigkeit. Abweichend hiervon ordnet § 306 Abs. 1 an, dass der **Vertrag im Übrigen wirksam** bleibt, wenn AGB ganz oder teilweise nicht Vertragsbestandteil geworden oder unwirksam sind. Es widerspräche Sinn und Zweck der AGB-Kontrolle, wenn die Vertragspartnerin bei erfolgreicher Beanstandung einer Klausel oder fehlender wirksamer Einbeziehung der AGB sich nicht mehr auf den Vertrag beru-

58 Eingehend Staudinger/*Wendland*, § 307 Rn. 10 ff.; *Fuchs*, in: Ulmer/Brandner/Hensen, § 307 Rn. 1 ff.
59 Grundlegend **BGHZ 89, 363 = NJW 1984, 1350**; zur Kasuistik Grüneberg/*ders.*, § 309 Rn. 48 ff.
60 BGH NJW 2005, 422, 424.
61 Grundlegend BGHZ 84, 109, 115 f. = NJW 1982, 2309; aus europäischer Sicht EuGH NJW 2012, 2257 Rn. 61 ff.; krit. MünchKomm/*Fornasier*, § 306 Rn. 18 f.; *Hager*, JA 2011, 721, 726.
62 Zusammenfassend Staudinger/*Mäsch*, § 306 Rn. 13 ff.; Grüneberg/*ders.*, § 306 Rn. 7.
63 *Grunewald/Peifer*, Rn. 56.

fen könnte und ihre vertraglichen Ansprüche verlieren würde.[64] Lediglich dann, wenn ein Festhalten am Vertrag für eine Vertragspartei eine unzumutbare Härte darstellt, ist der Vertrag nach § 306 Abs. 3 insgesamt nichtig. Für die Verwenderin führt der Wegfall der AGB-Klausel zwar durchweg zu einer Verschlechterung ihrer Rechtsstellung, diese hat sie aber selbst zu verantworten und daher grundsätzlich hinzunehmen. Aus Sicht des Kunden wiederum bedeutet die Nichtanwendbarkeit der Klausel eine Besserstellung, so dass eine **Gesamtnichtigkeit nur ausnahmsweise** anzunehmen ist, wenn der nunmehr maßgebende Vertragsinhalt unklar ist.[65]

Die durch die fehlende Einbeziehung oder Unwirksamkeit entstandene Lücke ist gemäß § 306 Abs. 2 „nach den gesetzlichen Vorschriften", also nach den **Regeln des dispositiven Rechts** zu schließen. Diese Vorgabe ist zwingend. Daher sind salvatorische Ersetzungsklauseln unwirksam, wonach bei Wegfall einer Klausel abweichend von § 306 Abs. 2 diejenige (noch nicht konkretisierte) Rechtsfolge gelten soll, die dem Regelungsgehalt der beanstandeten Klausel wirtschaftlich möglichst entspricht.[66] Fehlen geeignete gesetzliche Vorschriften und führt die ersatzlose Streichung zu keiner interessengerechten Lösung, ist die entstandene Lücke durch **ergänzende Vertragsauslegung** zu schließen.[67] Es gilt mithin dasjenige, was die Parteien bei sachgerechter Abwägung der beiderseitigen Interessen vereinbart hätten. Im praktischen Ergebnis kann diese Vorgehensweise einer geltungserhaltenden Reduktion durchaus nahekommen.[68] **90**

2. Ersatzansprüche des Kunden

Wer eine inhaltlich unangemessene Klausel verwendet, verletzt eine **vorvertragliche Pflicht zur Rücksichtnahme** und macht sich im Falle des Vertretenmüssens nach §§ 280 Abs. 1, 311 Abs. 2, 241 Abs. 2 schadensersatzpflichtig. **91**

Fall 14:[69] In einem formularmäßigen Wohnraummietvertrag findet sich eine nach den Maßstäben heutiger Rechtsprechung unwirksame Klausel zur Überwälzung von Schönheitsreparaturen auf den Mieter. Kurz vor dem Vertragsschluss hatte der BGH eine entsprechende Klausel jedoch noch ausdrücklich als wirksam behandelt. Vor seinem Auszug führt der Mieter M die im Vertrag vorgesehenen Malerarbeiten selbst fachgerecht aus. Als er später vom Mieterschutzverein über die Rechtslage aufgeklärt wird, fragt er sich, ob er einen Ersatzanspruch gegen seinen Vermieter V hat.

Hier kommt zunächst ein Anspruch aus §§ 280 Abs. 1, 311 Abs. 2, 241 Abs. 2 in Betracht. Laut Sachverhalt ist die von V verwendete Renovierungsklausel nach dem heutigen Stand der Rechtsentwicklung als unwirksam anzusehen. Anerkanntermaßen verletzt der Verwender durch den Einsatz unwirksamer Klauseln seine vorvertragliche Pflicht

64 Vgl. Erman/*Roloff/Looschelders*, § 306 Rn. 1.
65 *Schmidt*, in: Ulmer/Brandner/Hensen, § 306 Rn. 42; s. auch *Löhnig/Gietl*, JuS 2012, 494, 499.
66 Jauernig/*Stadler*, § 306 Rn. 4; vgl. auch BGH NJW 2005, 2225, 2226.
67 Zusammenfassend Jauernig/*Stadler*, § 306 Rn. 5; Grüneberg/*ders.*, § 306 Rn. 13 f.; zur Vereinbarkeit mit der Klausel-RL BGH NJW 2013, 991 Rn. 27 ff.
68 Siehe etwa **BGHZ 137, 212, 214 ff. = NJW 1998, 671**; näher im Kontext der nachträglichen Übersicherung *Habersack*, Sachenrecht, Rn. 220 ff.
69 Nach **BGHZ 181, 188 = NJW 2009, 2590**.

zur Rücksichtnahme gegenüber dem Vertragspartner. Auch gewährt der BGH regelmäßig keinen Vertrauensschutz gegenüber Rechtsprechungsänderungen, die zu einer Neubewertung der Wirksamkeit von AGB führen.[70] Jedoch hat V die Pflichtverletzung nicht zu vertreten. Mehr als die Beachtung der aktuellen Rechtsprechung zum Zeitpunkt des Vertragsschlusses kann von ihm nicht erwartet werden. Ein Anspruch aus §§ 280 Abs. 1, 311 Abs. 2, 241 Abs. 2 besteht daher nicht. Auch einen Aufwendungsersatzanspruch gemäß § 539 Abs. 1 i.V.m. §§ 677, 683 S. 1, 670 wegen eines auch-fremden Geschäfts hat der BGH abgelehnt: M habe eine Leistung erbringen wollen, die rechtlich und wirtschaftlich als Teil des von ihm für die Gebrauchsüberlassung geschuldeten Entgelts anzusehen sei.[71] In die generelle BGH-Rechtsprechung zum auch-fremden Geschäft fügt sich diese Argumentation freilich nicht gut ein. M hat jedoch einen Anspruch aus § 812 Abs. 1 S. 1 Alt. 1, weil V um die durchgeführte Renovierung rechtsgrundlos bereichert ist. Da die fachgerecht durchgeführte Reparatur nicht in Natur herausgegeben werden kann, schuldet V Wertersatz gemäß § 818 Abs. 2. Dieser ist prinzipiell nach dem üblichen Werklohn zu bemessen. Erbringt der Mieter jedoch Eigenleistungen, bemisst sich der Wert der Renovierungsleistungen nach Auffassung des BGH „üblicherweise nur nach dem, was der Mieter billigerweise neben einem Einsatz an freier Zeit als Kosten für das notwendige Material sowie als Vergütung für die Arbeitsleistung seiner Helfer aufgewendet hat".[72] Der Anspruch verjährt (ebenso wie ggf. ein solcher aus §§ 280 Abs. 1, 311 Abs. 2) gemäß § 548 Abs. 2 in sechs Monaten nach der Beendigung des Mietverhältnisses.[73]

70 BGHZ 132, 6, 12 = NJW 1996, 924; BGH NJW 2008, 1348 Rn. 20.

71 Zu Recht kritisch *Thole* in BeckOGK § 677 Rn. 127, zustimmend hingegen *Lorenz*, NJW 2009, 2576.

72 BGHZ 181, 188 Rn. 24 = NJW 2009, 2570; dagegen zu Recht sehr krit. *Lorenz*, NJW 2009, 2576, 2577 und *Medicus/Petersen*, Bürgerliches Recht Rn. 413: Maßgeblich muss die Bereicherung des V, nicht die Entreicherung des M sein.

73 BGH NJW 2011, 1866 Rn. 9 ff. Der Begriff der Aufwendung ist im Rahmen des § 548 II weit zu verstehen: Normziel ist es, durch eine kurze Verjährung Rechtsklarheit nach Beendigung des Mietverhältnisses herbeizuführen.

§ 3

Schutz des Verbrauchers bei besonderen Vertriebsformen

I. Anwendungsbereich

1. Systematik

Das Recht der besonderen Vertriebsformen umfasst die außerhalb von Geschäftsräumen geschlossenen Verträge (§ 312b), die Fernabsatzverträge (§ 312c) sowie die Pflichten des Unternehmers im elektronischen Rechtsverkehr (§§ 312i ff.). Das Gesetz sieht für die besonderen Vertriebswege Schutzmechanismen vor, weil Verbraucher beim Vertragsschluss außerhalb des stationären Handels oftmals überrumpelt werden und sich bei Distanzgeschäften nur unzureichend über den zu erwerbenden Gegenstand informieren können. Die Regelungen über außerhalb von Geschäftsräumen geschlossene Verträge und Fernabsatzverträge entstammen der VRRL, deren Vorgaben im Wege richtlinienkonformer Rechtsfindung vorrangig zu berücksichtigen sind.[1] Die Vorschriften über den elektronischen Geschäftsverkehr wiederum sollen die Mindestvoraussetzungen für einen formal angemessenen Prozess des Vertragsschlusses und dessen Beendigung sicherstellen.[2] Sie haben also eine andere Zielrichtung und werden im nächsten Kapitel behandelt. 92

Im Fallaufbau ist bei außerhalb von Geschäftsräumen geschlossenen Verträgen und Fernabsatzverträgen **als erstes** die **Eröffnung des Anwendungsbereichs** zu prüfen. Nach § 312 Abs. 1 sind die einschlägigen Vorschriften nämlich nur auf Verbraucherverträge im Sinne von § 310 Abs. 3 anzuwenden, bei denen sich der Verbraucher zur Zahlung eines Preises verpflichtet. Außerdem darf keiner der (Teil-)Ausnahmetatbestände des § 312 Abs. 2 bis 6 erfüllt sein. In persönlicher Hinsicht werden Verträge zwischen einem Verbraucher (§ 13) und einem Unternehmer (§ 14) erfasst. Der Existenzgründer ist dem Verbraucher dabei nicht gleichgestellt. Erst wenn die Anwendungsvoraussetzungen des § 312 festgestellt wurden, sind die weiteren Voraussetzungen des § 312b oder § 312c zu prüfen. 93

2. Verpflichtung der Verbraucherin zur Zahlung eines Preises

a) Grundlagen

§ 312 Abs. 1 erfordert zunächst einen Verbrauchervertrag, bei dem „sich der Verbraucher zu der Zahlung eines Preises verpflichtet“. Damit sind **Austauschverträge** gemeint, die auf die **Lieferung von Waren** oder die Erbringung von **Dienstleistungen** gerichtet sind. Soweit die §§ 312 ff. den Begriff der „Dienstleistung“ verwenden, ist das unionsautonom weite Verständnis des Begriffs zugrunde zu legen (siehe dazu Rn. 41), nicht das enge Verständnis des Dienstvertrags gemäß §§ 611 ff. 94

---

1 Richtlinie 2011/83/EU des Europäischen Parlaments und des Rates vom 25.10.2011 über die Rechte der Verbraucher, ABl. EU 2011 L 304/64; dazu *Grundmann*, JZ 2013, 53; Änderung durch Richtlinie 2019/2161/EU des Europäischen Parlaments und des Rates vom 27.11.2019, Abl. EU 2019 L 328/7.

2 MünchKomm/*Wendehorst*, § 312g Rn. 1.

Die Leistung des Verbrauchers muss nicht zwangsläufig in Geld erbracht werden. Gemäß § 312 Abs. 1a genügt es auch, wenn der Verbraucher der Unternehmerin **personenbezogene Daten bereitstellt** oder sich hierzu verpflichtet. Als ein solches „Zahlen mit Daten" ist es nach § 312 Abs. 1a S. 2 freilich nicht anzusehen, wenn die Verarbeitung der personenbezogenen Daten durch die Unternehmerin ausschließlich zum Zwecke der Erfüllung der Leistungspflicht oder rechtlicher Anforderungen erfolgt. Für die Frage, ob die Datenverarbeitung ausschließlich zum Zwecke der Erfüllung der Leistungspflicht erfolgt, bietet es sich an, die Rechtsprechung des EuGH zu Art. 6 Abs. 1 lit. b DSGVO heranzuziehen. Danach ist eine Datenverarbeitung nur dann für die Erfüllung eines Vertrags erforderlich, wenn sie objektiv unerlässlich ist, um einen notwendigen Bestandteil der vertraglichen Leistung zu erbringen.[3] So erfordert beispielsweise ein Vertrag über die Teilnahme an einem sozialen Netzwerk nach Auffassung des EuGH keine Datenverarbeitung zwecks Personalisierung der Inhalte oder Werbung. Willigt eine Verbraucherin in die Erhebung und Verarbeitung ihrer für die Personalisierung erforderlichen personenbezogenen Daten ein, so hat folglich der Teilnahmevertrag die Zahlung eines Preises in Form von Daten zum Gegenstand. Darüber hinaus hat der BGH das nach alter Gesetzeslage verwendete Kriterium der „Entgeltlichkeit" jedenfalls für außerhalb von Geschäftsräumen geschlossene Verträge stets weit interpretiert: Es genüge für die Anwendung der §§ 312 ff., wenn eine Verbraucherin schuldrechtliche Verpflichtungen gegenüber einem Unternehmer in der Erwartung eingehe, ihr werde daraus irgendein Vorteil erwachsen.[4]

b) Beitritt zu einer Personengesellschaft

95 Von praktischer Bedeutung ist dies etwa für den Beitritt zu einer Personengesellschaft. Die Zahlung eines Preises setzt nämlich voraus, dass der Verbraucher verpflichtet ist, eine Leistung an die Unternehmerin zu erbringen. Genau daran fehlt es jedoch bei dem Beitritt zu einer Gesellschaft. Vielmehr ist der Beitritt als ein auf die Begründung der Mitgliedschaft gerichtetes organisationsrechtliches Geschäft; die Gesellschafter schließen sich nach Maßgabe des § 705 Abs. 1 zur Verfolgung eines gemeinsamen Zwecks zusammen. Das Verbraucherschutzrecht greift nach der Rechtsprechung jedoch dann ein, wenn der Zweck des Beitritts ausnahmsweise **vorrangig in der Kapitalanlage** besteht.[5] Das betrifft insbesondere Immobilienfonds in der Rechtsform einer Gesellschaft bürgerlichen Rechts. Da der Verbraucher den Gesellschaftsanteil als Anleger allein in der Hoffnung auf Gewinnerzielung erwerbe, sei der Beitrittsvertrag einem Vertrag über eine entgeltliche Leistung zumindest gleichzustellen.

96 Auch dann bleibt aber noch problematisch, ob überhaupt ein Verbrauchervertrag vorliegt, d.h. ob dem Verbraucher eine Unternehmerin gegenübersteht.[6] Nach allgemeinen Regeln jedenfalls erfolgt der Beitritt durch Vertrag mit den übrigen Gesellschaftern, die typischerweise ebenfalls Verbraucher sind. In der Praxis kommt der Beitritt freilich häu-

---

3 EuGH v. 4.7.2023 – C-252/21 (Meta Platforms u.a.) Rn. 98 ff. = EuGH EuZW 2023, 950, 956 Rn. 98 ff.

4 BGH NJW 2017, 2823, 2824 m.w.N. Zur Diskussion, ob das Kriterium der Entgeltlichkeit richtlinienkonform ist siehe Begr. RegE, BT-Drucks. 17/12637 S. 45 einerseits, *Schürnbrand*, WM 2014, 1157, 1159 andererseits.

5 BGHZ 148, 201, 203 = NZG 2001, 936; BGH NJW 2013, 155 Rn. 18; zur Anwendbarkeit der früheren Haustürgeschäfte-RL EuGH NZG 2010, 501 Rn. 25 ff. – Friz; *K. Schmidt*, JuS 2010, 642.

6 Vgl. *Habersack*, ZIP 2010, 775; *Kindler/Libbertz*, NZG 2010, 603, 605; *Schäfer*, DStR 2010, 1138 f.

fig aufgrund gesellschaftsvertraglicher Regelung mit der Gesellschaft selbst zustande.[7] Dann kann man diese als Unternehmerin ansehen. Der EuGH hat schließlich den kommerziell agierenden Verwalter eines Immobilienfonds als „Unternehmer" angesehen.[8] Im Ergebnis lässt sich damit in der Praxis das Vorliegen eines entgeltlichen Verbrauchervertrags regelmäßig bejahen, so dass das Recht der besonderen Vertriebsformen auf einen Gesellschaftsbeitritt mit dem Zweck der Kapitalanlage angewendet werden kann. Zu Besonderheiten bei der Rückabwicklung des Vertrags nach Widerruf siehe Rn. 170 ff.

c) Bürgschaft und Schuldbeitritt

Fall 15: Bauunternehmer U verhandelt in seinen Geschäftsräumen mit M, einem Mitarbeiter der B-Bank, über die Aufnahme eines Betriebsmittelkredits in Höhe von 200.000 €. Als M auf die Bestellung einer Kreditsicherheit besteht, gehen beide in die benachbarte Privatwohnung des U, wo sie dessen Ehefrau E antreffen. M lässt die E ein Bürgschaftsformular unterzeichnen. Als U mit der Rückzahlung des Kredits in Rückstand gerät, will die B-Bank gegen E vorgehen. Kann sich E der Zahlungspflicht entziehen? **97**

Anspruchsgrundlage für das Zahlungsbegehren der B ist § 765 Abs. 1. Dieser setzt einen wirksamen Bürgschaftsvertrag voraus. Da die Schriftform des § 766 S. 1 gewahrt wurde, ist der Vertrag jedenfalls nicht nach § 125 S. 1 nichtig. Je nach den Einkommens- und Vermögensverhältnissen der E kann der Bürgschaftsvertrag aber nach § 138 Abs. 1 sittenwidrig sein. Wird der Ehegatte durch die von ihm übernommene Bürgschaft krass überfordert, besteht nämlich eine tatsächliche Vermutung, dass die Mithaftung ohne rationale Einschätzung der wirtschaftlichen Risiken übernommen wurde und das Kreditinstitut die emotionale Verbundenheit zwischen den Eheleuten in sittlich anstößiger Weise ausgenutzt hat.[9]

Zu prüfen ist weiterhin, ob E ihre auf den Vertragsschluss gerichtete Willenserklärung **98**
widerrufen kann. Nach hM fällt der Bürgschaftsvertrag **nicht unter die Regeln des Verbraucherdarlehensrechts** und ist daher nicht entsprechend §§ 495 Abs. 1, 355 ff. widerruflich.[10] Der Vertrag wurde allerdings **außerhalb der Geschäftsräume** der B geschlossen, so dass ein Widerruf gemäß § 312g Abs. 1 Alt. 1 in Betracht kommen könnte. B ist als gewerbliches Kreditinstitut Unternehmerin im Sinne von § 14. E hat demgegenüber allein zu privaten Zwecken gehandelt, da sie an dem Bauunternehmen ihres Ehemanns nicht beteiligt ist. Sie ist Verbraucherin im Sinne des § 13. Jedoch ist der Anwendungsbereich des Rechts der besonderen Vertriebsformen nach § 312 Abs. 1 nur eröffnet, wenn sich die Verbraucherin zur **Zahlung eines Preises** verpflichtet. Das wiederum ist hier zweifelhaft, weil die E zwar keinen Preis an die B-Bank zahlt, aber gleichwohl eine Verbindlichkeit gegenüber der Unternehmerin eingeht.

---

7 Näher MünchKomm/*Schäfer*, § 719 Rn. 20.

8 Zur früheren Haustürgeschäfte-RL und dem dort verwendeten Begriff des „Gewerbetreibenden" EuGH NZG 2010, 501 Rn. 28 f. – Friz. Zu beachten ist allerdings, dass die Haustürgeschäfte-RL von der VRRL abgelöst wurde. Art. 3 Abs. 3 lit. d VRRL schließt Finanzdienstleistungen vom Anwendungsbereich der Richtlinie aus, weshalb der Beitritt zu einer Gesellschaft zwecks Kapitalanlage aus unionsrechtlicher Perspektive wohl nicht mehr dem Recht der besonderen Vertriebsformen unterfällt. Der deutsche Gesetzgeber hat die Richtlinie allerdings überschießend umgesetzt, siehe § 312 Abs. 5.

9 Zusammenfassend Grüneberg/*Ellenberger*, § 138 Rn. 37 ff.; s. daneben *Würdinger*, BGB AT Rn. 212.

10 Eingehend dazu unten Rn. 287 f.

(1) Vorgaben der Verbraucherrechte-RL

99 Zunächst ist zu prüfen, ob es einer **richtlinienkonformen Auslegung** des § 312 Abs. 1 mit Blick auf Bürgschaften bedarf. Ob Bürgschaftsverträge von der VRRL erfasst sind, ist stark umstritten.[11] Zwar hatte der EuGH zur früheren Haustürgeschäfte-RL entschieden, dass Bürgschaften aufgrund ihres akzessorischen Charakters der Haustürgeschäfte-RL unterlagen, wenn die gesicherte Forderung einem Verbrauchervertrag im Sinne der Richtlinie entstammte.[12] Die VRRL findet freilich auf Finanzdienstleistungen und Mietverträge keine Anwendung,[13] weshalb man – legt man die Argumentation des EuGH zur Haustürgeschäfte-RL zugrunde – die Anwendbarkeit der Richtlinie auf die akzessorische Bürgschaft jedenfalls mit Blick auf die praktisch bedeutsamem Kredit- und Mietsicherungen bezweifeln kann.

(2) Überschießende Umsetzung im deutschen Recht

100 Selbst wenn Bürgschaftsverträge nicht dem Anwendungsbereich der VRRL unterfallen und eine richtlinienkonforme Auslegung deshalb nicht geboten wäre, sind die deutschen Gerichte jedenfalls im Wege der überschießenden Umsetzung (Rn. 19 ff.) befugt, die Regelungen über besondere Vertriebsformen **analog auf die Bürgschaft** anzuwenden.[14] Die Rechtsprechung hat hier ursprünglich zwischen außerhalb von Geschäftsräumen geschlossenen Verträgen und Fernabsatzverträgen differenziert.[15] Unter Hinweis auf den früheren Wortlaut des § 312 Abs. 1, der eine entgeltliche Leistung des Unternehmers voraussetzte, hat der BGH dann jedoch die **Anwendung der §§ 312 ff. auf Bürgschaften insgesamt verneint**. Der Gesetzgeber habe die Formulierung der entgeltlichen Leistung des Unternehmers gewählt, obgleich die Problematik bekannt gewesen sei, dass die Bürgschaft einseitig die bürgende Verbraucherin zur Leistung verpflichte und dem Unternehmer gerade keine Leistungspflicht auferlege.[16] Auf welch tönernen Füßen diese Argumentation steht, zeigt die Änderung des Gesetzeswortlauts des § 312 Abs. 1 (die auf eine entsprechende Änderung der VRRL zurückgeht): § 312 Abs. 1 erfordert nach aktueller Fassung keine entgeltliche Leistung der Unternehmerin mehr, sondern lediglich die Zahlung eines Preises durch die Verbraucherin. Das Eingehen der Verbindlichkeit lässt sich durchaus als ein solcher „Preis" verstehen. Wenn bereits die Preisgabe personenbezogener Daten nach § 312a Abs. 1a den Anwendungsbereich der §§ 312 ff. eröffnet, sollte dies erst recht für ein deutlich riskanteres Sicherungsgeschäft gelten, zumal auch bei Übernahme einer Bürgschaft regelmäßig Daten preisgegeben werden, die für die Vertragserfüllung nicht zwingend erforderlich sind.

---

11 Ablehnend BGH NJW 2020, 3649 Rn. 26 ff. m.w.N; hierzu zutreffende Kritik von *Fritz*, NJW 2020, 3629, 3630 ff.

12 EuGH NJW 1998, 1295 – Dietzinger.

13 Art. 3 Abs. 3 lit. d und f VRRL.

14 Näher *Schürnbrand*, WM 2014, 1157, 1161; *Bülow/Artz*, Rn. 224; aA *Brennecke*, ZJS 2014, 236, 239; *Schärtl*, JuS-Extra 2014, 12, 18.

15 Für außerhalb von Geschäftsräumen geschlossene Verträge BGH NJW 2007, 2110, 2111; BGH ZIP 2016, 1640, 1643; für Fernabsatzverträge BGH ZIP 2016, 1640, 1643.

16 BGH NJW 2020, 3649 Rn. 20 ff. AA BeckOK/*Busch* § 312 Rn. 19 m.w.N.

Richtigerweise sollte nach dem Schutzzweck der §§ 312 ff. differenziert werden.[17] Die Einbeziehung der Bürgschaft in den Schutzbereich der **außerhalb von Geschäftsräumen geschlossenen Verträge** ist aus der Perspektive des Verbraucherschutzes in der Sache angemessen. Wenn dem Verbraucher bereits bei einem Austauschvertrag besonderer Schutz vor Überrumpelung in Form eines Widerrufsrechts zugebilligt wird, sollte dieser Schutz erst recht bei einem Vertrag gewährt werden, der dem Verbraucher keinen Vorteil bringt, sondern ihn einseitig verpflichtet.[18] In Fall 15 sollten die Bestimmungen über außerhalb von Geschäftsräumen geschlossene Verträge deshalb (zumindest entsprechend) auf die Bürgschaft angewandt werden.[19] E kann den Bürgschaftsvertrag nach § 312g Abs. 1 Alt. 1 widerrufen.

Anders ist die Sachlage bei **Fernabsatzverträgen**: Die besondere Schutzbedürftigkeit des Verbrauchers folgt hier aus dem Umstand, dass der Verbraucher die von der Unternehmerin angebotene Ware oder Dienstleistung in der Regel nicht vor Vertragsschluss in Augenschein nehmen kann, weil sich Anbieterin und Verbraucher nicht physisch begegnen. Dieses Informationsdefizit soll durch die fernabsatzrechtlichen Informationspflichten und das Widerrufsrecht des Verbrauchers kompensiert werden. Erbringt die Unternehmerin jedoch – wie bei einer Bürgschaft oder einem Schuldbeitritt – keine Leistung, so bedarf es einer entsprechenden Anwendung des Fernabsatzrechts nicht.[20] **101**

d) Vertragsänderungen

Die Zahlung eines Preises kann auch im Zuge von Vertragsänderungen vereinbart werden. Praktische Relevanz hat dies vor allem für die Zustimmung des Mieters zu einem Mieterhöhungsverlangen des Vermieters[21] (zur Möglichkeit des Widerrufs von Mieterhöhungsvereinbarungen siehe Rn. 121 und Klausurbeispiel 3). Bei Aufhebungsverträgen hingegen erfolgt keine Preiszahlung durch die Verbraucherin. Insbesondere sieht das Bundesarbeitsgericht Verträge zur Aufhebung eines Arbeitsverhältnisses nicht vom Schutz der §§ 312 ff. umfasst.[22] **102**

3. Ausschlusstatbestände

Auch wenn ein Verbrauchervertrag vorliegt, der die Zahlung eines Preises durch die Verbraucherin zum Gegenstand hat, ist das Recht der besonderen Vertriebsformen nicht anwendbar, wenn einer der (Teil-)Ausnahmetatbestände des § 312 Abs. 2 bis 6 eingreift. Die Bedeutung der **Ausnahmetatbestände** erschließt sich durchweg schon durch **gründliche Lektüre**.[23] Für die Prüfungspraxis von Bedeutung dürfte vor allem der Bagatellvorbehalt des § 312 Abs. 2 Nr. 12 sein. Danach sind die besonderen Verbraucherschutzvor- **103**

---

17 So zutreffend die Rechtsprechung zu Mieterhöhungsvereinbarungen, siehe BGH NJW 2017, 2823 Rn. 12 einerseits und BGH NJW 2019, 303 Rn. 26, 39 ff. andererseits.

18 *Schürnbrand*, WM 2014, 1157, 1162; *Janal*, WM 2012, 2314, 2315; *Hoffmann*, ZIP 2015, 1365, 1372; *Meier*, ZIP 2015, 1156, 1163; aA *v. Loewenich*, NJW 2014, 1409, 1411; *Kropf*, WM 2015, 1699, 1702.

19 BGH NJW 2007, 2110, 2111; BGH ZIP 2016, 1640, 1643; MünchKomm/*Wendehorst*, § 312 Rn. 36; aA BGH NJW 2020, 3649; *v. Loewenich*, NJW 2014, 1409, 1411; *Bülow/Artz*, Rn. 86 m.w.N.

20 BGH ZIP 2016, 1640, 1643; OLG Dresden, OLGR 2009, 521 Rn. 19; BeckOGK/*Madaus*, § 765 Rn. 67 ff.

21 Dies folgt indirekt aus § 312 Abs. 4, s.a. BGH NJW 2017, 2823 Rn. 12.

22 BAG NJW 2004, 2401 ff.; die Verbraucherrechte-RL nimmt Verträge zu abhängig beruflichen Zwecken ohnehin von ihrem Anwendungsbereich aus, vgl. Art. 2 Nr. 1 VRRL.

23 Näher zu den einzelnen Tatbeständen *Stürner*, JURA 2015, 30, 35 ff.

schriften nicht auf außerhalb von Geschäftsräumen geschlossene Verträge anzuwenden, bei denen die Leistung bei Abschluss der Verhandlungen sofort erbracht und bezahlt wird und das vom Verbraucher zu zahlende **Entgelt 40€** nicht überschreitet. Für Fernabsatzverträge gilt dieser Bagatellvorbehalt hingegen seinem eindeutigen Wortlaut nach nicht. Ausgeschlossen sind auch **typische Supermarktgeschäfte**, d.h. Verträge über die Lieferung von Lebensmitteln, Getränken oder sonstigen Haushaltsgegenständen des täglichen Bedarfs, die dem Verbraucher im Rahmen häufiger und regelmäßiger Fahrten geliefert werden (Abs. 2 Nr. 8). Hinzuweisen ist ferner auf die Ausnahmen für **Verbraucherbauverträge** (Abs. 2 Nr. 3)[24] sowie für neu begründete Wohnraummietverträge, sofern der Mieter die Wohnung zuvor besichtigt hat (Abs. 4 S. 2).[25]

104 Ist der Anwendungsbereich der §§ 312 ff. eröffnet, so bedarf es schließlich eines Vertragsschlusses in einer besonderen Vertriebsform, d.h. entweder außerhalb von Geschäftsräumen (§ 312b) oder im Fernabsatz (§ 312c).

II. Außerhalb von Geschäftsräumen geschlossene Verträge

1. Schutzzweck

105 § 312b schützt den Verbraucher bei Vertragsschlüssen außerhalb der Geschäftsräume des Unternehmers. Vorrangig geht es um einen Schutz vor **Überrumpelung**.[26] In seiner Privatwohnung oder auf einer Kaffeefahrt fällt es dem Verbraucher nämlich aus nachvollziehbaren, psychologischen Gründen schwer, sich dem Unternehmer zu entziehen. Auch fehlt ihm die Möglichkeit, den Vertragsschluss in Ruhe zu überdenken und sich ausreichend über Alternativen zu informieren.[27] Dieses Defizit will das Gesetz durch Information (§ 312d) und das Einräumen eines Widerrufsrechts (§ 312g) kompensieren. Eine Überrumpelung im Einzelfall muss nicht nachgewiesen werden; das Gesetz stellt vielmehr abstrakt auf den Ort des Vertragsschlusses ab.

2. Relevante Örtlichkeiten

a) Kein Geschäftsraum

106 Nach dem Grundtatbestand des § 312b Abs. 1 S. 1 Nr. 1 liegt ein außerhalb von Geschäftsräumen geschlossener Vertrag vor, wenn der Vertrag bei gleichzeitiger persönlicher Anwesenheit des Verbrauchers und des Unternehmers an einem Ort geschlossen wird, der kein Geschäftsraum des Unternehmers ist. Ob der Vertragsschluss auf offener Straße, in einem Hotelzimmer, in der eigenen oder fremden Privatwohnung oder in einem Restaurant erfolgt, ist dabei ohne Belang.[28] Auch eine vorherige Bestellung durch den Verbraucher

---

24 Hintergrund sind Art. 3 Abs. 3 lit. f VRRL sowie das speziellere Widerrufsrecht nach § 650l. Ausweislich des klaren Wortlauts des Ausnahmetatbestands werden Verbraucher-Architektenverträge hiervon nicht erfasst, vgl. OLG Köln NJW-Spezial 2017, 525.

25 Bei nachträglichen Änderungen des Mietvertrags, insbesondere Mieterhöhungsvereinbarungen, finden die §§ 312 ff. jedoch Anwendung, siehe LG Berlin, Beschluss vom 19. Mai 2016 – 65 S 151/16 – juris. Siehe näher Fall 4.

26 Näher Erwägungsgrund 21 VRRL; PWW/*Stürner*, § 312b Rn. 4.

27 *Stürner*, JURA 2015, 341.

28 Vgl. Grüneberg/*ders.*, § 312b Rn. 4; Erman/*Koch*, § 312b Rn. 16.

schließt die Anwendbarkeit der Schutzvorschriften nicht generell, sondern nur im Sonderfall des § 312g Abs. 2 Nr. 11 aus (Rn. 136).[29] Geschäftsräume sind nach der Legaldefinition des § 312b Abs. 2 S. 1 sowohl unbewegliche Gewerberäume, in denen der Unternehmer seine Tätigkeit dauerhaft ausübt, als auch bewegliche Gewerberäume wie Marktstände, in denen der Unternehmer seine Tätigkeit für gewöhnlich ausübt.

Dem Vertragsschluss außerhalb eines Geschäftsraums steht es nach § 312b Abs. 1 S. 1 Nr. 2 gleich, wenn die Verbraucherin in einer solchen Situation ein Angebot abgibt. Das leuchtet ein, weil es für den Schutz der Entscheidungsfreiheit der Verbraucherin auf die – für sie bindende – Abgabe ihrer Willenserklärung ankommt. Unter welchen Umständen die Annahme durch den Unternehmer erfolgt, ist unerheblich. **107**

Probleme wirft die Bestimmung beweglicher Gewerberäume auf, in denen die Unternehmerin ihre Tätigkeit für gewöhnlich ausübt: **108**

Fall 16:[30] Unternehmerin U verkauft Dampfreiniger ausschließlich auf Messen, unter anderem auf der sog. „Grünen Woche“. Die Internationale Grüne Woche Berlin ist eine Messe für Ernährungswirtschaft, Landwirtschaft und Gartenbau, auf der landwirtschaftliche Produkte im weitesten Sinne sowohl der Fachöffentlichkeit wie auch dem allgemeinen Publikum präsentiert und vertrieben werden. Muss U die Verbraucher bei Vertragsschlüssen an ihrem Stand auf der Grünen Woche auf ein Widerrufsrecht nach § 312g hinweisen?

Eine Pflicht zur Widerrufsbelehrung nach § 312d Abs. 1 i.V.m. Art. 246a § 1 Abs. 2 EGBGB besteht, sofern es sich um einen außerhalb von Geschäftsräumen geschlossenen Vertrag i.S.d. § 312b handelt. Ein Verbrauchervertrag gemäß § 310 Abs. 3, der die Verbraucher i.S.d. § 312 Abs. 1 zur Zahlung eines Preises verpflichtet, liegt vor. Fraglich ist, ob der Messestand der U ein Geschäftsraum ist. Trotz fester Messehallen sind die einzelnen Messestände beweglich, so dass nach § 312b Abs. 2 S. 1 entscheidend ist, ob U ihre Tätigkeit dort für gewöhnlich ausübt. Dabei kann freilich nicht allein auf die Betriebsorganisation der Unternehmerin abgestellt werden, denn diese ist für die angesprochenen Verbraucherinnen, die vor einer Überrumpelung geschützt werden sollen, regelmäßig nicht offensichtlich. Der EuGH stellt sinnvollerweise auf die **Perspektive der Verbraucher** ab: Entscheidend ist, ob ein normal informierter, angemessen aufmerksamer und verständiger Verbraucher vernünftigerweise damit rechnen konnte, dass an dem betreffenden Ort Unternehmer ihre Tätigkeiten ausüben und ihn zu kommerziellen Zwecken ansprechen.[31] Abzustellen ist dabei sowohl auf den allgemeinen Charakter der Messe als auch auf das Erscheinungsbild des konkreten Messestands.[32]

b) Werbemäßige Ansprache im Vorfeld

Der Tatbestand des § 312b Abs. 1 S. 1 Nr. 3 betrifft das werbemäßige Ansprechen. Ein außerhalb von Geschäftsräumen geschlossener Vertrag liegt danach auch vor, wenn zwar der Vertragsschluss selbst in den Geschäftsräumen des Unternehmers erfolgt, der Ver- **109**

29 *Hilbig-Lugani*, ZJS 2013, 441, 450 f.; *Brox/Walker*, Schuldrecht AT § 19 Rn. 9.
30 EuGH GRUR 2018, 943 – Verbraucherzentrale/Unimatic.
31 EuGH GRUR 2018, 943 – Verbraucherzentrale/Unimatic Rn. 43 ff.
32 BGH NJW-RR 2019, 1069 Rn. 29 ff.

braucher jedoch unmittelbar zuvor außerhalb, d.h. etwa auf offener Straße oder in den Geschäftsräumen eines anderen Unternehmers,[33] persönlich und individuell angesprochen wurde.[34] Der erforderliche Unmittelbarkeitszusammenhang ist unterbrochen, wenn der Unternehmer den Verbraucher zwar in seiner Wohnung aufgesucht hat, der Vertragsschluss aber erst später nach Prüfung des Angebots erfolgt.[35] Eine bloße Mitursächlichkeit genügt gerade nicht, vielmehr bedarf es eines **engen zeitlichen Zusammenhangs**. Liegt ein solcher Zusammenhang vor, ist kein Nachweis dafür erforderlich, dass das Ansprechen auf offener Straße für den späteren Vertragsschluss kausal war.[36]

c) Ausflugsveranstaltungen

110 Ein außerhalb von Geschäftsräumen geschlossener Vertrag liegt nach § 312b Abs. 1 S. 1 Nr. 4 schließlich vor, wenn der Vertrag auf einem **Ausflug** geschlossen wurde, der von dem Unternehmer oder mit seiner Hilfe organisiert wurde, um beim Verbraucher für den Verkauf von Waren oder die Erbringung von Dienstleistungen zu werben und mit ihm entsprechende Verträge abzuschließen. Zu denken ist hier zuvörderst an die klassischen Kaffeefahrten. Der Verbraucher wird durch sie in eine freizeitlich unbeschwerte Stimmung versetzt und kann sich einem Geschäftsabschluss nur schwer entziehen, sei es aufgrund der örtlichen und zeitlichen Gegebenheiten, sei es aufgrund des Gruppenzwangs oder aus einem Gefühl der Dankbarkeit heraus.[37]

111 **Fall 17:**[38] Das Reisebüro R-GmbH bietet einen für die Kunden kostenlosen, eintägigen „Schnupperkurs-Rafting" an. Dieser endet im Ladengeschäft des Sportartikelhändlers S, der an die R-GmbH eine umsatzabhängige Provision abführt. Der Teilnehmer T erwirbt dort spezielle Schutzkleidung zum Preis von 150 €. Eine Woche später will T den Kauf rückgängig machen, weil seine Frau ihn überzeugt hat, dass der Rafting-Sport viel zu gefährlich ist. Besteht ein Widerrufsrecht?

Ein Widerrufsrecht nach § 312g Abs. 1 setzt einen Verbrauchervertrag i.S.d. §§ 310 Abs. 3, 312 Abs. 1 voraus, bei dem sich der Verbraucher zu einer Zahlung verpflichtet und der außerhalb von Geschäftsräumen geschlossen wurde. Hier ist der Vertrag zwar in den Räumen des S geschlossen worden, doch könnte § 312b Abs. 1 S. 1 Nr. 4 eingreifen. Da der Ausflug nach außen hin von der R-GmbH ausgerichtet wurde, müsste er zumindest **mit Hilfe des S organisiert** worden sein.[39] Weil S an der Organisation des Ausflugs selbst offensichtlich gar nicht beteiligt war, lässt sich zwar an der Erfüllung des Tatbestandsmerkmals zweifeln. Jedoch soll die Erweiterung nach der Vorstellung des Gesetzgebers gerade den hier vorliegenden Fall erfassen, dass **ein anderer Unternehmer** den

33 Grüneberg/*ders.*, § 312b Rn. 6.
34 Näher *Schärtl*, JuS-Extra 2014, 12, 24; Hk-BGB/*Schulte-Nölke*, § 312b Rn. 7.
35 Erwägungsgrund 21 VRRL.
36 *Gsell*, in: Staudinger, Eckpfeiler, K. Rn. 56; *Brönneke/Schmidt*, VuR 2014, 3, 4.
37 BGH NJW 2004, 362 f.
38 Angelehnt an *Schärtl*, JuS-Extra 2014, 12: Grundfall 11.
39 Zwar stellt Art. 2 Nr. 8 VRRL als zugrundeliegende unionsrechtliche Vorgabe allein auf eine Organisation durch den Unternehmer selbst ab, doch ist die deutsche Regelung zumindest als überschießende Umsetzung richtlinienkonform, siehe Hk-BGB/*Schulte-Nölke*, § 312b Rn. 8; aA *Hilbig-Lugani*, ZJS 2013, 441, 448; *Schärtl*, JuS-Extra 2014, 12, 22 f.

Ausflug organisiert als der Unternehmer, der die Waren oder Dienstleistungen anbietet.[40] Daher ist eine Organisation mit Hilfe des Unternehmers bereits dann zu bejahen, wenn der **Veranstalter weiß und duldet**, dass der Unternehmer eine Verkaufstätigkeit entfaltet.[41] Auf die Provisionszahlung, die wohl die Finanzierung der Veranstaltung sichergestellt hat, kommt es daher gar nicht entscheidend an. Sie unterstreicht aber, dass sich S die Überrumpelungssituation zurechnen lassen muss. Im Ergebnis steht T somit ein Widerrufsrecht nach §§ 312g Abs. 1 Alt. 1, 312b Abs. 1 S. 1 Nr. 4, 312 Abs. 1 zu.

3. Einschaltung Dritter

a) Auf Seiten des Verbrauchers

Schließt die Verbraucherin den Vertrag nicht selbst ab, sondern schaltet einen **Stellvertreter** ein, dann kommt es für das Vorliegen der situationsbezogenen Voraussetzungen im Grundsatz nicht auf seine, sondern allein auf die Person des Vertreters an.[42] Mithin ist der Vertrag nur dann außerhalb von Geschäftsräumen geschlossen, wenn der Vertreter seine Willenserklärung unter den Voraussetzungen des § 312b Abs. 1 S. 1 Nr. 1 bis 4 abgegeben hat. Das deckt sich mit der **Wertung des § 166 Abs. 1** und leuchtet in der Sache ein, weil ein situativer Übereilungsschutz gerade bei der Person anknüpfen muss, die den für den Vertragsschluss rechtserheblichen Willen bildet. Ist der Stellvertreter freilich ein Unternehmer, so kommt die Verbraucherin nicht in den Genuss der §§ 312b ff. Denn eine Person, die den Vertrag als Vertreterin in Ausübung ihrer selbständigen Erwerbstätigkeit abschließt, bedarf des Überrumplungsschutzes nicht.[43] Entsteht ein Widerrufsrecht, so ist der vertretene Verbraucher als Vertragspartner zur Ausübung des Gestaltungsrechts befugt. Die Vertreterin kann das Widerrufsrecht nur ausüben, wenn sich ihre **Vertretungsmacht** auf die **Ausübung von Gestaltungsrechten** erstreckt. Davon ist freilich auch bei einer beschränkten Vollmacht im Zweifel auszugehen.[44] **112**

Vom Widerruf der auf den Vertragsschluss gerichteten Willenserklärung strikt zu unterscheiden ist der **Widerruf der Vollmacht**. Zwar handelt es sich bei der Einräumung von Vertretungsmacht durch einseitige Willenserklärung des Verbrauchers im technischen Sinne offenkundig nicht um einen Vertrag, bei dem der Verbraucher einen Preis zahlt. Jedoch kann die Vollmacht in einen solchen münden. Nach überwiegender, freilich nicht höchstrichterlich bestätigter Auffassung kann daher in erweiternder Auslegung des § 312b Abs. 1 auch eine **Vollmacht** widerrufen werden,[45] wenn der Verbraucher die Bevollmächtigung gegenüber einem Unternehmer in einer der Situationen des § 312b Abs. 1 S. 1 erteilt hat. Obwohl § 355 Abs. 1 S. 1 als Rechtsfolge von einem Erlöschen der Verpflichtung ex nunc ausgeht („nicht mehr gebunden"), entfällt die Vertretungsmacht **113**

---

40 Begr. RegE, BT-Drucks. 17/12637 S. 49.

41 Grüneberg/*ders.*, § 312b Rn. 7; Erman/*Koch*, § 312b Rn. 23.

42 BGHZ 144, 223, 226 ff. = NJW 2000, 2268; BGH NJW 2006, 2118 Rn. 18.

43 Staudinger/*Thüsing*, 312b Rn. 43; Grüneberg/*ders.*, 312b Rn. 8.

44 So auch Staudinger/*Thüsing*, § 312b Rn. 45; allg. Staudinger/*Schilken*, § 166 Rn. 19. Hingegen soll aus dem gesetzlichen Umfang einer Prozessvollmacht keine Vertretungsmacht zur Widerrufsausübung folgen, so OLG Karlsruhe BeckRS 2016, 4796.

45 Vgl. BeckOGK/*Busch*, § 312b Rn. 29 m.w.N.; Hk-BGB/*Schulte-Nölke*, § 312b Rn. 12; offen BGHZ 144, 223, 231 = NJW 2000, 2268; *Bülow/Artz*, Rn. 244.

dann **ausnahmsweise rückwirkend**. Der Vertreter agiert als falsus procurator gemäß §§ 177 ff., wenn nicht zu Gunsten des Vertragspartners die §§ 170 ff. oder die allgemeinen Grundsätze über die Rechtsscheinvollmacht eingreifen.

b) Auf Seiten des Unternehmers

114 Tritt auf Seiten des Unternehmers ein Dritter auf, muss der Unternehmer sich dessen Verhandlungen nach § 312b Abs. 1 S. 2 zurechnen lassen, wenn der Dritte **in seinem Namen oder Auftrag** handelt. Dieser Tatbestand ist denkbar weit zu verstehen und wird in der Praxis insbesondere Angestellte oder Makler umfassen. Dabei kommt es nicht darauf an, dass der Unternehmer von der Überrumpelungssituation Kenntnis hat oder haben müsste. Vielmehr genügt es, wenn der Vertragsschluss objektiv außerhalb der Geschäftsräume des Unternehmers erfolgt.

III. Fernabsatzverträge

1. Schutzzweck

115 Als weitere besondere Vertriebsform behandelt das BGB den Fernabsatzvertrag. Nach § 312c Abs. 1 ist das ein Vertrag, bei dem der Unternehmer (oder eine in seinem Namen oder Auftrag handelnde Person) und der Verbraucher für die Vertragsverhandlungen und den Vertragsschluss **ausschließlich Fernkommunikationsmittel** verwenden. Eine Ausnahme gilt, wenn der Vertragsschluss nicht im Rahmen eines **für den Fernabsatz organisierten Vertriebs- oder Dienstleistungssystems** erfolgt. Distanzgeschäfte bergen für Verbraucherinnen die **Gefahr gesteigerter Unwissenheit**. Interessentinnen können vor Abschluss des Vertrags die Ware oder Dienstleistung nicht prüfen. Sie können sich i.d.R auch nicht an eine natürliche Person wenden, um weitere Informationen zu erlangen bzw. sich einen Eindruck von deren Seriosität zu verschaffen.[46] Mangels gleichzeitiger physischer Präsenz müssen sie bildlich gesprochen die „Katze im Sack kaufen".[47] Ebenso wie bei den außerhalb von Geschäftsräumen geschlossenen Verträgen bezwecken die Regelungen über den Fernabsatz folglich die Kompensation einer situativ begründeten Unterlegenheit der Verbraucherinnen.

2. Sachlicher Anwendungsbereich

116 Voraussetzung ist zunächst ebenfalls ein Verbrauchervertrag i.S.d. § 312 Abs. 1, Abs. 1a, der zur Zahlung eines Preises verpflichtet oder die Bereitstellung personenbezogener Daten beinhaltet (siehe Rn. 94 ff.). Aufgrund des spezifischen Schutzzwecks der Fernabsatzbestimmungen ist allerdings anders als bei außerhalb von Geschäftsräumen geschlossenen Verträgen eine Erstreckung auf Sicherungsgeschäfte nicht geboten (oben Rn. 101).

---

46 BGHZ 187, 268 Rn. 23 = NJW 2011, 56; MünchKomm/*Wendehorst*, § 312c Rn. 3.
47 *Lettl*, JA 2010, 694, 699; *Grunewald/Peifer*, Rn. 107.

a) Verwendung von Fernkommunikationsmitteln

aa) Distanzgeschäft

Die besondere Schutzbedürftigkeit des Verbrauchers beim Fernabsatz folgt aus dem Fehlen eines physischen Kontakts mit der Unternehmerin. Daher greifen die §§ 312c ff. nur ein, wenn der **Vertrag unter ausschließlicher Verwendung eines Fernkommunikationsmittels** abgeschlossen worden ist. Soll die Leistungserbringung später im persönlichen Kontakt erfolgen, ändert dies nichts am Bestehen eines Fernabsatzvertrags.[48] Auch sog. *„click and collect"*-Verträge sind deshalb Fernabsatzverträge.[49] § 312c Abs. 2 enthält eine nicht abschließende Aufzählung von Fernkommunikationsmitteln. Neben der Vertragsanbahnung per Telefon oder Internet fällt auch der klassische Versandhandel per Katalog und Brief unter das Fernabsatzrecht. Eine Kombination verschiedener Medien ist unschädlich, solange lediglich Fernkommunikationsmittel zum Einsatz kommen. Auch eine telefonische Bestellung des Verbrauchers, die der Unternehmer schriftlich bestätigt, führt daher zu einem Fernabsatzvertrag. 117

bb) Persönliche Gespräche im Vorfeld

Nach der Legaldefinition des § 312c Abs. 1 muss sich der ausschließliche Einsatz von Fernkommunikationsmitteln auch auf die Vertragsverhandlungen erstrecken. Bei näherem Hinsehen ist jedoch unklar, inwieweit die Gelegenheit zu einem persönlichen Austausch die Anwendbarkeit des Fernabsatzrechts ausschließt. 118

Fall 18:[50] Die Eheleute E suchen am 23.12. das Verkaufsgeschäft des U auf, um sich über Kaminöfen zu informieren und Preise zu erfragen. Über ein Kontaktformular auf der Webseite des U, der auch einen Online-Shop betreibt, erbitten die Eheleute im Januar nähere Informationen zu zwei bestimmten Öfen. Nachdem U diese Informationen den Eheleuten per E-Mail am 13.1. zukommen lässt, bestellt Frau E am 12.2. ebenfalls per E-Mail einen Ofen. Nach Lieferung des Ofens stellt sich heraus, dass der Außenwandanschluss des Ofens weit aus der Außenwand herausragt. Frau E erklärt deshalb den Widerruf des Vertrags. U ist der Auffassung, ein Widerruf komme aufgrund des persönlichen Kontakts der Parteien im Vorfeld des Vertragsschlusses nicht in Betracht.

Ein Schutzbedürfnis der Verbraucherin ließe sich hier mit dem Argument verneinen, dass Frau E die für den Vertragsschluss wesentlichen Informationen anlässlich des persönlichen Kontakts unschwer erlangen konnte. Erwägungsgrund 20 VRRL setzt allerdings einen anderen Akzent. Danach sollen auch Situationen vom Fernabsatzrecht erfasst werden, in denen der Verbraucher die Geschäftsräume lediglich zum Zwecke der Information über die Waren aufsucht und anschließend den Vertrag aus der Ferne verhandelt und abschließt.[51] Im Gegensatz dazu soll ein Vertrag, der in den Geschäftsräumen eines Unternehmers verhandelt und letztlich über ein Fernkommunikationsmittel geschlossen wird, kein Fernabsatzvertrag sein. Die damit unionsrechtlich vorgegebene

48 BGH NJW 2017, 1024, Rn. 53; BGH MMR 2018, 226.
49 Näher *Patz*, VuR 2023, 218.
50 Nach AG Frankfurt a.M., MMR 2011, 804 f.
51 MünchKomm/*Wendehorst*, § 312c Rn. 20; *Hilbig-Lugani*, ZJS 2013, 441, 446 f.; *Förster*, JA 2014, 721, 727; *Schärtl*, JuS-Extra 2014, 12, 26 ff. (anhand von Beispielen); aA *Föhlisch/Dyakova*, MMR 2013, 3, 4.

Abgrenzung von „Information“ und „Verhandlung“ gestaltet sich indessen sehr schwierig, weil die beiden Vorgänge oftmals nahtlos ineinander übergehen und echte Verhandlungen im Massengeschäft selten sind.[52] In Fall 18 spricht auch die zeitliche Streckung des Vorgangs dafür, einen Fernabsatzvertrag zu bejahen. Denn bei einem Vertragsschluss eineinhalb Monate nach dem persönlichen Kontakt kann nicht mehr von einer starken Fortwirkung des persönlichen Gesprächs ausgegangen werden.

cc) Schlichte Terminvereinbarungen

119 Wie Erwägungsgrund 20 VRRL klarstellt, erfüllen schlichte Terminvereinbarungen nicht die Voraussetzungen für einen Fernabsatzvertrag. Weil die zu erbringende Dienstleistung etwa bei einem Friseur-, Handwerker-, Arzt- oder Anwaltsvertrag erst im persönlichen Kontakt konkretisiert wird, wäre es unangemessen, den Vertrag nur wegen der Terminvergabe am Telefon als Fernabsatzvertrag zu qualifizieren.[53] Wird hingegen der gesamte Vertragsinhalt bereits im Wege des Fernabsatzes bestimmt (z.B. per E-Mail bei Abschluss eines Maklervertrags), so steht einer Anwendung der Fernabsatzvorschriften nichts im Wege, auch wenn die Leistungserbringung im Zuge eines persönlichen Kontakts erfolgen soll.[54]

b) Organisiertes Vertriebssystem

120 Die §§ 312c ff. belasten die Unternehmerin mit Informationspflichten und einem Widerrufsrecht des Verbrauchers. Aus Gründen der Verhältnismäßigkeit ist das nur demjenigen Unternehmer zuzumuten, der sich eines **für den Fernabsatz organisierten Vertriebs- oder Dienstleistungssystems** bedient, d.h. in seinem Betrieb die personellen, sachlichen und organisatorischen Voraussetzungen geschaffen hat, die notwendig sind, um regelmäßig Geschäfte im Fernabsatz zu bewältigen. Nach der Formulierung des Gesetzes („es sei denn“) trifft allerdings die Unternehmerin die Beweislast dafür, dass der Vertragsschluss ausnahmsweise nicht innerhalb eines spezifischen Vertriebssystems erfolgt ist.[55] Hierzu muss sie darlegen, dass sie sich nur gelegentlich und nicht planmäßig des entsprechenden Absatzweges bedient. Da es einer besonderen personellen oder sachlichen Ausstattung (Call-Center o.ä.) für die Annahme eines Vertriebssystems nicht bedarf, ist ein Unternehmer beispielsweise dann nicht mehr privilegiert, wenn er seine Waren gezielt auch über eine Internet-Seite anbietet oder Blanko-Formulare für den Vertragsschluss per Briefwechsel verteilt.[56] Nicht entscheidend ist dabei, ob die Unternehmerin das Fernabsatzsystem selbst betreibt. Es genügt, wenn sie sich für ihre Zwecke entsprechender **Systeme Dritter** bedient,[57] so dass bspw. auch der Vertrieb über Online-Marktplätze erfasst ist. Nimmt der Unternehmer hingegen lediglich ab und zu telefonische Bestellungen in seinem Ladenlokal entgegen, liegt kein Fernabsatzvertrag im

---

52 *Bülow/Artz*, § 7 Rn. 264; BeckOGK/*Busch*, § 312c Rn. 20.1.

53 Ebenso wenig genügt es, wenn der Anwalt lediglich die technischen Möglichkeiten zum Vertragsschluss im Fernabsatz (Faxgerät, eMail-Postfach usw.) vorhält, vgl. BGH MMR 2018, 226 Rn. 19.

54 BGH NJW 2017, 1024, 1026 f. zum Maklervertrag; BGH NJW 2018, 690, 690 zum Anwaltsvertrag.

55 Erman/*Koch*, § 312c Rn. 9; PWW/*Stürner*, § 312c Rn. 17.

56 BGH NJW 2018, 690, 692.

57 BGH NJW 2017, 1024, 1029; BGH NJW 2018, 690, 692; BeckOGK/*Busch*, § 312c Rn. 28.

Rechtssinne vor.[58] Auch das reine Vorhalten von Kontaktdaten und Informationen über die angebotenen Leistungen auf einer Homepage stellt für sich allein noch kein Fernabsatzvertriebssystem dar.[59]

Problematisch ist die systematische Kontaktaufnahme in bestehenden Vertragsverhältnissen zum Zwecke der Vertragsänderung, wie **Fall 19** zeigt: Die gewerblich tätige Vermieterin E verfasst einen Serienbrief, mittels dessen sie von sämtlichen Mietern in dem ihr gehörigen Wohnkomplex die Zustimmung zur Mieterhöhung bis zur ortsüblichen Vergleichsmiete nach § 558 verlangt. Lediglich die Angaben zu Mieter, Wohnung und Miethöhe divergieren. Mieterin M erklärt zunächst ihre Zustimmung zur Mieterhöhung per Brief, widerruft diese Zustimmung aber später wieder. Steht der M ein Widerrufsrecht zu? **121**

Ein Widerrufsrecht nach § 312g Abs. 1 besteht, sofern es sich bei dem Vertrag um einen Fernabsatzvertrag i.S.d. § 312c handelt. Voraussetzung ist zunächst ein Verbrauchervertrag i.S.d. §§ 312 Abs. 1, 310 Abs. 3. E handelt als Unternehmerin, und die als Verbraucherin agierende M hat sich zur Zahlung eines Preises in Form des höheren Mietzinses verpflichtet.[60] Der Vertrag wurde zudem ausschließlich unter Einsatz von Fernkommunikationsmitteln geschlossen. Die Voraussetzungen eines Fernabsatzvertrags liegen folglich vor – es sei denn, E könnte nachweisen, dass der Vertragsschluss nicht im Wege eines für den Fernabsatz organisierten Vertriebs- oder Dienstleistungssystems erfolgt ist. Hier hat sich E die Techniken der Fernkommunikation systematisch zunutze gemacht, weshalb ihr grds. die Befassung mit den besonderen Regelungen zum Fernabsatz zugemutet werden kann. Dabei ist es nach der Rechtsprechung des BGH unerheblich, ob es sich um einen Serienbrief oder ein individualisiertes Anschreiben handelt.[61] Allerdings hat der Gesetzgeber zum Schutz vor Mieterhöhungsverlangen die §§ 558 ff. erlassen. Fraglich ist deshalb, ob die §§ 312g Abs. 1, 312c, 312 vor diesem Hintergrund teleologisch zu reduzieren sind. Denn der Gesetzgeber hatte bei Erstreckung der §§ 312 ff. auf Mietverhältnisse v.a. Überrumpelungssituationen an der Haustür im Blick, dh außerhalb von Geschäftsräumen geschlossene Verträge, nicht Fernabsatzverträge. Außerdem ist in bestehenden Vertragsverhältnissen eine Kontaktaufnahme regelmäßig ohnehin nur über Fernkommunikationsmittel möglich. Schließlich liegt bei Mietänderungsverträgen kein Informationsdefizit der Mieterin bezüglich der Mietsache vor, denn diese kennt die von ihr gemietete Wohnung. Aus diesem Grund hat sich der BGH für eine teleologische Reduktion des § 312c bei Mietänderungsvereinbarungen im Wege des Fernabsatzes entschieden. Die VRRL steht einer solchen Auslegung nicht entgegen, weil Mietverträge von ihrem Anwendungsbereich ohnehin ausgenommen sind.

Zu beachten ist, dass diese teleologische Reduktion nur bei Fernabsatzverträgen erfolgt, nicht bei außerhalb von Geschäftsräumen geschlossenen Verträgen (siehe dazu Klausurfall 3).

58 Beispiele nach *Bülow/Artz*, Rn. 264.
59 Erwägungsgrund 20 VRRL; BGH NJW 2018, 690, 691.
60 Zur Frage, ob eine entgeltliche Leistung der U i.S.d. § 312 Abs. 1 a.F. vorliegt siehe Vorauflage Rn. 116.
61 BGH NZM 2018, 1011 Rn. 24.

IV. Informationspflichten

1. Vorvertragliche Information

122 Die Pflichten des Unternehmers bei außerhalb von Geschäftsräumen und im Fernabsatz geschlossenen Verträgen sind weitgehend identisch. Um das im Direktvertrieb und im Fernabsatz spezifische Informationsdefizit der Verbraucherin zu kompensieren, verpflichtet § 312d den Unternehmer zunächst zur Unterrichtung der Verbraucherin im Vorfeld des Vertragsschlusses (§ 312d Abs. 1 i.V.m. Art. 246a EGBGB). Für Verträge über die Erbringung von Finanzdienstleistungen enthält § 312d Abs. 2 i.V.m. Art. 246b EGBGB spezifisch zugeschnittene Informationspflichten. Wird ein Fernabsatzvertrag im elektronischen Geschäftsverkehr geschlossen, sind außerdem die zusätzlichen Anforderungen der §§ 312i, 312j zu beachten (Rn. 176 ff.). Schließlich enthalten § 312l i.V.m. Art. 246d EGBGB spezielle vorvertragliche Informationspflichten von Online-Marktplätzen.

123 Die nach § 312d Abs. 1 geforderten Angaben betreffen teilweise die Person des Unternehmers (Identität, Anschrift) und teilweise die Bedingungen des Angebots (u.a. Merkmale der Ware, Gesamtpreis, Versandkosten, Widerrufsrecht). Damit die Verbraucherin eine informierte Entscheidung treffen kann, muss sie die Angaben gemäß Art. 246a § 4 Abs. 1 EGBGB in klarer und verständlicher Form **vor ihrer Vertragserklärung** erhalten. Bei außerhalb von Geschäftsräumen geschlossenen Verträgen müssen die Informationen auf Papier erteilt werden (mit Zustimmung der Verbraucherin auch auf einem anderen dauerhaften Datenträger), bei Fernabsatzverträgen ist es aufgrund der Flüchtigkeit der genutzten Kommunikationsmittel ausreichend, wenn die Übermittlung vor Vertragsschluss in einer dem Kommunikationsmittel angepassten Weise erfolgt.[62] Der Einhaltung einer Mindestbedenkfrist bedarf es nicht.[63] Eine solche Bedenkfrist würde nur den Vertragsschluss verzögern, ohne dass damit eine tatsächliche Kenntnisnahme der Informationen durch den Verbraucher sichergestellt wäre.

124 Nach § 312d Abs. 1 S. 2 werden die vorvertraglichen Angaben **Vertragsinhalt** und können nur durch ausdrückliche Vereinbarung geändert werden. Verwendet die Unternehmerin Allgemeine Geschäftsbedingungen, die Abweichendes regeln, so werden diese nur Vertragsinhalt, wenn sich der Verbraucher ausdrücklich damit einverstanden erklärt. Ein bloß schlüssiges Handeln oder gar Schweigen genügt hingegen nicht.[64] Doch sollte es dem Verbraucher möglich sein, sich auf für ihn vorteilhaftere Bestimmungen in den AGB berufen zu können. Ansatzpunkt ist eine entsprechende Anwendung des § 305c Abs. 2.[65]

125 Die praktisch bedeutsamste Rechtsfolge einer fehlerhaften oder unterbliebenen Information ergibt sich aus der **Verknüpfung von Informationspflichtverletzung und Widerrufsrecht**. Gemäß § 356 Abs. 3 S. 1 beginnt nämlich die Widerrufsfrist erst zu laufen, wenn der Unternehmer die Verbraucherin über ihr Widerrufsrecht unterrichtet hat (näher Rn. 145 ff.). Bei Verträgen über Finanzdienstleistungen ist für das Ingangsetzen der

62 Art. 246a § 4 Abs. 2, 3 EGBGB.
63 Grüneberg/*ders.*, Art. 246a § 4 EGBGB Rn. 2 i.V.m. Art. 246 EGBGB Rn. 3.
64 Begr. RegE, BT-Drucks. 17/12637 S. 54.
65 Siehe auch *Kramme*, NJW 2015, 279, 281; für einen Günstigkeitsvergleich unter Rückgriff auf § 242 MünchKomm/*Wendehorst*, § 312d Rn. 11 und BeckOGK/*Busch*, § 312d Rn. 8

Widerrufsfrist sogar die Erteilung sämtlicher Informationen nach Art. 246b § 2 Abs. 1 EGBGB erforderlich. Eine harsche Sanktion zieht auch die Verletzung von **Informationspflichten über Kosten** nach sich. Nach § 312e kann die Unternehmerin vom Verbraucher Fracht-, Liefer- oder Versandkosten sowie sonstige Kosten nur verlangen, wenn sie ihn den gesetzlichen Anforderungen entsprechend informiert hat. Unterrichtet die Unternehmerin den Verbraucher überhaupt nicht, verspätet, unvollständig oder fehlerhaft, kann schließlich ein **Schadensersatzanspruch nach §§ 280 Abs. 1, 311 Abs. 2** entstehen.[66] Dabei trägt der Unternehmer gemäß § 312m Abs. 2 die Beweislast für die Erfüllung der Informationspflicht. Bei der Prüfung, ob ein Kausalzusammenhang zwischen Pflichtverletzung und Schaden besteht, ist jedoch ein strenger Maßstab anzulegen. Da den einzelnen Informationen bei der Entscheidungsfindung ein unterschiedliches Gewicht zukommt, führt nicht jede Verletzung einer Informationspflicht zum Entstehen eines Schadens.[67]

2. Dokumentation

Nach Vertragsschluss hat der Unternehmer der Verbraucherin gemäß § 312f Abs. 1 (außerhalb von Geschäftsräumen geschlossene Verträge) und § 312f Abs. 2 (Fernabsatzverträge) eine **Abschrift des Vertragsdokuments** zur Verfügung zu stellen. Alternativ kann er auch eine **Bestätigung des Vertrags**, in welcher der Vertragsinhalt wiedergegeben ist, aushändigen. Für Verträge über Finanzdienstleistungen gilt die Vorschrift gemäß § 312f Abs. 4 nicht. Da bei Fernabsatzverträgen die vorvertraglichen Informationen inklusive Widerrufsbelehrung vor Vertragsschluss oftmals nur auf flüchtigem Wege (Telefon, Webseite) übermittelt werden können, ist zudem nach Vertragsschluss auch eine **Bestätigung der vorvertraglich übermittelten Informationen** auf dauerhaftem Datenträger i.S.d. § 126b S. 2 erforderlich (zum Begriff des dauerhaften Datenträgers siehe Rn. 148). Weichen der tatsächlich geschlossene Vertrag und die Bestätigung voneinander ab, gilt die für den Verbraucher günstigere Regelung.[68] 126

V. Bestehen eines Widerrufsrechts

1. Grundsatzfragen

Der Verbraucher hat gemäß § 312g Abs. 1 das Recht, einen außerhalb von Geschäftsräumen geschlossenen Vertrag oder einen Fernabsatzvertrag nachträglich **ohne Angabe von Gründen zu widerrufen**. Handelt es sich um ein Verbraucherkreditgeschäft und ist die Verbraucherin deshalb gemäß § 495 Abs. 1 zum Widerruf berechtigt, so ist das Widerrufsrecht aus § 312g ausgeschlossen (siehe § 312g Abs. 3). Zweck dieser Kollisionsregel ist es, eine verwirrende Mehrheit von Gestaltungsrechten mit unterschiedlichen Voraussetzungen und Rechtsfolgen zu vermeiden. Die **Subsidiarität** setzt allerdings voraus, dass dem Verbraucher nach den Bestimmungen des Verbraucherkreditrechts tatsächlich 127

66 Begr. RegE, BT-Drucks. 17/12637 S. 54; Erman/*Koch*, § 312d Rn. 68; zum früheren Recht BGHZ 166, 369 Rn. 39 = NJW 2006, 1971.

67 Vgl. *Bülow/Artz*, Rn. 283.

68 Hk-BGB/*Schulte-Nölke*, § 312f Rn. 7; Grüneberg/*ders.*, § 312f Rn. 5; PWW/*Stürner*, § 312f Rn. 16; abweichend Erman/*Koch*, § 312f Rn. 9.

ein Widerrufsrecht zusteht. Ein Widerrufsrecht nach § 312g Abs. 1 kommt also in Betracht, wenn einer der Ausnahmetatbestände des § 495 Abs. 2 eingreift.[69] Das Widerrufsrecht des § 312g Abs. 1 ist außerdem nicht subsidiär, wenn dem Verbraucher aus einem i.S.d. § 358 verbundenen Kreditvertrag ebenfalls ein Widerrufsrecht nach § 495 zusteht (näher Rn. 358 ff.).

128 § 312g regelt nur, **ob** der Verbraucherin ein Widerrufsrecht zusteht. Alle Einzelheiten über die Ausübung des Widerrufsrechts und die Rechtsfolgen des Widerrufs **(„wie")** finden sich übergreifend für alle Widerrufsgründe in den §§ 355 ff. geregelt. Da sich dort aber wiederum spezielle Regelungen für besondere Vertriebsformen finden, werden die §§ 355 ff. im Folgenden im Kontext zu § 312g erläutert (Rn. 138 ff.). Die zentrale Rechtsfolge des Widerrufs hält § 355 Abs. 1 S. 1 fest: Verbraucher und Unternehmer sind an ihre auf den Abschluss des Vertrags gerichteten **Willenserklärungen nicht mehr gebunden**, wenn der Verbraucher seine Willenserklärung fristgerecht widerrufen hat. Wurden bereits Leistungen ausgetauscht, sind diese nach § 355 Abs. 3 S. 1 **zurückzuerstatten**.

2. Ausschluss des Widerrufsrechts

129 In bestimmten Fällen ist ein Widerruf und die damit verbundene Rückabwicklung des Vertrags unangemessen. Das Gesetz enthält in § 312g Abs. 2 dreizehn **Ausnahmetatbestände**, bei deren Vorliegen ein Widerrufsrecht nicht besteht. Ergänzt werden diese durch verschiedene Gründe für das **vorzeitige Erlöschen des Widerrufsrechts** in § 356 Abs. 3 S. 2, Abs. 4 und Abs. 5. Die Informationspflichten des Unternehmers nach § 312d bleiben in allen Fällen unberührt.

a) Die Ausnahmen des § 312g Abs. 2

130 Die Ausnahmetatbestände des **§ 312g Abs. 2** eint der Umstand, dass eine Rückabwicklung die Unternehmerin jeweils **unverhältnismäßig** belasten und dem Verbraucher im Gegenzug ein erhebliches Missbrauchspotential eröffnen würde.[70] Darum soll der Verbraucher speziell für ihn gefertigte oder auf seine Bedürfnisse zugeschnittene Ware (Nr. 1) ebenso wenig zurückgeben können wie schnell verderbliche Ware (Nr. 2) und entsiegelte Hygieneartikel (Nr. 3). Gleiches gilt für entsiegelte Datenträger (Nr. 6), deren Inhalt er kopiert, und Zeitschriften (Nr. 7), die er inzwischen gelesen haben könnte. Auch Unternehmer der Touristik- und Freizeitbranche, die feste Termine für die Leistungserbringung an die Verbraucherin reserviert haben, werden geschützt (Nr. 9). Schließlich soll die Verbraucherin sich nicht vom Vertrag lösen können, wenn der Preisbildung oder der Leistung ein spekulatives Element innewohnt, etwa bei Waren und Dienstleistungen, deren Preis Schwankungen auf dem Finanzmarkt unterliegt (Nr. 8), beim Vertragsschluss im Wege öffentlich zugänglicher Versteigerungen (Nr. 10, nicht: Internet-Auktionen) sowie bei Verträgen über Wett- und Lotteriedienstleistungen (Nr. 12; widerruflich sind solche Verträge lediglich, wenn sie telefonisch oder außerhalb von Geschäftsräumen geschlossen wurden). Einen recht geringen Schutz erfahren Hand-

69 Erman/*Koch*, § 312g Rn. 26; Hk-BGB/*Schulte-Nölke*, § 312g Rn. 9.
70 Erman/*Koch*, § 312g Rn. 5.

werker, die vom Verbraucher aufgrund erforderlicher Reparaturen zu einem Hausbesuch aufgefordert werden: Das Widerrufsrecht entfällt nur dann, wenn es sich um dringende Reparatur- oder Instandhaltungsarbeiten handelt (Nr. 11).

Insgesamt sind die **Ausnahmen** mit Blick auf den geschilderten Normzweck **eng auszulegen.**[71] So fallen Werkverträge, in deren Rahmen auch Sachen geliefert werden, nicht unter den Ausnahmetatbestand des § 312g Abs. 2 Nr. 1.[72] Ferner ist es umstritten, ob der Ausschlusstatbestand für entsiegelte Hygieneprodukte gemäß § 312g Abs. 2 Nr. 3 auch dann eingreift, wenn die Möglichkeit einer Reinigung besteht[73] und welche Qualität das zu Zwecken des Hygieneschutzes verwendete Siegel aufweisen muss. Der EuGH hat hierzu entschieden, dass der Ausnahmetatbestand nur in jenen Fällen einschlägig ist, in denen für die Unternehmerin keine zumutbaren Maßnahmen bestehen, um die Ware wieder verkehrsfähig zu machen.[74] Das Entfernen eines Siegels führt deshalb z.B. bei Matratzen oder Kleidungsstücken nicht zum Erlöschen des Widerrufsrechts (siehe hierzu auch Klausurbeispiel 4).[75] Bei § 312g Abs. 2 Nr. 1 hat sich der EuGH gegen eine enge Auslegung entschieden: Das Widerrufsrecht ist bei für die Verbraucherin gefertigte oder auf ihre Bedürfnisse zugeschnittene Ware bereits ab dem Zeitpunkt des Vertragsschlusses ausgeschlossen, auch wenn die Unternehmerin mit der Anfertigung der Ware noch gar nicht begonnen hat.[76] Der EuGH verweist insoweit auf den Grundsatz der Rechtssicherheit und der Klarheit der Widerrufsbelehrung.[77] **131**

Eine weitere Auslegungsfrage behandelt **Fall 20**: Der Computerhersteller D vertreibt seine Produkte nur telefonisch oder per Internet. Dabei ermöglicht er es seinen Kunden, aus einzelnen Modulen ihren Wunschcomputer zu konfigurieren. Nach der Bestellung werden die Computer sodann aus Standardbauteilen zusammengesetzt. Sind die Kunden des D zum Widerruf berechtigt, wenn sich die Computer ohne Beschädigung wieder in ihre einzelnen Bestandteile rückführen lassen? **132**

Das Widerrufsrecht der Verbraucherinnen gemäß § 312g Abs. 1 Alt. 2 könnte in der geschilderten Konstellation nach § 312g Abs. 2 Nr. 1 ausgeschlossen sein, weil der Vertrag die Lieferung von Waren betrifft, die nicht vorgefertigt sind und für deren Herstellung eine **individuelle Auswahl** oder Bestimmung durch die Verbraucher maßgeblich ist oder die eindeutig **auf die persönlichen Bedürfnisse der Verbraucher zugeschnitten** sind.[78] Hierfür genügt es aber nicht, wenn den Verbrauchern lediglich eine Auswahl unter mehreren von dem Unternehmer angebotenen marktgängigen Gestaltungsmöglichkeiten eröffnet wird (z. B. hinsichtlich Farbe, Material, Modell).[79] Ein Grenzfall ist die in **Fall 20** veranschaulichte **Anfertigung von Ware nach einem Baukastensystem.**

---

71 EuGH NJW 2019, 1507 Rn. 34 – schlafen leben wohnen.
72 BGH NJW-RR 2022, 121 Rn. 15 ff. – Kurventreppenlift.
73 Verneinend für Erotik-Artikel OLG Hamm GRUR-RR 2017, 277; bejahend für Matratzen BGH NJW 2019, 2841 Rn. 15 ff.
74 EuGH NJW 2019, 1507 Rn. 40 – schlafen leben wohnen.
75 EuGH NJW 2019, 1507 Rn. 42 ff. – schlafen leben wohnen.
76 EuGH NJW 2020, 3707 – Möbel Kraft Rn. 24 ff.
77 EuGH NJW 2020, 3707 – Möbel Kraft Rn. 28 f.
78 Die Ausnahme gilt nur für Waren und findet keine Anwendung auf Dienstleistungen und Verträge über digitale Inhalte, vgl. BGH NJW-RR 2022, 121 Rn. 15 ff. – Kurventreppenlift.
79 Europäische Kommission, Leitfaden der GD Justiz zur Verbraucherrechte-RL Rn. 66.

Generell ist nämlich die Warenrücknahme nach Widerruf für den Unternehmer mit wirtschaftlichen Nachteilen verbunden, z.B. den Kosten für die beauftragte Spedition, die Neuverpackung und Wiedereingliederung in den Lagerbestand. Dies spricht dafür, dass der Rückbau dem Unternehmer im Falle der Anfertigung von Ware nach einem Baukastensystem zugemutet werden könnte. In eine ähnlich Richtung geht die Auslegung des Ausnahmetatbestands des § 312g Abs. 2 Nr. 3 durch den EuGH: Die Ausnahme soll nur in jenen Fällen einschlägig sein, in denen für die Unternehmerin keine zumutbaren Maßnahmen bestehen, die Ware wieder verkehrsfähig zu machen.[80] Eine Befreiung vom Widerrufsrecht nach § 312g Abs. 2 Nr. 1 ist daher nur dann gerechtfertigt, wenn D gerade wegen des speziellen Zuschnitts der Ware auf einen Kunden besondere wirtschaftliche Nachteile erleidet. Das wiederum setzt voraus, dass D das bestellte Gerät weder anderweitig wirtschaftlich sinnvoll absetzen noch durch einen Rückbau die einzelnen Komponenten einer Nutzung zuführen kann.[81] Sofern bei einer Anfertigung nach Standardbauteilen ein Rückbau mit relativ geringfügigen Kosten möglich ist (bis ca. 5% des Kaufpreises), greift der Ausnahmetatbestand des § 312g Abs. 2 S. 1 Nr. 1 nicht ein.[82] Der EuGH hat diese Frage freilich bislang offen gelassen.[83]

b) Erlöschen des Widerrufsrechts bei Verträgen über Dienstleistungen

133 Dienstleistungen lassen sich nicht „in Natur" herausgeben. Daher erlischt das Widerrufsrecht unabhängig vom Ablauf der Widerrufrist gemäß **§ 356 Abs. 4**, wenn der Unternehmer die Leistung **vollständig erbracht** hat.[84] Bei Dauerschuldverhältnissen, die wiederkehrende Leistungen zum Gegenstand haben, kann dieser Erlöschenstatbestand folglich ebenso wenig eingreifen wie in Fällen einer Schlechterfüllung.[85] § 356 Abs. 4 differenziert zwischen verschiedenen Konstellationen: Ist die Verbraucherin nicht zur Zahlung eines Preises verpflichtet, weil sie i.S.d. § 312 Abs. 1a mittels ihrer personenbezogenen Daten zahlt, so genügt die vollständige Erfüllung der Leistungspflicht der Unternehmerin für das Erlöschen des Widerrufsrechts (§ 356 Abs. 4 Nr. 1). Besteht eine Zahlungspflicht des Verbrauchers, so muss der Verbraucher zusätzlich vor der Ausführung der Dienstleistung seine **ausdrückliche Zustimmung** zum Leistungsbeginn der Unternehmerin auf einem dauerhaften Datenträger erteilen[86] und gleichzeitig seine **Kenntnis davon bestätigen**, dass er sein Widerrufsrecht bei vollständiger Vertragserfüllung durch die Unternehmerin verliert (§ 356 Abs. 4 Nr. 2). Die bloße Hinnahme der Erfüllung genügt nicht.[87] Erinnert sei an dieser Stelle daran, dass der Begriff der Dienstleistung unionsautonom auszulegen ist und deshalb neben Dienstverträgen

80 EuGH NJW 2019, 1507 Rn. 40 – schlafen leben wohnen.

81 Zur Differenzierung im Einzelfall siehe jeweils für die individuelle Zusammenstellung eines Sofas aus Standardbauteilen LG Düsseldorf NJOZ 2014, 1383 (Widerrufsrecht bejaht), AG Dortmund VuR 2015, 312 (Widerrufsrecht verneint).

82 **BGHZ 154, 239, 242 ff. = NJW 2003, 1665** (noch zu § 312d Abs. 4 Nr. 1 aF); für eine Fortgeltung dieser Grundsätze Bericht des Rechtsausschusses, BT-Drucks. 17/13951 S. 73; Erman/*Koch*, § 312g Rn. 7; Grüneberg/*ders.*, § 312g Rn. 4.

83 Trotz entsprechender Vorlagefrage nicht beantwortet in EuGH NJW 2020, 3707 – Möbel Kraft.

84 „Leistung" i.S.d. des § 356 Abs. 4 ist als Hauptleistungspflicht zu verstehen, wobei dieser Vertragsgegenstand nicht durch einseitige Festlegung in einer AGB abgeändert werden kann, vgl. dazu BGH VuR 2021, 344, 345 f.

85 Grüneberg/*ders.*, § 356 Rn. 9.

86 Hierfür genügt das bloße Anklicken eines Kaufen-Buttons nicht, vgl. LG Berlin MMR 2017, 50.

87 Vgl. Begr. RegE, BT-Drucks. 17/12637 S. 61; PWW/*Stürner*, § 356 Rn. 23b.

z.B. auch Geschäftsbesorgungs-, Werk- und Gebrauchsüberlassungsverträge erfasst (näher Rn. 41). Bei Finanzdienstleistungen kommt es gemäß § 356 Abs. 4 Nr. 4 darauf an, dass der Vertrag *von beiden Seiten* auf ausdrücklichen Wunsch des Verbrauchers vollständig erfüllt ist.

c) Erlöschen des Widerrufsrechts bei digitaler Lieferung digitaler Inhalte

Werden digitale Inhalte (z.B. Musik, Videos oder Software) nicht auf einem körperlichen Datenträger geliefert (dann greift bei Entsiegelung § 312g Abs. 2 Nr. 6), sondern auf digitalem Wege erbracht (z.B. durch Streaming), erlischt das Widerrufsrecht nach § 356 Abs. 5 ebenfalls vorzeitig.[88] Voraussetzung ist im Falle einer Zahlungspflicht der Verbraucherin, dass der Unternehmer mit der Vertragsausführung unter ausdrücklicher Zustimmung der Verbraucherin begonnen und die Verbraucherin ihre Kenntnis von dem daraus resultierenden Verlust des Widerrufsrechts bestätigt hat. Ferner hat der Unternehmer der Verbraucherin eine Bestätigung nach § 312f zur Verfügung zu stellen. Hat sich der Verbraucher nicht zur Zahlung eines Preises verpflichtet, erlischt das Widerrufsrecht mit dem Beginn der Vertragserfüllung durch die Unternehmerin. **134**

d) Zusammentreffen mehrerer Ausschlusstatbestände

Hinsichtlich eines Vertrages können auch mehrere Ausschlusstatbestände zu erörtern sein. **135**

Fall 21: Hauseigentümerin E bittet den selbständigen Handwerker H um einen Hausbesuch, weil es durch ihr Dach hineinregnet. Vor Ort wird man sich schnell handelseinig, wobei sich E davon überzeugen lässt, nicht nur das Dach abdichten, sondern gleich noch vorhandene Zierleisten neu aufpolieren zu lassen. Nach Abschluss der am selben Tag ausgeführten Arbeiten erkennt E alsbald, dass zum einen der vereinbarte Preis überteuert ist und zum anderen die Arbeiten insgesamt nicht fachgerecht ausgeführt wurden. Ist ein Widerruf des Vertrags noch möglich?

Der Vertrag könnte als außerhalb von Geschäftsräumen geschlossener Vertrag gemäß § 312g Abs. 1 Alt. 1 widerruflich sein. Der Anwendungsbereich des Rechts der besonderen Vertriebsformen ist nach § 312 Abs. 1 grundsätzlich eröffnet, da es sich um einen Verbrauchervertrag (§ 310 Abs. 3) handelt, der eine Zahlungspflicht der Verbraucherin zum Gegenstand hat. Die Anwendung des Rechts der besonderen Vertriebsformen nach **§ 312 Abs. 2 Nr. 3** ist nicht ausgeschlossen, weil der Vertrag mangels erheblicher Umbaumaßnahmen **kein Verbraucherbauvertrag** i.S.d. § 650i Abs. 1 ist. Erheblich sind lediglich solche Maßnahmen, die dem Bau eines neuen Gebäudes vergleichbar sind.[89] Die nach ihrem Umfang eng begrenzte Reparatur würde diese Schwelle selbst dann nicht erreichen, wenn das ganze Dach neu eingedeckt würde.[90]

---

88 Unklar ist, ob dies auch für Abonnement-Dienste gilt, siehe befürwortend Leitfaden der Generaldirektion Justiz (oben Fn. 8), 78; OLG München MMR 2017, 117, 118 f.; zweifelnd *Janal/Jung*, VuR 2017, 332, 334.

89 Erwägungsgrund 26 VRRL.

90 Erman/*Koch*, § 312 Rn. 30; PWW/*Stürner*, § 312 Rn. 13.

136 Der Vertrag ist weiterhin bei gleichzeitiger körperlicher Anwesenheit des E und des H an einem Ort geschlossen worden, der kein Geschäftsraum (§ 312b Abs. 2 S. 1) des H ist. Mithin liegt nach § 312b Abs. 1 S. 1 Nr. 1 ein außerhalb von Geschäftsräumen geschlossener Vertrag vor. Dass E den H zu sich einbestellt hat, schließt das Widerrufsrecht nicht generell aus. Zwar lässt dieser Umstand zweifeln, ob tatsächlich von einer das besondere Schutzbedürfnis des Verbrauchers auslösenden Überrumpelungssituation auszugehen ist. Indessen ist das Widerrufsrecht auch bei einer ausdrücklichen Aufforderung zu einem Hausbesuch gemäß **§ 312g Abs. 2 Nr. 11** nur dann ausgeschlossen, wenn es sich um **dringende Reparatur- oder Instandhaltungsarbeiten** handelt. Letzteres ist mit Blick auf die Abdichtung des Dachs gewiss zu bejahen, drohen doch ohne die Reparatur weitere Schäden zu entstehen. Auch von einer ausdrücklichen Aufforderung zum Besuch ist hier auszugehen. Zwar darf der Unternehmer die Einladung in die Privatwohnung nicht einseitig „provoziert" haben, etwa durch einen unerbetenen Anruf. Denn dann ist die Initiative des Verbrauchers letztlich doch fremdveranlasst.[91] Dafür gibt der Sachverhalt indessen keinen Anhaltspunkt. Mithin besteht kein Widerrufsrecht, soweit die Abdichtung des Dachs in Rede steht.

137 Erhalten bleibt das Widerrufsrecht gemäß § 312g Abs. 2 Nr. 11 Hs. 2 demgegenüber hinsichtlich weiterer bei dem Besuch erbrachter Dienstleistungen, die der Verbraucher nicht ausdrücklich verlangt hat. Der Begriff der Dienstleistung ist dabei in dem weiten europäischen Sinne zu verstehen, der neben Dienstverträgen i.S.v. § 611 auch Werkverträge i.S.v. § 631 einschließt (Rn. 41). Die Aufbereitung der Zierleisten stellt folglich eine Dienstleistung dar. Kraft ausdrücklicher gesetzlicher Anordnung kommt hier ein Teilwiderruf des Vertrags in Betracht.[92] Allerdings ist auch der Auftrag bezüglich der Zierleisten bereits ausgeführt, so dass das Widerrufsrecht insofern nach § 356 Abs. 4 S. 1 erloschen sein könnte. Das setzt allerdings voraus, dass der Unternehmer die Dienstleistung vollständig erbracht hat. Daran fehlt es hier, weil die Arbeiten insgesamt nicht fachgerecht ausgeführt wurden, mithin ein Fall der Schlechterfüllung vorliegt (Rn. 133). Ferner hätte E auf einem dauerhaften Datenträger ausdrücklich zustimmen müssen, dass H mit der Aufbereitung der Zierleisten vor Ablauf der Widerrufsfrist beginnt (§ 356 Abs. 4 Nr. 3, Nr. 2 lit. a und b). Hierfür ist im Sachverhalt nichts ersichtlich. Im Ergebnis ist daher ein Widerruf zwar hinsichtlich der Aufbereitung der Zierleisten, nicht aber hinsichtlich der Dachreparatur möglich.

VI. Ausübung und Rechtsfolgen des Widerrufsrechts

1. Widerrufserklärung

138 Das Widerrufsrecht wird durch eine **einseitige, empfangsbedürftige Willenserklärung** ausgeübt. Als Gestaltungserklärung ist die Widerrufserklärung bedingungsfeindlich und kann nach ihrem Zugang weder widerrufen noch zurückgenommen werden.[93] Die Verwendung des Wortes „Widerruf" ist nicht erforderlich. Jedoch muss nach § 355 Abs. 1

91 Eingehend **BGH NJW 2010, 2868 Rn. 12 ff.** (zum früheren Haustürrecht); zur Übertragbarkeit auf das geltende Recht Grüneberg/*ders.*, § 312g Rn. 14.

92 Zum Teilwiderruf im Allgemeinen Rn. 140.

93 BGH NJW-RR 2018, 301, Rn. 9

S. 3 aus der Erklärung der Entschluss des Verbrauchers zum Widerruf des Vertrags **eindeutig** hervorgehen. Das ist etwa der Fall, wenn die Verbraucherin eine „Stornierung" oder „Rückabwicklung" verlangt. Aber auch eine Erklärung des „Rücktritts" oder der „Anfechtung wegen arglistiger Täuschung" lässt sich **als Widerrufserklärung deuten**, sofern der Wille, den Vertrag von Anfang an nicht gelten zu lassen, ausreichend zum Ausdruck kommt.[94] Unter Berufung auf Erwägungsgrund 44 VRRL will allerdings die hM die kommentarlose Rücksendung einer im Fernabsatz erworbenen Ware nicht als ausreichende Widerrufserklärung anerkennen.[95] Dies überzeugt nicht, wenn ein anderer Grund für die Rücksendung (z.B. eine Mängelrüge) nicht ersichtlich ist, denn Art. 11 Abs. 1 lit. b VRRL verlangt nur eine eindeutige Erklärung in beliebiger Form.[96] Jedenfalls können die Parteien vereinbaren, dass die schlichte Rücksendung für einen Widerruf ausreichend ist.[97] Der bloßen Nichtannahme eines Pakets fehlt hingegen ein eindeutiger Erklärungsgehalt.[98]

Einer **Begründung** bedarf der Widerruf nicht, wie § 355 Abs. 1 S. 4 klarstellt. Das **139**
Gesetz gesteht der Verbraucherin das Widerrufsrecht unabhängig von ihrem Motiv im Einzelfall zu. Es steht deshalb dem Widerruf nicht entgegen, wenn die Verbraucherin sich aus schutzzweckfremden Motiven zum Widerruf entschließt, z.B. um eine bessere Geschäftsgelegenheit wahrzunehmen.[99] Eine Grenze lässt sich bei arglistigem oder schikanösem Verhalten aus § 242 entnehmen. Die Widerrufserklärung ist **nicht formbedürftig**; eine mündliche Erklärung reicht mithin aus. Das Gesetz stellt in Anlage 2 zum EGBGB allerdings ein **fakultatives Muster-Widerrufsformular** zur Verfügung, bei dessen Nutzung der Widerruf dem Verbraucher nach § 356 Abs. 1 S. 2 unverzüglich auf einem dauerhaften Datenträger zu bestätigen ist. Dies erleichtert dem Verbraucher eine spätere Beweisführung über die wirksame Ausübung des Widerrufsrechts. Schließlich genügt gemäß § 355 Abs. 1 S. 5 zur Fristwahrung die **rechtzeitige Absendung** des Widerrufs. Der Verbraucher trägt mit anderen Worten nicht das Verspätungsrisiko der Widerrufserklärung, sehr wohl aber das Risiko eines Verlusts der Erklärung auf dem Transportweg.[100]

Widerrufen wird die auf den Vertragsschluss gerichtete Willenserklärung insgesamt. **140**
Umstritten ist, ob der Verbraucher – hiervon abweichend – auch einen **Teilwiderruf** erklären kann. Dagegen wird argumentiert, dass der Verbraucher auf diese Weise das Recht erhielte, den Vertrag einseitig zu ändern und dem Unternehmer so einen in dieser Form nicht gewünschten Vertrag aufzuzwingen.[101] Nach einhelliger Auffassung ist es aber jedenfalls zulässig, bei einer Sammelbestellung mehrerer, auch getrennt lieferbarer Sachen einzelne von ihnen zurückzugeben und den Vertrag im Übrigen aufrecht zu erhalten.[102] Wird der Vertrag mit mehreren Verbrauchern geschlossen, so ist jeder von ihnen zum Widerruf berechtigt **(Einzelbefugnis zur Ausübung des Widerrufsrechts)**.

---

94 BGH MMR 2017, 615, 616.
95 So auch Begr. RegE, BT-Drucks. 17/12637 S. 60; PWW/*Stürner*, § 355 Rn. 7.
96 *Hoffmann/Schneider*, NJW 2015, 2529, 2530.
97 *R. Koch*, JZ 2014, 758, 760; *Brox/Walker*, Schuldrecht AT § 19 Rn. 27; Grüneberg/*ders.*, § 355 Rn. 6.
98 AG Dieburg MMR 2016, 169.
99 BGH NJW 2016, 1951, 1952.
100 Grüneberg/*ders.*, § 355 Rn. 7.
101 So Staudinger/*Kaiser*, § 355 Rn. 27; differenzierend MünchKomm/*Fritsche*, § 355 Rn. 33.
102 MünchKomm/*Fritsche*, § 355 Rn. 33; BeckOGK/*Mörsdorf*, § 355 Rn. 42.

Der Widerruf eines Verbrauchers wirkt in diesem Fall nicht für und gegen die anderen Verbraucher. Vielmehr ist zu ermitteln, ob der Vertrag von den Parteien auch ohne die Beteiligung des widerrufenden Verbrauchers abgeschlossen worden wäre; im Zweifelsfall wird der Vertrag im Ganzen in ein Rückabwicklungsschuldverhältnis umgewandelt (Wertung des § 139).[103]

141 Beim Widerruf durch eine verheiratete Person wendet die hM § 1357 spiegelbildlich an: Dient der geschlossene Vertrag der angemessenen Deckung des Lebensbedarfs der Familie, so sollen beide Eheleute berechtigt sein, den Widerruf mit Wirkung für und gegen den anderen Ehepartner erklären.[104] Wurde die Verbraucherin beim Vertragsschluss rechtsgeschäftlich vertreten, kann der Vertreter das Widerrufsrecht ausüben, wenn sich seine Vertretungsmacht auf die Ausübung von Gestaltungsrechten erstreckt. Davon ist auch bei einer beschränkten Vollmacht im Zweifel auszugehen.[105]

2. Widerrufsfrist

a) Allgemeines

142 Weil der Verbraucher beim Vertragsschluss außerhalb von Geschäftsräumen bzw. im Fernabsatz bei typisierender Betrachtung in seiner Entscheidungsfreiheit eingeschränkt ist, soll er sich nachträglich vom Vertrag lösen können. Das Widerrufsrecht ist aber befristet. Mit zunehmendem Zeitablauf tritt nämlich die Beschränkung der Entscheidungsfreiheit immer weiter in den Hintergrund, während andererseits der Unternehmer ein berechtigtes Interesse daran hat, irgendwann Gewissheit über den Bestand des Vertrags zu erhalten. Rechtstechnisch ist insoweit das **Zusammenspiel der allgemeinen Vorschrift** des § 355 Abs. 2 **mit den Sonderregeln** des § 356 zu beachten. Die Widerrufsfrist beträgt nach § 355 Abs. 2 S. 1 grundsätzlich 14 Tage und beginnt nach § 355 Abs. 2 S. 2 mit Vertragsschluss. Für die Berechnung des Fristendes sind die Vorschriften der §§ 187 ff. maßgeblich.[106] Abhängig vom konkret einschlägigen Widerrufsrecht sind zusätzlich die ergänzenden Voraussetzungen zu beachten, die in den §§ 356 ff. aufgeführt sind. Für die besonderen Vertriebsformen sind diese in § 356 enthalten.

b) Verbrauchsgüterkauf

143 Bei außerhalb von Geschäftsräumen und im Fernabsatz geschlossenen Verbrauchsgüterkaufverträgen im Sinne von § 474 Abs. 1 S. 1[107] ist § 356 Abs. 2 zu beachten. Danach beginnt die Widerrufsfrist gemäß § 356 Abs. 2 Nr. 1 lit. a erst, wenn der Verbraucher oder eine von ihm benannte dritte Person, die nicht Frachtführerin ist, die Ware erhalten hat. Dafür reicht der bei Willenserklärungen maßgebliche Zugang, also das bloße Gelangen in den Machtbereich des Empfängers nicht aus. Maßgeblich ist vielmehr der **physi-**

103 BGH NJW 2017, 243, 245.

104 BGH NJW 2018, 1313 Rn. 32 ff. m.w.N. (zur Kündigung); MünchKomm/*Fritsche*, § 355 Rn. 37; BeckOK/*Müller-Christmann*, § 355 Rn. 20; Erman/*Koch*, § 355 Rn. 4; BeckOGK/*Mörsdorf*, § 355 Rn. 52.

105 So auch Staudinger/*Thüsing*, § 312b Rn. 45; allg. Staudinger/*Schilken*, § 166 Rn. 19. Hingegen soll aus dem gesetzlichen Umfang einer Prozessvollmacht keine Vertretungsmacht zur Widerrufsausübung folgen, so OLG Karlsruhe BeckRS 2016, 04796.

106 Grüneberg/*ders.*, § 355 Rn. 11; *Bülow/Artz*, Rn. 130; dagegen zu Unrecht für die unmittelbare Anwendung von Erwägungsgrund 41 VRRL i.V.m. VO 1182/71 über Fristen, Daten und Termine *Hilbig-Lugani*, ZJS 2013, 545, 546; *Schärtl*, JuS-Extra 2014, 12, 15.

107 Näher zum Begriff des Verbrauchsgüterkaufs *Huber/Bach*, Schuldrecht BT 1 Rn. 373 ff.

sche Besitz.[108] Erst wenn der Verbraucher selbst die Ware in den Händen hält, kann er ihre Qualität prüfen und eine fundierte Entscheidung über die Ausübung des Widerrufsrechts treffen. Nur wenn der Verbraucher gegenüber dem Unternehmer oder gegenüber dem Frachtführer eine dritte Person als Empfänger benannt hat (z.B. „DHL Wunschnachbar"), ist die Zustellung an diese ausreichend.

Besonderheiten gelten, wenn der Lieferumfang **mehr als einen Gegenstand** umfasst. **144**
So ist bei Abonnement-Verträgen, die auf die regelmäßige Lieferung von Waren über einen festgelegten Zeitraum gerichtet sind, nach § 356 Abs. 2 Nr. 1 lit. d der Erhalt der ersten Ware maßgeblich. Im Übrigen ist der **Erhalt der letzten Ware** entscheidend. Dies gilt nach Buchstabe c), wenn die Ware in mehreren Teilleistungen oder Stücken geliefert wird, weil dem Verbraucher erst mit der letzten Lieferung eine endgültige Prüfung der Gesamtheit möglich ist. Sofern der Verbraucher mehrere Waren im Rahmen einer einheitlichen Bestellung bestellt hat und die Waren getrennt geliefert werden, ist nach lit. b für den Beginn der Widerrufsfrist ebenfalls auf den Erhalt der letzten Ware abzustellen. Nach der Vorstellung des deutschen Gesetzgebers soll die Vorschrift nicht eingreifen, wenn die Auslegung der Willenserklärungen zu dem Ergebnis führt, dass kein einheitlicher Kaufvertrag, sondern mehrere Kaufverträge vorliegen, weil es an einem erkennbaren Zusammenhang zwischen den verschiedenen Waren fehlt. Dann sei die Widerrufsfrist für jeden Kaufvertrag gesondert zu ermitteln.[109] Daran könnte man denken, wenn ein Verbraucher bei einem Versandhändler gleichzeitig einen Roman und eine Regenjacke bestellt. Es ist zweifelhaft, ob sich diese Sichtweise durchsetzt.[110] Zum einen führt sie zu ganz erheblichen Abgrenzungsschwierigkeiten und damit zu Rechtsunsicherheit. Zum anderen stellen zahlreiche Sprachfassungen der VRRL weniger auf die innere Verbundenheit der Waren als vielmehr auf den formal einheitlichen Bestellvorgang ab.

c) Widerrufsbelehrung

(1) Inhaltliche Anforderungen an die Widerrufsbelehrung

Der Verbraucher wird die zu seinen Gunsten bestehende Rechtslage nur in seltenen Fäl- **145**
len genau kennen. Daher ist es nach § 312d Abs. 1 i.V.m. Art. 246a § 1 Abs. 2 S. 1 Nr. 1 EGBGB Sache des Unternehmers, den Verbraucher **vor Vertragsschluss** über die Bedingungen, die Fristen und das Verfahren für die Ausübung des Widerrufsrechts zu unterrichten. Die Belehrung muss klar und verständlich sein.[111] Die Widerrufsfrist beginnt gemäß § 356 Abs. 3 S. 1 bei Verträgen über Waren und Dienstleistungen erst, wenn der Unternehmer diese Pflicht erfüllt hat. Bei Verträgen über Finanzdienstleistungen beginnt die Widerrufsfrist sogar erst, wenn der Verbraucher neben der Widerrufsbe-

108 Vgl. Art. 9 Abs. 2 a) VRRL; Begr. RegE, BT-Drucks. 17/12637 S. 61; Grüneberg/*ders.*, § 356 Rn. 4: Gleichlauf mit dem Begriff der Ablieferung in § 438 Abs. 2.

109 Begr. RegE, BT-Drucks. 17/12637 S. 61; daran anknüpfend Erman/*Koch*, § 356 Rn. 7; PWW/*Stürner*, § 356 Rn. 15.

110 Kritisch *Schmidt/Brönneke*, VuR 2013, 448, 453 f.; *Hilbig-Lugani*, ZJS 2013, 545, 546; *Schärtl*, JuS-Extra 2014, 12, 33.

111 Vgl. Art. 246a § 4 Abs. 1 und Art. 246b § 1 Abs. 1 S. 1 EGBGB; zum bisherigen Recht BGHZ 172, 58 Rn. 13 ff. = NJW 2007, 1946.

lehrung zahlreiche weitere Informationen, etwa zu den wesentlichen Merkmalen der Dienstleistung und zum Gesamtpreis, erhalten hat (s. im Einzelnen § 356 Abs. 3 S. 1 i.V.m. Art. 246b § 2 Abs. 1 EGBGB).[112]

146 Die Formulierung einer korrekten Widerrufsbelehrung stellt den Unternehmer vor eine erhebliche Herausforderung. Zu seiner Entlastung findet sich daher in Anlage 1 zum EGBGB (für Finanzdienstleistungen: Anlage 3) ein gesetzliches **Muster für die Widerrufsbelehrung**. Der Einsatz des Musters ist fakultativ. Verwendet der Unternehmer aber dieses Muster und übermittelt es dem Verbraucher zutreffend ausgefüllt in Textform, ist den Anforderungen des Gesetzes gemäß Art. 246a § 1 Abs. 2 S. 2 EGBGB (bei Finanzdienstleistungen: Art. 246b § 2 Abs. 3 EGBGB) Genüge getan. Das Gesetz stellt also die Fiktion einer korrekten Widerrufsbelehrung auf.

(2) Form der Widerrufsbelehrung

147 Die Widerrufsbelehrung hat bei Nutzung der Musterwiderrufsbelehrung in Textform i.S.d. § 126b S. 1 zu erfolgen (Art. 246a § 1 Abs. 2 S. 2 EGBGB). Entscheidet sich der Unternehmer gegen den Einsatz der Musterwiderrufsbelehrung, so schreibt Art. 246a § 4 Abs. 2 S. 2 EGBGB bei außerhalb von Geschäftsräumen geschlossenen Verträgen eine **Belehrung auf Papier** vor (mit Zustimmung der Verbraucherin ist auch eine Belehrung auf dauerhaftem Datenträger erlaubt). Bei Fernabsatzverträgen ist die Rechtslage etwas komplizierter, weil sich die Parteien bei Vertragsschluss nicht physisch gegenüberstehen und Fernkommunikationsmittel flüchtig sein können (Telefon, Webseite etc.). Deshalb ist der Unternehmer bei Fernabsatzverträgen ausweislich des Art. 246a § 4 Abs. 3 S. 1 EGBGB vor Vertragsschluss nur zu einer Widerrufsbelehrung in einer dem benutzten Fernkommunikationsmittel angepassten Weise verpflichtet. **Nach Vertragsschluss** bedarf es sodann gemäß § 312f Abs. 2 einer Bestätigung des Vertragsinhalts auf **dauerhaftem Datenträger**. Diese Bestätigung muss auch eine Widerrufsbelehrung enthalten, es sei denn, der Unternehmer hat den Verbraucher bereits vor Vertragsschluss auf dauerhaftem Datenträger über das Widerrufsrecht belehrt (z.B. per E-Mail oder mittels eines Versandkatalogs). Erst die auf dauerhaftem Datenträger verkörperte Widerrufsbelehrung ist für den Beginn der Widerrufsfrist nach § 356 Abs. 3 S. 1 maßgeblich.[113]

148 Ein **dauerhafter Datenträger** ist nach § 126b S. 2 jedes Medium, das (1) es dem Empfänger ermöglicht, eine auf dem Datenträger befindliche, an ihn persönlich gerichtete Erklärung so aufzubewahren oder zu speichern, dass sie ihm während eines für ihren Zweck angemessenen Zeitraums zugänglich ist, und (2) geeignet ist, die Erklärung unverändert wiederzugeben. Diese Voraussetzungen werden z.B. unproblematisch erfüllt von Papier, E-Mails und USB-Sticks.[114] Gewöhnliche Webseiten[115] hingegen kann die Unternehmerin einseitig ändern. Sie gewähren der Verbraucherin keinen dauerhaft exklusiven Zugriff und bieten keine der traditionellen Papierform vergleichbare Verläss-

112 Siehe zu den Legitimationsgründen für eine Verlängerung des Widerrufsrechts ausführlich *Feldhusen*, VuR 2023, 361.

113 Grüneberg/*ders.*, § 356 Rn. 7; Hk-BGB/*Fries/Schulze*, § 356 Rn. 6; *Janal*, VuR 2015, 43, 44 ff.; *Wendehorst*, NJW 2014, 577, 582 f.; *Koch*, JZ 2014, 758, 761; aA *Föhlisch/Dyakova*, MMR 2013, 71, 73.

114 Begr. RegE, BT-Drucks. 17/12637 S. 44.

115 Zu sog. fortgeschrittenen Webseiten, die einen Zwangsdownload oder einen passwortgeschützten Zugang vorsehen, siehe EuGH NJW 2012, 2637 Rn. 43 ff. – Content Services.

lichkeit. Sie erfüllen daher anerkanntermaßen nicht die Voraussetzungen, die an einen dauerhaften Datenträger zu stellen sind,[116] sofern der Verbraucher die auf der Webseite enthaltene Belehrung nicht tatsächlich ausdruckt oder abspeichert (was von der Unternehmerin zu beweisen wäre).

Ist die Widerrufsbelehrung ganz unterblieben, inhaltlich fehlerhaft oder nicht in der erforderlichen Form erfolgt, beginnt die Widerrufsfrist nach § 356 Abs. 3 S. 1 nicht. Gleiches gilt bei Verträgen über Finanzdienstleistungen, wenn die sonstigen vorvertraglichen Informationen nicht zur Verfügung gestellt wurden. Die Widerrufsbelehrung kann aber später noch nachgeholt oder berichtigt werden. Die Widerrufsfrist von 14 Tagen beginnt dann mit der Nachholung oder Berichtigung.[117] **149**

Ob der Unternehmer die Belehrung auf dauerhaftem Datenträger auf einer Webseite durch Bestätigungen sicherstellen kann, behandelt **Fall 22**:[118] V meldet sich am 1.6. aus privatem Interesse über die Homepage der U für ein Seminar zu Naturheilverfahren an. In die Eingabemaske eingebunden ist ein Link, der deutlich mit „Widerrufsbelehrung" gekennzeichnet ist. Am Ende findet sich eine Checkbox mit folgendem Text: „Widerrufsbelehrung zur Kenntnis genommen und ausgedruckt oder abgespeichert". Um den Bestellvorgang abschließen zu können, setzt V dort ein Häkchen, obwohl keine der Alternativen zutrifft. Noch am 1.6. bestätigt U der V per E-Mail kurz die Möglichkeit zur Kursteilnahme. Die schriftlichen Vertragsdokumente, die auch noch einmal eine Widerrufsbelehrung enthalten, treffen am 5.6. per Post bei V ein. Kann V ihre Willenserklärung noch am 18.6. widerrufen? **150**

Der Vertrag über das Seminar ist ein Fernabsatzvertrag im Sinne von §§ 312 Abs. 1, 312c und daher nach § 312g Abs. 1 Alt. 2 widerruflich. Die Widerrufsfrist beträgt 14 Tage und beginnt gemäß § 355 Abs. 2 S. 2 nicht vor Vertragsschluss am 1.6. Bei Fernabsatzverträgen über Dienstleistungen beginnt die Widerrufsfrist nach § 356 Abs. 3 S. 1 i.V.m. § 312f Abs. 2 S. 2 und Art. 246a § 1 Abs. 2 S. 1 Nr. 1 EGBGB zudem nicht, bevor U die V auf dauerhaftem Datenträger über ihr Widerrufsrecht unterrichtet hat. Da die Webseite der U nicht geeignet ist, die Erklärung zu Referenzzwecken der V unverändert wiederzugeben, stellt sie keinen dauerhaften Datenträger i.S.d. § 126b S. 2 dar. Anders wäre dies zwar, wenn V die Widerrufsbelehrung *tatsächlich* gespeichert oder ausgedruckt hätte. Das ist aber nicht der Fall.

Zu klären ist noch die Bedeutung der **Bestätigung der V**, die Widerrufsbelehrung ausgedruckt oder gespeichert zu haben. Sie könnte sich in einem späteren Prozess auf die Beweislast auswirken. U trägt nach § 312m Abs. 2 die Beweislast für die Erfüllung der ihr obliegenden Informationspflichten und nach § 361 Abs. 3 die Beweislast für den Beginn der Widerrufsfrist. Die von U vorformulierte Bestätigung zielt folglich auf eine Beweislastumkehr. Doch nach §§ 312m Abs. 1 S. 1, 361 Abs. 2 S. 1 darf von den Regelungen über die Beweislastverteilung weder zu Lasten des Verbrauchers abgewichen werden, noch diese durch anderweitige Gestaltungen umgangen werden (sog. **halbzwingender Charakter**). Die Bestätigung ist deshalb unwirksam, ohne dass es des Rück- **151**

116 **EuGH NJW 2012, 2637 Rn. 38 ff. – Content Services**; BGH NJW 2010, 3566 Rn. 17 ff.
117 Demgegenüber sah der bisherige § 355 Abs. 2 S. 3 aF eine verlängerte Widerrufsfrist von einem Monat vor; so nach wie vor § 356b Abs. 2 S. 2 für Verbraucherdarlehensverträge, s. Rn. 308.
118 Angelehnt an BGH NJW 2014, 2857.

griffs auf das AGB-Recht bedürfte (dort: Klauselverbot des § 309 Nr. 12 lit. b). Die Widerrufsfrist beginnt folglich gemäß § 356 Abs. 3 S. 1 am 5.6., weil V an diesem Tag die Widerrufserklärung auf Papier, d.h. auf dauerhaftem Datenträger, erhalten hat. V hat bis zum 19.6. Zeit, die Widerrufserklärung abzusenden (§ 355 Abs. 1 S. 5).

d) Absolute Ausschlussfrist

152 Das Widerrufsrecht erlischt – abgesehen von den bereits oben behandelten Fällen der §§ 312g Abs. 2, 356 Abs. 4, Abs. 5 – spätestens **zwölf Monate und 14 Tage** nach Vertragsschluss bzw. Erhalt der Ware, siehe § 356 Abs. 3 S. 2. Auch wenn die Unternehmerin den Verbraucher nicht oder nicht ordnungsgemäß über das Widerrufsrecht belehrt hat, soll die Unternehmerin nach diesem Zeitraum Gewissheit über den Bestand des Vertrags erhalten. Etwas anderes gilt allerdings für Verträge über Finanzdienstleistungen, die außerhalb von Geschäftsräumen und im Fernabsatz geschlossen werden. Hier findet die absolute Ausschlussfrist nach § 356 Abs. 3 S. 3 keine Anwendung, so dass bei unzureichender Information des Verbrauchers ein unbefristetes („ewiges") Widerrufsrecht besteht.[119]

3. Folgen einer nicht erforderlichen Widerrufsbelehrung

153 Bisweilen belehrt der Unternehmer eine Verbraucherin über ein ihr nach dem Gesetz in Wahrheit gar nicht zustehendes Widerrufsrecht. Darin kann die konkludente Vereinbarung eines vertraglichen Widerrufsrechts zu sehen sein. Wie § 312g Abs. 2 klarstellt, kann ein Widerrufsrecht nicht nur von Gesetzes wegen bestehen, sondern auch vertraglich eingeräumt werden.[120] Ob der erforderliche Rechtsbindungswille vorliegt, ist im Einzelfall durch **Auslegung** nach §§ 133, 157 zu ermitteln. So wird ein vertragliches Widerrufsrecht zu bejahen sein, wenn der Unternehmer gegenüber dem Verbraucher mit einem umfassenden Rückgaberecht wirbt. Andererseits wird der Verbraucher eine nachträgliche Belehrung innerhalb eines schon länger bestehenden Vertragsverhältnisses regelmäßig nicht als Einräumung eines vertraglichen Widerrufsrechts verstehen dürfen.[121]

4. Rechtsfolgen des Widerrufs

a) Rückgewährschuldverhältnis

154 Die zentrale Rechtsfolge des Widerrufs hält § 355 Abs. 1 S. 1 fest: Verbraucher und Unternehmer sind an ihre auf den Abschluss des Vertrags gerichteten Willenserklärungen **nicht mehr gebunden**, wenn der Verbraucher seine Willenserklärung fristgerecht widerrufen hat. Ebenso wie bei der Anfechtung ist also nicht der Vertrag, sondern lediglich die Willenserklärung des Verbrauchers widerruflich.[122] Ohne diese hat freilich in der Folge auch der bereits geschlossene Vertrag keinen Bestand. Rechtstechnisch ist der Widerruf ein **rücktrittsähnliches Gestaltungsrecht**, das durch einseitige empfangsbedürftige Willenserklärung ausgeübt wird.[123] Ebenso wie durch Rücktritt wandelt sich

---

119 Zur Frage der Verwirkung Rn. 309.
120 BGH NJW 2013, 155 Rn. 30; Staudinger/*Kaiser*, § 355 Rn. 13.
121 BGH NJW 2012, 1066, 1068.
122 Zu Unrecht krit. *Petersen*, JZ 2010, 315, 316.
123 *Coester-Waltjen*, Jura 2009, 820; *Grunewald/Peifer*, Rn. 88.

auch durch Widerruf der Vertrag in ein **Rückgewährschuldverhältnis** um. Das bedeutet zum einen, dass die beiderseitigen Erfüllungsansprüche erlöschen und noch nicht erbrachte Leistungen nicht mehr geschuldet werden. Zum anderen ist der Vertrag rückabzuwickeln, soweit er bereits durchgeführt ist. Maßgeblich hierfür ist das Zusammenspiel der allgemeinen Vorschrift des **§ 355 Abs. 3** mit den **Sondervorschriften der §§ 357 ff.**, welche die für alle Widerrufsrechte geltenden Regeln um bereichsspezifische Modifikationen für die besonderen Vertriebsformen, Verträge über Finanzdienstleistungen, Teilzeit-Wohnrechte-Verträge, Ratenlieferungsverträge und Verbraucherbauverträge ergänzen. Nach § 361 Abs. 1 beinhalten diese Rückabwicklungsvorschriften eine **abschließende Regelung**, d.h. es bestehen über diese Vorschriften hinaus keine weiteren Ansprüche gegen den Verbraucher.

Sind an dem Vertrag mehrere Verbraucher beteiligt und erklären diese gemeinsam den Widerruf oder wandelt der Widerruf einer Verbraucherin nach Maßgabe des § 139 den gesamten Vertrag um (Rn. 140), so entsteht ein einheitliches Rückabwicklungsschuldverhältnis, bei dem die Verbraucher Mitgläubiger der Rückgewähransprüche i.S.d. § 432 sind.[124] Bis zur Erklärung des Widerrufs entfaltet der Vertrag allerdings uneingeschränkt seine Wirkungen: Sowohl die Unternehmerin als auch die Verbraucherin sind **zur Erfüllung verpflichtet**, und keine Partei kann kraft Gesetzes unter Hinweis auf das noch ungewisse Schicksal des Vertrags ein Leistungsverweigerungsrecht geltend machen.[125] **155**

Sofern der Vertrag aus anderen Gründen nichtig oder anfechtbar ist, steht dies der Erklärung des Widerrufs nicht entgegen. Denn Nichtigkeits-, Anfechtungs- und Widerrufsgründe beruhen jeweils auf eigenen gesetzgeberischen Wertungen und können nach der **Lehre von den Doppelwirkungen im Recht** nebeneinander Anwendung finden.[126] Der BGH hat deshalb beispielsweise den Widerruf eines Kaufvertrags über ein Radarwarngerät als zulässig erachtet und dem Käufer einen Anspruch auf Rückerstattung des Kaufpreises nach § 355 Abs. 3 zugestanden, obgleich der Vertrag wegen Sittenwidrigkeit gemäß § 138 nichtig und die Rückforderung des Kaufpreises nach § 812 Abs. 1 S. 1 Alt. 1 wegen § 817 S. 2 ausgeschlossen war.[127] **156**

b) Ansprüche des Verbrauchers

(1) Rückzahlung

Der Verbraucher kann nach § 355 Abs. 3 S. 1 die von ihm erbrachten Leistungen, in der Regel Zahlungen, zurückverlangen. Die Rückzahlung hat zwar grundsätzlich unverzüglich, d.h. gemäß § 121 Abs. 1 ohne schuldhaftes Zögern, zu erfolgen. Hiervon abweichend räumt das Gesetz dem Unternehmer jedoch bei außerhalb von Geschäftsräumen geschlossenen Verträgen sowie Fernabsatzverträgen (§ 357 Abs. 1) und bei Ratenlieferungsverträgen (§ 357d S. 1) ein Zahlungsziel von 14 Tagen, bei Verträgen über Finanzdienstleistungen (§ 357b Abs. 1) sogar ein Zahlungsziel von 30 Tagen ein. Die Zahlungsfrist beginnt gemäß § 355 Abs. 3 S. 2 jeweils mit dem Zugang der Widerrufserklärung **157**

---

124 BGH NJW 2018, 223, 225.

125 MünchKomm/*Fritsche*, § 355 Rn. 44; Soergel/*Pfeiffer*, § 355 Rn. 65; Staudinger/*Kaiser*, § 355 Rn. 26; aA Grüneberg/*ders.*, § 355 Rn. 3.

126 Grundlegend *Kipp*, FS für v. Martitz, 1911, S. 211; gewürdigt von *Herbert*, JZ 2011, 503.

127 **BGHZ 183, 235 Rn. 15 ff. = NJW 2010, 610**; zustimmend etwa MünchKomm/*Fritsche*, § 355 Rn. 41; PWW/*Stürner*, § 355 Rn. 3; *Petersen*, JZ 2010, 315 f.

beim Unternehmer. Praktisch bedeutsam ist in diesem Zusammenhang das **Zurückbehaltungsrecht des § 357 Abs. 4** (ggf. i.V.m. § 357d S. 1): Bei einem Verbrauchsgüterkauf kann die Unternehmerin danach die Rückzahlung verweigern, bis sie die Ware zurückerhalten hat oder die Verbraucherin den Nachweis erbracht hat, dass sie die Waren abgesandt hat. Die Verbraucherin ist mithin vorleistungspflichtig.[128]

(2) Transportkosten

158 Bei außerhalb von Geschäftsräumen geschlossenen Verträgen und Fernabsatzverträgen muss der Unternehmer gemäß §§ 357 Abs. 2 S. 1, 357d S. 1 auch etwaige Zahlungen des Verbrauchers für die Lieferung, also die **Hinsendekosten**, zurückgewähren. Dies gilt nach § 357 Abs. 2 S. 2 allerdings nicht, soweit zusätzliche Kosten entstanden sind, weil sich der Verbraucher für eine andere Art der Lieferung als die vom Unternehmer angebotene günstigste Standardlieferung entschieden hat. Wählt also eine Kundin eine Kuriersendung „Overnight-Express" statt des ebenfalls angebotenen gewöhnlichen Postversands, kann sie nur die Kosten des gewöhnlichen Postversands, nicht aber den Mehrbetrag für den Expressversand ersetzt verlangen.[129] Leisten muss der Unternehmer gemäß § 357 Abs. 4 S. 1 aber auch dann erst, wenn er die Ware zurückerhalten hat (Rn. 157).

159 Die **Rücksendekosten** hat der Verbraucher gemäß § 357 Abs. 5 S. 1 selbst zu tragen. Das gilt jedoch nur, wenn die Unternehmerin ihn ordnungsgemäß über diese Pflicht belehrt hat. Auch ist die Unternehmerin bei außerhalb von Geschäftsräumen geschlossenen Verträgen gemäß § 357 Abs. 7 verpflichtet, nicht versandfähige Waren auf eigene Kosten abzuholen. Darüber hinaus übernehmen in der Praxis insbesondere größere Versandunternehmen oftmals generell die Transportkosten.[130] Diese Verbesserung der Rechtsstellung der Verbraucherin ist schon nach allgemeinen Grundsätzen selbstverständlich zulässig; § 357 Abs. 5 S. 2 stellt das noch einmal ausdrücklich klar.

c) Ansprüche des Unternehmers

(1) Rückgabe gelieferter Sachen

160 Hat der Unternehmer in Erfüllung des Vertrags eine Sache geliefert, kann er nach Ausübung des Widerrufsrechts gemäß § 355 Abs. 3 S. 1 deren Rückgabe und ggf. auch Rückübereignung verlangen. Versandfähige Waren hat der Verbraucher zurückzusenden, wenn der Unternehmer nicht angeboten hat, die Ware abzuholen (vgl. §§ 357 Abs. 6, 357d S. 1). Ungeachtet dessen bleibt der **Leistungsort** nach der Grundregel des § 269 Abs. 1 der Wohnort des Schuldners. Die Verbraucherin muss die Sache ordnungsgemäß verpacken und an eine geeignete Transportperson übergeben; andernfalls macht sie sich nach §§ 280 Abs. 1, 241 Abs. 2 schadensersatzpflichtig.[131] Im Übrigen aber trägt die **Gefahr der Rücksendung** gemäß § 355 Abs. 3 S. 4 die **Unternehmerin**. Das bezieht sich sowohl auf den zufälligen Untergang als auch auf die zufällige Verschlechterung oder Verzögerung der Rücksendung. Wird die Sache auf dem Transportweg infolge

128 Krit. *Schärtl*, JuS 2014, 577, 581.
129 Grüneberg/*ders.*, § 357 Rn. 3; PWW/*Stürner*, § 357 Rn. 8.
130 Vgl. *R. Koch*, JZ 2014, 758, 763.
131 Begr. RegE BT-Drucks. 17/12637 S. 60; PWW/*Stürner*, § 355 Rn. 13f.

höherer Gewalt oder durch das Verschulden eines Dritten zerstört, hat mithin die Unternehmerin den Schaden zu tragen. Zusammenfassend ist die Rücksendepflicht als Schickschuld zu qualifizieren.[132]

Ebenso wie der Unternehmer hat der Verbraucher seine **Rückerstattungspflicht** zwar grundsätzlich unverzüglich, praktisch aber regelmäßig binnen einer **bestimmten Frist** zu erfüllen, die bei außerhalb von Geschäftsräumen geschlossenen Verträgen und Fernabsatzverträgen 14 Tage (§ 357 Abs. 1) und bei Verträgen über Finanzdienstleistungen 30 Tage (§ 357b Abs. 1) beträgt. Anders als für den Unternehmer beginnt diese Frist für den Verbraucher gemäß § 355 Abs. 3 S. 2 nicht mit dem Zugang, sondern mit der Abgabe der Widerrufserklärung. Die Verbraucherin wahrt die Frist nach § 355 Abs. 3 S. 3 schon durch die **rechtzeitige Absendung der Ware**. Kommt sie ihrer Rückgabepflicht nicht nach, gerät sie gemäß § 286 Abs. 2 Nr. 2 in Verzug, ohne dass es einer gesonderten Mahnung bedarf.[133] Der geschuldete Rückgabezeitpunkt lässt sich nämlich ausgehend von dem Tag der Abgabe der Widerrufserklärung nach dem Kalender berechnen. Das Ereignis und die angemessene Frist i.S.d. § 286 Abs. 2 Nr. 2 sind also durch Gesetz bestimmt.[134] **161**

(2) Wertersatz für die Verschlechterung von Waren

Nach § 357a Abs. 1 hat der Verbraucher schließlich Wertersatz für den Wertverlust einer Ware zu leisten. Der Anspruch erfordert **kein Verschulden** des Verbrauchers. Er erfasst sowohl Wertverluste, die durch die bestimmungsgemäße Ingebrauchnahme und die gewöhnliche Abnutzung entstanden sind, als auch Beeinträchtigungen, die auf eine unsachgemäße Behandlung zurückzuführen sind.[135] Im Gegenzug sind bedeutsame tatbestandliche Schranken zu beachten. Der Anspruch setzt nach § 357a Abs. 1 Nr. 2 zum einen voraus, dass der Unternehmer den Verbraucher ordnungsgemäß über sein **Widerrufsrecht belehrt** hat.[136] Das schließt einen Hinweis auf den Wertersatzanspruch ein.[137] Die Verbraucherin soll also nur dann zur Zahlung von Wertersatz verpflichtet sein, wenn sie die Möglichkeit der Rückabwicklung des Vertrags und die damit verbundene Kostenfolge vor Augen hat (siehe hierzu Klausurbeispiel 4, Aufgabe 3). **162**

Zum anderen knüpft § 357a Abs. 1 Nr. 1 den Anspruch daran, dass der Wertverlust auf einen Umgang mit der Ware zurückzuführen ist, der zur **Prüfung der Beschaffenheit**, der Eigenschaften und der Funktionsweise der Ware **nicht notwendig** war. Nach der Rechtsprechung des EuGH soll das Recht zum Widerruf „mehr als nur ein formales Recht" sein.[138] Ohne die Ware geprüft zu haben, kann die Verbraucherin nicht sachgerecht über die Ausübung des ihr eingeräumten Gestaltungsrechts entscheiden. Von der Prüfung soll sie daher nicht durch eine nachteilige Kostenfolge abgehalten werden. Für die anspruchsbegründenden Tatbestandsvoraussetzungen des § 357a Abs. 1 Nr. 1 und 2 **163**

---

132 Grüneberg/*ders.*, § 355 Rn. 13.
133 AA *Schärtl*, JuS 2014, 577, 581; im Ergebnis wie hier *Bülow/Artz*, Rn. 187 (§ 286 Abs. 2 Nr. 1).
134 Begr. RegE, BT-Drucks. 14/6040 S. 146; Jauernig/*Stadler*, § 286 Rn. 28; Erman/*Hager*, § 286 Rn. 43.
135 Vgl. BT-Drucks. 19/27655 S. 31; BT-Drucks. 17/12637 S. 63.
136 EuGH NJW 2023, 2171 Rn. 32 – DC/HJ.
137 Die Pflicht zur Belehrung über die Widerrufsfolgen ergibt sich aus einer Gesamtanalogie zu Art. 246a § 1 II 1 Nr. 2 und 3 EGBGB i.V.m. Gestaltungshinweis 5c der Musterwiderrufsbelehrung in Anlage 1 EGBGB, näher *Janal*, VuR 2015, 43, 47.
138 EuGH NJW 2009, 3015 Rn. 19 – Messner.

trägt nach allgemeinen Grundsätzen der Unternehmer die Beweislast. Nutzt der Verbraucher die Sache über die Prüfung hinaus und verursacht dadurch einen weitergehenden Wertverlust, so hat der Verbraucher diesen nach § 357a Abs. 1 zu ersetzen, wenn die Widerrufsbelehrung ordnungsgemäß erfolgt ist.

164 Maßgeblich für den Umfang der noch zulässigen Prüfung ist der **Vergleich zum Ladengeschäft**.[139] Das Fernabsatzrecht dient dem Ausgleich des für diese Vertriebsform typischen Informationsdefizits des Verbrauchers (Rn. 92). Verbraucherinnen sollen daher mit der Ware so umgehen und sie so in Augenschein nehmen dürfen, wie sie das in einem Ladengeschäft tun könnten. Mithin darf ein Verbraucher etwa ein Kleidungsstück auspacken und anprobieren, aber nicht über einen längeren Zeitraum tragen. Probleme ergeben sich bei Waren, die auch im Ladengeschäft nicht von Kundinnen individuell ausgepackt oder aufgebaut und anschließend ausprobiert werden können, wie beispielsweise Kosmetika, erst aufzubauende Möbel oder bestimmte Werkzeuge. Für den Kauf im Fachhandel ist es freilich typisch, dass dort zumindest Musterstücke verfügbar sind, die es den Kunden ermöglichen, sich einen unmittelbaren Eindruck von der Ware zu verschaffen. Weil diese Möglichkeit beim Vertragsschluss im Fernabsatz fehlt, darf die Verbraucherin die Ware sowohl öffnen als auch aufbauen und kurz ausprobieren, ohne wertersatzpflichtig zu werden.[140] Dass bereits durch diese Ingebrauchnahme ein erheblicher Wertverfall der Ware eintritt, zwingt nicht zu einer Korrektur des Ergebnisses. Das dem Verbraucher generell eingeräumte Prüfungsrecht darf nämlich selbst bei denjenigen Waren nicht unterlaufen werden, bei denen die Prüfung mit einem vollständigen Wertverlust einhergeht.

165 Die Grenzen des Prüfungsrechts lassen sich anhand von **Fall 23** diskutieren:[141] V bestellt am 1.2. bei U, die einen Online-Shop für Kfz-Zubehör- und Ersatzteile betreibt, einen Katalysator zum Preis von 350,- €. Unmittelbar darauf erhält V eine automatisierte E-Mail der U, mittels derer der Eingang der Bestellung bestätigt wird. Fünf Tage später versendet U sowohl den Katalysator als auch eine Versandbestätigung per E-Mail. Diese E-Mail enthält eine Widerrufsbelehrung, die dem Muster in Anlage 1 EGBGB entspricht. Nachdem der Katalysator am 7.2. bei V eintrifft, baut V den Katalysator in sein Auto ein. Er muss aber zu seinem Missfallen feststellen, dass das Fahrzeug nicht mehr die gewohnte Leistung erbringt. V sendet den Katalysator deshalb am 18.2. an U zurück und erklärt im Begleitschreiben den Widerruf des Kaufvertrags. U ist der Auffassung, eine Rückabwicklung des Vertrags scheide aus. Hilfsweise erklärt sie die Aufrechnung mit einem Wertersatzanspruch, da der Katalysator aufgrund von Gebrauchs- und Einbauspuren nunmehr wertlos ist.

V hat einen Anspruch auf Rückzahlung des Kaufpreises aus § 355 Abs. 3 S. 1, wenn er wirksam den Widerruf erklärt hat und die Aufrechnung der U nicht durchgreift. Da die Parteien einen Fernabsatzvertrag i.S.d. §§ 312 Abs. 1, 312c geschlossen haben, steht V ein Widerrufsrecht nach § 312g Abs. 1 zu. Im Begleitschreiben hat V erklärt, den Vertrag widerrufen zu wollen. Diese Erklärung müsste V auch innerhalb der Widerrufsfrist

139 So Erwägungsgrund 47 VRRL; Begr. RegE, BT-Drucks. 17/12637 S. 63; BeckOGK/*Mörsdorf*, § 357a Rn. 17; MünchKomm/*Fritsche*, § 357a Rn. 6; kritisch *Föhlisch*, NJW 2011, 30, 32.

140 BT-Drucks. 17/5097, S. 15; BGH NJW 2017, 878, 880 Rn. 23; BGHZ 187, 268 Rn. 23 = NJW 2011, 56 (zu § 357 Abs. 3 S. 1 aF); Grüneberg/*ders.*, § 357a Rn. 3.

141 BGH NJW 2017, 878.

abgesandt haben, d.h. innerhalb von 14 Tagen nach Vertragsschluss, § 355 Abs. 1 S. 5, Abs. 2. Ob der Vertrag hier bereits am 1.2. mit Vs Bestellung bzw. mit dem Erhalt der Bestellbestätigung zustande gekommen ist oder erst mit der Versandbestätigung der U am 6.2., hängt vom Inhalt der jeweiligen Erklärungen ab (i.d.R. ist die Webseite des Unternehmers nur eine *invitatio ad offerendum*, und eine reine Bestellbestätigung nach § 312i Abs. 1 Nr. 3 ist keine Annahme eines Antrags). Jedenfalls aber beginnt nach § 356 Abs. 3 S. 1 die Widerrufsfrist erst, wenn der Unternehmer den Verbraucher i.S.d. § 312f Abs. 2 S. 2 i.V.m. Art. 246a § 1 Abs. 2 S. 1 Nr. 1 EGBGB auf dauerhaftem Datenträger über sein Widerrufsrecht informiert hat. Diese Widerrufsbelehrung wurde V erst am 6.2. erteilt. Außerdem beginnt die Widerrufsfrist bei einem Verbrauchsgüterkauf erst, wenn der Verbraucher die Ware erhalten hat (§ 356 Abs. 2 Nr. 1 lit. a). Da V den Katalysator am 7.2. erhielt, endete die Widerrufsfrist nach §§ 187 Abs. 1, 188 Abs. 1 mit Ablauf des 20.2. V hat folglich den Widerruf fristgerecht erklärt.

Der Anspruch auf Rückzahlung des Kaufpreises könnte aber durch die Aufrechnung der U nach § 389 erloschen sein, wenn U ein Anspruch auf Wertersatz nach § 357a Abs. 1 zustünde. Der Ein- und Ausbau des Katalysators hat zu einem vollständigen Wertverlust geführt. Gleichwohl wäre ein Anspruch auf Wertersatz nach § 357a Abs. 1 Nr. 1 ausgeschlossen, wenn der Einbau des Katalysators zur Prüfung der Beschaffenheit und Funktionsweise der Ware notwendig gewesen wäre. Zwar setzt eine Prüfung der Funktionsweise des Katalysators zwingend dessen Einbau voraus. Doch soll dem Verbraucher, der im Fernabsatz die Ware vor Vertragsschluss nicht in Augenschein nehmen kann, nur die Möglichkeit eingeräumt werden, die Ware so zu prüfen, wie ihm dies im stationären Handel möglich wäre. Auch im Ladengeschäft ist es aber typischerweise nicht möglich, Ware zu prüfen, die zum Einbau in einen anderen Gegenstand bestimmt ist. So hätte V auch im stationären Kfz-Fachhandel den Katalysator nicht probeweise vor dem Kauf in sein Fahrzeug einbauen und testen können. Als weitere Voraussetzung des Wertersatzanspruchs nennt § 357a Abs. 1 Nr. 2 die ordnungsgemäße Widerrufsbelehrung, wobei auch ein Hinweis auf die entstehende Wertersatzpflicht erforderlich ist.[142] U hat in der E-Mail vom 6.2. die Musterwiderrufsbelehrung verwendet, weshalb nach Art. 246a § 1 Abs. 2 S. 2 EGBGB von einer Erfüllung der Belehrungspflicht auszugehen ist. Ein Anspruch auf Wertersatz i.H.v. 350 € aus § 357a Abs. 1 ist folglich entstanden. Da die Voraussetzungen der Aufrechnung nach §§ 387 ff. vorliegen, ist der Anspruch des V auf Rückerstattung des Kaufpreises durch Aufrechnung erloschen, § 389. **166**

Ist der Wertersatzanspruch für den Wertverlust der Ware dem Grunde nach zu bejahen, stellt sich noch die Frage nach seiner **Berechnung**. Da eine ausdrückliche Regelung im Gesetz fehlt, liegt es nicht fern, an die Wertung der §§ 357a Abs. 2 S. 2, 357b Abs. 2 S. 4 (Rn. 169, 310) anzuknüpfen, denen zufolge bei der Berechnung des Wertersatzes für Dienstleistungen die im Vertrag vereinbarte Leistung zugrunde zu legen ist. Im Schrifttum wird stattdessen ein Umkehrschluss zu diesen Vorschriften propagiert. Anders als bei Dienstleistungen soll also der **objektive Wert** der Ware und nicht das vereinbarte Entgelt Ausgangspunkt für die Bestimmung des Wertersatzanspruchs sein.[143] Das leuchtet für sich genommen durchaus ein, weil auf diese Weise einem Verbraucher, der die Ware zu einem höheren Preis als dem Marktpreis erworben hat, ermöglicht wird, sich **167**

142 Oben Rn. 162.
143 Grüneberg/*ders.*, § 357a Rn. 5; *Brox/Walker*, Schuldrecht AT § 19 Rn. 40a; *Schärtl*, JuS 2014, 577, 582.

von seiner Willenserklärung vollständig zu lösen. Indessen fällt es nicht ganz leicht, einen sachlichen Grund für die unterschiedliche Behandlung von Waren einerseits und Dienstleistungen andererseits anzuführen.

(3) Wertersatz bei der Rückabwicklung von Dienstleistungen

168 Eine **Dienstleistung** kann nicht in Natur zurückgegeben werden. Vielmehr kommt nur ein Ausgleich durch **Wertersatz** in Betracht. Vorrangig ist allerdings zu prüfen, ob das Widerrufsrecht nicht infolge vollständiger Erfüllung nach § 356 Abs. 4 erloschen ist (bzw. bei digitalen Inhalten nach Maßgabe des § 356 Abs. 5; vgl. dazu Rn. 133). Besteht ein Widerrufsrecht, greift die Vorschrift des § 357a Abs. 2 ein, die – sofern der Vertrag eine Zahlungspflicht des Verbrauchers vorsieht – einen **verschuldensunabhängigen Anspruch auf Wertersatz** begründet.[144] Die Verpflichtung zum Wertersatz setzt allerdings zum einen voraus, dass der Verbraucher von der Unternehmerin ausdrücklich verlangt hat, mit der Leistung vor Ablauf der Widerrufsfrist zu beginnen, vgl. § 357a Abs. 2 Nr. 1. Eine entsprechende Klausel in den AGB der Unternehmerin genügt hierfür nicht.[145] Bei außerhalb von Geschäftsräumen geschlossenen Verträgen muss die Verbraucherin ihr Verlangen gemäß § 357a Abs. 2 Nr. 2 überdies sogar auf einem dauerhaften Datenträger (§ 126b S. 2) übermittelt haben. Zum anderen muss der Unternehmer den Verbraucher gemäß § 357a Abs. 2 Nr. 3 ordnungsgemäß über sein Widerrufsrecht und das Bestehen der Wertersatzpflicht informiert haben. Für Finanzdienstleistungen enthält § 357b Abs. 2 eine Sonderbestimmung.

169 Was die **Höhe des Wertersatzanspruchs bei Dienstleistungen** angeht, so ist nach § 357a Abs. 2 S. 2 der vereinbarte Gesamtpreis zugrunde zu legen. Das ist alles andere als selbstverständlich. Denn auf diese Weise werden die Verbraucher – wirtschaftlich betrachtet – an der getroffenen Entgeltabrede festgehalten, obwohl sie sich mit Hilfe des Widerrufs doch nachträglich von dem Vertrag lösen können. Insbesondere bei einer Überrumpelung der Verbraucherin außerhalb von Geschäftsräumen ist die Überzeugungskraft dieser Lösung zweifelhaft. Immerhin ist nach § 357a Abs. 2 S. 3 der Wertersatz auf der Grundlage des Marktwerts der erbrachten Leistung zu berechnen, wenn der vereinbarte Gesamtpreis unverhältnismäßig hoch ist. Hiervon ist auszugehen, wenn der vereinbarte Preis den Marktpreis um 20% übersteigt.[146]

d) Rückabwicklung einer Gesellschaftsbeteiligung

170 Die Rückabwicklung von Gesellschaftsbeteiligungen kann ein **Spannungsfeld zwischen Verbraucherschutz- und Gesellschaftsrecht** mit Blick auf die Lehre von der fehlerhaften Gesellschaft begründen.

---

144 Vgl. Bericht des Rechtsausschusses, BT-Drucks. 17/13951 S. 65 sowie BT-Drucks. 19/27655 S. 31.

145 Hk-BGB/*Fries/Schulze*, § 357a Rn. 3; Grüneberg/*ders*, § 357a Rn. 8.

146 Grüneberg/*ders.*, § 357a Rn. 10; Hk-BGB/*Fries/Schulze*, § 357a Rn. 3; Schwelle von 25% befürwortend BeckOGK/*Mörsdorf*, § 357a Rn. 47; eine Schwelle zwischen mehr als 20% aber deutlich unterhalb der Grenze von § 138 BGB befürwortend: MünchKomm/*Fritsche*, § 357a Rn. 24.

Die für Verbraucherinnen durchaus dramatischen Implikationen zeigt **Fall 24**: F ist die gewerblich tätige Verwalterin eines geschlossenen Immobilienfonds, der in der Rechtsform einer Gesellschaft bürgerlichen Rechts organisiert und auf die Beteiligung mehrerer Dutzend vermögender Kapitalanleger ausgerichtet ist. Ein solcher Kapitalanleger ist Privatier P. Bei einem Hausbesuch der F entschließt sich P, in den Fonds zu investieren und mit einer Einlage von 100.000 € Gesellschafter zu werden. Alle Formalitäten wickelt nach den Vorgaben des Gesellschaftsvertrags F als Vertreterin der Gesellschaft noch vor Ort ab, über ein Widerrufsrecht belehrt sie den P jedoch nicht. Zwei Jahre später verliert P das Vertrauen in Immobilien und will stattdessen sein ganzes Vermögen in Gold anlegen. Er widerruft den Beitritt zu der Fondsgesellschaft mittels eingeschriebenen Briefs und verlangt seine Einlage zurück. F ist der Auffassung, P erhalte keine Auszahlung, sondern habe im Gegenteil noch 20.000 € an die Gesellschaft zu zahlen. Denn infolge aufgelaufener Verluste der Gesellschaft entfalle auf P ein negatives Auseinandersetzungsguthaben in dieser Höhe. Trifft dies zu?

P könnte gegen die Gesellschaft einen Anspruch auf Rückzahlung der geleisteten Einlage in Höhe von 100.000 € aus §§ 355 Abs. 3 S. 1, 312g Abs. 1 Alt. 1, 312b Abs. 1 S. 1 Nr. 1 haben, sofern er den Beitritt zu der Gesellschaft als einen **außerhalb von Geschäftsräumen geschlossenen Vertrag** wirksam widerrufen hat. Der Anwendungsbereich des Rechts der besonderen Vertriebsformen ist gemäß § 312 Abs. 1 eröffnet, wenn es sich um einen Verbrauchervertrag handelt, bei dem sich der Verbraucher zur Zahlung eines Preises verpflichtet. P hat den Vertrag mit dem Ziel der Vermögensanlage und damit als Verbraucher i.S.d. § 13 gehandelt. Für die auf der Gegenseite erforderlichen Unternehmerin i.S.d. § 14 kann man entweder auf die Gesellschaft oder aber auf die gewerblich tätige Verwalterin F abstellen.[147] Der Vertrag ist somit ein **Verbrauchervertrag** im Sinne von § 310 Abs. 3. Allerdings ist der Beitritt zu einer Gesellschaft ein auf die Begründung der Mitgliedschaft gerichtetes organisationsrechtliches Geschäft und keines der Austauschgeschäfte, auf die § 312 Abs. 1 zugeschnitten ist. Fraglich ist deshalb, ob die Einlage als „Zahlung eines Preises“ angesehen werden kann. Nach herrschender Auffassung finden die §§ 312 ff. auf den Beitritt zu einer Gesellschaft Anwendung, wenn bei wirtschaftlicher Betrachtung nicht die Begründung der Mitgliedschaft, sondern die **Kapitalanlage** im Vordergrund steht.[148] So liegen die Dinge hier. Letztlich ist der Beitritt zu dem geschlossenen Immobilienfonds für P nur das technische Vehikel gewesen, um sein Vermögen möglichst gewinnbringend anlegen zu können. Daher ist die Zahlung der Einlage der Zahlung eines Preises zumindest gleich zu stellen. Der Vertrag wurde auch bei gleichzeitiger körperlicher Anwesenheit der Beteiligten an einem Ort geschlossen, der kein Geschäftsraum der Unternehmerin ist, vgl. § 312b Abs. 1 S. 1 Nr. 1. Als Zwischenergebnis kann folglich festgehalten werden, dass P aus § 312g Abs. 1 Alt. 1 ein Widerrufsrecht hat.

Über dieses Widerrufsrecht ist P entgegen den Anforderungen des § 312d Abs. 1 S. 1 **171**
nicht belehrt worden. Daher konnte die Widerrufsfrist gemäß § 356 Abs. 3 S. 1 nicht beginnen. Da die Beteiligung an einem Immobilienfonds als **Finanzdienstleistung** einzuordnen ist,[149] ist das Widerrufsrecht auch nicht gemäß § 356 Abs. 3 S. 3 i.V.m. S. 2 zwölf Monate und 14 Tage nach Vertragsschluss erloschen. Der Widerruf war mithin

147 Näher dazu bereits Rn. 95.
148 Näher dazu bereits Rn. 95.
149 Erman/*Koch*, § 312 Rn. 68; MünchKomm/*Wendehorst*, § 312 Rn. 142.

zwei Jahre nach Vertragsschluss immer noch möglich. Die Widerrufserklärung selbst wahrt die Anforderungen des § 355 Abs. 1. In der Folge hat P gemäß § 355 Abs. 3 S. 1 eigentlich einen Anspruch gegen die Gesellschaft auf Rückerstattung der geleisteten Einlage.

172 Dem könnte jedoch die **Lehre von der fehlerhaften Gesellschaft** entgegenstehen.[150] Ihr zufolge finden die Rechtsfolgen des allgemeinen Zivilrechts keine Anwendung, wenn der ursprüngliche Gesellschaftsvertrag mit Wirksamkeitsmängeln behaftet ist. Die Gesellschaft ist vielmehr als wirksam zu behandeln und kann nur mit Wirkung *ex nunc* aufgelöst und liquidiert werden. Voraussetzung der Anwendung der Lehre von der fehlerhaften Gesellschaft ist *erstens* der Abschluss eines fehlerhaften Gesellschaftsvertrags bzw. eines fehlerhaften Beitritts zur Gesellschaft, zweitens muss die Gesellschaft bereits in Vollzug gesetzt worden sein. Drittens darf die vorläufige Anerkennung der Gesellschaft nicht höherrangigen Interessen der Allgemeinheit oder besonders schutzwürdiger Personen widersprechen. Der Gesellschafter kann zwar mit Wirkung für die Zukunft wieder aus der Gesellschaft ausscheiden, hat dann aber nur Anspruch auf das nach dem aktuellen Wert seines Gesellschaftsanteils zu berechnende Abfindungsguthaben.

173 Der Verbraucherschutz rechtfertigt nach ständiger Rechtsprechung des BGH keine Ausnahme von den Regeln der fehlerhaften Gesellschaft.[151] Eine solche würde nicht nur Gläubigerinteressen vernachlässigen, sondern vor allem auch diejenigen der übrigen Mitgesellschafter. Es handelt sich bei ihnen nämlich regelmäßig ebenfalls um Verbraucher, die der Gesellschaft unter ähnlichen Bedingungen beigetreten und daher im Ausgangspunkt genauso schutzbedürftig wie der widerrufende Verbraucher sind. Andernfalls drohte die Gefahr eines Wettlaufs **(„Windhundrennen")**, bei dem eine schnell widerrufende Gesellschafterin womöglich ihre ganze Einlage zurückerhielte, während andere Gesellschafter leer ausgingen. Damit hat P keinen Anspruch auf Rückzahlung seiner Einlage von 100.000 € aus § 355 Abs. 3 S. 1. Sein Widerruf hat vielmehr die Rechtswirkung einer Kündigung im Sinne von § 725 Abs. 1. P ist folglich mit Wirkung für die Zukunft aus der Gesellschaft ausgeschieden. Ihm gebührt gemäß § 738 Abs. 1 S. 1 sein **Auseinandersetzungsguthaben**, das nach dem Wert seines Gesellschaftsanteils im Zeitpunkt des Ausscheidens zu berechnen ist. Aufgrund des ungünstigen Geschäftsverlaufs ist das Guthaben zu Lasten des P negativ. Daher trifft ihn gemäß § 728a eine Nachschusspflicht an die Gesellschaft in der von F geltend gemachten Höhe von 20.000 €.

174 Im Raum steht allerdings noch ein **Schadensersatzanspruch** des P **wegen unterbliebener Widerrufsbelehrung** aus §§ 280 Abs. 1, 311 Abs. 2. Die Vorschrift des § 312d Abs. 1 stellt nämlich ausdrücklich klar, dass die Widerrufsbelehrung nicht nur eine Obliegenheit, sondern eine echte Rechtspflicht der Unternehmerin ist. Indessen wäre es wenig überzeugend, die zur Lehre von der fehlerhaften Gesellschaft angestellten Schutz-

---

150 Die Lehre von der fehlerhaften Gesellschaft trägt dem Umstand Rechnung, dass durch den Gesellschaftsvertrag eine eigenständige Organisation geschaffen wird, die als soziale Wirklichkeit zum Schutz des Rechtsverkehrs wie der Mitgesellschafter nicht einfach ignoriert werden kann. Eine Rückabwicklung dieses Gebildes mit Wirkung für die Vergangenheit lässt sich auch praktisch kaum sinnvoll bewerkstelligen. Eingehend dazu etwa *Schäfer*, Gesellschaftsrecht, § 5 Rn. 18 ff.

151 Eingehend **BGH NZG 2008, 460** (Vorlagebeschluss an den EuGH); sodann BGHZ 186, 167 = NJW 2010, 3096 (zur GbR); BGH NZG 2010, 1025 (zur KG); gebilligt von **EuGH NJW 2010, 1511 Rn. 35 ff. – Friz** (zur Haustürgeschäfte-RL); s. dazu *Kliebisch*, JuS 2010, 958.

zwecküberlegungen nachträglich durch die Gewährung eines Schadensersatzanspruchs des P gegen die Gesellschaft zu konterkarieren. Ein etwaiger Schadensersatzanspruch dürfte sich daher nur gegen F persönlich richten.[152] Infolgedessen ist der von der Gesellschaft geltend gemachte Anspruch auf Zahlung des Auseinandersetzungsguthabens gegen P begründet.

e) Abschließender Charakter

Die **Rückabwicklungsregelungen** der §§ 357 ff. sind ***leges speciales*** gegenüber anderen **175**
Bestimmungen. **§ 361 Abs. 1** ordnet an, dass über die Vorschriften der §§ 357 ff. hinaus **keine weiteren Ansprüche** gegen den Verbraucher **infolge des Widerrufs** bestehen. Diese Beschränkung ist strikt am Wortlaut orientiert auszulegen. Nicht ausgeschlossen sind daher zunächst anderweitige Ansprüche des Verbrauchers gegen den Unternehmer, etwa wegen der Beschädigung seiner Wohnungseinrichtung bei der Anlieferung von Waren. Aber auch Ansprüche des Unternehmers gegen den Verbraucher sind nur insofern verdrängt, als sie „infolge des Widerrufs" bestehen. Insbesondere sind mögliche Schadensersatzansprüche wegen der Wertminderung eines zurückzugebenden Gegenstands ausgeschlossen. Sehr wohl Raum bleibt dagegen für Ansprüche, die nur mittelbar an den Widerruf anknüpfen. Nicht ausgeschlossen ist bspw. ein Verzugsschadensersatzanspruch nach §§ 280 Abs. 1, 2, 286 wegen verspäteter Rückgabe der Sache.[153] Schadensersatzpflichtig macht sich der Verbraucher weiterhin, wenn er die Ware nicht ordnungsgemäß verpackt zurücksendet. Erst recht unberührt bleiben mögliche deliktische oder vertragliche Ansprüche, die an die Verletzung einer Schutzpflicht anknüpfen, und daher keinen Bezug zum Widerruf aufweisen.

---

152 *C. Schäfer*, ZGR 2011, 352, 358 f.; *Kindler/Libbertz*, NZG 2010, 603, 605 f.; anders *Habersack*, ZIP 2010, 775, 776. Eine abschließende höchstrichterliche Stellungnahme hierzu liegt noch nicht vor.

153 Vgl. Grüneberg/*ders.*, § 361 Rn. 1 und *Hlibig-Lugani*, ZJS 2013, 545, 549 jeweils unter zutreffendem Hinweis auf Erwägungsgrund 48 VRRL.

§ 4

Vertragsschluss und Kündigung im elektronischen Geschäftsverkehr

I. Grundlagen

176 Grundlage der Vorschriften über den elektronischen Geschäftsverkehr in den §§ 312i ff. (mit Ausnahme des § 312k) sind die E-Commerce-RL[1] und die VRRL. Die Regelungen haben keine einheitliche Zielsetzung: Teilweise dienen sie der vorvertraglichen Information, teilweise sollen sie einen formal fairen Vertragsschluss sicherstellen[2] bzw. eine einfache Vertragsbeendigung ermöglichen. Ein **Vertrag im elektronischen Geschäftsverkehr** ist nach der Legaldefinition des § 312i Abs. 1 S. 1 dadurch gekennzeichnet, dass sich der Unternehmer zum Zwecke des Abschlusses eines Vertrags über die Lieferung von Waren oder die Erbringung von Dienstleistungen der **Telemedien** bedient (geplant ist, den Begriff der „Telemedien" mittels des Digitale-Dienste-Gesetzes durch den inhaltsgleichen Begriff der **„digitalen Dienste"** zu ersetzen). Der Begriff des Vertrags im elektronischen Geschäftsverkehr weist **Überschneidungen zum Begriff des Fernabsatzvertrags** auf. Der Begriff ist insofern enger, als nur der Vertragsschluss über elektronische Kommunikationsmittel erfasst wird, insbesondere über das Internet. Ein Fernabsatzvertrag kann demgegenüber auch brieflich oder telefonisch geschlossen werden. Umgekehrt muss der Vertrag im elektronischen Geschäftsverkehr kein Verbrauchervertrag sein. Vielmehr bezeichnet § 312i Abs. 1 S. 1 den Vertragspartner allgemeiner als „Kunde" und bringt damit zum Ausdruck, dass die Vorschrift auch im Verkehr zwischen Unternehmerinnen Anwendung findet.[3] Schließlich bedarf es für die Anwendbarkeit des § 312i keines von der Unternehmerin organisierten Vertriebs- oder Dienstleistungssystems. Liegen sowohl die Voraussetzungen eines Vertrags im elektronischen Geschäftsverkehr als auch eines Fernabsatzvertrags vor, so finden die Pflichten aus beiden Bereichen gemäß § 312i Abs. 3 **kumulativ Anwendung**.

II. Transparenz des Vertragsschlusses

177 Die **zusätzlichen Informationen**, die der Kundin nach § 312i Abs. 1 S. 1 Nr. 2 i.V.m. Art. 246c EGBGB rechtzeitig vor Abgabe ihrer Bestellung zur Verfügung zu stellen sind, betreffen überwiegend die technischen Einzelheiten des elektronischen Vertragsschlusses. Daneben treten die Pflicht, technische Mittel zur **Korrektur von Eingabefehlern** und zum Speichern der Vertragsbedingungen zur Verfügung zu stellen (Nr. 1 und 4), und die Pflicht, den **Zugang von Bestellungen unverzüglich zu bestätigen** (Nr. 3). Hintergrund ist die Tatsache, dass der Vertragsschlussprozess im elektronischen Geschäftsverkehr stark standardisiert vom Unternehmer vorgegeben wird (bspw. durch

1 Richtlinie 2000/31/EG vom 8.6.2000 über bestimmte rechtliche Aspekte der Dienste der Informationsgesellschaft, insbesondere des elektronischen Geschäftsverkehrs, im Binnenmarkt, ABl. 2000 L 178/01.
2 BeckOGK/*Busch*, § 312i Rn. 2.
3 Allerdings kann § 312i im Geschäftsverkehr mit Unternehmern nach § 312i Abs. 2 S. 2 weitgehend abbedungen werden.

Eingabemasken). Durch die genannten Maßnahmen soll dem Kunden Gewissheit vermittelt werden, ob und mit welchem Inhalt ein Vertrag zustande gekommen ist.[4] Allerdings dient die Bestätigung gemäß § 312i Abs. 1 S. 1 Nr. 3 zunächst nur der Klarstellung, dass die Bestellung bei der Unternehmerin eingegangen ist. Ob mit dieser Wissenserklärung zugleich eine Willenserklärung verbunden ist, d.h. ob die Bestätigung eine **Annahme** des Antrags zum Vertragsschluss darstellt, ist durch Auslegung nach den §§ 133, 157 zu ermitteln. Erfolgt der Vertragsschluss ausschließlich durch individuelle Kommunikationsmittel, also etwa durch den Austausch von E-Mails, ist das Pflichtenprogramm nach Maßgabe des § 312i Abs. 2 S. 1 reduziert, weil dann die spezifischen Besonderheiten des Online-Vertragsschlusses nur teilweise zum Tragen kommen.

III. Besondere Pflichten gegenüber Verbrauchern

Zusätzliche Informationspflichten sind im elektronischen Geschäftsverkehr mit Verbrau- **178**
chern zu beachten. Zunächst ist der Verbraucher gemäß § 312j Abs. 1 spätestens bei Beginn des Bestellvorgangs darüber in Kenntnis zu setzen, ob Lieferbeschränkungen bestehen und welche Zahlungsmittel akzeptiert werden. Sodann sind bei entgeltlichen Verträgen nach **§ 312j Abs. 2** zentrale Informationen (u.a. wesentliche Eigenschaften der Ware, Gesamtpreis, ggf. Laufzeit des Vertrags) **unmittelbar bevor** die Verbraucherin ihre Bestellung abgibt, klar und verständlich in hervorgehobener Weise zur Verfügung zu stellen. Der Begriff der Unmittelbarkeit ist dabei **zeitlich und räumlich** zu verstehen.[5] Die Informationen müssen also am Ende des Bestellvorgangs, direkt vor der Abgabe der verbindlichen Willenserklärung, sowie in räumlicher Nähe zu der entsprechenden Schaltfläche angezeigt werden.[6] Hierauf kann nach Abs. 5 S. 1 nur verzichtet werden, wenn der Vertrag ausschließlich durch individuelle Kommunikation geschlossen wird. Schließlich enthält § 312l i.V.m. Art. 246d EGBGB einen bunten Strauß von Informationspflichten für Betreiber von Online-Marktplätzen (z.B. zum Ranking der präsentierten Leistungen und zur Vermeidung von Irrtümern bzgl des Vertragspartners).

IV. Die „Buttonlösung"

Über die allgemeinere Regelung des § 312i Abs. 1 hinaus gewährleistet die sog. „Button- **179**
lösung" des § 312j Abs. 3 einen umfassenden Schutz gegen **Abo- und Kostenfallen** im Internet.[7] Ziel der Regelung ist der Schutz der Verbraucherinnen vor der Täuschung über eine mit dem Vertragsschluss verbundene Kostenpflicht. In dieser Situation soll der Verbraucher nicht auf die Ausübung seines Widerrufsrechts oder gar auf allgemeine Rechtsinstitute wie die Anfechtung wegen arglistiger Täuschung verwiesen werden. Wie sich aus dem Verweis des § 312j Abs. 3 auf Abs. 2 ergibt, findet die **Buttonlösung** Anwendung auf Verbraucherverträge im elektronischen Geschäftsverkehr, die den Verbraucher zu einer Zahlung verpflichten. Für die Bestellsituation gelten nach § 312j

---

4 *Grunewald/Peifer*, Rn. 131.
5 Begr. RegE, BT-Drucks. 17/7745 S. 10; Erman/*Koch*, § 312j Rn. 6.
6 LG München K&R 2018, 338, 339.
7 So Begr. RegE, BT-Drucks. 17/7745 S. 7; näher zu dem Geschäftsmodell *Alexander*, NJW 2012, 1985; *Weiss*, JuS 2013, 590.

Abs. 3 S. 1 folgende Vorgaben: Die Verbraucherin muss mit ihrer Bestellung ausdrücklich bestätigen, dass sie sich zu einer Zahlung verpflichtet. Erfolgt die Bestellung über eine „Schaltfläche"[8] (englisch: *Button*), muss der Unternehmer gemäß § 312j Abs. 3 S. 2 die Schaltfläche gut lesbar mit nichts anderem als den Worten **„zahlungspflichtig bestellen"** oder mit einer entsprechenden eindeutigen Formulierung beschriften (**zulässig** z.B. „jetzt kaufen"; **nicht zulässig** z.B. „weiter", „jetzt gratis testen – danach kostenpflichtig"[9], „mit Kreditkarte bezahlen"[10], „jetzt Mitglied werden"[11]).

180 Die Sanktion formuliert § 312j Abs. 4 ebenso klar wie rigoros: Ein entgeltlicher Verbrauchervertrag im elektronischen Geschäftsverkehr kommt **nur zustande**, wenn der Unternehmer seine Pflicht aus Abs. 3 erfüllt. Die Anordnung dieser Rechtsfolge ist zunächst systematisch ganz ungewöhnlich, weil das BGB das Zustandekommen eines Vertrags sonst nie mit der Pflichterfüllung eines Vertragspartners verknüpft. Sie ist auch in der Sache problematisch, wenn der Verbraucher trotz der Pflichtverletzung an dem Vertrag festhalten möchte, etwa weil ihm der vereinbarte Preis aufgrund der zwischenzeitlichen Marktentwicklung als besonders günstig erscheint. Da die zugrundeliegende Vorschrift des Art. 8 Abs. 2 VRRL dem Verbraucher ein Wahlrecht zugesteht (der Verbraucher sei „durch die Bestellung nicht gebunden"),[12] bedarf es einer **richtlinienkonformen Auslegung** des deutschen Rechts. Dem Unternehmer ist das Berufen auf die Rechtsfolge des § 312j Abs. 4 nach § 242 zu verwehren, weil er sich widersprüchlich verhält, wenn er auf Unwirksamkeit des Vertrags pocht, obgleich er diese Unwirksamkeit durch die rechtswidrig gestaltete Schaltfläche selbst herbeigeführt hat *(venire contra factum proprium)*.[13]

V. Der „Kündigungsbutton"

181 Unternehmer platzieren Schaltflächen zum Zwecke des Vertragsschlusses – schon im eigenen wirtschaftlichen Interesse – i.d.R. an prominenter Stelle auf ihren Webseiten. Entsprechende Schaltflächen zur Vertragsbeendigung sind für Verbraucherinnen hingegen oftmals erst nach längerer Suche auffindbar oder fehlen gänzlich.[14] Die Regelung des § 312k soll hier Abhilfe schaffen: Sie verpflichtet Unternehmer zur Bereithaltung eines **Kündigungsbuttons** für Dauerschuldverhältnisse. Die Bestimmung hat keine unionsrechtliche Grundlage, sondern geht auf Eigeninitiative des deutschen Gesetzgebers zurück und ist an § 312j angelehnt. Der Kündigungsbutton bietet Verbrauchern nur eine **Option zur Abgabe der Kündigungserklärung** und erweitert deren Kündigungsrechte nicht. Stets ist deshalb zu prüfen, ob überhaupt ein Kündigungsrecht des Verbrauchers

---

8 Als Schaltfläche kommen auch elektromechanische Knöpfe wie der Amazon Dash Button in Betracht, siehe LG München K&R 2018, 338, 339.

9 OLG Köln GRUR-RR 2017, 108; vgl. in diesem Zusammenhang außerdem OLG Nürnberg VuR 2021, 70, wonach ein Button für zwei Vertragsschlüsse (Kauf-&Mitgliedschaftsvertrag) ebenfalls unzulässig ist.

10 LG Hildesheim, GRUR-RS 2023, 13842.

11 LG München, MMR 2024, 276.

12 Vgl. Hk-BGB/*Schulte-Nölke*, § 312j Rn. 3; differenzierend *Weiss*, JuS 2013, 590, 592 f.

13 Vgl. MünchKomm/*Wendehorst*, § 312j Rn. 33; für eine Anlehnung an § 476 Abs. 1 S. 1 plädiert BeckOGK/*Busch*, § 312j Rn. 51.

14 Näher *Halm/Neumann*, VuR 2023, 83 ff.; vgl. dazu auch LG Berlin VuR 2023, 237, wonach auch der Anbieter von online bestellbaren Kochboxen einen Kündigungsbutton bereitzustellen hat.

existiert.[15] Auch können Verbraucherinnen die Kündigung weiterhin in anderer Form erklären, z.B. per Brief oder E-Mail. Eine anderweitige Vorgabe in den AGB des Unternehmers wäre nach § 309 Nr. 13 lit. c unwirksam.[16]

Die Pflichten nach § 312k muss ein Unternehmer erfüllen, wenn er es Verbrauchern mittels einer Webseite ermöglicht, ein Dauerschuldverhältnis zu begründen,[17] das den Unternehmer zu einer Leistung und die Verbraucher zur Zahlung eines Entgelts verpflichtet (sofern keine Ausnahme gemäß § 312k Abs. 1 S. 2 einschlägig ist). Ob der konkret zu kündigende Vertrag über die betreffende Webseite geschlossen wurde, ist irrelevant.[18] Die Regelung des § 312k findet also beispielsweise auch auf einen Mobilfunkvertrag Anwendung, der im stationären Handel geschlossen wurde, sofern der Mobilfunkanbieter grundsätzlich eine **Möglichkeit des Vertragsschlusses** über seine Webseite anbietet. Die Kündigungsschaltfläche muss **für ordentliche wie für außerordentliche Kündigungen** bereitgehalten werden. Für Erklärungen des Rücktritts oder der Vertragsbeendigung nach §§ 327c Abs. 1, 327o Abs. 1 besteht keine entsprechende Pflicht.[19] **182**

Die **Kündigungsschaltfläche** muss gemäß § 312k Abs. 2 S. 2 und S. 4 ständig verfügbar sowie unmittelbar und leicht zugänglich sein[20] und gut lesbar mit nichts anderem als den Wörtern „Verträge hier kündigen“ oder mit einer entsprechenden eindeutigen Formulierung beschriftet sein. Die Schaltfläche darf also nicht auf Unterseiten versteckt oder mit irreführenden Formulierungen beschriftet werden. Das **Kündigungsverfahren** ist **zweistufig** ausgestaltet: Klickt ein Verbraucher auf die erste Kündigungsschaltfläche, hat die Unternehmerin eine **Bestätigungsseite** mit einer Eingabemaske einzublenden, anhand derer der Verbraucher Informationen zur Identifikation des zu kündigenden Vertrags sowie zum gewünschten Beendigungszeitpunkt und zur Art der Kündigung angeben kann (§ 312k Abs. 2 S. 3 Nr. 1).[21] Auf der Bestätigungsseite ist eine zweite, ebenfalls eindeutig zu beschriftende Kündigungsschaltfläche bereitzuhalten (das Gesetz spricht von der **„Bestätigungsschaltfläche“**). Durch einen Klick auf die Bestätigungsschaltfläche gibt der Verbraucher seine Kündigung ab. **183**

Zu Zwecken der Beweissicherung muss die Unternehmerin nach § 312k Abs. 3, Abs. 4 dem Verbraucher erstens ermöglichen, die Kündigungserklärung auf einem dauerhaften Datenträger zu speichern. Zweitens hat die Unternehmerin dem Verbraucher den **Zugang der Kündigungserklärung** sofort auf elektronischem Wege zu bestätigen. Dabei sind Datum und Uhrzeit der Abgabe bzw. des Zugangs der Kündigung festzuhal- **184**

15 MünchKomm/*Wendehorst*, § 312k Rn. 27.
16 MünchKomm/*Wendehorst*, § 312k Rn. 30.
17 Näher zum Begriff des Dauerschuldverhältnisses in diesem Kontext MünchKomm/*Wendehorst*, § 312k Rn. 3.
18 BT-Drs. 19/30840, 17; MünchKomm/*Wendehorst*, § 312k Rn. 7. Zum Vertragsschluss über Plattformen siehe *Sümmermann/Ewald*, MMR 2022, 713, 715.
19 BT-Drs. 19/30840, 17; eine Erstreckung auf die Vertragsbeendigung bei Digitalen Inhalten wäre wegen des Vollharmonisierungscharakters der Digitale-Inhalte-RL problematisch gewesen.
20 Dies schließt ein vorheriges Anmeldeerfordernis der Verbraucherin aus, vgl. BT-Drs. 19/30840, 18; LG Köln MMR 2023, 381; MünchKomm/*Wendehorst*, § 312k Rn. 7; hierzu berechtigte Kritik bei *Buchmann/Panfili*, K&R 2023, 24, 26 f. sowie *Sümmermann/Ewald*, MMR 2022, 713, 717.
21 Laut der Gesetzesbegründung sind die Angaben nach § 312k Abs. 3 S. 3 Nr. a bis e als Minimal- sowie Maximalvorgabe zu verstehen. Zur alternativen Option des Anmeldens mit einem bereits existierenden Kundenkonto des Verbrauchers siehe *Buchmann/Panfili*, K&R 2023, 24, 26 f.; *Sümmermann/Ewald*, MMR 2022, 713, 717.

ten. Gemäß § 312k Abs. 4 S. 2 wird ferner vermutet, dass eine mittels der Schaltfläche übermittelte Kündigungserklärung der Unternehmerin unmittelbar nach ihrer Abgabe zugeht. § 312k Abs. 5 enthält schließlich eine Vermutung zum Zeitpunkt der Wirkung der Kündigung: Hat der Verbraucher keine Angaben zum gewünschten Kündigungszeitpunkt gemacht, so wirkt die Kündigung im Zweifel zum **frühestmöglichen Zeitpunkt**.

185 § 312k Abs. 6 enthält aus Gründen der Generalprävention eine **harte Sanktion**:[22] Kommt die Unternehmerin ihren Pflichten nach § 312k Abs. 2 nicht nach, so kann eine Verbraucherin Verträge, für die eine Kündigungsschaltfläche bereitzustellen wäre, jederzeit und ohne Einhaltung einer Kündigungsfrist kündigen. Im oben genannten Beispiel eines Mobilfunkvertrags wäre eine sofortige Kündigung also auch dann möglich, wenn die Parteien eine zweijährige Laufzeit vereinbart hätten.

22 Zu den Rechtsfolgen bei Verstößen s. außerdem *Stiegler*, VuR 2021, 443

§ 5

Verträge über Digitale Produkte

I. Systematik

1. Querschnittsregelungen des Allgemeinen Schuldrechts

Verträge, bei denen die versprochene **Leistung ein digitales Element** aufweist, lassen sich häufig nicht nahtlos den tradierten Vertragstypen des BGB zuordnen. Dies gilt beispielsweise für Verträge über den Betrieb eines sozialen Netzwerks oder Verträge über die Durchführung einer Internet-Auktion. Selbst dort, wo eine klare Zuordnung gelingt – wie beispielsweise bei Kauf- oder Mietverträgen über digitale Gegenstände – passen die für körperliche Gegenstände konzipierten gesetzlichen Bestimmungen nicht immer. Der Unionsgesetzgeber hat dieses Problem erkannt und mit der Digitalen-Inhalte-RL spezifische Regelungen für Verbraucherverträge über digitale Inhalte geschaffen. Umgesetzt ist die **Digitale-Inhalte-RL** in den Bestimmungen über digitale Produkte gemäß §§ 327 ff., welche seit dem 1.1.2022 in Kraft sind. Wie die systematische Stellung im Schuldrecht Allgemeiner Teil zeigt, wird in den §§ 327 ff. **kein eigenständiger Vertragstyp** geregelt.[1] Vielmehr handelt es sich um **Querschnittsregelungen**, die auf Verträge über digitale Leistungen unabhängig davon Anwendung finden, welchem Vertragstyp der konkrete Vertrag zuzuordnen ist. Der Großteil der Regelungen enthält **allgemeines Leistungsstörungsrecht** für Verträge, die sich auf digitale Produkte beziehen. **186**

Weil die §§ 327 ff. nachträglich in das BGB eingefügt wurden und mit Kleinbuchstaben beziffert sind, wirkt die gesetzliche Regelung auf den ersten Blick etwas unübersichtlich. Die Bestimmungen folgen jedoch einer klaren Struktur: §§ 327, 327a bestimmen den **sachlichen Anwendungsbereich** und definieren die Begriffe digitales Produkt, digitaler Inhalt und digitale Dienstleistung. §§ 327b, 327c regeln die **Modalitäten der Leistungserbringung** (sog. „Bereitstellung“) sowie die Rechte der Verbraucherin, wenn die geschuldete Leistung nicht erbracht wird. §§ 327d ff. bestimmen, wann ein digitales Produkt als mangelhaft anzusehen ist und welche **Rechtsfolgen** sich aus **einer mangelhaften Leistung** ergeben. Die Mängelrechte orientieren sich grundsätzlich am Vorbild des Verbrauchsgüterkaufrechts. Allerdings wird die Besonderheit berücksichtigt, dass bei digitalen Produkten auch nach dem Zeitpunkt der erstmaligen Leistungserbringung Aktualisierungen möglich sind und vom Verkehr ggf. auch erwartet werden. Abschließend adressiert § 327q das Verhältnis zum Datenschutzrecht, während § 327s die **halbzwingende Wirkung** des Verbraucherrechts über digitale Produkte anordnet (dispositiv in den Grenzen des AGB-Rechts sind allerdings Schadensersatzansprüche; insoweit enthält § 327s Abs. 4 eine Parallelregelung zu § 476 Abs. 3). **187**

Für Materien, die nicht in den §§ 327 ff. geregelt sind, ist weiterhin auf die **Bestimmungen des passenden Vertragstyps** bzw. des allgemeinen Leistungsstörungsrechts zurückzugreifen. So ergibt sich beispielsweise die Pflicht des Käufers eines digitalen Produkts zur Kaufpreiszahlung weiterhin aus §§ 453 Abs. 1 S. 1, 433 Abs. 2 und die Pflicht der **188**

---

1 BT-Drs. 19/27653, S. 27; *Buchmann/Panfili*, LRZ 2022 Rn. 924, 938, LRZ.legal/2022Rn924>.

Mieterin eines digitalen Produkts zur Entrichtung des Mietzinses aus §§ 548a, 535 Abs. 2. Zahlt die Verbraucherin den Kaufpreis oder den Mietzins nicht zum Fälligkeitszeitpunkt, so finden für den Verzug die §§ 286 ff. (i.V.m. § 280 Abs. 1, Abs. 2) Anwendung. Auch die reguläre Beendigung eines Dauerschuldverhältnisses durch ordentliche Kündigung bestimmt sich nach dem besonderen Vertragsrecht.

2. Verhältnis zum Schuldrecht Besonderer Teil

189 Für die wichtigsten Vertragstypen wird das Verhältnis zu den §§ 327 ff. in gesonderten Normen klargestellt: Nach § 453 Abs. 1 S. 1 finden die Vorschriften der §§ 433 ff. für den Sachkauf auf den Kauf sonstiger Gegenstände entsprechende Anwendung. Dies gilt prinzipiell auch für den **Kauf digitaler Produkte**. § 453 Abs. 1 S. 2 enthält allerdings eine wichtige Abweichung: Für einen Verbrauchervertrag über digitale Produkte finden die kaufrechtlichen Bestimmungen zu Übergabe, Leistungszeit und Mängelgewährleistung keine Anwendung. An deren Stelle treten die §§ 327 ff. Für Kaufverträge über Sachen mit darin enthaltenen oder verbundenen digitalen Produkten enthalten §§ 327a, 475a, 475b Abs. 1 Abgrenzungsregeln, die unter Rn. 199 ff. näher erläutert werden.

190 § 516a betrifft **Schenkungsverträge** über digitale Produkte bzw. über Sachen, die digitale Produkte enthalten oder mit solchen verbunden sind, sofern der Vertrag zwischen einer Unternehmerin und einer Verbraucherin geschlossen wurde und die Verbraucherin personenbezogene Daten bereitstellt. In dieser Konstellation ist freilich aufgrund der Bereitstellung personenbezogener Daten zweifelhaft, ob überhaupt ein Schenkungsvertrag vorliegt, d.h. die Zuwendung der Unternehmerin „unentgeltlich“ i.S.d. § 516 Abs. 1 erfolgt.[2] Jedenfalls ist in einem solchen Fall die eingeschränkte Haftung des Schenkers für Sach- und Rechtsmängel nach §§ 523, 524 unangemessen und findet gemäß § 516a keine Anwendung. Vielmehr treten nach § 516a Abs. 1 S. 2, Abs. 2 die Bestimmungen der §§ 327 ff. an die Stelle der schenkungsrechtlichen Gewährleistung.

191 Für **Mietverträge** bestimmt § 548a, dass die für die Gebrauchsüberlassung von Sachen geltenden Bestimmungen der §§ 535 ff. auf die Miete digitaler Produkte entsprechende Anwendung finden. Ist der Mietvertrag allerdings ein Verbrauchervertrag, so ergibt sich aus § 578b die Anwendung der §§ 327 ff. anstelle der mietvertraglichen Regelungen über die Bereitstellung des Mietgegenstands und die Mängelgewährleistung. § 580a Abs. 3 regelt eine kurze gesetzliche Frist für die ordentliche Kündigung eines Mietvertrags über digitale Produkte.

192 Für **Dienstverträge** gilt ohnehin das allgemeine Leistungsstörungsrecht, weshalb für Verbraucherverträge über digitale Dienstleistungen zwanglos die §§ 327 ff. Anwendung finden. § 620 Abs. 4 stellt lediglich klar, dass solche Verträge sowohl nach dienstvertraglichen Regelungen gekündigt, als auch nach Maßgabe der §§ 327c, 327m, 327r Abs. 3, Abs. 4 beendet werden können.

---

2 § 516a stellt keine Entscheidung für die Einstufung als Schenkungsvertrag dar, vgl. BT-Drs. 19/27653, 83 f.; siehe näher Erman/*Hähnchen*, § 516a Rn. 1 ff.; BeckOGK/*Harke*, § 516 Rn. 66.

Schließlich regelt § 650 Abs. 2 den Vorrang der §§ 327 ff. vor den spezifisch **werkvertraglichen** Bestimmungen. Wird die Herstellung einer Sache geschuldet, die ein digitales Produkt enthält oder mit digitalen Produkten verbunden ist, so sind gemäß § 650 Abs. 4 S. 1 die werkvertraglichen Regelungen mit der Maßgabe anzuwenden, dass für Bereitstellung und Mängelrechte bzgl. des digitalen Elements die §§ 327 ff. gelten. Auf einen Vertrag zur Lieferung herzustellender oder zu erzeugender beweglicher Sachen (sog. **Werklieferungsvertrag**) sind nach § 650 Abs. 1 grundsätzlich die kaufrechtlichen Bestimmungen anzuwenden. § 650 Abs. 3, Abs. 4 S. 2 enthalten Sonderregelungen für den Fall, dass der Werklieferungsvertrag auch digitale Produkte zum Gegenstand hat. Verpflichtet sich der Unternehmer zur Lieferung eines noch herzustellenden körperlichen Datenträgers, der ausschließlich als Träger digitaler Inhalte dienen soll, so sind anstelle des kaufrechtlichen Gewährleistungsrechts die §§ 327 ff. anzuwenden (§ 650 Abs. 3). Ist die Herstellung einer Sache geschuldet, die digitale Produkte enthält oder mit solchen verbunden ist, so finden die §§ 327 ff. nur auf die digitalen Elemente des Vertrags Anwendung, wie § 650 Abs. 4 S. 2 klarstellt. Auch für Werklieferungsverträge gilt im Übrigen die Regelung des § 327a Abs. 3, welche unten Rn. 202 ff. noch näher erläutert wird.[3] Die folgende Übersicht verdeutlicht die anwendbaren Regelungen. 193

Vertragstyp	Leistung	Beispiel	Kollisionsnorm	Anwendbare Vorschriften
Kaufvertrag	Verschaffung eines digitalen Inhalts auf unkörperlichem Weg	Lieferung einer Software per Download	§ 453 I 2	– §§ 433 ff., 474 ff. (modifiziert) – für Bereitstellung und Mängel §§ 327 ff.
	Lieferung eines digitalen Inhalts auf einem (ausschließlich zu diesem Zweck dienenden) körperlichen Datenträger	DVD mit aufgespieltem Video	§ 475a I iVm § 327 V	– §§ 433 ff., 474 ff. (modifiziert) – für Mängel §§ 327 ff.
	Lieferung einer Sache mit eingebettetem / verbundenem nicht funktionswesentlichem digitalem Inhalt	Heizung, die alternativ zum Bedienpanel mittels einer App gesteuert werden kann	§§ 327a II, 475a II	– §§ 434 ff., 474 ff. für das Sachelement – §§ 327 ff. für das digitale Element
	Lieferung einer Sache mit eingebettetem / verbundenem funktionswesentlichem digitalem Inhalt	Smartphone mit enthaltenem Betriebssystem	§§ 327a III, 475b I	– §§ 433, 474 ff. – beachte insbes. §§ 475b f.

3 BeckOGK/*Merkle*, § 650 Rn. 74; BeckOK BGB/*Voit*, § 650 Rn. 35.

Vertragstyp	Leistung	Beispiel	Kollisionsnorm	Anwendbare Vorschriften
Werklieferungsvertrag	Lieferung eines herzustellenden körperlichen Datenträgers als ausschließlicher Träger eines digitalen Inhalts	Herstellung einer DVD mit aufgespieltem Video	§ 650 III	– §§ 433 ff., 474 ff. (modifiziert) – für Mängel §§ 327 ff.
	Lieferung einer herzustellenden Sache mit enthaltenem / verbundenen nicht funktionswesentlichem digitalen Produkt	Lieferung eines noch zu schreinernden Tischs mit Bedienungsoption über App	§ 650 IV 2	– §§ 433 ff., 474 ff. (modifiziert) – für Mängel des digitalen Elements §§ 327 ff.
	Lieferung einer herzustellenden Sache mit enthaltenem / verbundenen funktionswesentlichem digitalen Produkt	noch herzustellender Laptop mit enthaltenem Betriebssystem	§ 650 IV 2, III 2, § 327a III 1	– §§ 433, 474 ff. – beachte insbes. §§ 475b f.
Mietvertrag	Miete eines digitalen Produkts	Miete von Speicherkapazitäten	§§ 548a, 578b	– §§ 535 ff. (modifiziert) – für Bereitstellung und Mängel §§ 327 ff. – Kündigung: § 580a III
	Miete einer Sache mit enthaltenem digitalen Produkt	Miete eines „smart home"	§§ 578b III, 327a II	– §§ 535 ff. für das Sachelement – §§ 327 ff. für Bereitstellung und Mängel des digitalen Elements
Dienstvertrag	Erbringung eines Dienstes auf digitalem Weg	Software-as-a-Service	§ 620 IV	– §§ 611 ff. – zusätzliche Beendigungsmöglichkeit nach §§ 327c, 327m, 327r III, IV
Werkvertrag	Herstellung eines digitalen Produkts	Erstellung einer Software	§ 650 II	– §§ 631 ff. (modifiziert) – für Bereitstellung und Mängel §§ 327 ff.
	Herstellung einer Sache, die ein digitales Produkt enthält	Errichtung eines „smarten" Bauwerks	§ 650 IV 1, II	– §§ 631 ff., 651i ff. bzgl. des Sachelements – §§ 327 ff. für das digitale Element

Vertragstyp	Leistung	Beispiel	Kollisionsnorm	Anwendbare Vorschriften
Schenkungsvertrag	Schenkung eines digitalen Produkts, sofern Überlassung personenbezogener Daten	Hinweis: zweifelhaft, ob überhaupt Schenkung	§ 516a	– §§ 516 ff. (modifiziert) – §§ 327 ff. statt §§ 523, 524
Paketvertrag	Bereitstellung eines digitalen Elements und Bereitstellung anderer Sachen / Dienstleistungen	analoger Sprachunterricht mit Vokabel-App	§ 327a I	– für analoges Element der jeweilige Vertragstyp (im Beispiel: §§ 611 ff.) – für digitales Element §§ 327 ff.

II. Anwendungsbereich

1. Persönlicher Anwendungsbereich

Im Fallaufbau ist zunächst der Anwendungsbereich der §§ 327 ff. sorgfältig zu prüfen. **194**
Nach § 327 Abs. 1 S. 1 sind die §§ 327 bis 327s auf **Verbraucherverträge** anzuwenden, welche die **Bereitstellung digitaler Produkte** durch einen Unternehmer gegen **Zahlung eines Preises** zum Gegenstand haben. In persönlicher Hinsicht setzt die Anwendung der §§ 327 ff. folglich einen Verbrauchervertrag i.S.d. § 310 Abs. 3 voraus. Verträge zwischen Unternehmerinnen sind nur rudimentär in §§ 327t, 327u normiert, die für den Rückgriff der Unternehmerin gegenüber ihrer Vertriebspartnerin im Kern eine Parallelregelung zu §§ 478, 445a enthalten.[4] Für andere Verträge zwischen Unternehmern finden die §§ 327 ff. keine Anwendung. Auch Existenzgründer werden nicht besonders geschützt. Da die daraus resultierenden Regelungslücken für B2B- und C2C-Verträge nicht planwidrig sind, scheidet eine Analogie aus.[5]

2. Sachlicher Anwendungsbereich

a) Digitale Produkte

Der Verbrauchervertrag muss die **Bereitstellung eines digitalen Produkts** zum Gegen- **195**
stand haben. Der Begriff des digitalen Produkts ist nicht im Sinne des § 2 ProdHaftG zu verstehen. Vielmehr sind auch und gerade unkörperliche Leistungen von dem Begriff umfasst. Nach der Legaldefinition des § 327 Abs. 1 S. 1 handelt es sich bei einem digitalen Produkt entweder um einen digitalen Inhalt oder um eine digitale Dienstleistung. Diese Begriffe sind in § 327 Abs. 2 näher definiert: **Digitale Inhalte** sind Daten, die in digitaler Form erstellt und bereitgestellt werden, wie z.B. Audio- und Videodateien, Software, Apps, eBooks oder virtuelle Spielgegenstände. **Digitale Dienstleistungen** sind Dienstleistungen, die dem Verbraucher die Erstellung, die Verarbeitung oder die Speicherung von Daten in digitaler Form oder den Zugang zu solchen Daten ermögli-

4 Näher *Huber/Bach*, Schuldrecht BT 1, § 15 Rn. 490-500.
5 Erman/*Bernzen/Specht-Riemenschneider*, 17. Auflage 2023, § 327 BGB, Rn. 9; jurisPK/*Kaesling*, § 327 Rn. 7.

chen (§ 327 Abs. 2 S. 2 Nr. 1). Beispiele sind Streaming-Dienste oder das Bereitstellen von Speicherplatz im Wege des Web- oder Cloudhosting.[6] Alternativ kann die digitale Dienstleistung auch darin bestehen, eine Interaktion mit vom Verbraucher oder von anderen Nutzerinnen hochgeladenen oder erstellten Daten zu ermöglichen (§ 327 Abs. 2 S. 2 Nr. 2), wie dies bei sozialen Netzwerken und Online-Marktplätzen der Fall ist. Ob die digitalen Inhalte und Dienstleistungen standardisiert sind oder nach den Spezifikationen der Verbraucherin entwickelt wurden, ist nach der (lediglich klarstellenden) Regelung des § 327 Abs. 4 unerheblich.

196 § 327 Abs. 6 nimmt eine ganze Reihe von Verträgen vom Anwendungsbereich der §§ 327 ff. aus. Hierzu zählen insbesondere Verträge, bei denen der **Schwerpunkt der Dienstleistung auf einem anderen Gebiet** liegt und die digitalen Mittel nur eingesetzt werden, um das Ergebnis der Dienstleistung zu generieren, zu liefern oder zu übermitteln (§ 327 Abs. 6 Nr. 1). So finden die §§ 327 ff. beispielsweise nicht deshalb auf eine Personenbeförderung Anwendung, weil Fahrer und beförderte Person über eine App vermittelt werden. Auch der Anwaltsvertrag wird nicht dadurch zur digitalen Dienstleistung, dass die Anwältin zur Erstellung des Schriftsatzes eine juristische Datenbank nutzt und den Schriftsatz digital an das Gericht übermittelt. **Keine Anwendung** finden die §§ 327 ff. gemäß § 327 Abs. 6 Nr. 2 bis 8 zudem auf Telekommunikationsverträge (z.B. E-Mail- bzw. Messenger-Dienste), auf Behandlungsverträge sowie auf Verträge über Finanzdienstleistungen, Glücksspiel und Open Source-Software.

197 Eine trennscharfe Abgrenzung zwischen digitalen Inhalten und digitalen Dienstleistungen kann im Einzelfall Schwierigkeiten bereiten. Oft verpflichtet sich eine Unternehmerin auch zur Leistung sowohl digitaler Inhalte als auch digitaler Dienstleistungen (z.B. Bereitstellung einer Fitness-App und Auswertung der über die App gespeicherten Fitnessdaten). Die Abgrenzung ist im Regelfall entbehrlich, weil für digitale Inhalte und digitale Dienstleistungen – abgesehen von Unterschieden bei der Bereitstellungspflicht (Rn. 210 f.) – dieselben Regelungen gelten.

b) Verträge mit gemischten Elementen

198 In der Praxis ist es oftmals üblich, dass Verträge über digitale Produkte neben dem digitalen Element auch ein analoges Element beinhalten. Eine solche Kombination verschiedener digitaler und analoger Elemente erfolgt z.B., wenn ein digitales Produkt auf einem körperlichen Datenträger (CD, DVD) veräußert wird, wenn eingebettete Software zur Steuerung einer Sache dient oder wenn persönlich erbrachter Nachhilfeunterricht durch eine Lern-App unterstützt wird. §§ 327 Abs. 5, 327a, 475a bestimmen für solche Verträge mit gemischten Elementen die anwendbaren Vorschriften.

199 Nach §§ 327 Abs. 5, 475a Abs. 1 finden die Bestimmungen über digitale Produkte auch auf Verbraucherverträge Anwendung, mittels derer sich der Unternehmer verpflichtet, einen **körperlichen Datenträger** bereitzustellen, der **ausschließlich als Träger digitaler Inhalte** dient. Denn für die Funktionsfähigkeit des digitalen Inhalts ist es unerheblich, ob der digitale Inhalt analog auf einem körperlichen Datenträger (z.B. auf einer CD

6 Beim Cloudhosting wird dem Kunden Speicherplatz auf Basis einer Cloud-Infrastruktur zur Verfügung gestellt. Die Speicherung erfolgt nicht auf einem vorbestimmten Server, sondern auf vom Anbieter virtualisierten Hardware-Ressourcen.

oder DVD) oder digital im Wege des Downloads geliefert wird. Nach §§ 327 Abs. 5, 475a Abs. 1 sind deshalb unabhängig von der Art der Bereitstellung dieselben Regelungen für Vertragswidrigkeiten maßgeblich. Allerdings gilt dies gemäß der Ausnahme in § 327 Abs. 5 nicht für die Regelungen zur Bereitstellung selbst. Denn §§ 327b, 327c sind auf die digitale Bereitstellung zugeschnitten (dazu sogleich Rn. 210 ff.) und passen nicht auf die Lieferung eines körperlichen Datenträgers. Bei einem körperlichen Datenträger trifft die Unternehmerin weiterhin eine Übergabe- bzw. Überlassungspflicht, die sich aus dem spezifischen Vertragsrecht für den jeweiligen Vertragstyp ergibt (z.B. beim Kaufvertrag aus § 433 Abs. 1 S. 1, beim Mietvertrag aus § 535 Abs. 1 S. 2).

Bei einem sog. **Paketvertrag** i.S.d. § 327a Abs. 1 verpflichtet sich der Unternehmer neben der Bereitstellung eines digitalen Produkts zur Bereitstellung einer Sache oder zur Erbringung einer Dienstleistung. Dies ist beispielsweise der Fall, wenn im Zuge eines Vertrags über Nachhilfestunden auch der Zugang zu einer Lern-App versprochen wird oder zusätzlich zu einem PC die passende Antiviren-Software verkauft wird. Dabei ist trotz des Wortes „neben" unerheblich, auf welcher der Leistungen der Schwerpunkt des Vertrages liegt.[7] Gemäß § 327a Abs. 1 S. 2 sind für die verschiedenen Bestandteile des Paketvertrags unterschiedliche Regelungen anzuwenden: Für den digitalen Bestandteil finden die Bestimmungen über digitale Produkte Anwendung, für das analoge Element das Leistungsstörungsrecht des betreffenden Vertragstyps. **200**

Besondere Schwierigkeiten bereitet die Abgrenzung digitaler und analoger Elemente bei **körperlichen Gegenständen, die digitale Elemente enthalten** (sog. *embedded* Software) oder die über eine Datenverbindung **mit digitalen Produkten verbunden** werden können (z.B. mit einer Smartphone-App). Zahlreiche körperliche Gegenstände, von der Heizung bis zum Kraftfahrzeug, können heutzutage nicht mehr ohne Steuerungssoftware betrieben werden. Auch ermöglichen digitale Produkte oftmals zusätzliche Funktionen (z.B. einen automatisierten Fahrmodus). Im Ausgangspunkt gilt für solche Verträge gemäß § 327a Abs. 2 dieselbe Regelung wie für Paketverträge i.S.d. § 327a Abs. 1: Die Regelungen über digitale Produkte sind auf das digitale Element des Vertrages anzuwenden; auf das analoge Element findet das Leistungsstörungsrecht des jeweiligen Vertragstyps Anwendung. Dies ist nicht unproblematisch, weil für Verbraucher oftmals nicht erkennbar sein dürfte, aus welchem Grund eine Sache ihre vertraglich geschuldeten Funktionen nicht erfüllt. **201**

Eine Sonderregel gilt für **Kaufverträge**: § 327a Abs. 3 differenziert anhand der **Funktionswesentlichkeit des digitalen Produkts** für die Nutzung einer beweglichen Sache: Kann die bewegliche Sache ihre Funktionen ohne das digitale Produkt nicht erfüllen, handelt es sich um einen Vertrag über eine **Ware mit digitalen Elementen.** Auf Kaufverträge über Waren mit digitalen Elementen findet gemäß § 327a Abs. 3 S. 1 allein das Verbrauchsgüterkaufrecht Anwendung, wobei insbesondere die §§ 475b ff. zu beachten sind.[8] Das nationale Recht zeichnet hier die auf Unionsebene vorgenommene Abgrenzung zwischen dem Anwendungsbereich der Warenkauf-RL und dem Anwendungsbereich der Digitalen-Inhalte-RL nach. **202**

7 Erwägungsgrund 34 Digitale Inhalte-RL.
8 Hierzu *Huber/Bach*, Schuldrecht BT 1, § 14.

Die Differenzierung ist allerdings höchst unklar: Erfüllt ein PC mit nicht funktionierendem Textverarbeitungsprogramm noch seine „Funktionen", wenn das Betriebssystem und weitere Programme tadellos laufen? Erfüllt ein Fahrzeug seine Funktionen, wenn es zwar manuell gesteuert werden kann, der versprochene autonome Fahrmodus aber nicht zur Verfügung steht? Den Erwägungsgründen und der Entstehungsgeschichte der Warenkauf- bzw. Digitale-Inhalte-Richtlinie lassen sich wenig Anhaltspunkte für die Auslegung entnehmen.[9] In der Literatur werden verschiedene Optionen der Abgrenzung diskutiert: Eine starke Strömung in der Literatur plädiert dafür, § 327a Abs. 3 im Interesse eines hohen Verbraucherschutzes möglichst eng auszulegen.[10] Denn die Regelungen der §§ 327 ff. sind spezifisch auf digitale Inhalte zugeschnitten (z.B. bzgl. der Datennutzung nach Vertragsbeendigung gemäß § 327p).

203 (1) Als Extremposition könnte eine Ware mit digitalen Elementen lediglich dann vorliegen, wenn ohne das digitale Produkt **sämtliche Funktionen** der Kaufsache entfallen. (2) Andererseits ließe sich auch vertreten, dass die Kaufsache bereits dann eine Ware mit digitalen Elementen darstellt, wenn **nur eine Funktion** der Kaufsache von einem digitalen Produkt abhängt oder jedenfalls das digitale Produkt der Sache eine digitale Prägung verleiht.[11] Diese weite Auslegung führt zu einer standardmäßigen Anwendung des Verbrauchsgüterkaufrechts.[12] (3) Die wohl herrschende Auffassung in der Literatur will danach differenzieren, ob das digitale Produkt für die **wesentlichen Funktionen der Kaufsache** benötigt wird.[13] Vertreter dieser Auffassung müssen sich die diffizile Folgefrage stellen, welche der Funktionen als wesentlich einzustufen ist. Dies führt zu erheblicher Rechtsunsicherheit, zumal unterschiedliche Verbraucherinnen die Wesentlichkeit höchst unterschiedlich beurteilen dürften (z.B. Wetter-Widget, Spurhalteassistent etc.).[14] (4) Ausgehend vom Wortlaut des § 327a Abs. 3 (*diese* digitalen Produkte) ließe sich schließlich darauf abstellen, ob das konkrete, nach dem Vertrag bereitzustellende digitale Produkt für die Nutzung der Kaufsache funktionswesentlich ist oder ob es **durch ein anderes digitales Produkt ersetzt** werden könnte. Eine solche Ersatzmaßnahme müsste einem durchschnittlichen Verbraucher außerdem zumutbar sein, was bspw. bei der Installation einer Standardsoftware oder App auf einem PC oder Smartphone der Fall ist, nicht aber bei der Installation eines Betriebssystems. Vorteil dieser Auffassung ist es, dass digitale Produkte weitgehend dem Regime der §§ 327 ff. unterworfen bleiben, wenn sie auch separat von dem körperlichen Kaufgegenstand hätten erworben werden können. Allerdings hätte es die Herstellerin des körperlichen Gegenstands weitgehend in der Hand, mittels der Entscheidung über das Zulassen von Drittanbieter-Software zu bestimmen, welche Regelungen auf den digitalen Inhalt Anwendung finden.

---

9 Erwägungsgründe 21 und 22 Digitale-Inhalte-RL differenzieren zwischen gemäß dem Kaufvertrag standardisierten vorinstallierten Anwendungen auf einem Smartphone wie Alarmfunktion oder Kameraanwendung und einer Spieleanwendung, die aus einem App-Store heruntergeladen wird.

10 *Gansmeier/Kochendörfer*, ZfPW 2022, 1, 14 f.; *Lorenz* 2021, 2065, 2070.

11 *Mayer/Möllnitz*, RDi 2021, 333, 338; Erman/*Bernzen/Specht-Riemenschneider*, § 327a BGB Rn. 27; JurisPK-BGB/Kaesling, § 327a Rn. 9; *Staudinger/Artz*, Neues Kaufrecht und Verträge über digitale Produkte, Rn. 331 ff. In diese Richtung lassen sich wohl auch Erwägungsgründe 21 und 22 Digitale Inhalte-RL interpretieren.

12 Nach dieser Auffassung verbleibt nur noch ein sehr geringer Anwendungsbereich des § 327a Abs. 2 für Kaufverträge, näher *Fries*, LRZ 2023, Rn. 497 [518].

13 *Lorenz*, NJW 2021, 2065 Rn. 32, *Dubovitskaya*, MMR 2022, 3, 4; *Felsch/Kremer/Wagener*, MMR 2022, 18, 19; *Buchmann/Panfili*, LRZ 2022 Rn. 924, 969, LRZ.legal/2022Rn924>.

14 *Fries*, LRZ 2023, Rn. 497 [508], www.lrz.legal/2023Rn497.

Bis zu einer Entscheidung durch den EuGH ist in der Prüfungssituation vor allem eine sinnvolle Argumentation wichtig (siehe zur Vertiefung Klausurbeispiel 5). Da sich die Regelungen der §§ 327 ff. am Verbrauchsgüterkaufrecht orientieren, führen die verschiedenen Auffassungen zwar nicht immer zu unterschiedlichen Entscheidungen in der Sache. Wichtige Unterschiede bestehen jedoch mit Blick auf die **Bereitstellung** bzw. Übergabe. Auch die **Mangelbegriffe** der §§ 434, 435 und §§ 327e, 327g decken sich nicht vollständig (so haben bspw. § 327e Abs. 2 S. 1 Nr. 3, Abs. 3 Nr. 6 keine Parallele im Kaufrecht).[15] Schließlich unterscheiden sich die Rechtsfolgen der **Vertragsbeendigung** gemäß §§ 327o, 327p deutlich von den Rechtsfolgen des Rücktritts.[16] Zu erinnern ist noch einmal, dass § 327a Abs. 3 auf andere Verträge als Kauf- und Werklieferungsverträge über bewegliche Sachen keine Anwendung findet. So bleibt es beispielsweise für Mietverträge über Sachen mit digitalen Elementen bei der Grundregel des § 327a Abs. 2. **204**

Beim Kauf einer Ware mit **verbundenen digitalen Produkten** kann sich überdies die Frage stellen, ob die Verkäuferin überhaupt die Bereitstellung des digitalen Produkts schuldet oder nur einen Vertragsschluss mit einem Dritten vermitteln soll (z.B. wenn zwecks Bedienung eines smarten Gegenstands eine App herunterzuladen ist). Die Verkäuferin wird hier oftmals daran interessiert sein, den Verbraucher bei Fehlfunktionen an den Dritten (z.B. den App-Hersteller) zu verweisen. § 327a Abs. 3 S. 2 enthält deshalb eine **Vermutungsregel**: Beim Kauf einer Ware mit digitalen Elementen ist im Zweifel anzunehmen, dass die Verpflichtung des Verkäufers die Bereitstellung der digitalen Inhalte oder digitalen Dienstleistungen umfasst. **205**

Fall 25: V kauft bei Elektronik-Fachhändlerin U einen Desktop-PC mit vorinstalliertem Microsoft Office-Paket sowie einen Monitor, eine Tastatur und eine Maus zum Privatgebrauch. Welche Normen finden auf den Vertrag Anwendung? **206**

Da V als Verbraucherin mit U als Unternehmerin einen Kaufvertrag über mehrere bewegliche Sachen sowie das Microsoft Office-Paket geschlossen hat, liegt ein Verbrauchsgüterkaufvertrag i.S.d. § 474 BGB vor. In Bezug auf das Microsoft Office-Paket könnten allerdings gemäß § 453 Abs. 1 S. 2 an die Stelle der in dieser Norm genannten kaufrechtlichen Regelungen die §§ 327 ff. treten, vgl. § 453 Abs. 1 S. 3. Bei dem Microsoft Office-Paket handelt es sich um Daten, die in digitaler Form erstellt und bereitgestellt werden, d.h. um einen digitalen Inhalt i.S.d. § 327 Abs. 2 S. 1 und damit um ein digitales Produkt i.S.d. § 327 Abs. 1 S. 1. Grundsätzlich finden deshalb die §§ 327 ff. auf den Kauf über das Microsoft Office-Paket Anwendung. Dies wäre jedoch dann nicht der Fall, wenn der Desktop-PC samt Microsoft Office-Paket eine Ware mit digitalen Elementen i.S.d. § 327a Abs. 3 darstellen würde. Das Microsoft Office-Paket soll mit dem Desktop-PC verbunden werden. Auch ist nach der Vermutung des § 327a Abs. 3 S. 2 U als Verkäufer des PCs vertraglich zur Bereitstellung des Office Pakets verpflichtet, und nicht etwa die Software-Herstellerin Microsoft. Um eine Ware mit digitalen Elementen i.S.d. § 327a Abs. 3 handelt es sich allerdings nur dann, wenn der PC seine Funktionen ohne das Microsoft Office Paket nicht erfüllen könnte. Vorliegend hängen nur

15 *Fries*, LRZ 2023, Rn. 497 [499], www.lrz.legal/2023Rn497.
16 *Fries*, LRZ 2023, Rn. 497 [499], www.lrz.legal/2023Rn497.

bestimmte Funktionen des PCs, u.a. die Verwendung zur Textverarbeitung und zur Tabellenkalkulation von der Funktionsfähigkeit des Office-Paketes ab. Fraglich ist, ob eine Ware mit digitalen Elementen bereits dann vorliegt, wenn mindestens eine Funktion der Sache von dem digitalen Produkt abhängig ist oder erst dann, wenn alle Sachfunktionen das Vorhandensein des digitalen Produkts voraussetzen. Der ersten Auslegungsvariante zufolge wäre der PC eine Ware mit dem digitalen Element „Office-Paket", während dies nach der zweiten Auslegungsvariante zu verneinen wäre. Differenzierend ließe sich auch darauf abstellen, ob das digitale Produkt maßgeblich für eine wesentliche Funktion der Sache ist. Da die meisten Verbraucher PCs unter anderem zu Zwecken der Textverarbeitung verwenden, wäre von einer Ware mit digitalen Elementen auszugehen. Schließlich ließe sich danach abgrenzen, ob alternative digitale Produkte existieren und deren Installation von V als Verbraucherin vernünftigerweise erwartet werden könnte. Dies ist hier der Fall, da es sich um ein Paket von Anwendungsprogrammen handelt, für die es auf dem Markt Alternativen gibt, und die Installation von Software auf PCs für den Durchschnittsverbraucher ohne Weiteres zumutbar ist. Für letztgenannte Auffassung spricht die Vermeidung von Rechtsunsicherheiten bei der Beurteilung der wesentlichen Funktionen einer Kaufsache. Außerdem führt diese Auffassung gemäß §§ 327a Abs. 2 S. 2, 453 Abs. 1 S. 2 und 3 zur Anwendung der Spezialregelungen über digitale Inhalte, was insofern adäquat erscheint, als V das Microsoft Office-Paket auch separat von dem PC-Kauf hätte erwerben können. Auf den Vertragsbestandteil des Desktop PCs sind hingegen gemäß § 327a Abs. 2 S. 2 die §§ 434 ff., 474 ff. ohne Abweichung anzuwenden (für eine abweichende Argumentation siehe Klausurbeispiel 5). Was schließlich den Monitor, die Tastatur und die Maus betrifft, handelt es sich gemäß § 327a Abs. 1 S. 1 um „andere Sachen". Auf diese Bestandteile des Vertrags findet gemäß § 327a Abs. 1 S. 2 ebenfalls das Verbrauchsgüterkaufrecht ohne Einschränkung Anwendung.

c) Zahlung eines Preises oder Datenbereitstellung

207 §§ 327 ff. finden grds. nur auf **gegenseitige Verträge** Anwendung. Erforderlich ist deshalb die Entrichtung eines Preises durch die Verbraucherin. § 327 Abs. 1 S. 2 stellt klar, dass auch die Entrichtung der digitalen Darstellung eines Werts als Zahlung eines Preises zu verstehen ist. Dies betrifft beispielsweise die Bezahlung mit elektronischen Gutscheinen[17] und Kryptowährungen. Spielwährungen in einem Online-Spiel dürften hingegen nur erfasst sein, wenn ein Umtausch in ein gesetzliches Zahlungsmittel in Betracht kommt (und sei es über den Umweg von Kryptowährungen).

208 In den zweiseitigen Märkten des elektronischen Geschäftsverkehrs vergüten Verbraucherinnen die Unternehmer oftmals nicht durch Entrichtung einer finanziellen Gegenleistung. Vielmehr sind die Geschäftsmodelle der Unternehmerinnen darauf ausgerichtet, durch die **Auswertung personenbezogener Daten** personalisierte Werbung zu ermöglichen und die betreffenden Werbeplätze an Dritte zu verkaufen. Deshalb erstreckt § 327 Abs. 3 den Anwendungsbereich der verbraucherschützenden Bestimmungen auf Verträge, bei denen der Verbraucher dem Unternehmer personenbezogene Daten bereitstellt oder sich zu deren Bereitstellung verpflichtet. Wie sich aus dem klaren Wortlaut der Norm ergibt, ist eine kausale Verknüpfung zwischen Vertrag und der Verarbeitungsmöglichkeit personenbezogener Daten ausreichend; einer Gegenleistungspflicht zur Bereit-

17 ErwGr. 23 DIRL; BT-Drs. 19/27653, S. 38.

stellung der Daten bedarf es nicht.[18] Ein **„Zahlen mit Daten“** wird also auch in jenen Fällen angenommen, in denen die Verbraucherin in die Datenerhebung nicht eingewilligt hat, vielmehr ein anderer Erlaubnistatbestand nach Art. 6, Art. 9 DSGVO vorliegt oder die Datenerhebung rechtswidrig erfolgt.[19]

Aus dem Verweis in § 327 Abs. 3 HS. 2 auf § 312 Abs. 1a S. 2 ergibt sich allerdings, dass **209**
die §§ 327 ff. ausnahmsweise keine Anwendung finden, wenn die Verarbeitung der personenbezogenen Daten durch die Unternehmerin ausschließlich zum Zwecke der Erfüllung ihrer Leistungspflicht oder rechtlicher Anforderungen erfolgt (siehe hierzu näher Rn. 94). Ist der Verbraucher nicht zur Zahlung eines Preises verpflichtet, bedarf es zudem der sorgfältigen Prüfung, ob überhaupt ein Vertrag geschlossen wurde. Hierfür ist unter Berücksichtigung des objektiven Empfängerhorizonts zu bestimmen, ob sich die Parteien rechtlich binden wollten. Dies wird teilweise bereits dann angenommen, wenn der Unternehmer mit dem Einsatz von Tracking-Technologien und der nachfolgenden Anzeige personalisierter Werbung wirtschaftliche Vorteile anstrebt, so dass der bloße Besuch einer Webseite für einen Vertragsschluss genügen könnte.[20] Regelmäßig dürfte sich jedoch weder aus dem Bereithalten der Webseite durch den Unternehmer noch aus deren Besuch durch den Verbraucher nach dem objektiven Empfängerhorizont der Wille entnehmen lassen, eine rechtsgeschäftliche Erklärung mit rechtlicher Bindungswirkung abzugeben.[21]

III. Bereitstellung des digitalen Produkts

1. Pflicht zur Bereitstellung

Digitale Produkte können mangels Körperlichkeit nicht physisch übergeben werden. **210**
§ 327b führt deshalb den Begriff der „Bereitstellung“ für die Leistungspflicht des Unternehmers ein. Die **Art und Weise der Bereitstellung** unterscheidet sich nach Art des digitalen Produkts: Ein **digitaler Inhalt** wird gemäß § 327b Abs. 3 bereitgestellt, sobald der digitale Inhalt zur Verfügung gestellt wird (z.B. Zusendung per E-Mail). Alternativ kann auch ein geeignetes Mittel für den Zugang zu dem digitalen Inhalt bzw. das Herunterladen des digitalen Inhalts dem Verbraucher zur Verfügung gestellt werden. Die Bereitstellung kann unmittelbar (z.B. auf der Webseite der Unternehmerin) oder mittels einer von der Verbraucherin hierzu bestimmten Einrichtung (z.B. über die App eines Dritten) erfolgen. Letzteres setzt eine tatsächliche Wahl der Verbraucherin voraus. Liegt eine solche Wahl vor, genügt die Bereitstellung gegenüber der dritten Partei.[22]

Für **digitale Dienstleistungen** ist nach § 327b Abs. 4 erforderlich, dass der Unternehmer **211**
die digitale Dienstleistung dem Verbraucher unmittelbar oder mittelbar zugänglich macht, z.B. indem ein Zugang zu einem Cloud-Hostingdienst, zu einem Streamingservice oder zu einem sozialen Netzwerk über ein Online-Konto ermöglicht wird. § 327b

18 *Stürner*, JA 2022, 32, 35; *Rosenkranz*, ZUM 2021, 195, 201.
19 BT-Drs. 19/27653, S. 39.
20 BT-Drs. 19/27653, S. 40; ähnlich *Stürner*, JA 2022, 32, 35.
21 *Klink-Straub*, NJW 2021, 3217, 3218; *Buchmann/Panfili*, LRZ 2022 Rn. 924, 964 f., <LRZ.legal/2022Rn924>; zweifelnd: *Spindler*, MMR 2021, 451, 453.
22 *Stürner*, JA 2022, 32, 36.

Abs. 2 bestimmt, dass die Bereitstellungspflicht im Zweifel unverzüglich (beachte § 121 Abs. 1 S. 1) nach Vertragsschluss fällig und sofort erfüllbar ist. Es handelt sich um eine gegenüber § 271 Abs. 1 vorrangige Spezialregelung. § 327b Abs. 5 stellt klar, dass die Bestimmungen zum Zeitpunkt sowie zur Art und Weise der Bereitstellung auch dann gelten, wenn sich der Unternehmer zu mehreren Bereitstellungen verpflichtet hat. Die **Beweislast** dafür, dass die Unternehmerin ihrer vertraglichen Bereitstellungspflicht nachgekommen ist, und insbesondere, dass die richtige Leistung bereitgestellt wurde, trifft nach § 327b Abs. 6 die Unternehmerin.

212 Keine Anwendung findet § 327b, wenn die Bereitstellung des digitalen Produkts mittels eines körperlichen Datenträgers oder mittels einer Sache erfolgt, in der das digitale Produkt enthalten ist: § 327 Abs. 5 erklärt die §§ 327b, 327c explizit für nicht anwendbar, wenn das digitale Produkt mittels eines körperlichen Datenträgers bereitgestellt wird. Nach § 327a Abs. 2 sind für den Sachbestandteil einer Ware, die digitale Produkte enthält, die §§ 327 ff. nicht anzuwenden. Die Bereitstellungspflicht in Bezug auf den körperlichen Datenträger bzw. die Sache ergibt sich aus den für den jeweiligen Vertragstyp relevanten Bestimmungen (dazu bereits oben Rn. 189 ff.).

2. Rechtsfolgen der Nichtleistung

a) Berechtigung zur Beendigung des Vertrags

213 Kommt der Unternehmer seiner Bereitstellungspflicht aus einem Verbrauchervertrag über digitale Inhalte nicht nach, so kann die Verbraucherin die **Rechtsbehelfe des § 327c** ausüben. Die **fehlende Bereitstellung** ist ein Fall der Nichtleistung, wobei § 327c die Regelungen des allgemeinen Leistungsstörungsrechts teilweise verdrängt und teilweise modifiziert. Es geht um die nicht erfolgte erstmalige Bereitstellung. Bei Unterbrechungen der Bereitstellung liegt nach § 327e Abs. 1 S. 3 ein Produktmangel vor (dazu näher Rn. 223). Gemäß § 327c kann die Verbraucherin im Falle der fehlenden Bereitstellung den Vertrag beenden (in der Diktion des allgemeinen Leistungsstörungsrechts: den Rücktritt oder die Kündigung erklären) sowie Schadens- bzw. Aufwendungsersatz verlangen. Zu beachten ist ferner, dass im Falle der Unmöglichkeit der Bereitstellung die Leistungspflicht der Unternehmerin und die Gegenleistungspflicht des Verbrauchers von Gesetzes wegen gemäß §§ 275, 326 Abs. 1 erlöschen.[23]

214 § 327c Abs. 1 ermöglicht der Verbraucherin die **Vertragsbeendigung**, sofern die Unternehmerin das digitale Produkt nicht zum Zeitpunkt der Fälligkeit bereitstellt und einer Aufforderung des Verbrauchers zur Bereitstellung nicht unverzüglich nachkommt. Da § 327c Abs. 1 sowohl auf punktuelle Austauschverträge als auch auf Dauerschuldverhältnisse Anwendung findet, hat der Gesetzgeber hier nicht den Begriff des Rücktritts oder der Kündigung gewählt. § 327c Abs. 1 ist ***lex specialis* zu §§ 314, 323**. Vorteilhaft für die Verbraucherin ist, dass sie nach § 327c Abs. 1 den Unternehmer nur zur Bereitstellung des digitalen Produkts **auffordern** muss. Anders als nach §§ 314 Abs. 2 S. 1, 323 Abs. 1 ist **keine Nachfristsetzung** erforderlich. Die Leistungsaufforderung muss also keine zeitliche Komponente enthalten, welche die Dringlichkeit der Aufforderung verdeutlicht. In Einzelfällen ist sogar die Leistungsaufforderung entbehrlich, wie § 327c Abs. 3

23 BeckOGK/*Fries*, § 327c Rn. 11; aA (Vorrang des § 327c) jurisPK/*Kaesling*, § 327c BGB Rn. 21.

klarstellt (Parallelregelung zu § 323 Abs. 2): Sofern der Unternehmer die Bereitstellung verweigert, sofern aus dem Umständen eindeutig zu erkennen ist, dass der Unternehmer die Bereitstellung nicht vornehmen wird oder sofern ein relatives Fixgeschäft vorliegt, wäre eine Leistungsaufforderung unnötige Förmelei bzw. der Verbraucherin nicht zumutbar. Hier kann sie im Falle der Nichtleistung nach Fälligkeit sofort den Vertrag beenden.

§ 327c Abs. 6 und 7 regeln Konstellationen der Teilleistung: Bei **Paketverträgen** i.S.d. **215**
§ 327a Abs. 1 (d.h. wenn neben dem digitalen Produkt die Bereitstellung anderer Sachen oder Dienstleistungen geschuldet ist), ist eine **Beendigung des gesamten Vertrags** möglich, wenn der Verbraucher an dem anderen Teil des Paketvertrags ohne das nicht bereitgestellte digitale Produkt kein Interesse hat (Parallelregelung zu § 323 Abs. 5 S. 1). Handelt es sich um einen Vertrag i.S.d. § 327a Abs. 2, d.h. um einen Vertrag über eine Sache, die mit einem (nicht bereitgestellten) digitalen Produkt verbunden werden sollte, so ist die Vertragsbeendigung bezüglich des Gesamtvertrags möglich, wenn sich die Sache mangels des digitalen Produkts nicht zur gewöhnlichen Verwendung eignet. Hierbei ist allerdings stets die Regelung des § 327a Abs. 3 zu berücksichtigen: Auf **Kaufverträge über Waren mit funktionswesentlichen digitalen Elementen** findet allein das Kaufrecht Anwendung, d.h. es ist ein Rücktrittsgrund nach §§ 437 Nr. 2, 323, 475d Abs. 1 zu prüfen. Keine Regelung enthält § 327c für Konstellationen, in denen eine Unternehmerin sich zur **Bereitstellung mehrerer digitaler Produkte** verpflichtet hat und nur eine Teilleistung erbringt (wenn z.B. die geschuldeten Lernvideos bereitgestellt werden, der geschuldete digitale Vokabeltrainer aber ausbleibt). Diese Gesetzeslücke sollte durch analoge Anwendung der §§ 323 Abs. 5 S. 1, 327c Abs. 6 geschlossen werden. Auch hier wäre folglich maßgeblich, ob die Verbraucherin an der Teilleistung kein Interesse hat. Alternativ lässt sich auch in dieser Konstellation ein Produktmangel i.S.d § 327e Abs. 3 Nr. 2 wegen nicht vertragsgemäßer „Menge“ annehmen.[24]

b) Erklärung und Rechtsfolgen der Vertragsbeendigung

Ebenso wie der Rücktritt und die Kündigung ist die Vertragsbeendigung gemäß §§ 327c **216**
Abs. 4 S. 1, 327o Abs. 1 S. 1 durch Erklärung gegenüber dem anderen Teil vorzunehmen. Erforderlich ist also eine empfangsbedürftige Willenserklärung gegenüber der Unternehmerin. Mit der Vertragsbeendigung erlöschen die beiderseitigen Ansprüche aus dem Vertrag. Bereits im Voraus von der Verbraucherin gezahlte Beträge sind zurückzuerstatten (§§ 327c Abs. 4 S. 1, 327o Abs. 2). Aus dem Verweis des § 327c Abs. 5 auf § 218 ergibt sich, dass die Vertragsbeendigung unwirksam ist, sofern sich der Unternehmer zutreffend auf die Einrede der Verjährung des Anspruchs auf Bereitstellung des digitalen Produkts beruft (maßgeblich ist die Regelverjährung der §§ 195, 199). Schließlich folgt aus §§ 327c Abs. 4 S. 3, dass die Vertragsbeendigung das Entstehen von Schadensersatzansprüchen nicht ausschließt.

24 Hierzu ausführlich Erman/*Berenzen*/*Specht-Riemenschneider*, § 327c Rn. 12.

c) Schadens- und Aufwendungsersatz

217 Sofern die Voraussetzungen der Vertragsbeendigung nach § 327c Abs. 1 vorliegen, kann der Verbraucher zusätzlich oder alternativ zur Vertragsbeendigung **Schadensersatz statt der Leistung** verlangen. § 327c Abs. 2 verweist insoweit auf die Voraussetzungen der §§ 280 Abs. 1, Abs. 3, 281 Abs. 1 S. 1. Anstelle der nach § 281 Abs. 1 S. 1 eigentlich erforderlichen Nachfrist tritt die Aufforderung zur Leistung (§ 327c Abs. 2 S. 2). Selbst die Leistungsaufforderung ist freilich in den in § 327c Abs. 3 genannten Fällen entbehrlich (dazu bereits Rn. 214). Ist die Bereitstellung des digitalen Produkts allerdings unmöglich, so finden die §§ 280 Abs. 1, Abs. 3, 283 bzw. § 311a Abs. 2 direkte Anwendung, wie § 327c Abs. 2 S. 3 klarstellt. Anstelle des Schadensersatzes statt der Leistung kann die Verbraucherin auch Ersatz der ihr entstanden **Aufwendungen** verlangen, sofern diese billigerweise im Vertrauen auf den Erhalt der Leistung getätigt wurden und zweckentsprechend waren (§ 327c Abs. 2 S. 1, S. 2, 280 I, III, 281, 284 bzw. §§ 327c Abs. 2 S. 3, 311a Abs. 2, 284).

218 Neben dem Schadensersatz statt der Leistung lässt sich auch an einen **Verzögerungsschaden** des Verbrauchers denken, der nach Maßgabe der §§ 280 Abs. 1, Abs. 2, 286 als Verzugsschaden ersatzfähig ist. Die Voraussetzungen des Verzugs nach § 286 Abs. 1 korrelieren dabei zu jenen des § 327c Abs. 1: Es bedarf einer Nichtleistung der Unternehmerin trotz Fälligkeit der Leistung sowie einer Leistungsaufforderung (in der Diktion des § 286 Abs. 1: Mahnung). Die Leistungsaufforderung bzw. Mahnung ist jedoch entbehrlich, wenn ein verzugsbegründendes Ereignis i.S.d. § 286 Abs. 2, Abs. 3 vorliegt. § 327c Abs. 3 S. 2 ergänzt, dass die Mahnung auch in jenen Fällen entbehrlich ist, in denen es nach § 327c Abs. 3 S. 1 keiner Leistungsaufforderung bedarf. Im Übrigen treten die allgemeinen Verzugsfolgen aus §§ 286 ff. ein.

219 Wie stets gilt bei Schadensersatz- bzw. Aufwendungsersatzansprüchen, dass diese ein **Vertretenmüssen des Unternehmers** voraussetzen (in §§ 280 Abs. 1 S. 2 bzw. § 286 Abs. 4 bezogen auf die Leistungspflicht, in § 311a Abs. 2 bezogen auf die Unkenntnis der Unmöglichkeit im Zeitpunkt des Vertragsschlusses).

220 **Art und Umfang des Schadensersatzanspruchs** ergeben sich aus den §§ 249 ff. Beim Schadensersatzanspruch statt der Leistung ist – wie im allgemeinen Leistungsstörungsrecht – zu beachten, dass Schadensersatz allein in Geld zu leisten ist und der Grundsatz der Naturalrestitution keine Anwendung findet.[25] Für die Rechtsfolgen des Schadensersatzes statt der ganzen Leistung verweist § 327c Abs. 4 S. 2 auf die §§ 327o, 327f, d.h. auf die Rechtsfolgen der Vertragsbeendigung (oben Rn. 216). Es handelt sich um eine Parallelregelung zu § 281 Abs. 5. Bei einem Vertrag mit gemischten Elementen i.S.d. §§ 327a Abs. 1, Abs. 2 kann Schadensersatz statt der ganzen Leistung nach Maßgabe des § 327c Abs. 6, Abs. 7 verlangt werden (zu diesen Regelungen oben Rn. 215).

---

25 Denn bei Anwendung des § 249 Abs. 1 (Herstellung des Zustands, der bestehen würde, wenn der zum Ersatz verpflichtende Umstand nicht eingetreten wäre) wäre der Schadensersatzanspruch auf die Leistung, d.h. auf die Bereitstellung des digitalen Produkts, gerichtet. Von ihrem Leistungsanspruch nimmt die Verbraucherin aber gerade Abstand und verlangt stattdessen Ersatz in Geld. Nach §§ 327c Abs. 4 S. 2, 327o Abs. 2 ist der Unternehmer auch nicht mehr verpflichtet, diese Leistung zu erbringen. Siehe zur parallelen Konstellation im Falle des § 281 *Petersen*, Schuldrecht AT Rn. 504 ff.

IV. Mangelhaftigkeit des digitalen Produkts

1. Vertragsmäßigkeit des digitalen Produkts während des Bereitstellungszeitraums

Verpflichtet sich ein Unternehmer gegenüber einem Verbraucher zur Bereitstellung 221 eines digitalen Produkts, so ist er nach § 327d verpflichtet, das Produkt vertragsgemäß bereitzustellen. Vertragsgemäß ist das digitale Produkt, wenn es frei von Produktmängeln i.S.d. § 327e und frei von Rechtsmängeln i.S.d. § 327g ist. Anders als beim Sachkauf genügt es dabei nicht, wenn das digitale Produkt zum Zeitpunkt der erstmaligen Bereitstellung vertragsgemäß ist. Vielmehr trifft die Unternehmerin (ähnlich wie bei der Sachmiete) die Pflicht, den Erhalt der Vertragsgemäßheit des digitalen Produkts während eines bestimmten Bereitstellungszeitraums zu gewährleisten, und zwar insbesondere durch die Vornahme von Aktualisierungen des digitalen Produkts gemäß § 327f (sog. *Updates*).

2. Produktmängel

a) Übersicht

Nach § 327e Abs. 1 S. 1 ist ein Produkt frei von Produktmängeln, wenn es den **subjektiven Anforderungen**, den **objektiven Anforderungen** und den **Anforderungen an die Integration** entspricht. Eine **Aliudlieferung** wird nach § 327e Abs. 5 dem Produktmangel gleichgestellt. Die Parallelen zu § 434 sind unverkennbar. Anstelle der Montageanforderungen beim Sachkauf treten allerdings bei digitalen Produkten die Anforderungen zur Integration, d.h. zur Verbindung mit bzw. zur Einbindung in die digitale Umgebung der Verbraucherin (siehe die Legaldefinition in § 327e Abs. 4 S. 2). 222

b) Zeitpunkt bzw. Zeitraum der Mangelfreiheit

Maßgeblicher Zeitpunkt der Mangelfreiheit ist zunächst der Zeitpunkt der Bereitstellung i.S.d. § 327b, auf welchen § 327e Abs. 1 S. 2 verweist. Sofern die Parteien eine **dauerhafte Bereitstellung** des digitalen Produkts vereinbart haben, ist die Freiheit von Produktmängeln nach § 327e Abs. 1 S. 3 **während der gesamten Vertragslaufzeit** zu gewährleisten. Dies betrifft bspw. die dauerhafte Bereitstellung von Speicherkapazität oder Streaming-Dateien, aber auch auf Dauer angelegte vertragliche Verpflichtungen zur Vornahme von Aktualisierungen innerhalb eines bestimmten Zeitraums (z.B. bei einem Antiviren-Programm). Selbst wenn die Parteien keine dauerhafte Bereitstellung des digitalen Produkts vereinbart haben, können den Unternehmer dauerhafte Pflichten treffen. Denn punktuelle Austauschverträge über digitale Produkte weisen im Vergleich zu Austauschverhältnissen über Sachen wichtige Besonderheiten auf: Einerseits nutzt sich ein digitales Produkt (anders als eine Sache) nicht ab, andererseits kann sich das digitale Umfeld schnell weiterentwickeln, bspw. wenn bestimmte Sicherheitsschwächen einer Soft- oder Hardware entdeckt und ausgenutzt werden. Auch bei punktuellen Austauschverträgen ist die Unternehmerin deshalb nach §§ 327e Abs. 1 S. 2 i.V.m. § 327f Abs. 1 S. 1 verpflichtet, nicht nur die Mangelfreiheit im Zeitpunkt der Bereitstellung zu gewährleisten (wie dies beim Sachkauf nach § 434 Abs. 1 der Fall ist), sondern für den **Erhalt der Vertragsmäßigkeit über einen gewissen Zeitraum** hinweg einzustehen. 223

Maßgeblich ist gemäß § 327f Abs. 1 S. 3 Nr. 2 derjenige Zeitraum, den der Verbraucher aufgrund Art und Zweck des digitalen Produkts und unter Berücksichtigung der Umstände erwarten kann (näher Rn. 232).

c) Subjektive Anforderungen

224 Das digitale Produkt entspricht den **subjektiven Anforderungen**, wenn es der explizit oder konkludent zwischen den Parteien vereinbarten Beschaffenheit entspricht und sich für die vertraglich vorausgesetzte Verwendung eignet, § 327e Abs. 2 S. 1 Nr. 1. Mit der „nach dem Vertrag vorausgesetzten Verwendung" ist nicht der gewöhnliche Vertragszweck gemeint. Wie sich aus einer richtlinienkonformen Interpretation ergibt, ist vielmehr ein bestimmter, vom Verbraucher angestrebter Zweck erforderlich, den der Verbraucher der Unternehmerin spätestens bei Vertragsschluss zur Kenntnis gebracht hat und dem die Unternehmerin zugestimmt hat.[26] Wie im Rahmen des § 434 ist der **Begriff der Beschaffenheit weit zu verstehen** und umfasst auch Anforderungen an die Menge, die Funktionalität, die Kompatibilität und die Interoperabilität des digitalen Produkts. Die Begriffe der Funktionalität, Kompatibilität und Interoperabilität werden in § 327e Abs. 2 S. 2 bis 4 definiert. Ebenfalls zu den subjektiven Anforderungen zählt nach § 327e Abs. 2 S. 1 Nr. 2 und 3 die **Bereitstellung des vereinbarten Zubehörs** (z.B. der erforderlichen Treiber), Anleitungen und Kundendienst sowie der **vereinbarten Aktualisierungen** während der Vertragslaufzeit. Da Verträge über digitale Produkte häufig im Fernabsatz geschlossen werden, sei an dieser Stelle daran erinnert, dass vor Vertragsschluss gemäß Art. 246a EGBGB von der Unternehmerin übermittelte Informationen laut § 312d Abs. 1 S. 2 Inhalt des Vertrages werden, sofern die Parteien nichts anderes vereinbart haben (siehe Rn. 124).

d) Objektive Anforderungen

225 Ergänzt werden die subjektiven Anforderungen um **objektive Anforderungen** nach § 327e Abs. 3. Ziel der objektiven Anforderungen ist es, Lücken in der vertraglichen Vereinbarung abzufedern. Gleichzeitig wird sichergestellt, dass die vernünftigen Erwartungen der Verbraucherinnen bei der Beurteilung der Vertragsmäßigkeit berücksichtigt werden, auch wenn zwischen den Parteien ein Verhandlungsungleichgewicht besteht. Ein digitales Produkt entspricht den objektiven Anforderungen, wenn es sich für die gewöhnliche Verwendung eignet (§ 327e Abs. 3 S. 1 Nr. 1), das zu erwartende Zubehör und Anleitungen bereitgestellt werden (§ 327e Abs. 3 S. 1 Nr. 4) und das Produkt eine Beschaffenheit aufweist, die bei digitalen Produkten derselben Art üblich ist und die der Verbraucher unter Berücksichtigung der Art des digitalen Produkts erwarten kann (§ 327e Abs. 3 S. 1 Nr. 2).

226 Zu den **Beschaffenheitserwartungen** zählt das Gesetz neben Menge, Funktionalität und Kompatibilität explizit auch Erwartungen an die Zugänglichkeit, die Kontinuität und die Sicherheit des digitalen Produkts. Bei Beurteilung des **Erwartungshorizonts** sind nach Maßgabe des § 327e Abs. 3 S. 2 und S. 3 auch **öffentliche Äußerungen** des Unternehmers bzw. eines vorigen Gliedes in der Vertriebskette zu berücksichtigen. Die Auslegung dieser Regelungen erfolgt parallel zu § 434 Abs. 3. § 327e Abs. 3 S. 1 Nr. 6 konkre-

---

26 Siehe Art. 7 lit. b Digitale Inhalte-RL.

tisiert die vernünftigen Erwartungen des Verbrauchers dahingehend, dass das digitale Produkt (bspw. ein Betriebssystem) in der zum Zeitpunkt des Vertragsschlusses **neuesten verfügbaren Version** bereitzustellen ist, sofern die Parteien nichts anderes vereinbart haben. Die objektiven Anforderungen werden gemäß § 327e Abs. 3 S. 1 Nr. 3 ferner durch die Beschaffenheit einer **Testversion** oder Voranzeige bestimmt, beispielsweise, wenn vor Vertragsschluss ein kostenloser Probezugriff auf das digitale Produkt ermöglicht wurde. Schließlich erfüllt ein digitales Produkt gemäß § 327e Abs. 3 S. 1 Nr. 5 nur dann die objektiven Anforderungen, wenn der Verbraucherin gemäß § 327f **Aktualisierungen** bereitgestellt werden (siehe Rn. 232 ff.) und der Verbraucher über diese Aktualisierungen informiert wird.

e) Anforderungen an die Integration

Die **Anforderungen an die Integration** (z.B. Installation einer Software) sind nach **227**
§ 327e Abs. 4 erfüllt, wenn die Integration in das digitale Umfeld der Verbraucherin entweder sachgemäß durchgeführt worden ist oder die unsachgemäße Integration dem Unternehmer nicht zuzurechnen ist. Dabei hat der Unternehmer nach § 327e Abs. 4 S. 1 Nr. 2 nicht nur für die eigene unsachgemäße Integration einzustehen, sondern auch dann, wenn die unsachgemäße Integration durch die Verbraucherin oder eine dritte Person vorgenommen wurde und diese auf einem Mangel der vom Unternehmer bereitgestellten Anleitung beruht.

f) Negative Beschaffenheitsvereinbarungen

Nach § 327e Abs. 1 S. 1 ist ein digitales Produkt frei von Produktmängeln, wenn es den **228**
subjektiven Anforderungen, den objektiven Anforderungen und den Anforderungen an die Integration entspricht. Die **Anforderungen sind kumulativ** zu erfüllen, d.h. das digitale Produkt ist mangelbehaftet, wenn eine der Anforderungen nicht erreicht wird. Damit stellt sich die Frage, ob die Parteien zum Nachteil der Verbraucherin individuell von den objektiven Anforderungen des § 327e Abs. 3 abweichen können. Nach § 327h ist eine solche **negative Beschaffenheitsvereinbarung** zwar grundsätzlich zulässig. Zum Schutze des Verbrauchers stellt das Gesetz eine Abbedingung der objektiven Anforderungen jedoch unter strenge Voraussetzungen (Parallele zu § 476 Abs. 1 S. 2): Erstens muss der Verbraucher vor Abgabe seiner Vertragserklärung **eigens von der Abweichung in Kenntnis gesetzt** werden. Eine bloße Möglichkeit der Kenntnisnahme wie bei § 305 Abs. 2 Nr. 2 genügt nicht. Zweitens muss die Abweichung im Vertrag **ausdrücklich und gesondert vereinbart** werden. Die Regelung darf also nicht in einem längeren Klauselwerk versteckt werden. Ausreichend ist aber bspw. eine Vereinbarung mittels eines (nicht voreingestellten) Ankreuzkästchens (sog. *Checkbox*).[27]

Da es sich bei der negativen Beschaffenheitsvereinbarung regelmäßig um AGB i.S.d. **229**
§ 305 Abs. 1 handelt, ist zudem das Transparenzgebot des § 307 Abs. 1 S. 2 zu beachten.[28] Wird in der Fallbearbeitung festgestellt, dass das digitale Produkt zwar den subjektiven Anforderungen, nicht aber den objektiven Anforderungen des § 327e entspricht, so ist zwingend zu prüfen, ob die Voraussetzungen des § 327h erfüllt sind. Andernfalls ist

27 *Spindler*, MMR 2021, 451, 456.
28 *Stürner*, JA 2022, 32, 39; *Spindler*, MMR 2021, 451, 456.

das digitale Produkt mangelhaft. Entspricht das digitale Produkt hingegen subjektiven Anforderungen, die über die objektiven Anforderungen hinausgehen, ist dies unproblematisch: In diesem Fall sind sowohl die subjektiven als auch die objektiven Anforderungen erfüllt und das Produkt ist nach § 327e Abs. 1 vertragsgemäß.

3. Rechtsmängel

230 Neben Produktmängeln hindern auch Rechtsmängel die Vertragsmäßigkeit des digitalen Produkts. Digitale Produkte enthalten oftmals Grafiken, Musikstücke oder Codes, die durch das Urheberrecht oder verwandte Schutzrechte geschützt sind. In welchem Umfang der Verbraucherin die Befugnis zur Nutzung solcher Schutzrechte einzuräumen ist, ergibt sich aus den §§ 327 ff. nicht unmittelbar. Vielmehr ist der Auslegung des Vertrages nach §§ 133, 157 zu entnehmen, ob dem Verbraucher bspw. an einer Videodatei oder einer Software ein dauerhaftes Nutzungsrecht (Kauf) oder lediglich ein zeitweises Nutzungsrecht (Miete) eingeräumt werden soll. Unabhängig davon ist das digitale Produkt gemäß § 327g nur frei von Rechtsmängeln, wenn der Verbraucher es nutzen kann, ohne die Rechte Dritter zu verletzen. Entscheidend ist, dass eine Nutzungsmöglichkeit besteht, die den Vereinbarungen der Parteien sowie den berechtigten Erwartungen des Verbrauchers entspricht, ohne dass Rechte Dritter verletzt werden.

231 § 327g verweist bezüglich der Nutzungsmöglichkeit auf die subjektiven und objektiven Anforderungen gemäß § 327e Abs. 2 und 3, wobei von den objektiven Anforderungen nur unter den Voraussetzungen des § 327h abgewichen werden kann (oben Rn. 228 f.). Eine Beeinträchtigung der Nutzungsmöglichkeit kann sich – wie bereits erwähnt – insbes. aus dem Urheberrecht und verwandten Schutzrechten ergeben, wobei es nach § 327g ausreicht, dass ein solches der Nutzung entgegenstehendes Recht besteht. Nicht erforderlich ist, dass der Dritte seine Rechte ausübt und damit die Nutzbarkeit tatsächlich beeinträchtigt. Andererseits genügt es nicht, wenn eine dritte Person fälschlicherweise behauptet, aufgrund entgegenstehender Rechte der Nutzung widersprechen zu können.

4. Aktualisierungspflichten

232 Gemäß § 327e Abs. 1 S. 2 ist der für die Vertragsmäßigkeit des digitalen Produkts relevante Zeitpunkt grundsätzlich der Zeitpunkt der Bereitstellung („soweit nachfolgend nicht anders bestimmt"). Von diesem Grundsatz enthalten §§ 327e Abs. 1 S. 3, Abs. 3 S. 1 Nr. 5, 327f jedoch erhebliche Abweichungen.

233 Erstens: Hat sich der Unternehmer **vertraglich zu einer dauerhaften Bereitstellung verpflichtet**, ist die Vertragsmäßigkeit während des gesamten vereinbarten Zeitraums zu gewährleisten, § 327e Abs. 1 S. 3. Zweitens sind auch im Falle einer nur einmalig bereitzustellenden Leistung die objektiven Anforderungen gemäß § 327e Abs. 3 S. 1 Nr. 5 nur erfüllt, wenn der Verbraucherin **Aktualisierungen** für das digitale Produkt bereitgestellt werden und sie über die Verfügbarkeit dieser Aktualisierungen informiert wird. Damit erhalten Verträge, die sich grundsätzlich in einem einmaligen Leistungsaustausch erschöpfen, das Gepräge eines Dauerschuldverhältnisses. Der dahinterstehende Gedanke ist simpel: Aufgrund der schnellen Weiterentwicklung digitaler Umgebungen können auch nach der erstmaligen Bereitstellung des digitalen Produkts Umstände auftreten, welche die Nutzbarkeit des Produkts für den Verbraucher erheblich einschränken[29] – beispielsweise, wenn Sicherheitslücken entdeckt werden oder ein neues Standard-Betriebssystem verfügbar wird, welches der Verbraucher vernünftigerweise einsetzen möchte. Für Waren mit digitalen Elementen (Rn. 201 ff.) enthält § 475b Abs. 2 bis 4 eine parallele Regelung.

234 § 327f konkretisiert den Zeitraum und Inhalt der Aktualisierungspflicht und weist die Verantwortung für den Erfolg der Aktualisierungsbemühungen zu. Nach § 327f Abs. 1 S. 1 sind nur solche **Aktualisierungen** geschuldet, die **für den Erhalt der Vertragsmäßigkeit des digitalen Produkts erforderlich** sind. Dies betrifft neben den vertraglich versprochenen Aktualisierungen (§ 327e Abs. 2 S. 1 Nr. 3)[30] auch weitere Aktualisierungen, die die Erfüllung der subjektiven Anforderungen sicherstellen. Außerdem zählt zum Erhalt der Vertragsmäßigkeit auch die Bereitstellung von Aktualisierungen, welche die Erfüllung der objektiven Anforderungen gemäß § 327e Abs. 3 sowie die Rechtsmängelfreiheit nach § 327g während des relevanten Zeitraums aufrechterhalten. Zu beachten ist insbesondere § 327e Abs. 3 S. 1 Nr. 2, wonach die Unternehmerin eine Beschaffenheit zu gewährleisten hat, die hinsichtlich Funktionalität, Kompatibilität und Sicherheit einer Beschaffenheit entspricht, die bei digitalen Produkten derselben Art üblich ist und die der Verbraucher unter Berücksichtigung der Art des digitalen Produkts erwarten kann. Geschuldet sind also im Rahmen der **objektiven Anforderungen** nur sog. ***Updates***. So entspricht es beispielsweise den vernünftigen Erwartungen der Verbraucher, dass eine Software, die im Zeitpunkt des Vertragsschlusses mit einem bestimmten Betriebssystem kompatibel ist, auch auf dem Nachfolger-Betriebssystem laufen wird. Nicht aufgrund der objektiven Anforderungen erforderlich ist die Bereitstellung sog. ***Upgrades***, welche den Funktionsumfang des digitalen Produkts erweitern.[31] Upgrades können aber aufgrund entsprechender vertraglicher Vereinbarungen geschuldet sein.

235 Haben die Parteien einen **Bereitstellungszeitraum** vereinbart, sind die Aktualisierungen während des gesamten Zeitraums zu erbringen. Fehlt es an der Vereinbarung eines Bereitstellungszeitraums, so ist nach § 327f Abs. 1 S. 3 Nr. 2 auch hinsichtlich des **Aktualisierungszeitraums** auf die **Verkehrserwartung** unter Berücksichtigung von Art und Zweck des digitalen Produkts abzustellen. Diese gesetzliche Vorgabe zum Aktualisierungszeitraum ist äußerst vage und führt zu Rechtsunsicherheit. Insbesondere fehlt es (bewusst) an einer Parallele zu § 475c Abs. 2, wonach bei einer Ware mit digitalen Elementen die Vertragsmäßigkeit des digitalen Elements für mindestens zwei Jahre ab Ablieferung der Ware zu gewährleisten ist. Erwägungsgrund 47 Digitale Inhalte-RL erläutert zudem, dass auch der Gewährleistungszeitraum kein Maßstab für die Verkehrserwartung sei: Der Aktualisierungszeitraum könne sowohl kürzer, insbesondere für Sicherheitsaktualisierungen aber auch länger andauern.

236 § 327f Abs. 1 Abs. 1 verpflichtet die Unternehmerin nur zur **Bereitstellung** der Aktualisierung sowie zu einer entsprechenden Information der Verbraucherin. Insbesondere bei digitalen Inhalten ist der Unternehmer insoweit regelmäßig auf die Unterstützung der Herstellerin des digitalen Produkts angewiesen. Liefert die Herstellerin keine Aktualisierung, ist die Leistung dem zur Aktualisierung verpflichteten Unternehmer subjektiv

29 Erwägungsgrund 74 Digitale Inhalte-RL.
30 Insofern können auch sog. Upgrades, d.h. spätere Funktionserweiterungen, geschuldet sein.
31 *Spindler*, MMR 2021, 451, 455.

unmöglich. Wird allerdings eine Aktualisierung bereitgestellt, so muss die **Installation durch den Verbraucher selbst** vorgenommen werden. Unterlässt der Verbraucher die Installation innerhalb einer angemessenen Frist nach deren Bereitstellung, ist darin eine **Obliegenheitsverletzung des Verbrauchers** zu sehen. Die fehlende Installation innerhalb angemessener Frist führt nach § 327f Abs. 2 dazu, dass die Unternehmerin für eine hieraus resultierende Vertragswidrigkeit des digitalen Produkts nicht haftet. Voraussetzung ist allerdings, dass die Unternehmerin den Verbraucher sowohl über die bereitgestellte Aktualisierung als auch über die Folgen einer unterlassenen Installation informiert hat (Nr. 1) und dass die Installation nicht aufgrund einer mangelhaften Installationsanleitung gescheitert ist (Nr. 2). Aus der negativen Formulierung des § 327f Abs. 2 („haftet nicht") ergibt sich, dass die Beweislast insofern bei der Unternehmerin liegt[32].

5. Änderungsbefugnis des Unternehmers

237 Haben die Parteien eine **dauerhafte Bereitstellung** des digitalen Produkts vereinbart, ist der Unternehmer nach Maßgabe von § 327r berechtigt, **einseitige Änderungen** seiner Leistung vorzunehmen, die über das nach §§ 327e Abs. 2, Abs. 3, 327f gebotene Maß hinausgehen. Eine solche Änderung kann beispielsweise eine Leistungseinschränkung sein. Aber auch die bloße Änderung von Funktionalitäten, die zu einer Abweichung von einer Testversion führt, die der Unternehmer dem Verbraucher vor Vertragsschluss zur Verfügung gestellt hat (siehe § 327e Abs. 3 S. 1 Nr. 3), fällt unter § 327r. § 327r Abs. 1 erklärt eine solche Änderung für zulässig, sofern erstens der **Vertrag diese Möglichkeit vorsieht** und einen **triftigen Grund** dafür enthält. Zweitens dürfen dem Verbraucher durch die Änderung **keine zusätzlichen Kosten** entstehen und drittens muss er klar und verständlich **über die Änderung informiert werden**. Beeinträchtigt die Änderung die Zugriffsmöglichkeiten auf oder die Nutzbarkeit des digitalen Produkts, hat die Information gemäß § 327r Abs. 2 auf dauerhaftem Datenträger und innerhalb einer angemessenen Frist vor dem Zeitpunkt der Änderung zu erfolgen. In diesem Fall erhält der Verbraucher grundsätzlich das Recht, den Vertrag innerhalb von 30 Tagen zu beenden, ohne dass für ihn aufgrund der Beendigung Kosten entstünden (siehe näher § 327r Abs. 3 bis 5). Der Begriff des dauerhaften Datenträgers ist in § 126b S. 2 definiert. Erforderlich ist eine Mitteilung, die es dem Empfänger ermöglicht, die Erklärung dauerhaft zu speichern. Hierzu zählen insbesondere Papier und E-Mails. Nicht ausreichend ist aufgrund des veränderbaren Gehalts eine bloße Anzeige auf einer Webseite oder in einer App.

6. Beweislast

238 § 327k enthält eine **Beweislastumkehr** zugunsten der Verbraucherinnen. Beim punktuellen Leistungsaustausch wird nach § 327k Abs. 1 vermutet, dass das digitale Produkt bereits im Zeitpunkt der Bereitstellung mangelhaft war, wenn sich die fehlende Vertragsmäßigkeit **innerhalb eines Jahres nach Bereitstellung** des digitalen Produkts zeigt. Diese Vermutung ist insbesondere dann von Bedeutung, wenn der vom Unternehmer geschuldete Aktualisierungszeitraum weniger als ein Jahr beträgt. Bei **Dauerschuldverhältnissen** wird gemäß § 327k Abs. 2 vermutet, dass ein sich erst im Laufe der Bereitstellung zeigender Mangel **während des gesamten bisherigen Bereitstellungs-**

32 BeckOGK/*Fries*, § 327f Rn. 24; *Leithäuser*, RDi 2023, 274, 278

zeitraums vorlag. Diese Vermutungen sind trotz der Aktualisierungspflicht des § 312f von Bedeutung, bspw. bei der Frage, ob eine Vertragsbeendigung wegen eines nur unerheblichen Mangels ausgeschlossen ist (§ 327m Abs. 2 S. 1) oder um zu klären, in welchem Umfang eine Minderung statthaft (§ 327n Abs. 3 S. 2) bzw. eine Rückerstattung des gezahlten Preises erforderlich ist (§ 327o Abs. 3 S. 1).

Der Unternehmer kann die Vermutung der Vertragswidrigkeit nach § 327k Abs. 1, Abs. 2 **239** grundsätzlich widerlegen. In der Praxis dürfte dies freilich häufig schwierig sein. Wichtig ist deshalb die **Ausnahme von der Vermutungswirkung** nach § 327k Abs. 3: Die Beweislastumkehr gilt nicht, wenn entweder die digitale Umgebung des Verbrauchers mit den technischen Anforderungen des digitalen Produkts nicht kompatibel war oder aber der Verbraucher dem Unternehmer keinen technischen Zugriff erlaubt, um festzustellen, ob eine solche Kompatibilität vorliegt (§ 327k Abs. 3 Nr. 2 nennt für die Zumutbarkeit dieses Zugriffs gewisse Voraussetzungen). Diese Ausnahme von der Beweislastumkehr setzt allerdings eine Information der Verbraucherin **vor Vertragsschluss** nach Maßgabe des § 327k Abs. 4 voraus.

V. Mängelrechte der Verbraucher

1. Grundzüge

Ist das digitale Produkt mangelhaft, entspricht es also nicht den Anforderungen der **240** §§ 327e, 327g an die Vertragsmäßigkeit, so stehen der Verbraucherin gemäß § 327i folgende Ansprüche bzw. Gestaltungsrechte zu: Primär besteht ein Anspruch auf **Nacherfüllung** (§§ 327i Nr. 1, 327l). Unter weiteren Voraussetzungen kann der Verbraucher aber auch die **Vertragsbeendigung** (§ 327i Nr. 2, 327m) oder **Minderung** (§ 327i Nr. 2, 327n) erklären sowie **Schadensersatz** (§ 327i Nr. 3, 280 Abs. 1, 327m Abs. 3) und schließlich **Aufwendungsersatz** (§ 327i Nr. 3, 284) verlangen. Die Rechte der Verbraucher ähneln auf den ersten Blick jenen beim Verbrauchsgüterkauf. Doch ist es wichtig, die §§ 327i ff. stets genau zu lesen, weil im Detail wichtige Unterschiede bestehen.

2. Anspruch auf Nacherfüllung

Der primäre Rechtsbehelf im Falle der Bereitstellung eines nicht vertragsgemäßen digi- **241** talen Produkts ist der **Anspruch auf Nacherfüllung** gemäß § 327l.[33] Der Nacherfüllungsanspruch ist auf die Herstellung der Vertragsmäßigkeit gerichtet. Auf welche Weise die Nacherfüllung erfolgt (z.B. Lieferung eines Updates oder erneute Lieferung des digitalen Produkts), bleibt der Unternehmerin überlassen,[34] sofern die Nacherfüllung **innerhalb einer angemessenen Frist** nach der Mängelanzeige des Verbrauchers und **ohne erhebliche Unannehmlichkeiten** für den Verbraucher erfolgt, § 327l Abs. 1 S. 2. Anders als nach § 439 Abs. 1 steht die Wahl also nicht der Verbraucherin zu. Erhebliche Unannehmlichkeiten sind beispielsweise dann anzunehmen, wenn der Verbraucher

33 *Stürner*, JA 2022, 159.
34 Erwägungsgrund 63 Digitale Inhalte-RL.

zwecks Nutzung des digitalen Produkts ein neueres Betriebssystem installieren müsste.[35] Die Unternehmerin hat zudem die zum Zwecke der Nacherfüllung **erforderlichen Aufwendungen** zu tragen (§ 327l Abs. 1 S. 1).

242 Der Anspruch auf Nacherfüllung ist nach § 327l Abs. 2 ausgeschlossen, wenn die Kosten hierfür unter Berücksichtigung des Werts des digitalen Produkts in mangelfreiem Zustand und der Bedeutung des Mangels **unverhältnismäßig** sind. Nach der Faustregel der Rechtsprechung zum Sachkauf (§ 439 Abs. 4) sind die Nacherfüllungskosten unverhältnismäßig, wenn sie sich auf über 150 % des Werts des Kaufgegenstands im mangelfreien Zustand oder auf über 200 % des mangelbedingten Minderwerts belaufen.[36] Eine vorsichtige Übertragung dieser Faustregel auf § 327l Abs. 2 scheint möglich.[37] Dabei ist aber zu berücksichtigen, dass bspw. die Entwicklung eines Sicherheitsupdates für Standardsoftware nicht nur zur Nachbesserung eines einzelnen digitalen Produkts dient, sondern vom Unternehmer zur Nacherfüllung im Rahmen zahlreicher Verbraucherverträge eingesetzt werden kann. Stets sind also die Umstände des Einzelfalls zu berücksichtigen. Nach dem Wortlaut des § 327l Abs. 2 ist der Nacherfüllungsanspruch bei Unverhältnismäßigkeit von Gesetzes wegen ausgeschlossen. Anders als bei § 439 Abs. 4 handelt es sich also um eine **rechtsvernichtende Einwendung**, nicht um eine Einrede.[38] Für Fälle der Unverhältnismäßigkeit enthält § 327l Abs. 2 eine vorrangige Spezialregelung gegenüber § 275 Abs. 2 und 3 (s.a. § 327l Abs. 2 S. 3).

243 § 275 Abs. 1 bleibt allerdings unberührt.[39] Der **Anspruch auf Nacherfüllung ist ausgeschlossen**, wenn die Nacherfüllung **unmöglich** ist. In der Praxis dürfte dies häufig der Fall sein, weil insbesondere der Verkäufer eines digitalen Inhalts oftmals nicht in der Lage ist, die Mängel des digitalen Produkts zu beheben. Vielmehr ist eine Herstellung der Vertragsmäßigkeit (z.B. bei Sicherheitslücken von Software oder Computerspielen) regelmäßig nur der Herstellerin des digitalen Produkts möglich. Bei der Verpflichtung zu einer dauerhaften Bereitstellung liegt zudem mit Blick auf die zeitlich zurückliegenden Zeitabschnitte regelmäßig Unmöglichkeit in Form eines **absoluten Fixgeschäfts** vor: So ist eine Nacherfüllung der mangelhaft erbrachten Streaming-Leistung für die Vergangenheit nicht mehr möglich; gesichert werden kann lediglich die vertragsgemäße Erfüllung mit Blick auf künftige Zeitabschnitte.

244 **Fall 26:** Auf Basis eines Vertrages hat U der V die Beta-Version einer Fitness-App bereitgestellt. Die App gewährt U den Zugriff auf personenbezogene Daten der V, welche U mit den Daten anderer Nutzer der App zusammenführt und zu Analysezwecken verwendet. Nach sechs Monaten bringt U die kostenpflichtige Vollversion der App auf den Markt. Kurz darauf wird eine erhebliche Sicherheitslücke in der Beta-Version der App offenbar. Als V von U Nachbesserung verlangt, verweigert dieser die Lieferung eines Sicherheits-Updates mit dem zutreffenden Hinweis, ein solches Update sei nur mit unverhältnismäßigen Kosten zu programmieren. V verlangt daraufhin von U die kostenlose Bereitstellung der Vollversion der App.

---

35 BT-Drucks. 19/27653, S. 66.
36 BGH NJW 2009, 1660, 1661.
37 *Stürner*, JA 2022, 159, 160.
38 Zum Verhältnis von Art. 3 Verbrauchsgüterkaufrichtlinie und § 439 Abs. 4 BGB s. *Stürner*, Europäisches Vertragsrecht, 2021, § 8 Rn. 73 ff.; *Gsell*, in: Schulze/Staudenmayer, EU Digital Law, 2020, Art. 14 DCD Rn. 42.
39 BeckOGK/*Fries*, § 327l Rn. 11.1.

Ein Anspruch auf Bereitstellung der Vollversion der App könnte sich aus §§ 327i Nr. 1, 327l ergeben. U und V haben einen **Verbrauchervertrag** über die App, also einen digitalen Inhalt i.S.d. § 327 Abs. 2 S. 1 geschlossen. V hat sich zwar nicht zur Zahlung eines Preises verpflichtet, aber dem U i.S.d. § 327 Abs. 3 **personenbezogene Daten bereitgestellt**. Ob U diese Daten auf Basis eines datenschutzrechtlichen Erlaubnistatbestands oder rechtswidrig verarbeitet hat, ist dabei unerheblich. Zwar wird ein solches „Zahlen mit Daten" gemäß §§ 327 Abs. 3, 312 Abs. 1a S. 2 der Zahlung eines Preises dann nicht gleichgestellt, wenn der Unternehmer die von der Verbraucherin bereitgestellten personenbezogenen Daten ausschließlich verarbeitet, um seine Leistungspflicht oder an ihn gestellte rechtliche Anforderungen zu erfüllen. Doch hat U die Daten hier weitergehend verarbeitet, insbesondere mit Daten Dritter aggregiert und analysiert. Ein Verbrauchervertrag über ein digitales Produkt liegt somit vor.

Fraglich ist, ob das Produkt einen Produktmangel i.S.d. § 327e Abs. 1 aufweist. Dies **245**
wäre der Fall, wenn es entweder den **subjektiven oder den objektiven bzw. den Integrationsanforderungen** nicht genügen würde. Besondere subjektive Anforderungen liegen hier nicht vor. Angesichts der Sicherheitslücke der App könnte das digitale Produkt jedoch den **objektiven Anforderungen** des § 327e Abs. 3 S. 1 Nr. 2 nicht genügen. Danach muss das Produkt eine Beschaffenheit aufweisen, die bei digitalen Produkten derselben Art üblich ist und die die Verbraucherin unter Berücksichtigung der Art des digitalen Produkts erwarten kann. Dies betrifft auch die Sicherheit des digitalen Produkts. U hat hier die Bereitstellung einer Beta-Version der Fitness-App versprochen. Bei Beta-Versionen handelt es sich um experimentelle Versionen von Apps, die ggf. weniger stabil sind, häufiger abstürzen und deren Funktionen noch fehlerhaft sein können. Vor diesem Hintergrund konnte V zwar nicht erwarten, dass alle Funktionen der App stets fehlerfrei zur Verfügung standen. Wohl aber konnte sie erwarten, dass die Integrität ihrer digitalen Umgebung nicht durch eine erhebliche Sicherheitslücke der App gefährdet wird. Die App weist somit einen **Produktmangel** i.S.d. § 327e Abs. 3 S. 1 Nr. 2 auf.

Damit steht V grundsätzlich ein Anspruch auf Nacherfüllung i.S.d. §§ 327i Nr. 1, 327l **246**
Abs. 1 zu. U ist zur **Herstellung des vertragsgemäßen Zustands** der App verpflichtet. Das Bereitstellen eines Sicherheitsupdates ist zwar mit unverhältnismäßigen Kosten verbunden und ein entsprechender Anspruch der V somit nach § 327l Abs. 2 Alt. 2 ausgeschlossen. Fraglich ist aber, ob U verpflichtet ist, der V im Wege der Nacherfüllung die Vollversion der App kostenfrei zur Verfügung zu stellen. Denn für die Nacherfüllung kommen nicht allein identische, sondern auch **gleichwertige und gleichartige digitale Inhalte** in Betracht.[40] Ob die Vollversion der App als ein mit der Beta-Version gleichwertiger und gleichartiger Inhalt anzusehen ist, bestimmt sich nach dem durch interessengerechte Auslegung zu ermittelnden Willen der Parteien bei Vertragsschluss.[41] Bereits die Bezeichnung als „Beta"-Version (also einer zu Testzwecken veröffentlichten und ggf. mit Fehlfunktionen behafteten Version einer App) zeigt, dass die von U bereitgestellte App eine Vorstufe der später veröffentlichten Vollversion der App darstellt und dieser gerade nicht gleichwertig ist. V kann damit nicht die Lieferung der Vollversion

40 Zur Ersatzlieferung mit einem Nachfolgemodell im sog. Dieselgate-Skandal siehe BGH NJW 2019, 292 Rn. 41.

41 Siehe zur Ersatzlieferung mit einem Nachfolgemodell im sog. Dieselgate-Skandal BGH NJW 2019, 292 Rn. 42.

nach §§ 327i Nr. 1, 327l verlangen. Sie kann allenfalls die Vertragsbeendigung erklären und/oder von U Schadensersatz verlangen, sofern ihr aufgrund der Sicherheitslücke ein Schaden entstanden ist und U den Produktmangel zu vertreten hat.

3. Vertragsbeendigung

a) Voraussetzungen

247 Unter den Voraussetzungen des § 327m Abs. 1, 2, 4 und 5 kann der Verbraucher den Vertrag im Falle eines Produktmangels auflösen. Ebenso wie in § 327c (Rn. 213) hat der Gesetzgeber hier den Begriff der Vertragsbeendigung gewählt, der für die punktuelle ebenso wie für die dauerhafte Bereitstellung eines digitalen Produkts passt. Die Vertragsbeendigung tritt funktional an die Stelle von Rücktritt oder Kündigung. Grundsätzlich ist aber die Nacherfüllung der vorrangige Rechtsbehelf. Eine **Vertragsbeendigung ist deshalb nur in folgenden Konstellationen zulässig**: wenn der Nacherfüllungsanspruch nach § 327l Abs. 2 ausgeschlossen ist (§ 327m Abs. 1 Nr. 1), die Nacherfüllung nicht innerhalb angemessener Frist vorgenommen wird, mit erheblichen Unannehmlichkeiten für den Verbraucher verbunden ist (jeweils Nr. 2) oder nicht ordnungsgemäß bzw. vollständig erfolgt (Nr. 3) bzw. der Unternehmer die ordnungsgemäße Nacherfüllung verweigert (Nr. 5) oder es zumindest offensichtlich ist, dass eine ordnungsgemäße Nacherfüllung nicht erfolgen wird (Nr. 6). Schließlich ist eine **sofortige Vertragsbeendigung** zulässig, wenn der Mangel schwerwiegend ist (Nr. 4). Denn bei einem schwerwiegenden Mangel ist es der Verbraucherin nicht zuzumuten, dem Unternehmer zunächst eine Möglichkeit der Nacherfüllung zu eröffnen.

248 Andererseits scheidet eine Vertragsbeendigung gemäß § 327m Abs. 2 gänzlich aus, wenn der **Mangel unerheblich** ist. Die von der Rechtsprechung entwickelten Kriterien zur Parallelregelung beim Rücktritt in § 323 Abs. 5 S. 2 können zur Bestimmung der Erheblichkeit des Mangels herangezogen werden.[42] Hat der Verbraucher sich nicht zur Zahlung eines Preises verpflichtet, sondern lediglich personenbezogene Daten i.S.d. § 327 Abs. 3 bereitgestellt, kann eine Vertragsbeendigung auch für unerhebliche Mängel erfolgen, wie sich aus § 327m Abs. 2 S. 2 ergibt.[43]

249 Für Mängel des digitalen Elements bei **Paketverträgen** und **Verträgen über Sachen mit verbundenen digitalen Produkten** enthalten § 327m Abs. 4 und 5 parallele Regelungen zu § 327c Abs. 6 und 7. Ist die Verbraucherin zur Vertragsbeendigung mit Blick auf das digitale Element berechtigt, kann sie sich gem. § 327m Abs. 4 S. 1 auch hinsichtlich der anderen Bestandteile eines Paketvertrags vom Vertrag lösen, wenn sie an diesen anderen Bestandteilen ohne das mangelhafte digitale Produkt kein Interesse hat (z.B. kein Interesse an Präsenzunterricht ohne die digitalen Übungsmodule). Bei Waren mit nicht funktionswesentlichen digitalen Elementen, die unter § 327a Abs. 2 fallen (Rn. 201 ff.), ist eine Lösung vom gesamten Vertrag zulässig, wenn sich die Sache aufgrund des Mangels des digitalen Produkts nicht zur gewöhnlichen Verwendung eignet. Dabei ist auf die **gewöhnliche Verwendung eines entsprechenden smarten Gegen-**

42 MünchKomm/*Metzger*, § 327m Rn. 10; zu den Kriterien des § 323 Abs. 5 S. 2 siehe *Petersen*, Schuldrecht AT Rn. 133.

43 Grund hierfür ist u.a., dass mangels Zahlung eines Preises in diesem Fall eine Minderung nach § 327n ausscheidet, siehe *Stürner*, JA 2022, 159, 162.

stands abzustellen (und nicht auf ggf. analog verfügbare Grundfunktionen), weil § 327m Abs. 5 anderenfalls im Kaufrecht wegen § 327a Abs. 3 keinen Anwendungsbereich hätte. Je nach Art des Vertrags erfolgt die „Lösung" vom Vertrag durch Rücktritt oder Kündigung. Natürlich ist es auch möglich, dass bei einem Vertrag mit gemischten Bestandteilen das analoge Element Mängel aufweist. In diesem Fall kann sich der Rücktritt bzw. die Kündigung auch auf das digitale Element erstrecken, maßgeblich sind dabei die Wertungen des § 323 Abs. 5.

b) Ausübung der Vertragsbeendigung

Die Vertragsbeendigung erfolgt durch empfangsbedürftige Erklärung gegenüber dem Unternehmer, § 327o Abs. 1 S. 1. **250**

c) Erlöschen der Leistungspflichten

Die Rechtsfolgen der Vertragsbeendigung ergeben sich aus §§ 327o, 327p. Die beiderseitigen **Leistungspflichten aus dem Vertrag erlöschen** (§ 327o Abs. 2 S. 2). Bei Verträgen über die dauerhafte Bereitstellung des digitalen Produkts bleibt der Anspruch der Unternehmerin auf Zahlung des Preises jedoch insoweit bestehen, als die Leistung bereits mangelfrei erbracht wurde (z.B., wenn die Streaming-Leistung oder der Hosting-Vertrag sechs Monate beanstandungsfrei erbracht wurde und erst ab dem siebten Monat ein Produktmangel auftritt). Zu erinnern ist in diesem Zusammenhang an die **Beweislastumkehr** des § 327k Abs. 2, wonach zugunsten des Verbrauchers vermutet wird, dass das digitale Produkt während der gesamten Bereitstellungsdauer mangelhaft war. Hat die Verbraucherin bereits eine Zahlung erbracht, obgleich ihre Zahlungspflicht nach § 327o Abs. 2 S. 2 erloschen ist, so ist die Unternehmerin nach §§ 327o Abs. 2 S. 1, Abs. 3 S. 2 zur Erstattung der Zahlungen verpflichtet. Die **Modalitäten der Rückerstattung** ergeben sich aus §§ 327o Abs. 4, 327n Abs. 4 S. 2 bis 5. Ein Anspruch des Unternehmers auf Wertersatz für die mangelhafte Leistung besteht nicht, auch wenn diese für die Verbraucherin durchaus werthaltig gewesen sein kann (z.B., wenn ein Streamingdienst-Anbieter Filme und Serien bereitgestellt hat und lediglich bei einer Serie die neueste Staffel nicht verfügbar war). Diese Bevorzugung der Verbraucherin ist wenig sachgerecht, entspricht aber dem Willen des Unionsgesetzgebers. **251**

Fall 27: V schließt mit C einen Vertrag über die Bereitstellung von Speicherkapazitäten in der Cloud. Die Parteien vereinbaren einen „Familientarif", wonach bis zu sechs Personen, die dem Haushalt des V angehören, insgesamt 2 Terrabyte Speicherplatz zu einem Preis von 20 € pro Monat nutzen können. Vs Familienangehörige haben zunächst kein Interesse daran, den Speicherplatz zu nutzen. Erst anlässlich eines Familienurlaubs vierzehn Monate nach Vertragsschluss möchte auch Vs Ehefrau Fotos in die gemeinsame Cloud hochladen. Überrascht stellt V fest, dass dies nicht möglich ist und nur er selbst Zugriff auf die Speicherkapazitäten hat. Trotz einer E-Mail an den Kundendienst der C wird die Funktionalität nicht für weitere Familienmitglieder freigeschalten. V erklärt deshalb zwei Wochen nach seinem Hinweis an C die Beendigung des Vertrags und fordert die Rückzahlung von 280 €. C wendet ein, dass V die Speicherkapazität während der Vertragslaufzeit genutzt habe. Der „Singletarif" für eine Speicherkapazität von 2 Terrabyte beträgt 14 € pro Monat. **252**

Ein **Anspruch auf Rückzahlung** von 280 € könnte sich aus § 327o Abs. 1, Abs. 3 ergeben, wenn V zur Beendigung des Vertrags gemäß § 327m Abs. 1 berechtigt war. Dies setzt zunächst einen **Produktmangel** i.S.d. § 327e voraus. Die von C erbrachte Leistung entspricht hier nicht den **subjektiven Anforderungen** gemäß § 327e Abs. 2 Nr. 1 lit. a, da die vereinbarte Funktionalität des Zugriffs weiterer Nutzer nicht gegeben ist. Dieser Produktmangel ist während des **maßgeblichen Zeitraums** i.S.d. § 327e Abs. 1 S. 3 aufgetreten, da die Parteien eine fortlaufende Bereitstellung der Speicherkapazität vereinbart hatten.

253 Weiterhin müsste auch ein Vertragsbeendigungsgrund gemäß § 327m Abs. 1 vorliegen. In Betracht kommt hier die Alternative des § 327m Abs. 1 Nr. 2. Trotz Vs **Mängelanzeige** hat C die nach § 327l Abs. 1 geschuldete Nacherfüllung nicht innerhalb von zwei Wochen erbracht. Dabei kann ein Zeitraum von zwei Wochen als eine angemessene Frist zur Mängelbeseitigung angesehen werden, weil C lediglich den Zugang zu den Speicherkapazitäten für Vs Familienmitglieder hätte einrichten müssen. Ein Vertragsbeendigungsgrund liegt somit vor. Die Vertragsbeendigung ist auch nicht nach § 327m Abs. 2 S. 1 ausgeschlossen, da die Inanspruchnahme der Leistung durch weitere Familienmitglieder für die Wahl des konkret vereinbarten Tarifs maßgeblich und der Mangel folglich **nicht unerheblich** war. V ist somit zur Beendigung des Vertrags berechtigt und hat die Vertragsbeendigung auch durch Erklärung gegenüber C vorgenommen (§ 327o Abs. 1 S. 1). Gemäß § 327o Abs. 2 S. 1 ist C deshalb verpflichtet, V die geleisteten Zahlungen zu erstatten. Dies gilt nach § 327o Abs. 3 S. 1 auch bei Verträgen über die dauerhafte Bereitstellung eines digitalen Produkts, jedoch nur für denjenigen Teil des Bereitstellungszeitraums, in dem das digitale Produkt mangelhaft war.

254 Vorliegend hat V erst vierzehn Monate nach Vertragsschluss festgestellt, dass das digitale Produkt einen Mangel aufweist. Unklar ist, ob der Mangel bereits während der gesamten Vertragslaufzeit bestand oder erst im Laufe der Leistungsbereitstellung aufgetreten ist. Grundsätzlich trägt V die Beweislast für das Vorhandensein des Mangels von Vertragsbeginn an. Hier kann sich V allerdings auf die **Beweislastumkehr** des § 327k Abs. 2 berufen: Da der Vertrag ein dauerhaft bereitzustellendes digitales Produkt betrifft und sich der Produktmangel nach § 327e Abs. 2 Nr. 1 lit. a während des Bereitstellungszeitraums gezeigt hat, wird zugunsten des V vermutet, dass das digitale Produkt während der bisherigen Dauer der Bereitstellung mangelhaft war, dass also der Mangel bereits ab dem Zeitpunkt der erstmaligen Bereitstellung vorlag. V hat somit einen **Anspruch auf Rückerstattung** geleisteter Zahlungen i.H.v. 280 €. Fraglich ist, ob C mit einem gegen V gerichteten Anspruch auf Wertersatz aufrechnen kann, weil V die Speicherkapazitäten während der letzten vierzehn Monate genutzt hat. Einen solchen Wertersatzanspruch sieht § 327o allerdings nicht vor. In Betracht käme schließlich ein Anspruch aus § 812 Abs. 1 S. 2 Alt. 1. Doch ergibt sich aus § 327o Abs. 3 S. 1 eindeutig, dass dem Unternehmer ein Anspruch für von ihm erbrachte, mangelhafte Leistungen nicht zustehen soll. Angesichts dieser vorrangigen und abschließenden Regelung scheidet ein Anspruch aus Bereicherungsrecht aus.

d) Nutzungsverbot

Nach Vertragsbeendigung ist die Verbraucherin nicht mehr berechtigt, das digitale Produkt zu nutzen oder Dritten zur Verfügung zu stellen, § 327p Abs. 1 S. 1.[44] Da digitale Produkte beliebig kopierbar sind, ist eine Rückerstattung – anders als bei körperlichen Leistungsgegenständen – allerdings weder erforderlich noch sinnvoll. Selbst an einer Rückerstattung des körperlichen Datenträgers, auf dem das digitale Produkt geliefert wurde, wird der Unternehmer i.d.R. kein Interesse haben. § 327o Abs. 5 lässt einen Anspruch auf Rückerstattung des Datenträgers deshalb nur entstehen, wenn der Unternehmer innerhalb von 14 Tagen nach Vertragsbeendigung ein Rückerstattungsverlangen äußert. Eine unbefugte Weiternutzung des digitalen Produkts lässt sich bei digitalen Dienstleistungen leicht verhindern, indem das betreffende Nutzerkonto gesperrt wird.[45] Auch bei digitalen Inhalten i.S.d. § 327 Abs. 2 S. 1 wird unternehmerseitig ggf. ein Zugangscode vergeben, der die weitere Nutzung des Produkts unterbindet. § 327p Abs. 1 S. 2 erklärt solche Maßnahmen für zulässig. Ist eine faktische Unterbindung durch den Unternehmer nicht möglich, so kann ein Anspruch auf Schadensersatz aus § 280 Abs. 1 entstehen, falls die Verbraucherin das digitale Produkt entgegen § 327p Abs. 1 S. 1 weiter nutzt.[46] Darüber hinaus ist eine Bereicherung der Verbraucherin nach § 812 Abs. 1 S. 2 Alt. 1 herauszugeben. 255

Die Unternehmerin darf nach Vertragsbeendigung **Daten**, die die Verbraucherin im Zuge der Nutzung des digitalen Produkts bereitgestellt hat, grundsätzlich nicht weiter nutzen bzw. verarbeiten. Dabei ist irrelevant, ob es sich um einen Fall des „Zahlens mit Daten" i.S.d. § 327 Abs. 3 handelt oder nicht. Dies ergibt sich für personenbezogene Daten bereits aus der DSGVO (sofern kein Erlaubnistatbestand der Art. 6, 9 DSGVO einschlägig ist). Für nicht personenbezogene Daten enthält § 327p Abs. 2 eine entsprechende Vorgabe. Der Verbraucher kann eine Bereitstellung dieser Daten nach Art. 20 DSGVO bzw. § 327p Abs. 3 verlangen. Auch nach Vertragsbeendigung muss dem Verbraucher also zumindest ein solcher Zugang eröffnet werden, der den Download der ursprünglich vom Verbraucher bereitgestellten Daten ermöglicht (z.B. der vom Hosting-Anbieter oder von einem sozialen Netzwerk gespeicherten Dateien). 256

Fall 28: Studentin V und Elektronikhändlerin U schließen einen Kaufvertrag i.H.v. 30 € über eine Antiviren-Software, verbunden mit der Pflicht zur Bereitstellung von Aktualisierungen für die Dauer von einem Jahr. Sechs Monate nach der Bereitstellung kommt es zu politischen Spannungen zwischen der Europäischen Union und dem Heimatstaat der Software-Herstellerin. Daraufhin spricht das Bundesamt für Sicherheit in der Informationstechnik (BSI) eine Warnung gemäß § 7 BSI-G aus, weil die Herstellerin der Software von den heimatlichen Behörden gezwungen werden könnte, die Software als Werkzeug für Angriffe gegen ihre in Deutschland ansässigen Kunden einzusetzen. Es bestünden erhebliche Zweifel an der Zuverlässigkeit der Software. Belege hierfür präsentiert das BSI nicht, und die Software-Herstellerin dementiert die Vorwürfe vehement. Kann V gegenüber U die Vertragsbeendigung erklären und Rückerstattung des Kaufpreises verlangen? 257

44 Laut Erwägungsgrund 72 Digitale Inhalte-RL muss der Verbraucher auch aktiv Sorge dafür tragen, naheliegende Zugangsmöglichkeiten für Dritte zu unterbinden.
45 BT-Drucks. 19/27653, S. 73.
46 MünchKomm/*Metzger*, § 327p Rn. 4.

V könnte ein Anspruch auf **Rückerstattung des gezahlten Preises** nach §§ 453 Abs. 1 S. 3, 327o Abs. 2 S. 1 zustehen. Bei dem zwischen U und V geschlossenen Vertrag handelt es sich um einen Verbrauchervertrag über ein digitales Produkt i.S.d. §§ 327 Abs. 1, Abs. 2 S. 1, 310 Abs. 3. Gemäß § 453 Abs. 1 S. 3 treten damit die §§ 327 ff. an die Stelle der in § 453 Abs. 1 S. 2 genannten Bestimmungen des Kaufrechts, und zwar auch dann, wenn die Software auf einem körperlichen Datenträger wie einer CD bereitgestellt wurde (§ 475a Abs. 1). V hat U gegenüber die Vertragsbeendigung gemäß § 327o Abs. 1 erklärt. U könnte deshalb nach § 327o Abs. 2 S. 1 verpflichtet sein, V die von ihr geleistete Zahlung i.H.v. 30 € zu erstatten, wenn V nach §§ 327i Nr. 2, 327m zur Vertragsbeendigung berechtigt war.

258 Dies würde zunächst einen Produktmangel i.S.d. § 327e voraussetzen. Außerdem müsste eine der **Fallgruppen des § 327m Abs. 1** einschlägig sein und der Mangel dürfte nicht unerheblich sein (§ 327m Abs. 2). Ein Mangel der Antiviren-Software besteht, wenn das digitale Produkt den subjektiven oder objektiven Anforderungen bzw. den Integrationsanforderungen nicht entspricht, § 327e Abs. 1 S. 1. Besondere subjektive Anforderungen sind nicht ersichtlich. Entscheidend ist deshalb, ob die Antiviren-Software den **objektiven Anforderungen** nach § 327e Abs. 3 entspricht, d.h. insbesondere bezüglich ihrer Sicherheit so beschaffen ist, wie es bei digitalen Produkten derselben Art üblich ist und die Verbraucherinnen dies erwarten können (§ 327e Abs. 3 S. 1 Nr. 2). Ob die Antiviren-Software tatsächlich eine Sicherheitslücke aufweist bzw. zu Angriffen gegenüber den Nutzerinnen verwendet wird, ist vorliegend unklar. Allerdings kann auch ein **Gefahrenverdacht** einen Produktmangel begründen, wenn der Verdacht sich für die Käuferin nicht mit zumutbaren Maßnahmen aufklären lässt und die Hinnahme der Gefahr der Käuferin nicht zuzumuten ist.[47] Dies ist hier der Fall: V muss mangels eigener Expertise auf die Einschätzung des BSI vertrauen und kann den Sachverhalt nicht selbst aufklären. Überdies ist gerade bei Antiviren-Software die Zuverlässigkeit des Programms von besonderer Bedeutung. Ein Produktmangel liegt somit vor.

259 Darüber hinaus müsste für die Vertragsbeendigung eine der Fallgruppen des § 327m Abs. 1 einschlägig sein. Hier könnte die Vertragsbeendigung zulässig sein, weil der Anspruch auf Nacherfüllung wegen Unmöglichkeit ausgeschlossen ist, § 327m Abs. 1 Nr. 1, 327l Abs. 2. U hat als Verkäuferin der Antiviren-Software keine Möglichkeit, den Verdacht potentieller Angriffe durch die Software-Herstellerin zu beseitigen, so dass die Nacherfüllung unmöglich ist. Auch handelt es sich bei dem Risiko eines Angriffs auf die Software-Umgebung der V nicht um einen unerheblichen Mangel i.S.d. § 327m Abs. 2. V war deshalb zur Beendigung des Vertrags berechtigt, und U ist nach § 327o Abs. 2 S. 1 zur Erstattung der von V geleisteten Zahlungen verpflichtet. Fraglich ist allerdings, ob sich der **Rückerstattungsanspruch** der V auf die gesamte Summe i.H.v. 30 € bezieht, denn aus § 327o Abs. 2 S. 2, Abs. 3 S. 1 ergibt sich, dass im Falle der dauerhaften Bereitstellung eines digitalen Produkts der Zahlungsanspruch nur für die Zukunft sowie für die Dauer der mangelhaften Bereitstellung in der Vergangenheit erlischt. Da die Warnung des BSI erst sechs Monate nach Bereitstellung des digitalen Produkts erfolgte und die Parteien eine Bereitstellung für zwölf Monate vereinbart hatten, könnte sich die Rückerstattungspflicht der U somit auf 15 € beschränken. Freilich kommt V hier die **Beweislastumkehr** des § 327k Abs. 2 zugute: Danach begründet ein Produktmangel im Falle der dauerhaften Bereitstellung eines digita-

47 Siehe für Sachmängel BGH NJW 1969, 1171 1172; näher BeckOK/*Faust*, § 434 Rn. 100.

len Produkts die Vermutung, dass das digitale Produkt während der bisherigen Dauer der Bereitstellung mangelhaft war.[48] V hat somit einen Anspruch auf Rückerstattung des gesamten Kaufpreises. Im Gegenzug ist sie nach § 327p Abs. 1 S. 1 verpflichtet, die Software nicht mehr einzusetzen.

4. Minderung

Anstatt den Vertrag zu beenden, kann die Verbraucherin auch gemäß § 327n Abs. 1 S. 1 den **Preis mindern**. Die Voraussetzungen des § 327m sind folglich inzident im Rahmen des § 327n Abs. 1 S. 1 zu prüfen („statt"). Auf die Erheblichkeit des Mangels kommt es dabei – anders als bei der Vertragsbeendigung – nicht an, wie sich aus § 327n Abs. 1 S. 2 ergibt. Denn gerade wenn eine Vertragsbeendigung aufgrund eines unerheblichen Mangels nicht in Betracht kommt, ist die Minderung für die Verbraucherin ein wichtiger Rechtsbehelf. Das **Gestaltungsrecht** wird durch empfangsbedürftige Willenserklärung gegenüber der Unternehmerin ausgeübt, §§ 327n Abs. 1 S. 3, 327o Abs. 1. Die Minderung erfolgt – ebenso wie nach § 441 Abs. 3 – durch eine **Herabsetzung des Preises** anteilig im Verhältnis des Werts des mangelhaften digitalen Produkts zum Wert eines entsprechenden mangelfreien digitalen Produkts. Im Falle der dauerhaften Bereitstellung gilt dies natürlich nur für denjenigen Zeitraum, in dem das digitale Produkt mangelhaft war, § 327n Abs. 2 S. 2. Die Modalitäten der Erstattung des Kaufpreises regelt § 327n Abs. 4. Im Falle des „Zahlens mit Daten" i.S.d. § 327 Abs. 3 findet § 327n mangels Zahlung eines Preises keine Anwendung.[49] **260**

Fall 29: In Fall 27 erklärt V nicht die Vertragsbeendigung, sondern die Minderung. Gehen Sie davon aus, dass der durchschnittliche Marktpreis für Speicherkapazitäten von 2 Terrabyte und sechs nutzungsberechtigten Personen bei 32 € liegt, während der durchschnittliche Singletarif 24 € beträgt. In welcher Höhe kann V einen Rückerstattungsanspruch geltend machen? **261**

Zur Erinnerung: Der zwischen V und U vereinbarte Preis lag bei 20 € pro Monat und die bisherige Nutzungsdauer betrug 14 Monate.

V könnte ein Anspruch auf Rückerstattung eines Teils des gezahlten Preises aus § 327n Abs. 4 S. 1 zustehen. Erforderlich ist gemäß § 327n Abs. 1 S. 1 die Erklärung der Minderung gegenüber C sowie das Vorliegen der Voraussetzungen der Vertragsbeendigung. Beides ist hier gegeben (siehe zu den Voraussetzungen der Vertragsbeendigung Fall 27). Der von V gezahlte Preis i.H.v. 20 € pro Monat ist somit anteilig herabzusetzen, und zwar in dem Verhältnis, in dem der Wert des mangelhaften digitalen Produkts zum Wert eines entsprechenden mangelfreien digitalen Produkts steht. Der Wert des Produkts kann dabei anhand eines Marktvergleichs ermittelt werden. Da die von C bereitgestellte Leistung nur einen Einzelzugriff zuließ, ist ihr Wert in Höhe des marktdurchschnittlichen Singletarifs i.H.v. 24 € anzusetzen. Eine mangelfreie Leistung hätte einen Wert von 32 € gehabt. Damit entsprach der Wert der tatsächlich erbrachten Leistung nur 75 % der ver-

48 Siehe zum Gefahrenverdacht bei Sachmängeln BGH NJW 1972, 1462 f.
49 BT-Drucks. 19/27653, S. 70.

sprochenen Leistung. Wird der von V gezahlte Preis i.H.v. 20 € in diesem Verhältnis herabgesetzt, ergibt sich ein Erstattungsbetrag von 5 € pro Monat. Insgesamt hat V folglich einen Rückerstattungsanspruch i.H.v. 70 € aus § 327n Abs. 4 S. 1.

$$\textbf{Herabgesetzter Preis} = \frac{\textit{vereinbarter Preis} \times \textit{Wert der mangelhaften Leistung}}{\textit{Wert der mangelfreien Leistung}}$$

5. Schadens- und Aufwendungsersatz

262 Schließlich kann der Verbraucherin nach § 327i Nr. 3 i.V.m. § 280 Abs. 1, 327m Abs. 3 oder § 284 ein Anspruch auf Schadens- bzw. Aufwendungsersatz zustehen. Der Anspruch auf **Schadensersatz neben der Leistung**, der auf Ersatz eines **Mangelfolgeschadens** gerichtet ist, ergibt sich aus §§ 327i Nr. 1, 280 Abs. 1. Es bedarf also eines Schuldverhältnisses (= Vertrag über das digitale Produkt), einer Pflichtverletzung i.S.d. §§ 327e bis 327g, eines Vertretenmüssens der Unternehmerin, welches nach § 280 Abs. 1 S. 2 vermutet wird, und schließlich eines aus dem Mangel resultierenden Schadens. In der Praxis wird eine Unternehmerin, die nicht gleichzeitig Herstellerin des digitalen Produkts ist, die Vermutung des Vertretenmüssens oftmals widerlegen können. So wird bspw. die Verkäuferin einer Standardsoftware regelmäßig nicht in der Lage sein, ohne Mitwirkung der Software-Herstellerin Produktmängel zu beheben oder die nach § 327f geschuldeten Aktualisierungen bereitzustellen. Da die Herstellerin i.d.R keine Erfüllungsgehilfin der Unternehmerin ist, hat die Unternehmerin das Verhalten der Herstellerin nicht gemäß § 278 zu vertreten. Ein Ersatzanspruch der Verbraucher scheidet in diesem Fall aus.

263 Für den **Schadensersatzanspruch statt der Leistung** enthält § 327m Abs. 3 eine gegenüber §§ 280, 281, 283, 311a Abs. 2 vorrangige Spezialregelung. Aufgrund des in § 327m Abs. 3 S. 1 enthaltenen Verweises müssen aber auch hier die Voraussetzungen des § 280 Abs. 1 gegeben sein. Ein Schadensersatzanspruch statt der Leistung entsteht ferner nur, wenn eine der Voraussetzungen des § 327m Abs. 1 Nr. 1 bis 6 gegeben sind. Dies soll – ebenso wie bei der Vertragsbeendigung – den Vorrang der Nacherfüllung sichern (näher oben Rn. 247). Da ein Verlangen von Schadensersatz **statt der ganzen Leistung** funktional einer Vertragsbeendigung gleichkommt, kann Schadensersatz statt der ganzen Leistung gemäß §§ 327m Abs. 3 S. 2, 281 Abs. 1 S. 3 nur dann verlangt werden, wenn die Pflichtverletzung nicht unerheblich ist (Gleichlauf zu § 327m Abs. 2 S. 1). Verlangt der Verbraucher Schadensersatz statt der ganzen Leistung, ist der Anspruch auf die Leistung ausgeschlossen, §§ 327m Abs. 3 S. 2, 281 Abs. 4. Aufgrund der Gleichstellung von Vertragsbeendigung und Schadensersatz statt der ganzen Leistung finden hinsichtlich der weiteren Rechtsfolgen gemäß § 327m Abs. 3 S. 3 die §§ 327o, 327p Anwendung.

264 Wie stets kann schließlich **anstelle** eines **Schadensersatzanspruchs statt der Leistung** auch **Aufwendungsersatz** verlangt werden, §§ 327i Nr. 3, 284. Die Voraussetzungen des § 327m Abs. 3 sind inzident im Rahmen des § 284 zu prüfen, allerdings bedarf es keines Schadens, sondern vielmehr zweckgerichteter Aufwendungen, die die Verbraucherin billigerweise im Vertrauen auf den Erhalt der Leistung getätigt hat.

Der Verweis des § 327m Abs. 3 S. 4 auf § 325 stellt klar, dass die Beendigung des Vertrags den Anspruch auf Schadensersatz nicht ausschließt.

Fall 30: U und V schließen einen Vertrag über eine Erweiterung zu einem Computerspiel gegen Zahlung eines Preises von 6 €. Nach Download und Installation der Datei lässt sich weder die Erweiterung noch die Ursprungsversion des Computerspiels ausführen. Die Ursprungsversion hatte V zwei Jahre zuvor zu einem Preis von 20 € erworben. V sendet U am 10. August eine E-Mail, in der er das Nichtfunktionieren des Spiels moniert. U antwortet mit einem (für V nicht hilfreichen) Verweis auf seine Hilfeseiten. Am 31. August verlangt V von U die Zahlung von 26 €. 265

Ein Anspruch des V gegen U auf Zahlung von 6 € könnte sich aus §§ 453 Abs. 1 S. 2 Nr. 2, 327 Abs. 2 S. 1, 327i Nr. 2, 327m, 327o Abs. 2 S. 1 ergeben. Ein Anspruch des V gegen U auf Zahlung weiterer 20 € könnte aus §§ 453 Abs. 1 S. 2 Nr. 2, 327i Nr. 3, 280 Abs. 1 folgen. U und V haben einen Kaufvertrag über ein digitales Produkt gegen Zahlung eines Preises geschlossen. Gemäß § 453 Abs. 1 S. 2 Nr. 2 finden auf die Rechte des V wegen eines Mangels des digitalen Produkts die §§ 327 ff. Anwendung. Die von U bereitgestellte Erweiterung leidet an einem **Produktmangel** i.S.d. § 327e Abs. 3 Nr. 1. V ist deshalb zur Beendigung des Vertrags berechtigt, sofern eine der Tatbestandsalternativen des § 327m Abs. 1 Nr. 1 bis 6 erfüllt ist. In Betracht kommt hier insbesondere die Alternative des § 327m Abs. 1 Nr. 2, d.h., dass Vs Nacherfüllungsanspruch nicht gemäß § 327l Absatz 1 erfüllt wurde. Nach § 327l Abs. 1 S. 2 war U verpflichtet, den vertragsgemäßen Zustand innerhalb einer angemessenen Frist nach Erhalt der Mängelanzeige herzustellen. Hierfür ist der **Ablauf einer angemessenen Frist** ausreichend. Es ist also nicht erforderlich, dass V eine Nachfrist gesetzt hat. Zwischen der Mängelanzeige vom 10. August und der Erklärung der Vertragsbeendigung liegen drei Wochen. In Anbetracht der Tatsache, dass U zur Mängelbehebung nur eine weitere Version der Datei hätte bereitstellen müssen, ist dieser Zeitraum als angemessener Zeitraum für die Nacherfüllung anzusehen. V ist somit zur **Vertragsbeendigung** berechtigt. Durch die an U gerichtete Aufforderung zur Rückzahlung kommt Vs Entschluss zur Vertragsbeendigung auch i.S.d. § 327o Abs. 1 S. 1 ausreichend zum Ausdruck. Aufgrund der Vertragsbeendigung ist U nach § 327o Abs. 2 S. 1 zur **Rückerstattung des Kaufpreises** i.H.v. 6 € verpflichtet. Daneben könnte die Erklärung des V auch als Verlangen von Schadensersatz statt der ganzen Leistung i.S.d. § 327m Abs. 3 verstanden werden. Die Vertragsbeendigung ist für V jedoch günstiger, weil der Rückerstattungsanspruch nicht voraussetzt, dass U den Mangel des digitalen Produkts zu vertreten hat.

Zu prüfen bleibt, ob V auch ein Schadensersatzanspruch i.H.v. 20 € zukommt, weil die Grundversion des Computerspiels nicht mehr funktioniert. Die Vertragsbeendigung steht dem Verlangen von Schadensersatz gemäß §§ 327m Abs. 3 S. 4, 325 nicht entgegen. Der Ersatzanspruch der V könnte sich aus §§ 453 Abs. 1 S. 2 Nr. 2, 327i Nr. 3, 280 Abs. 1 ergeben. Es handelt sich um einen **Schadensersatzanspruch neben der Leistung**, weil selbst eine gedachte Nacherfüllung zum Zeitpunkt der Vertragsbeendigung (z.B. eine erneute Bereitstellung der Computerspiel-Erweiterung) den an der Grundversion entstandenen Schaden nicht beheben würde. Voraussetzung für einen Ersatzanspruch ist nach § 280 Abs. 1 zunächst die Verletzung einer Pflicht aus einem Schuldverhältnis. 266

U hat die aus dem Kaufvertrag resultierende Pflicht zur mangelfreien Bereitstellung der Computerspiel-Erweiterung nach § 327d verletzt. Ferner müsste U die Pflichtverletzung zu vertreten haben, was nach § 280 Abs. 1 S. 2 zu vermuten ist. Gründe für eine Entlastung des U sind nicht ersichtlich. Schließlich ist V aufgrund der Pflichtverletzung ein Schaden i.H.v. 20 € entstanden. Auch ein Anspruch auf Zahlung der weiteren 20 € besteht folglich.

6. Verjährung

267 Die Ansprüche aus § 327i unterliegen der **Sonderverjährung** nach § 327j: Abweichend von §§ 195, 199 beträgt die Verjährungsfrist für Ansprüche wegen der Vertragswidrigkeit des digitalen Produkts **zwei Jahre ab dem Zeitpunkt der Bereitstellung** (§ 327j Abs. 1). Gemäß § 327j Abs. 4 tritt die Verjährung aber nicht vor dem Ablauf von vier Monaten nach dem Zeitpunkt ein, in dem sich der Mangel erstmals gezeigt hat. Auch eine Verbraucherin, die den Mangel erst kurz vor Ablauf der Verjährungsfrist des § 327j Abs. 1 entdeckt, kann somit noch innerhalb von vier Monaten ihre Rechte geltend machen, ohne mit der Einrede der Verjährung konfrontiert zu werden (Parallelregelung zu § 475e Abs. 3). Deutlich länger ist diese sog. **Ablaufhemmung** bei der dauerhaften Bereitstellung digitaler Produkte: Gemäß § 327j Abs. 2 verjähren die Ansprüche im Falle der dauerhaften Bereitstellung nicht vor Ablauf von zwölf Monaten nach dem Ende des Bereitstellungszeitraums. Auch Ansprüche wegen einer Verletzung der Aktualisierungspflicht verjähren gemäß § 327j Abs. 3 nicht vor Ablauf von zwölf Monaten nach dem Ende des für die Aktualisierungspflicht maßgeblichen Zeitraums. § 327j Abs. 2, Abs. 3 erlauben also je nach Fallkonstellation noch eine jahrelange Geltendmachung der Ansprüche.[50]

268 Da nach § 194 Abs. 1 nur Ansprüche verjähren, nicht aber die Gestaltungsrechte der Vertragsbeendigung und Minderung, verweist § 327j Abs. 5 auf die Regelung des § 218: Die Vertragsbeendigung bzw. Minderung ist unwirksam, sofern der Nacherfüllungsanspruch verjährt ist und der Unternehmer sich hierauf beruft. Für Ansprüche wegen der Verletzung des Bereitstellungsanspruchs nach § 327c findet § 327j übrigens keine Anwendung. Diese Ansprüche unterliegen der Regelverjährung der §§ 195, 199.[51]

VI. Folgen datenschutzrechtlicher Erklärungen

269 Bei der Erfüllung eines Vertrags über digitale Produkte werden regelmäßig personenbezogene Daten des Verbrauchers verarbeitet, und zwar nicht nur dann, wenn ein „Zahlen mit Daten" i.S.d. § 327 Abs. 3 erfolgt. So wertet bspw. auch ein entgeltlicher Streaming-Dienst personenbezogene Daten über die Präferenzen seiner Kundinnen aus. Die datenschutzrechtliche Zulässigkeit einer solchen Datenverarbeitung ergibt sich aus der Datenschutz-Grundverordnung (DSGVO) bzw. aus dem Telekommunikation-Telemedien-Datenschutz-Gesetz (TTDSG). Die dortigen Regelungen erlauben den Datensubjekten, eine einstmals erteilte Einwilligung zur Datenvereinbarung zu einem späteren Zeitpunkt zu widerrufen bzw. Datenverarbeitungsvorgängen, die auf andere Erlaubnistatbestände

50 Siehe auch MünchKomm/*Metzger*, § 327j Rn. 7.
51 MünchKomm/*Metzger*, § 327c Rn. 14; aA BeckOGK/*Fries*, § 327c, Rn. 15.

gestützt werden, zu widersprechen. § 327q regelt die Folgen eines solchen **datenschutzrechtlichen Widerrufs oder Widerspruchs** für den Vertrag über digitale Inhalte. Gemäß § 327q Abs. 1 haben die datenschutzrechtlichen Erklärungen keine Auswirkungen auf den Vertrag. Auch Ersatzansprüche der Unternehmerin gegenüber dem Verbraucher entstehen nicht, wie § 327q Abs. 3 überzeugend klarstellt. Denn zum Zeitpunkt des Widerrufs oder Widerspruchs wird die Datenverarbeitung in der Regel bereits erfolgt sein. Allerdings mag es insbesondere beim „Zahlen mit Daten“ so sein, dass der Unternehmerin ein Festhalten am Vertrag angesichts der nunmehr unzulässigen Datenverarbeitung unter Abwägung der beiderseitigen Interessen nicht mehr zumutbar ist. Für diesen Fall begründet § 327q Abs. 2 ein **außerordentliches Kündigungsrecht** der Unternehmerin.[52]

VII. Abweichende Vereinbarungen

Gemäß § 327s Abs. 1 sind die Regelungen über digitale Produkte grundsätzlich **halbzwingend**, d.h. ein Unternehmer kann sich auf Abweichungen zu Lasten der Verbraucherin nicht berufen. § 327s Abs. 3 enthält das im gesamten Verbraucherprivatrecht bekannte **Umgehungsverbot**. Allerdings gibt es gewisse Freiräume für eine Disposition der Parteien zum Nachteil der Verbraucherin. Dies betrifft zunächst den Zeitpunkt der Bereitstellung, der von den Parteien gemäß § 327b Abs. 2 frei vereinbart werden kann. Flexibilität besteht in Grenzen auch hinsichtlich der Beschaffenheit des digitalen Produkts. So können die Parteien etwa bestimmen, dass abweichend vom Grundsatz des § 327e Abs. 3 S. 1 Nr. 6 nicht die neueste verfügbare Version des geschuldeten digitalen Produkts bereitgestellt wird. Im Übrigen ist eine für den Verbraucher nachteilige Abweichung von den objektiven Anforderungen der §§ 327e Abs. 3, 327f Abs. 1, 327g durch Parteivereinbarung (negative Beschaffenheitsvereinbarung) zulässig, allerdings nur, wenn die besonderen Einbeziehungsvoraussetzungen des § 327h erfüllt werden (§ 327s Abs. 5, vgl. oben Rn. 228). Bei dauerhafter Bereitstellung ergibt sich aus § 327r zudem ein einseitiges Änderungsrecht des Unternehmers. **270**

Vereinbarungen, die zum Nachteil der Verbraucherin von den §§ 327 ff. abweichen, sind ferner dann möglich, wenn die Verbraucherin den Unternehmer bereits über einen Mangel des digitalen Produkts benachrichtigt hat oder wenn der Unternehmer die Verbraucherin über eine Änderung des digitalen Produkts informiert hat, § 327s Abs. 1, Abs. 2. Das Gesetz geht in diesen Fällen davon aus, dass die Verbraucherin sich aufgrund ihrer Kenntnis von der Vertragswidrigkeit angemessen schützen wird. Schließlich können nach § 327s Abs. 4 Ansprüche der Verbraucher auf Schadensersatz beschränkt werden (Parallelregelung zu § 476 Abs. 3). Da ein solcher Haftungsausschluss regelmäßig in AGB vereinbart wird, ist in der Fallbearbeitung hier stets an eine AGB-Kontrolle unter besonderer Berücksichtigung des § 309 Nr. 7 zu denken. **271**

52 Kritisch *Buchmann/Panfili*, LRZ 2022 Rn. 924, 955 f., LRZ.legal/2022Rn924>.

§ 6

Verbraucherkreditgeschäfte

I. Grundlagen

1. Gefahren der Kreditaufnahme

272 Die allgemeinen Vorschriften über den Darlehensvertrag sind knapp in nur drei Bestimmungen (§§ 488-490 BGB) verankert. Im Anschluss daran findet sich in den §§ 491 ff. eine detaillierte Regelung des Verbraucherkreditrechts. Kreditgeschäfte sind zwar alltäglich geworden und werden massenhaft abgeschlossen, bergen aber für Verbraucherinnen ganz beträchtliche Gefahren.[1] An erster Stelle steht die **Verlockung eines alsbaldigen Konsums**. Den neuen Computer oder PKW oder die Fernreise vor Augen, neigen viele Menschen dazu, die mit einer Kreditaufnahme verbundenen langfristigen finanziellen Belastungen zu verdrängen. Gleichzeitig überschätzen sie ihre künftige Zahlungsfähigkeit. Sie berücksichtigen nicht, dass sie Zahlungspflichten treffen können, auch wenn der Wert des kreditfinanzierten Konsumguts längst aufgezehrt ist. Außerdem kann sich ihr Vermögen durch Krankheit, Arbeitsplatzverlust oder Scheidung unerwartet verschlechtern. Kreditnehmer sind aber auch deswegen schutzbedürftig, weil Kreditverträge häufig **komplexe Vertragsbedingungen** aufweisen. Interessenten können sich daher nicht ohne Weiteres Klarheit über die genauen wirtschaftlichen Folgen der Kreditaufnahme verschaffen. Zudem lassen sich verschiedene Finanzprodukte am Markt oftmals nur schwer vergleichen. Diese Erwägungen betreffen nicht nur Verbraucher, sondern auch Personen, welche sich eine selbständige berufliche Existenz aufbauen. Aus alldem ergibt sich die Gefahr einer Überschuldung, die nicht nur für die einzelnen Verbraucher oder **Existenzgründer** existenzbedrohend ist, sondern in der Gesamtschau auch ein volkswirtschaftliches Problem darstellt.[2]

2. Systematik des Gesetzes

273 Die §§ 491 ff. dienen der Umsetzung der europäischen **Verbraucherkreditrichtlinie sowie der Wohnimmobilienkreditrichtlinie**.[3] Die Verbraucherkredit-RL ist auf Vollharmonisierung gerichtet (s.o. Rn. 13).[4] Die Wohnimmobilienkredit-RL belässt den Mitgliedstaaten einen größeren Spielraum und folgt prinzipiell dem Mindestharmonisierungsansatz.[5] Auf die Initiative des **deutschen Gesetzgebers** zurückzuführen sind die Regelungen für unentgeltliche Darlehen und unentgeltliche Finanzierungshilfen in §§ 514 f. Der Gesetzgeber hat dort die Konsequenzen aus der im Zuge einer Niedrigzinsphase gewachsenen Erkenntnis gezogen, dass auch eine zinslose Finanzierung erhebliche Risiken für Verbraucher bergen kann.

---

1 Zusammenfassend *Herresthal*, in: Staudinger, Eckpfeiler, L. Rn. 79 f.; *Grunewald/Peifer*, Rn. 136.
2 Zu den Rechtstatsachen MünchKomm/*Weber*, Vor § 491 Rn. 2.
3 Richtlinie 2008/48/EG, ABl. 2008 L 133/06; Richtlinie 2014/17/EU, ABl. 2014 L 60/34.
4 Art. 22 Abs. 1 VerbrKrRL.
5 Art. 2 Abs. 1 WohnImmoKrRL.

In den §§ 491 ff. BGB ist zunächst eingehend das **entgeltliche Darlehen** geregelt, wobei nach § 491 Abs. 1 S. 2 zwischen Allgemein- und Immobiliar-Verbraucherdarlehensverträgen zu unterscheiden ist. Eine entsprechende Anwendung der Vorschriften des Verbraucherdarlehensrechts ordnet sodann § 506 Abs. 1 für den **entgeltlichen Zahlungsaufschub** und die **sonstige entgeltliche Finanzierungshilfe** an (hierunter zählt insbesondere das Teilzahlungsgeschäft und das Finanzierungsleasing). In §§ 514 f. werden einzelne Schutzinstrumente für entgeltliche Kreditverträge zudem auf **unentgeltliche Darlehen und Finanzierungshilfen** erstreckt. Schließlich finden sich im Zusammenhang mit dem Maklervertrag in **§§ 655a ff.** noch besondere Vorschriften über die **Vermittlung von Verbraucherdarlehensverträgen**. **274**

Im Kontext der Verbraucherkreditverträge ist zudem in § 510 der **Ratenlieferungsvertrag** geregelt. Zu denken ist etwa an einen Kaufvertrag über ein mehrbändiges, in größeren Abständen erscheinendes Lexikon oder einen Bierlieferungsvertrag, den der Gründer einer Gaststätte mit einer Brauerei abschließt. Eine Kreditgewährung verbindet sich mit solchen Vertragsgestaltungen typischerweise nicht. Vielmehr soll der Verbraucher oder die Existenzgründerin vor übereilt eingegangenen Verträgen mit langfristiger Erwerbsverpflichtung geschützt werden. **275**

3. Überblick über die Schutzinstrumente

a) Schutz durch Verbraucherprivatrecht

Der Schutz von Verbrauchern und bestimmten Existenzgründern (§ 513) vor einer drohenden Überforderung wird auf drei unterschiedlichen Wegen realisiert. Erstens enthalten die §§ 491 ff. die **geläufigen Schutzinstrumentarien des Verbraucherprivatrechts**. Die Unternehmerin treffen vorvertragliche Informationspflichten (§ 491a) sowie vertragliche Dokumentationspflichten (§ 492 Abs. 2), um der Verbraucherin eine eigenverantwortliche Entscheidung über die Kreditaufnahme zu ermöglichen. Außerdem kann sich der Verbraucher von seiner auf den Vertragsschluss gerichteten Willenserklärung nachträglich durch Widerruf gemäß §§ 495 Abs. 1, 506 Abs. 1, 514 Abs. 2 lösen. **276**

Hinzu treten zweitens Schutzinstrumente, die **spezifisch auf Verbraucherkreditverträge** zugeschnitten sind. Dies betrifft zunächst die vor Vertragsschluss zwingend vorzunehmende **Kreditwürdigkeitsprüfung** (§§ 505a ff.). Im Stadium der Vertragsabwicklung hat die Unternehmerin den Verbraucher anlässlich einer Änderung des Zinssatzes und des bevorstehenden Laufzeitendes (§ 493) sowie im Falle einer Abtretung der Kreditforderung (§ 496 Abs. 2) zu unterrichten. Auch für den Verzug (§ 497) und die Beendigung des Vertrags (§§ 498 ff.) finden sich Sonderbestimmungen, die die Darlehensnehmerin bei einem Verbraucherkreditvertrag privilegieren. All diese Regeln haben schließlich gemäß § 512 S. 1 **halbzwingenden Charakter**, Abweichungen sind mit anderen Worten nur zugunsten des Darlehensnehmers zulässig.[6] Auch Umgehungen des Gesetzes sind nach § 512 S. 2 verboten. **277**

---

6 Näher dazu bereits Rn. 11 f.

b) Schutz durch allgemeine Rechtsinstitute

278 Schließlich gibt es Problemkreise, die innerhalb der §§ 491 ff. ausgespart und daher mit Hilfe allgemeiner Rechtsinstitute zu bewältigen sind. Das gilt namentlich für die Schädigung des Verbrauchers durch **sittenwidrig hohe Zinsen**.

Fall 31: Nachdem seine Hausbank den Wunsch nach der Finanzierung eines gebrauchten PKW rundheraus abgelehnt hat, findet D über eine Kleinanzeige in der Zeitung Kontakt zur unbekannten B-Bank. Diese gewährt ihm einen Kredit in Höhe von 10.000 € über eine Laufzeit von einem Jahr. Allerdings verlangt sie statt der marktüblichen 8% stolze 22% Zinsen. Kann B von D die Rückzahlung des ausbezahlten Darlehens verlangen?

Es ist zu prüfen, ob B gegen D ein Anspruch auf Rückzahlung des Darlehens einschließlich der vereinbarten Zinsen gemäß **§ 488 Abs. 1 S. 2** zusteht. Voraussetzung wäre dafür zunächst die Existenz eines Darlehensvertrags. Einen solchen haben die Parteien hier zwar geschlossen, doch könnte der Vertrag angesichts des überhöhten Zinses wegen **Wuchers** nach § 138 Abs. 2 nichtig sein. Der hierfür erforderliche Beweis des Ausbeutens einer Schwächesituation durch B lässt sich allerdings in der Praxis kaum erbringen. Deshalb hat die Rechtsprechung die Rechtsfigur des **wucherähnlichen Rechtsgeschäfts** entwickelt. Danach ist der Kreditvertrag nach § 138 Abs. 1 nichtig, wenn zwischen Leistung und Gegenleistung ein **auffälliges Missverhältnis** besteht und die Kreditgeberin die schwächere Lage des anderen Teils bewusst zu ihrem Vorteil ausnutzt oder sich leichtfertig **der Erkenntnis verschließt**, dass der Kreditnehmer sich nur wegen seiner schwächeren Lage auf die drückenden Bedingungen einlässt.[7] Ein auffälliges Missverhältnis ist immer dann zu bejahen, wenn der Vertragszins den marktüblichen Effektivzins um absolut 12 Prozentpunkte oder um relativ 100% überschreitet (in Niedrigzinsphasen kann der relative Richtwert auf 110% angepasst werden).[8] Sowohl absoluter als auch relativer Richtwert sind in Fall 31 überschritten. Ist somit der objektive Tatbestand erfüllt, greift eine tatsächliche Vermutung für den subjektiven Tatbestand ein, die von der B-Bank hier nicht entkräftet wurde. Damit ist der Vertrag nach § 138 Abs. 1 nichtig; ein Anspruch aus § 488 Abs. 1 S. 2 besteht nicht.

279 Allerdings kann B gegen D einen Anspruch aus Leistungskondiktion gemäß **§ 812 Abs. 1 S. 1 Alt. 1** auf Rückzahlung der Darlehensvaluta geltend machen. Dem steht auch **§ 817 S. 2** nicht entgegen. Denn Leistung im Sinne des § 817 S. 2 ist nur dasjenige, was endgültig in das Vermögen des Leistungsempfängers übergehen soll.[9] Das ist hier nicht die Darlehensvaluta als solche, sondern nur die Nutzungsmöglichkeit des Geldbetrags auf Zeit.[10] Im Ergebnis muss D das Darlehen daher erst nach Ablauf der vereinbarten Laufzeit zurückzahlen. Ein Anspruch der B auf Zinszahlung in Form des Wertersatzes für die Nutzungsmöglichkeit der Darlehensvaluta besteht nach hM nicht; das ist die Sanktion für die Vornahme des wucherähnlichen Rechtsgeschäfts. B kann daher nach Ablauf des Jahres lediglich Rückzahlung der 10.000 € verlangen.

---

7 Zusammenfassend Grüneberg/*Ellenberger*, § 138 Rn. 25 ff.; *Oetker/Maultzsch*, Vertragliche Schuldverhältnisse § 3 Rn. 8 ff.; *Oechsler*, Vertragliche Schuldverhältnisse Rn. 603 ff.
8 BGH NJW 1991, 834, 835; BeckOGK/*Jakl*, § 138 Rn. 204.
9 Vgl. nur Jauernig/*Stadler*, § 817 Rn. 10.
10 Vgl. bereits RGZ 161, 52, 57 f.; daneben BGH NJW 1983, 1420, 1422; mit differenzierendem Blick auf die Rspr. MünchKomm/*Schwab*, § 817 Rn. 50 f.; BeckOK BGB/*Wendehorst*, § 817 Rn. 21.

II. Verbraucherdarlehen

1. Persönlicher Anwendungsbereich

Seit Umsetzung der Wohnimmobilienkredit-RL im Jahr 2016 differenziert das Gesetz in § 491 zwischen (entgeltlichen) Allgemein-Verbraucherdarlehensverträgen und (entgeltlichen) Immobiliar-Verbraucherdarlehensverträgen, während unentgeltliche Darlehensverträge in § 514 geregelt sind. In persönlicher Hinsicht gilt für all diese Verträge, dass die **Darlehensgeberin Unternehmerin** im Sinne von § 14 sein muss, das Darlehen also in Ausübung ihrer gewerblichen oder selbständigen beruflichen Tätigkeit vergibt. Keineswegs muss die Kreditvergabe aber den Schwerpunkt ihrer Tätigkeit bilden. Das Gesetz mutet die Einhaltung der umfangreichen und komplexen Schutzinstrumentarien vielmehr auch einem solchen Unternehmer zu, der anlässlich einer sonstigen gewerblichen Tätigkeit erstmals ein Darlehen vergibt (Rn. 24).[11] 280

Im Gegenzug muss die **Darlehensnehmerin Verbraucherin** i.S.d. § 13 sein. Zu Mischfällen, bei denen das Darlehen sowohl unternehmerischen als auch privaten Zwecken dient, siehe bereits Rn. 27. Bei entgeltlichen Darlehensverträgen wird die Darlehensnehmerin gemäß § 513 bis zu einem Nettodarlehensbetrag von 75.000 € auch in der Phase der **Existenzgründung** geschützt.[12] Diese Gründungsphase **endet mit der Eröffnung des Ladengeschäfts** oder dem Beginn des öffentlichen Anbietens von Dienstleistungen. Keinen Schutz genießt deswegen derjenige Unternehmer, der mittels einer Kreditaufnahme ein schon bestehendes Unternehmen erweitern will. Umstritten ist hingegen die Behandlung **zusätzlicher Existenzgründungen**. Hier dienen die Mittel dazu, ein neues, vom ersten klar abgrenzbares Unternehmen zu gründen. In der Literatur wird teilweise argumentiert, die Darlehensnehmerin sei im Falle einer zusätzlichen Existenzgründung nicht schutzwürdig, weil sie bereits über unternehmerische Erfahrung verfüge.[13] Diese Erwägung mag zwar rechtstatsächlich zutreffen, verfehlt jedoch das Schutzkonzept des Verbraucherprivatrechts. Denn danach ist eine Person nicht per se schutzbedürftig. Vielmehr ist für jedes Rechtsgeschäft gesondert zu prüfen, ob ein gewerblicher Bezug besteht.[14] Die herrschende Meinung geht daher zu Recht davon aus, dass auch die zusätzliche Existenzgründung von § 513 erfasst wird.[15] Ebenso ist bei der **wiederholten Existenzgründung** zu entscheiden.[16] Hier hat der Darlehensnehmer zwar schon einmal ein gleichartiges Unternehmen betrieben, hat dieses aber aus persönlichen oder wirtschaftlichen Gründen in der Vergangenheit wieder eingestellt. Das Gesetz privilegiert die Existenzgründung allerdings nur bei einer Kreditaufnahme **bis zu einem Nettodarlehensbetrag von 75.000 €** inklusive (§ 513). Dabei ist unter Nettodarlehensbetrag gemäß Art. 247 § 3 Abs. 2 S. 2 EGBGB der Höchstbetrag zu verstehen, auf dessen Auszahlung der Darlehensnehmer aufgrund des Darlehensvertrags Anspruch hat. 281

11 BGHZ 179, 126 = NZG 2009, 273.
12 Vgl. bereits Rn. 39.
13 Vgl. Staudinger/*Kessal-Wulf*, § 512 Rn. 9; BeckOK BGB/*Möller*, § 513 Rn. 4.
14 Vgl. bezogen auf den Verbraucherbegriff Rn. 19.
15 BGHZ 128, 156, 163 = NJW 1995, 722; BGH NJW 2002, 2030, 2031; MünchKomm/*Weber*, § 513 Rn. 6; Jauernig/*Berger*, § 513 Rn. 2.
16 BGH NJW 1998, 540, 541.

2. Sachlicher Anwendungsbereich

a) Allgemein- und Immobiliar-Verbraucherdarlehensverträge

282 Den Grundtatbestand des Verbraucherkreditrechts bildet der **entgeltliche Darlehensvertrag**. Durch den Darlehensvertrag verpflichtet sich gemäß § 488 Abs. 1 S. 1 die Darlehensgeberin, der Darlehensnehmerin einen Geldbetrag in der vereinbarten Höhe zur Verfügung zu stellen. **Entgeltlich** ist das Darlehen, wenn die Darlehensnehmerin hierfür Zinsen oder eine einmalige Vergütung entrichten muss. Auf die Bezeichnung oder die Höhe des Entgelts kommt es nicht an.[17] Erfasst wird insbesondere auch das sog. Disagio oder Damnum.[18] Davon spricht man, wenn der Darlehensgeber einen bestimmten Teilbetrag von Anfang an einbehält, also etwa bei einem Darlehen über 10.000 € nur ein Betrag von 9.000 € zur Auszahlung gelangt. Werden Nebenentgelte unabhängig von der Laufzeit des Darlehens in AGB festgelegt (z.B. einmalige Bearbeitungsgebühren), so handelt es sich um nach § 307 Abs. 2 Nr. 1 unwirksame Preisnebenabreden (siehe Rn. 67).[19]

283 Das Gesetz unterscheidet zwischen Immobiliar-Verbraucherdarlehensverträgen nach § 491 Abs. 3 und Allgemein-Verbraucherdarlehensverträgen gemäß § 491 Abs. 2. Kennzeichnend für **Immobiliar-Verbraucherdarlehensverträge** nach Abs. 3 ist entweder die **Besicherung** durch ein Grundpfandrecht oder eine Reallast oder der **Zweck des Darlehens**, den Erwerb oder die Erhaltung des Eigentumsrechts an Grundstücken, an bestehenden oder zu errichtenden Gebäuden oder für den Erwerb oder die Erhaltung von grundstücksgleichen Rechten zu ermöglichen.[20] Alle anderen Verbraucherdarlehen sind **Allgemein-Verbraucherdarlehensverträge** (vgl. § 491 Abs. 2 S. 2 Nr. 6 Alt. 1).

284 In bestimmten Fällen geht von dem Kreditvertrag für den Verbraucher ein deutlich vermindertes Risiko aus. Da die Anwendung der besonderen Schutzvorschriften dann unverhältnismäßig wäre, sehen § 491 Abs. 2 bis Abs. 4 gewisse **Ausnahmen** vor. Privilegiert sind beispielsweise zinsgünstige Kredite von Arbeitgeberinnen an ihre Arbeitnehmer (§ 491 Abs. 2 S. 2 Nr. 4, Abs. 3 S. 2). Außerdem werden Allgemein-Verbraucherdarlehen nicht den besonderen Schutzvorschriften unterworfen, wenn sie eine Bagatellschwelle nicht überschreiten (Kredite mit einem Nettodarlehensbetrag unter 200 € gemäß Abs. 2 S. 2 Nr. 1 und kurzfristige Kredite unter drei Monaten, bei denen nur geringe Kosten anfallen, gemäß Abs. 2 S. 2 Nr. 3).

b) Grundsatz der Einzelbetrachtung

285 Treten mehrere Personen als Darlehensnehmer auf, gilt der so genannten **Grundsatz der Einzelbetrachtung**.[21] Für jeden Beteiligten ist gesondert zu ermitteln, ob die Voraussetzungen des § 491 vorliegen. Der Darlehensvertrag kann folglich mit Blick auf

---

17 Erman/*Nietsch*, § 491 Rn. 16; Staudinger/*Kessal-Wulf*, § 491 Rn. 48 f.

18 Näher MünchKomm/*Weber*, § 491 Rn. 37.

19 BGH NJW-RR 2014, 1133, 1134 f.

20 Mit Darlehen, die zum Erhalt des *Eigentumsrechts* bestimmt sind, sind in erster Linie Umschuldungsdarlehen angesprochen. Darlehen, die der Erhaltung der *Gebäudesubstanz* dienen, fallen nicht unter § 491 Abs. 3 Nr. 2, weil diese nicht zum Erhalt des Eigentumsrechts bestimmt sind. Allerdings werden solche Darlehen oftmals durch ein Grundpfandrecht besichert sein und unterfallen folglich bereits nach § 491 Abs. 3 Nr. 1 dem Begriff des Immobiliar-Verbraucherdarlehens.

21 BGHZ 133, 71 = NJW 1996, 2156; *Oechsler*, Vertragliche Schuldverhältnisse Rn. 647.

die eine Darlehensnehmerin ein Verbraucherkreditvertrag sein, während der andere Darlehensnehmer kein Verbraucher ist und deshalb nicht den Schutz der §§ 491a ff. genießt. Zu den Folgen im Falle eines Widerrufs siehe Rn. 140 f., 305.

c) Verpflichtung des Ehegatten über § 1357 Abs. 1

Auch ohne Beteiligung am Vertragsschluss können Ehegatten mittels des Rechtsinstituts der **Schlüsselgewalt** in den Darlehensvertrag einbezogen sein. Nach **§ 1357 Abs. 1** ist jeder Ehegatte berechtigt, Geschäfte zur angemessenen Deckung des Lebensbedarfs der Familie zu besorgen. Durch solche Geschäfte werden beide Ehegatten berechtigt und verpflichtet. Rechtskonstruktiv vermittelt die Vorschrift eine **gesetzliche Vertretungsmacht**, sofern der vertragschließende Ehegatte auch im Namen des anderen agiert; andernfalls begründet sie einen der seltenen Fälle einer **gesetzlichen Verpflichtungsermächtigung**.[22] Auch eine Darlehensaufnahme kann ein Geschäft zur angemessenen Deckung des Lebensbedarfs sein. Voraussetzung ist allerdings, dass die eingegangene Verpflichtung das Familieneinkommen nicht über Gebühr belastet.[23] Hinsichtlich der Anwendbarkeit der verbraucherprivatrechtlichen Schutzinstrumente ist im Weiteren zu differenzieren. Um ein Leerlaufen der Norm zu verhindern, muss es genügen, wenn die Formerfordernisse und Informationspflichten gegenüber der kontrahierenden Ehegattin gewahrt sind. Nur zu dieser hat der Darlehensgeber nämlich Kontakt. Das Widerrufsrecht des § 495 Abs. 1 steht bei der Mitverpflichtung über § 1357 aber auch dem Ehegatten der Handelnden zu.[24] **286**

d) Personalsicherheiten

Umstritten ist die Anwendung der §§ 491a ff. auf Personalsicherheiten. Nach verbreiteter Auffassung im Schrifttum sollen die Regeln des Verbraucherdarlehensrechts auch auf die **Bürgschaft** entsprechende Anwendung finden.[25] Die herrschende Meinung lehnt das indessen zu Recht ab.[26] Im Zuge der Reform der Verbraucherkredit-RL wurde eine Einbeziehung der Bürgen in den Anwendungsbereich der Richtlinie zwar erwogen, aber nicht realisiert.[27] Durch die Bürgschaft wird nämlich lediglich eine akzessorische Eventualverbindlichkeit für den Sicherungsfall begründet. Für die Bürgin ist deshalb die Vermögenslage der Hauptschuldnerin von deutlich höherem Interesse als Informationen über die konkreten Bedingungen des Kreditvertrags. Über die Finanzsituation der Hauptschuldnerin bieten die vom Unternehmer nach §§ 491a, 492 Abs. 2 zu übermittelnden Informationen freilich keinen Aufschluss. Zum Schutz des Bürgens halten die §§ 765 ff. außerdem ein eigenes Instrumentarium bereit, namentlich das Schriftformerfordernis des § 766 S. 1 und die Einwendungen und Einreden der §§ 767 f., 770 f. Daneben ist **kein Raum für eine Analogie zu §§ 491 ff.** **287**

---

22 Grüneberg/*Siede*, § 1357 Rn. 3.
23 MünchKomm/*Weber*, § 491 Rn. 69; *Löhnig*, FamRZ 2001, 135, 137.
24 MünchKomm/*Roth*, § 1357 Rn. 34; Erman/*Nietsch*, § 491 Rn. 48; Jauernig/*Budzikiewicz*, § 1357 Rn. 7.
25 Vgl. etwa *Bülow/Artz*, Rn. 326; *Emmerich*, Schuldrecht BT § 8 Rn. 23a.
26 **BGHZ 138, 321, 325 ff. = NJW 1998, 1939**; OLG Düsseldorf WM 2009, 846; Erman/*Nietsch*, § 491 Rn. 53; Staudinger/*Kessal-Wulf*, § 491 Rn. 23; MünchKomm/*Weber*, § 491 Rn. 67.
27 Eine Anwendung der ersten Verbraucherkredit-RL auf Bürgschaften ablehnend EuGH NJW 2000, 1323 – Berliner Kindl.

288 Anders ist die Sachlage nach hM beim **Schuldbeitritt**. Dieser kann im Allgemeinen formfrei erklärt werden. Insbesondere findet auf den Schuldbeitritt nach hM das für die Bürgschaft geltende Schriftformerfordernis des **§ 766 keine entsprechende Anwendung**.[28] Anders als bei der Bürgschaft haftet der hinzutretende Schuldner neben dem Schuldner als Gesamtschuldner für eine eigene Schuld, nicht nur subsidiär und akzessorisch. Das Schutzbedürfnis des Beitretenden ist deshalb eher größer als dasjenige der Darlehensnehmerin. Denn trotz voller Mitverpflichtung erlangt der Beitretende keine Rechte gegen den Darlehensgeber und hat insbesondere keinen Anspruch auf Auszahlung des Darlehens. Auch aus Perspektive des Darlehensgebers sprechen gute Argumente für die entsprechende Anwendung des Verbraucherdarlehensrechts, weil er durch den Schuldbeitritt einen weiteren Schuldner gewinnt. Die **§§ 491 ff.** sind demnach auf den Schuldbeitritt **entsprechend anzuwenden**.[29]

3. Pflichten im Vorfeld des Vertragsschlusses

a) Vorvertragliche Informationspflichten

289 Über die Einzelheiten des geplanten Verbraucherdarlehens hat der Darlehensgeber den Darlehensnehmer gemäß **§ 491a Abs. 1** bereits im Vorfeld zu informieren, wobei es wiederum zwischen Immobiliar- und Allgemein-Verbraucherdarlehensverträgen zu differenzieren gilt. Gemäß Art. 247 § 1 Abs. 2 S. 1 und § 2 Abs. 1 S. 1 EGBGB muss die Unterrichtung in jedem Fall rechtzeitig vor Vertragsschluss erfolgen. Die vorvertragliche Information muss einen **umfangreichen Katalog von Mindestangaben** enthalten, der sich für Immobiliar-Verbraucherdarlehen aus Art. 247 § 1 Abs. 2 EGBGB ergibt und für Allgemein-Verbraucherdarlehen in Art. 247 §§ 3 ff. EGBGB aufgeführt ist. Hierzu zählt etwa die Information über das Bestehen eines Widerrufsrechts gemäß §§ 495, 355. Besondere Bedeutung misst das Gesetz zudem der Angabe des **effektiven Jahreszinses** zu. In seine Berechnung fließen nach Art. 247 § 3 Abs. 2 S. 3 EGBGB i.V.m. § 6 der Preisangabenverordnung (PAngV) alle Zinsen und Kosten der Kreditaufnahme ein. Der effektive Jahreszins spiegelt daher die **tatsächliche Belastung** wider, die für die Verbraucherin mit der Kreditaufnahme verbunden ist und ermöglicht den **Vergleich** verschiedener Kreditangebote deutlich besser als der vertraglich vereinbarte Zinssatz (sog. Sollzinssatz, vgl. § 489 Abs. 5).

290 Um dem Darlehensgeber die Erfüllung seiner Pflichten zu erleichtern und dem Verbraucher den Vergleich verschiedener Angebote zu ermöglichen, müssen die Informationen auf standardisierte Weise erteilt werden. Für Immobiliar-Verbraucherdarlehen schreibt Art. 247 § 1 Abs. 2 S. 2 EGBGB die Verwendung des sog. **ESIS-Merkblatts** in Anlage 6 EGBGB vor. Bei Allgemein-Verbraucherdarlehen ist nach Art. 247 § 2 Abs. 2 EGBGB die Verwendung des Musters **„Europäische Standardinformationen für Verbraucherkredite“** in Anlage 4 erforderlich. Übermittelt der Darlehensgeber dem Verbraucher ein ordnungsgemäß ausgefülltes Muster, **gelten die Pflichtangaben als erfüllt** (vgl. Art. 247 § 2 Abs. 4 S. 1 EGBGB). Laut § 491a Abs. 3 sind dem Verbraucher zusätzlich

---

28 BGH NJW 1991, 3095, 3098; Soergel/*Schreiber*, Vor § 414 Rn. 8; Staudinger/*Stürner*, Vor § 765 Rn. 399; aA MünchKomm/*Weber*, § 491 Rn. 66; MünchKomm/*Habersack*, Vor § 765 Rn. 17.

29 Grundlegend **BGHZ 133, 71, 74 f. = NJW 1996, 2156**; BGHZ 165, 43, 46 = NJW 2006, 431; BGHZ 179, 126 Rn. 34; aA Vorauflage (2. Aufl.) sowie MünchKomm/*Weber*, § 491 Rn. 65 f.; MünchKomm/*Habersack*, Vor § 765 Rn. 13 ff.

angemessene Erläuterungen zu dem geplanten Geschäft zu geben. Damit soll der Verbraucher in die Lage versetzt werden, selbst zu beurteilen, ob der Vertrag dem von ihm verfolgten Zweck und seinen Vermögensverhältnissen gerecht wird. Verletzt der Darlehensgeber eine seiner vorvertraglichen Informationspflichten, kann er sich nach §§ 280 Abs. 1, 311 Abs. 2 schadensersatzpflichtig machen.

b) Kreditwürdigkeitsprüfung

Das Gesetz setzt aber nicht allein auf die Selbsteinschätzung des Verbrauchers. Im Hinblick auf die sowohl für den einzelnen Kreditnehmer wie die Volkswirtschaft insgesamt dramatischen Folgen der Überschuldung nehmen §§ 505a ff. vielmehr auch den Kreditgeber in die Pflicht, eine Überforderung des Verbrauchers zu verhindern. Im Vorfeld des Vertragsschlusses ist deshalb eine **Prüfung der Kreditwürdigkeit erforderlich.** Die Kreditwürdigkeit drückt die Wahrscheinlichkeit aus, mit der der Verbraucher seine Zahlungspflichten erfüllen wird. §§ 505b, 505c enthalten nähere Anforderungen zu den Informationen, die ein Kreditgeber vor Vertragsschluss einzuholen hat. Insbesondere hält § 505b Abs. 2 S. 3 fest, dass die Kreditwürdigkeit nicht hauptsächlich auf die Feststellung gestützt werden darf, der Wert der Wohnimmobilie zum Zeitpunkt der Kreditvergabe übersteige den Darlehensbetrag. Auch die Erwartung, der Wert der Immobilie werde künftig ansteigen, darf für die Kreditwürdigkeitsbeurteilung nicht zentral sein. Damit sollen so genannte *ninja*-Kredite *(no income, no jobs or assets)* vermieden werden, die als Mitauslöser der Finanzkrise ab dem Jahr 2007 gelten. Sofern das Darlehen dem Bau oder der Renovierung einer Wohnimmobilie dient, ist die Annahme einer künftigen Wertsteigerung allerdings typischerweise gerechtfertigt und steht einer positiven Kreditwürdigkeitsprüfung nicht entgegen, vgl. § 505b Abs. 2 S. 3 am Ende. **291**

Der Abschluss eines Allgemein-Verbraucherdarlehensvertrags ist nach § 505a Abs. 1 S. 2 unzulässig, wenn **in Folge der Kreditwürdigkeitsprüfung erhebliche Zweifel** daran bestehen, dass die Darlehensnehmerin ihren Pflichten aus dem Darlehensvertrag vertragsgemäß nachkommen wird. Bei Immobiliar-Verbraucherdarlehensverträgen kommt ein Abschluss sogar nur in Betracht, wenn die Kreditwürdigkeitsprüfung eine vertragsgemäße Rückzahlung des Darlehens wahrscheinlich erscheinen lässt. Wird der Vertrag trotz einer unterlassenen oder nicht ordnungsgemäß erfolgten Kreditwürdigkeitsprüfung geschlossen, hindert dies zwar nicht die Wirksamkeit des Vertrages. **§ 505a Abs. 1 ist also kein Verbotsgesetz** i.S.d. § 134. Doch § 505d enthält scharfe Sanktionen, sofern der Vertrag bei ordnungsgemäßer Kreditwürdigkeitsprüfung nicht hätte geschlossen werden dürfen. So ermäßigt sich der vereinbarte Sollzinssatz nach § 505d Abs. 1 S. 1 und der Verbraucher kann den Darlehensvertrag gemäß Abs. 1 S. 2 jederzeit kündigen, ohne eine Vorfälligkeitsentschädigung (Rn. 315) zahlen zu müssen. Gerät der Verbraucher mit der Rückzahlung des Darlehens in Verzug, sind nach § 505d Abs. 2 Schadensersatzansprüche des Darlehensgebers wegen Nichterfüllung oder Verzug ausgeschlossen, wenn sich in der unterlassenen Rückzahlung ein Risiko verwirklicht hat, das im Zuge einer ordnungsgemäßen Kreditwürdigkeitsprüfung hätte berücksichtigt werden müssen. Nicht befreit wird der Verbraucher allerdings von seiner Pflicht zur Rückzahlung der Darlehenssumme sowie des Sollzinses nach Abs. 1 S. 1, denn diese Primäransprüche beruhen auf dem Darlehensvertrag (vgl. § 488 Abs. 1 S. 2) und sind keine Ansprüche wegen Pflichtverletzung. § 505d Abs. 3 hält die Selbstverständlichkeit fest, dass die Sanktionen **292** für eine nicht ordnungsgemäße Kreditwürdigkeitsprüfung nicht eingreifen, sofern die Verbraucherin die Mängel der Kreditwürdigkeitsprüfung selbst herbeigeführt hat, indem sie der Darlehensgeberin vorsätzlich oder grob fahrlässig Informationen unrichtig erteilt oder vorenthalten hat.

293 Zu erwähnen ist in diesem Kontext schließlich noch § 499 Abs. 3 S. 1, wonach die Darlehensgeberin den Darlehensvertrag nicht allein deshalb kündigen darf, weil die Kreditwürdigkeitsprüfung nicht ordnungsgemäß durchgeführt wurde oder die vom Verbraucher vor Vertragsschluss erteilten Angaben unvollständig waren. Auch hier nimmt § 499 Abs. 3 S. 2 Konstellationen aus, in denen die Darlehensnehmerin unrichtige Angaben gemacht oder wissentlich Informationen unterdrückt hat. Die gesetzlichen Rechtsfolgen einer unterlassenen oder nicht ordnungsgemäßen Kreditwürdigkeitsprüfung sind abschließend. Deshalb kommt ein Schadensersatzanspruch des Darlehensnehmers aus *culpa in contrahendo* auf Aufhebung des Darlehensvertrags wegen einer fehlerhaften Risikoeinschätzung vor Vertragsschluss nicht in Betracht.[30]

4. Vertragsschluss

a) Schriftform und Pflichtangaben

294 Der Verbraucherdarlehensvertrag bedarf gemäß § 492 Abs. 1 S. 1 der **modifizierten Schriftform**. Die Form dient vorrangig der Warnung und Information des Verbrauchers, was sich in gewissen Abweichungen von § 126 BGB ausdrückt. Nach § 492 Abs. 1 S. 2 genügt es erstens, wenn Antrag und Annahme jeweils getrennt schriftlich erklärt werden. Zweitens bedarf die Erklärung der Darlehensgeberin abweichend von § 126 Abs. 1 keiner eigenhändigen Unterschrift, sofern sie mit Hilfe einer automatisierten Einrichtung erstellt wird (§ 492 Abs. 1 S. 3). Schließlich genügt es nicht, wenn die Verbraucherin eine Blankounterschrift unter eine noch unvollständige Vertragsurkunde setzt.[31] Die dem Verbraucher vorgelegte Vertragsurkunde muss vielmehr gemäß § 492 Abs. 2 zahlreiche **Pflichtangaben** enthalten, die in **Art. 247 § 6 bis 13 EGBGB** näher aufgeführt sind. Demnach ist gemäß Art. 247 § 6 Abs. 1 S. 1 Nr. 1 EGBGB zum einen die Mehrzahl der Angaben aus der vorvertraglichen Information zu wiederholen. Zum anderen treten neue Pflichtangaben hinzu. So sind insbesondere nach Art. 247 § 6 Abs. 1 S. 1 Nr. 6 EGBGB sämtliche weiteren Vertragsbedingungen in die Vertragsurkunde mitaufzunehmen. Je nach der konkreten Ausgestaltung des Vertrags können nach Art. 247 §§ 7, 8 und 12 EGBGB weitere Informationen hinzukommen, etwa zu den verlangten Sicherheiten, den Zusatzleistungen sowie den Rechtsfolgen verbundener Verträge (Rn. 358 ff.).

295 Schaltet die Verbraucherin einen **Stellvertreter** ein, so wäre es nach allgemeinen Vorschriften zugleich erforderlich und ausreichend, dass die Informationspflichten dem Vertreter gegenüber gewahrt werden (und zwar unabhängig davon, ob der Vertreter Verbraucher oder Unternehmer ist, siehe Rn. 112). Dies eröffnet freilich Umgehungspotential, da die Vollmachterteilung nach der allgemeinen Regel des § 167 Abs. 2 auch bei einem formgebundenen Rechtsgeschäft formfrei möglich ist.[32] **§ 492 Abs. 4 S. 1** ordnet deshalb

30 MünchKomm/*Weber*, § 505d Rn. 17 f.; *Omlor*, NJW 2017, 1633, 1637; *Buck-Heeb*, NJW 2016, 2065, 2069; *Binder*, ZIP 2018, 1201, 1209.
31 BGHZ 167, 239 Rn. 24 = NJW 2006, 1955; *Bülow/Artz*, Rn. 324.
32 So denn früher auch BGHZ 147, 262 = NJW 2001, 1931.

für den Verbraucherdarlehensvertrag an, dass bereits die Vollmacht die Schriftform zu wahren und die Pflichtangaben zu enthalten hat. Eine Ausnahme gilt nach S. 2 nur für Prozessvollmachten und Vollmachten, die notariell beurkundet sind. Im Bestreben nach einer ordnungsgemäßen Unterrichtung der Darlehensnehmerin wird der Einsatz von Vollmachten mithin wesentlich erschwert. Er kommt nur in Betracht, wenn die Vertragsbedingungen im Zeitpunkt der Erteilung der Vollmacht bereits im Einzelnen feststehen.

b) Formnichtigkeit und Heilung

Der Verbraucherdarlehensvertrag und eine darauf bezogene Vollmacht sind gemäß § 494 Abs. 1 **formnichtig**, wenn die Schriftform insgesamt nicht eingehalten ist oder wenn eine der in Art. 247 §§ 6 und 10 bis 13 EGBGB vorgeschriebenen Angaben fehlt. Die Vorschrift ist *lex specialis* zu § 125 S. 1. Gezielt ausgenommen sind zunächst die Pflichtangaben des Art. 247 §§ 7 und 8 EGBGB. Deren Fehlen führt also nicht zur Nichtigkeit des Vertrags. Entscheidend ist weiterhin, dass nur das **Fehlen**, aber nicht die **Unrichtigkeit von Pflichtangaben** die Formnichtigkeit des Vertrags nach sich zieht, wie sich aus § 494 Abs. 3 ergibt.[33] Das gilt jedenfalls, soweit der Angabe nicht infolge grober Unrichtigkeit jeder Informationsgehalt fehlt.[34] Durch die Rechtsfolge der Nichtigkeit wird die Verbraucherin im Vorfeld der Auszahlung des Darlehens geschützt. Die Nichtigkeit verleiht allerdings keinen Schutz mehr, wenn das Darlehen trotz der Formnichtigkeit an den Verbraucher ausbezahlt wurde. Dann nämlich müsste der Verbraucher auf Verlangen des Darlehensnehmers die gesamte Darlehenssumme gemäß § 812 Abs. 1 S. 1 Alt. 1 sofort in voller Höhe zurückzahlen, auch wenn er den Betrag längst für Konsumzwecke verwendet hätte. Daher ordnet § 494 Abs. 2 S. 1 die **Heilung der Formnichtigkeit** an, soweit der Darlehensnehmer das Darlehen empfängt oder in Anspruch nimmt. Hierfür genügt es, wenn der Geldbetrag auf Weisung der Darlehensnehmerin an einen Dritten ausbezahlt wird.[35] **296**

Freilich soll der Informationspflichtverstoß der Darlehensgeberin nicht sanktionslos bleiben. Daher ordnen § 494 Abs. 2 S. 2 sowie Abs. 3 bis 6 **Modifikationen des Vertragsinhalts zu Lasten der Darlehensgeberin** an, die an den jeweiligen Rechtsverstoß angepasst sind. Fehlt die Angabe des Sollzinssatzes (= des vertraglich vereinbarten Zinses, § 489 Abs. 5), des effektiven Jahreszinssatzes (= Zinssatz, der alle Kosten des Vertrags reflektiert, § 6 PAnGV) oder des Gesamtbetrags des Darlehens, **ermäßigt sich** gemäß § 494 Abs. 2 S. 2 **der Sollzinssatz auf den gesetzlichen Zinssatz** nach § 246, d.h. auf 4%. Diese Sanktion greift allerdings nicht, falls der dem Vertrag zugrunde gelegte Sollzinssatz in einer Niedrigzinsphase bereits bei oder unter 4% liegt. Versäumt der Unternehmer es, Kosten im Vertrag schriftlich anzugeben, werden diese nach § 494 Abs. 4 S. 1 nicht geschuldet. Nicht angegebene Sicherheiten können nicht gefordert werden, sofern es sich nicht um einen Allgemein-Verbraucherdarlehensvertrag handelt, dessen Nettodarlehensbetrag 75.000 € übersteigt. Entsprechende Sanktionen gelten auch für fehlende Angaben zu Kosten- oder Zinsanpassungen sowie zu Laufzeit und Kündigung des Darlehens, § 494 Abs. 4 S. 2 und Abs. 5. **297**

33 BGH NJW 2004, 154, 155; BGH NJW 2006, 1955 Rn. 14.
34 Zu diesem Vorbehalt MünchKomm/*Weber*, § 494 Rn. 12.
35 MünchKomm/*Weber*, § 494 Rn. 21.

298 All diese Sanktionen betreffen das **vollständige Fehlen** der Angaben in der modifizierten Schriftform des § 492 Abs. 1. Für **unrichtige Angaben** enthält das Gesetz lediglich eine Sanktion bzgl. der unrichtigen Angabe des effektiven Jahreszinses. Wird er zu niedrig angegeben, vermindert sich der vertraglich vereinbarte Zinssatz (Sollzinssatz) nach Maßgabe des § 494 Abs. 3 um die absolute Differenz an Prozentpunkten zwischen richtig und unrichtig angegebenem effektiven Jahreszins. War der effektive Jahreszins beispielsweise mit 11% angegeben, obwohl er in Wahrheit 12,5% beträgt, reduziert sich der Sollzinssatz von etwaig vertraglich vereinbarten 8% auf 6,5%.[36]

299 Die Änderung des Sollzinssatzes bzw. der Fortfall geschuldeter Kosten hat bei einem Teilzahlungsdarlehen Auswirkungen auf die **Höhe der einzelnen Raten**. Diese sind deshalb nach § 494 Abs. 5 **neu zu berechnen**. Bei allen Vertragsänderungen gemäß § 494 ist der Darlehensgeber außerdem verpflichtet, dem Darlehensnehmer eine **Abschrift des Vertrags mit den geänderten Konditionen** zur Verfügung zu stellen, § 494 Abs. 7. Bei Allgemein-Verbraucherdarlehen hat diese Abschrift nach § 356b Abs. 3 Bedeutung für den **Beginn der Widerrufsfrist** (unten Rn. 306 f.).

300 **Fall 32:** Verbraucher V nimmt bei der B-Bank (B) ein Darlehen über 80.000 € auf. Der vertraglich vereinbarte Sollzinssatz beträgt 7%; überdies sagt V mündlich zu, einen Bürgen zu stellen. Nach der Auszahlung stellt ein Mitarbeiter der B fest, dass sich in der Vertragsurkunde keine Angaben zum effektiven Jahreszins und zu der vereinbarten Sicherheit finden. Welche Ansprüche hat B gegen V?

Der effektive Jahreszins gehört zu den Pflichtangaben, die nach § 492 Abs. 2 i.V.m. Art. 247 §§ 6 Abs. 1 S. 1 Nr. 1, 3 Abs. 1 Nr. 3 EGBGB in den Vertrag aufzunehmen sind. Infolge seines Fehlens war der Vertrag zunächst gemäß § 494 Abs. 1 nichtig. Durch die Auszahlung ist die Nichtigkeit dann aber nach § 494 Abs. 2 S. 1 geheilt worden. Jedoch ermäßigt sich gemäß § 494 Abs. 2 S. 2 der dem Vertrag zugrunde gelegte Sollzinssatz (§ 489 Abs. 5) auf den gesetzlichen Zinssatz. Neben der Rückzahlung des Darlehens kann die B also statt der vertraglich vereinbarten Zinsen in Höhe von 7% nach Maßgabe des § 246 nur 4% Zinsen von V verlangen. B muss dem V deshalb nach § 494 Abs. 7 eine neuerliche Vertragsabschrift zukommen lassen, aus der sich die Zinsänderung ergibt. Auch die geforderte Bürgschaft hätte als Sicherheit gemäß Art. 247 § 7 Abs. 1 Nr. 2 EGBGB im Vertrag genannt werden müssen. Das Fehlen dieser Angabe berührt die Wirksamkeit des Darlehensvertrags ausweislich des eindeutigen Wortlauts des § 494 Abs. 1 zwar nicht. Jedoch kann die Sicherheit gemäß § 494 Abs. 6 S. 2 grundsätzlich nicht gefordert werden. Eine Ausnahme von dieser Sanktion gilt allerdings nach § 494 Abs. 6 S. 2 Hs. 2, wenn bei Allgemein-Verbraucherdarlehen – wie hier – der Darlehensbetrag 75.000 € übersteigt. Den mündlich zugesagten Bürgen muss V also noch beibringen.

36 Siehe hierzu die berechtigte Kritik bei *Bülow/Artz*, Rn. 321.

c) Sonderproblem: Schuldbeitritt

Fall 33: N nimmt bei der G-Bank (G) ein Darlehen in Höhe von 200.000€ auf, um Investitionen in seinem Landschafts- und Gartenbaubetrieb zu tätigen. Bei den Verhandlungen in den Geschäftsräumen der G ist auch Ns vermögende Ehefrau F anwesend. Sie übernimmt in einer gesonderten schriftlichen Erklärung die „gesamtschuldnerische Mithaftung" für das Darlehen. Nach der Auszahlung des Darlehens stellt sich heraus, dass der Vertrag keinen Warnhinweis zu den Folgen ausbleibender Zahlungen enthält (vgl. Art. 247 § 3 Abs. 1 Nr. 12 EGBGB). Kann G von F nach Fälligkeit die Rückzahlung des Darlehens verlangen? **301**

Der Vertrag bedarf gemäß § 492 Abs. 1 der Schriftform und hat die in § 492 Abs. 2 geforderten Pflichtangaben zu enthalten, wenn er als Verbraucherdarlehensvertrag im Sinne von § 491 Abs. 1 zu qualifizieren ist. G ist Unternehmerin (§ 14). Da F an dem Geschäftsbetrieb ihres Mannes nicht beteiligt ist, handelt sie nicht in Ausübung ihrer gewerblichen oder selbständigen beruflichen Tätigkeit und ist folglich Verbraucherin (§ 13). Dass der Ehegatte und Hauptschuldner N sehr wohl als Unternehmer agiert, ist unschädlich. Anerkanntermaßen gilt nämlich der **Grundsatz der Einzelbetrachtung.**[37] Demnach ist für alle Beteiligten gesondert zu bestimmen, ob die Schutzvorschriften der §§ 491a ff. Anwendung finden.

Weiterhin setzt § 491 in sachlicher Hinsicht den Abschluss eines Darlehensvertrags voraus. Eine **echte Mitvertragspartnerschaft** liegt nach der Rechtsprechung des BGH indessen nur vor, wenn der Mitverpflichtete ein **eigenes sachliches oder persönliches Interesse** an der Kreditaufnahme hat und als im Wesentlichen gleichberechtigter Vertragspartner über die Auszahlung und die Verwendung der Darlehensvaluta mitbestimmen kann.[38] Hier war schon dem Wortlaut der Vereinbarung nach eine bloße Mithaftung gewollt, jedenfalls aber sollte F nicht im Einzelnen über den Einsatz der für den Geschäftsbetrieb ihres Ehemanns bestimmten Mittel mitentscheiden dürfen. Aufgrund des fehlenden Eigeninteresses ist F nicht Partei des Darlehensvertrags geworden. Sodann war ausdrücklich eine gesamtschuldnerische (§§ 421 ff.) und nicht wie bei der Bürgschaft eine akzessorische Mitverpflichtung gewollt. Damit ist die Mithaftungserklärung der F als **Schuldbeitritt** zu qualifizieren. **302**

Auf den Schuldbeitritt sind die Vorschriften der §§ 491a ff. zwar nicht direkt, nach hM aber entsprechend anwendbar.[39] Denn die Beitretende ist in demselben, wenn nicht einem höheren Maße schutzwürdig als der Darlehensnehmer. Der Vertrag über den Schuldbeitritt bedarf mithin analog § 492 Abs. 1 S. 1 der Schriftform. In die Vertragsurkunde sind zudem entsprechend § 492 Abs. 2 die Pflichtangaben des Art. 247 § 6 EGBGB aufzunehmen, wobei § 6 Abs. 1 S. 1 Nr. 1 auf § 3 Abs. 1 Nr. 12 verweist. Da der Warnhinweis zu den Folgen ausbleibender Zahlungen hier unterblieben ist, ist der **Vertrag über den Schuldbeitritt** analog § 494 Abs. 1 formnichtig. Daran ändert sich auch dann nichts, wenn das Darlehen zur Auszahlung gelangt. Diese Auszahlung kommt nämlich allein dem Darlehensnehmer, nicht aber der Schuldbeitretenden als Sicherungs- **303**

37 BGHZ 133, 71 = NJW 1996, 2156; *Oechsler*, Vertragliche Schuldverhältnisse Rn. 647.
38 BGHZ 146, 24, 41 = NJW 2001, 815; BGH NJW 2009, 2671 Rn. 14 ff.
39 Näher Rn. 288.

geberin zugute. Der Interessenkonflikt, den aufzulösen § 494 Abs. 2 S. 1 bestimmt ist (Rn. 296), stellt sich daher nicht. Die **Heilungsvorschrift** findet somit **keine entsprechende Anwendung** auf den Schuldbeitritt.[40]

5. Widerruf des Verbraucherdarlehensvertrags

a) Widerrufsrecht

304 Bei Verbraucherdarlehensverträgen steht dem Darlehensnehmer (Verbraucher oder Existenzgründer, § 513) gemäß § 495 Abs. 1 ein Widerrufsrecht nach § 355 zu. Ausnahmen bestehen nach § 495 Abs. 2 nur für bestimmte Umschuldungs- und Überziehungskredite. Bei diesen ist der Darlehensnehmerin eines Immobiliar-Verbraucherdarlehens nach § 495 Abs. 3 stattdessen eine mindestens siebentägige Bedenkzeit vor Vertragsschluss einzuräumen. Wurde der Verbraucherdarlehensvertrag außerhalb von Geschäftsräumen oder im Fernabsatz geschlossen, so steht dem Verbraucher **nur das Widerrufsrecht aus § 495** zu (vgl. § 312g Abs. 3).

b) Ausübung des Widerrufsrechts

305 Für die Ausübung des Widerrufsrechts gelten die bereits unter Rn. 138 ff. behandelten Grundsätze des § 355 Abs. 1: Der Widerruf erfolgt durch empfangsbedürftige, form- und begründungsfreie Erklärung gegenüber dem anderen Teil, d.h. gegenüber dem Darlehensgeber. An Darlehensverträgen sind auf Darlehensnehmerseite oftmals **mehrere Verbraucher** beteiligt, etwa wenn Eheleute gemeinsam einen Kredit zwecks Erwerbs eines Grundstücks aufnehmen. Jedem der Darlehensnehmer steht eine **Einzelbefugnis zur Ausübung des Widerrufsrechts** zu. Der Widerruf eines Verbrauchers wirkt zwar nicht für und gegen die anderen Verbraucher. Doch ist nach der Zweifelsregelung des § 139 davon auszugehen, dass die Parteien den Darlehensvertrag ohne die Beteiligung des widerrufenden Verbrauchers nicht geschlossen hätten. Der Vertrag wird deshalb regelmäßig im Ganzen in ein Rückabwicklungsschuldverhältnis umgewandelt (Wertung des § 139).[41] Handelt es sich bei dem Darlehen um ein Geschäft zur angemessenen Lebensführung, so können nach hM beide Eheleute gemäß § 1357 den Widerruf mit Wirkung für und gegen den anderen Ehepartner erklären.[42]

306 Die **Widerrufsfrist** beträgt gemäß § 355 Abs. 2 **vierzehn Tage** und beginnt grundsätzlich mit Vertragsschluss. Doch ist nach § 356b Abs. 1 zusätzlich erforderlich, dass die Unternehmerin dem Verbraucher eine **Vertragsurkunde** oder ein Äquivalent zur Verfügung stellt. Außerdem beginnt die Widerrufsfrist gemäß § 356b Abs. 2 nicht, wenn der Vertrag nicht **sämtliche Pflichtinformationen** nach § 492 Abs. 2 i.V.m. Art. 247 §§ 6 bis 13 EGBGB enthält, inklusive einer Information über das Widerrufsrecht und dessen Rechtsfolgen nach Art. 247 § 6 Abs. 2 EGBGB. Dem Beginn der Widerrufsfrist stehen

---

40 BGHZ 134, 94, 98 = NJW 1997, 654; BGHZ 165, 43, 52 = NJW 2006, 431.

41 BGH NJW 2017, 243, 245.

42 BGH NJW 2018, 1313 Rn. 32 ff. m.w.N. zur Kündigung; MünchKomm/*Fritsche*, § 355 Rn. 37; BeckOK/*Müller-Christmann*, § 355 Rn. 20; Erman/*Koch*, § 355 Rn. 4; BeckOGK/*Mörsdorf*, § 355 Rn. 52.

dabei sowohl gänzlich fehlende wie auch inhaltlich unrichtige Angaben entgegen.[43] (Nur) für die Widerrufsbelehrung enthalten Anlage 7 und 8 EGBGB Muster, bei deren Verwendung die Information als ordnungsgemäß erteilt gilt, Art. 247 § 6 Abs. 2 S. 3 EGBGB.[44]

Ein späteres **Nachholen** aller nach § 492 Abs. 2 erforderlichen Angaben ist zwar möglich (§ 492 Abs. 6), doch **verlängert sich dann die Widerrufsfrist auf einen Monat** (§ 356b Abs. 2 S. 3). Hat sich aufgrund der unterlassenen Angabe oder einer falschen Angabe des effektiven Jahreszinses der Inhalt des Vertrags nach § 494 Abs. 2 bis 6 geändert, so beginnt die Widerrufsfrist erst, wenn der Darlehensgeber dem Darlehensnehmer eine **Vertragsabschrift mit den Änderungen** zur Verfügung gestellt hat, §§ 356b Abs. 3, 494 Abs. 7. Auch eine zwischenzeitliche Vertragsbeendigung durch Kündigung, Zeitablauf oder Aufhebungsvereinbarung steht dem Widerruf nicht entgegen. **307**

Holt der Darlehensgeber die korrekte Information, ggf. verbunden mit einer neuerlichen Vertragsabschrift nicht nach, so entsteht bei **Allgemein-Verbraucherdarlehensverträgen** ein grundsätzlich **ewiges Widerrufsrecht**. Anders ist die Rechtslage bei **Immobiliar-Verbraucherdarlehensverträgen**. Hier **erlischt das Widerrufsrecht** gemäß § 356b Abs. 2 S. 4 spätestens **12 Monate und 14 Tage** nach Vertragsschluss oder der (späteren) Übergabe einer Vertragsurkunde i.S.d. § 356b Abs. 1. Die unterschiedliche Behandlung von Allgemein- und Immobiliar-Verbraucherdarlehensverträgen mag auf den ersten Blick verwundern, weil ein Verbraucher bei einem Immobiliar-Darlehensvertrag aufgrund der besonderen Bedeutung des Darlehens eher eines stärkeren Schutzes bedürfte. Die Erklärung ist in der unterschiedlichen Regelungsintensität der zugrundeliegenden Richtlinien zu finden: Während die Verbraucherkredit-RL ein ewiges Widerrufsrecht vorsieht, belässt die Wohnimmobilienkredit-RL dem nationalen Gesetzgeber einen Spielraum. Der deutsche Gesetzgeber hat sich nach intensiven politischen Diskussionen dazu entschieden, dem Widerrufsrecht der Verbraucher bei Immobiliar-Darlehensverträgen eine zeitliche Grenze zu setzen. **308**

Bei Allgemein-Verbraucherdarlehensverträgen stellt sich aufgrund des ggf. bestehenden ewigen Widerrufsrechts die Frage nach einer möglichen **Verwirkung**.[45] Ein Recht kann verwirkt sein, wenn es die Berechtigte über einen längeren Zeitraum nicht geltend macht **(„Zeitmoment")** und der Verpflichtete sich mit Blick auf dieses Verhalten darauf einrichten durfte und eingerichtet hat, dass die Berechtigte ihr Recht auch in Zukunft nicht geltend machen werde **(„Umstandsmoment")**.[46] Der Verwirkung können auch unverzichtbare Rechte wie das Widerrufsrecht unterliegen.[47] Gleichwohl ist Zurückhaltung geboten.[48] Für von der Verbraucherkredit-RL erfasste Verträge hat der EuGH entschie- **309**

---

43 Grüneberg/*ders.*, § 356b Rn. 3; MünchKomm/*Weber*, § 495 Rn. 11 ff.

44 Zur (europarechtlichen) Rspr. bzgl des Musters in Anlage 7 EGBGB vgl. zusammenfassend MünchKomm/*Weber*, § 492 Rn. 27.

45 Zu beachten gilt es ferner, dass das Widerrufsrecht mangels entspr. Anwendbarkeit des § 218 Abs. 1 S. 1 nicht der Verjährung unterliegt; bzgl. des Widerrufsrechts aus § 495 Abs. 1 siehe BGH NJW 2018, 225.

46 Vgl. nur Jauernig/*Mansel*, § 242 Rn. 54; PWW/*Kramme*, § 242 Rn. 64.

47 BGHZ 183, 112 Rn. 20 = NJW 2010, 596. Von der gesetzlichen Verjährungshöchstfrist kann nicht auf ein Mindestzeitmoment für die Verwirkung des Widerrufsrechts geschlossen werden, BGH MDR 2018, 43.

48 So kann das Widerrufsrecht aus § 495 Abs. 1 nicht allein durch vertragstreues Verhalten des Verbrauchers verwirkt werden, vgl. BGH GWR 2016, 474; Soergel/*Pfeiffer*, § 355 Rn. 34; *Habersack/Schürnbrand*, ZIP 2014, 748, 750 ff. Indes ist die Verwirkung nicht bereits durch bloße Unkenntnis des Verbrauchers vom Widerrufsrecht ausgeschlossen, vgl. BGH BeckRS 2017, 131374.

den, dass eine Verwirkung nicht in Betracht kommt, wenn die nach Art. 247 § 6 bis 13 EGBGB zu erteilenden Angaben nicht im Kreditvertrag enthalten sind.[49] Auch außerhalb des Anwendungsbereichs der Verbraucherkredit-RL[50] kann eine Darlehensgeberin, die dem Verbraucher überhaupt keine Widerrufsbelehrung erteilt hat, nicht darauf vertrauen, dass der Verbraucher von seinem Widerrufsrecht keinen Gebrauch machen wird. Dies gilt umso mehr, als die Darlehensgeberin den Verbraucher während der laufenden Vertragsbeziehungen jederzeit nachträglich belehren kann.[51] Eine Verwirkung kommt deshalb vorrangig dann in Betracht, wenn der Vertrag bereits durch einverständliche Aufhebung oder Zeitablauf beendet wurde. Denn nach **Beendigung des Darlehensvertrags** hat die Darlehensgeberin keinen Anlass mehr für eine Nachbelehrung.[52]

c) Rechtsfolgen des Widerrufs

310 Der Widerruf wandelt den Vertrag in ein Rückabwicklungsschuldverhältnis mit den Folgen des § 355 Abs. 3 um. Die Darlehensnehmerin hat dem Darlehensgeber **das überlassene Darlehen zurückzugewähren**, während der Darlehensgeber bereits erfolgte **Tilgungs- und Zinsleistungen** der Darlehensnehmerin **zurückerstatten** muss. Für die jeweilige Rückerstattungspflicht gilt nach § 357b Abs. 1 eine Höchstfrist von 30 Tagen. Der Darlehensnehmer schuldet ferner **Wertersatz** für die Gebrauchsmöglichkeit des Darlehensbetrags. Hierzu knüpft das Gesetz an die vertragliche Entgeltvereinbarung an: § 357b Abs. 3 S. 1 bestimmt, dass im Falle des Widerrufs eines Verbraucherdarlehensvertrags der Darlehensnehmer für den Zeitraum **zwischen der Auszahlung und der Rückzahlung** des Darlehens den **vereinbarten Sollzins** zu zahlen hat. Bei Allgemein-Verbraucherdarlehen kann der Verbraucher folglich nicht geltend machen, dass die Sollzinsen im Marktvergleich besonders hoch sind.[53] Bei Immobiliar-Verbraucherdarlehen kann hingegen gemäß § 357b Abs. 3 S. 2 nachgewiesen werden, dass der Wert des Gebrauchsvorteils niedriger war als der vereinbarte Sollzins.[54] Wurden im Darlehensvertrag überhöhte Zinsen vereinbart, beschränkt sich demnach die Wertersatzpflicht bei Immobiliar-Verbraucherdarlehen auf den marktüblichen Zinssatz.

6. Vertragsabwicklung und Vertragsbeendigung

311 Im Regelfall entscheidet sich der Darlehensnehmer, den Vertrag nicht zu widerrufen, sondern durchzuführen. Das Gesetz schützt ihn auch im Zuge der Vertragsabwicklung. Die Darlehensgeberin hat den Darlehensnehmer anlässlich einer Änderung des Zinssatzes und des bevorstehenden Laufzeitendes (§ 493) sowie im Falle einer Abtretung der Kreditforderung (§ 496 Abs. 2) zu informieren. Durch ein ganzes Bündel von Maßnahmen wird die Verbraucherin ferner geschützt, wenn sie mit ihren Zahlungspflichten in Verzug gerät.[55] Das Gesetz schränkt die Rechte des Darlehensgebers maßvoll ein, damit

---

49 EuGH BKR 2021, 697 Rn. 118, 126 – Volkswagen Bank; siehe zur Verwirkung auch das noch anhängige Verfahren C-38/21 – BMW Bank.

50 Zur gespaltenen Auslegung bei Verbraucherkreditverträgen siehe bereits Rn. 21.

51 BGH NJW 2016, 3512, 3516 f.

52 BGH NJW 2016, 3518, 3521 f.; BGH NJW 2018, 1390, 1391 ff. m.w.N.; ausführlich *Knops*, NJW 2018, 425 ff.

53 Näher Begr. RegE, BT-Drucks. 17/12637 S. 65.

54 Dabei trifft den Darlehensnehmer die Beweislast dafür, dass die Bank geringere Gebrauchsvorteile als den Vertragszins gezogen hat, BGH VuR 2018, 77.

55 Näher *Bülow/Artz*, Rn. 335 ff.; *Grunewald/Peifer*, Rn. 157 f.

der Schuldenberg der Verbraucherin nicht immer weiter anwächst und gleichsam einen **„modernen Schuldturm"** bildet.[56] Zur Vermeidung von „dauernden Zwangskreditverhältnissen" pauschaliert zunächst § 497 in seinem Abs. 1 den vom Verbraucher geschuldeten Verzugsschaden und beschränkt in seinem Abs. 2 den Zinseszinseffekt. Weiterhin ordnet § 497 Abs. 3 S. 1 eine vom allgemeinen Grundsatz des § 367 Abs. 1 abweichende Tilgungsreihenfolge bei Teilleistungen an. Teilleistungen werden nicht zuerst auf die Zinsen, sondern auf den geschuldeten Betrag angerechnet. Auf diese Weise soll die Verbraucherin die Chance erhalten, den Kredit zu tilgen und der Entstehung immer neuer Zinsen entgegenzuwirken. Sodann hemmt § 497 Abs. 3 S. 3 die Verjährung rückständiger Ansprüche, um zu verhindern, dass durch die sonst erforderliche Klageerhebung der Darlehensgeberin weitere Kosten entstehen.

Besonders belastet wird der Verbraucher schließlich, wenn die Darlehensgeberin wegen **312**
Schuldnerverzugs kündigt. Dann nämlich muss er den gesamten Kreditbetrag sofort zurückzahlen, obwohl er doch schon die einzelnen Raten nicht aufbringen konnte. Daher kann die Darlehensgeberin ein Teilzahlungsdarlehen nur unter den einschränkenden Voraussetzungen des § 498 kündigen, es handelt sich um die so genannte **Gesamtfälligstellung bei Teilzahlungsdarlehen**. Eine solche Gesamtfälligstellung setzt nach § 498 einen qualifizierten Verzug des Darlehensnehmers (§ 498 Abs. 1 S. 1 Nr. 1) und eine Nachfristsetzung mit Androhung der Gesamtfälligstellung (§ 498 Abs. 1 S. 1 Nr. 2) voraus. Für den qualifizierten Verzug bedarf es einerseits eines **Rückstands mit mindestens zwei aufeinanderfolgenden Teilzahlungsraten** (Abs. 1 S. 1 Nr. 1a), andererseits muss der rückständige Betrag eine bestimmte Schwelle des Darlehens-Nennbetrags überschreiten (Abs. 1 S. 1 Nr. 1b). Bei Allgemein-Verbraucherdarlehensverträgen liegt diese Schwelle je nach Vertragslänge bei fünf bzw. zehn Prozent des Nennbetrags, bei Immobiliar-Verbraucherdarlehen ist eine Gesamtfälligstellung bereits möglich, wenn der Darlehensnehmer mit mindestens 2,5% des Nennbetrags in Verzug ist (§ 498 Abs. 2). Ziel der **Nachfristsetzung** ist es, dem Verbraucher die Dringlichkeit seiner Lage ein letztes Mal vor Augen zu führen und die Rückkehr zu einem vertragsgemäßen Verhalten zu ermöglichen. Deshalb ist die **Restschuld in der richtigen Höhe** anzugeben. Bereits eine geringfügige Zuvielforderung hat die Unwirksamkeit der Nachfristsetzung zur Folge.[57] Um die Kündigung oder den Rücktritt zu vermeiden, muss die Verbraucherin den **gesamten rückständigen Betrag bezahlen**. Es genügt mit anderen Worten nicht, wenn sie durch eine Teilzahlung den rückständigen Betrag lediglich unter die qualifizierte Rückstandsquote zurückführt.[58] Das in § 498 Abs. 1 S. 2 vorgeschriebene Gesprächsangebot schließlich ist keine Voraussetzung für die Kündigung („soll").[59]

Weitere Sondervorschriften zur Vertragsbeendigung finden sich in §§ 499 ff. Demnach **313**
muss die vertraglich vereinbarte Kündigungsfrist des Darlehensgebers bei unbefristeten Allgemein-Verbraucherdarlehensverträgen mindestens zwei Monate betragen, während umgekehrt diejenige der Verbraucherin einen Monat nicht übersteigen darf. Außerdem darf der Darlehensgeber gemäß § 499 Abs. 3 seine Kündigung (vorbehaltlich einer Täu-

56 Plastisch Begr. RegE, BT-Drucks. 11/5462 S. 13 f.
57 BGH NJW-RR 2005, 1410, 1412.
58 BGH NJW-RR 2005, 1410, 1412.
59 BGHZ 147, 7, 13 = NJW 2001, 1349.

schung durch die Darlehensnehmerin) nicht allein auf die Tatsache stützen, dass die Darlehensnehmerin vor Vertragsschluss unvollständige Angaben gemacht hat oder die Kreditwürdigkeitsprüfung nicht ordnungsgemäß durchgeführt wurde.[60]

314 Hervorzuheben ist aber vor allem das in **§ 500 Abs. 2 S. 1** verankerte Recht des Verbrauchers, seine Verbindlichkeiten aus einem Allgemein-Verbraucherdarlehensvertrag jederzeit ganz oder teilweise **vorzeitig zu erfüllen**. Einschränkend gilt bei Immobiliar-Verbraucherdarlehen das Recht zur vorzeitigen Erfüllung nach § 500 Abs. 2 S. 2 nur bei Darlegung eines berechtigten Interesses durch den Verbraucher (Bsp.: Arbeitsplatzverlust, Scheidung). Zwar geht auch die allgemeine Regel des § 271 Abs. 2 von der Möglichkeit einer sofortigen Erfüllbarkeit aus. Jedoch gilt diese Regel nur im Zweifel. Sie findet keine Anwendung, wenn der Gläubiger durch die vor dem Fälligkeitszeitpunkt vorgenommene Erfüllung Nachteile erleidet. Genau das aber ist bei **entgeltlichen Darlehen** der Fall, weil der Zinsanspruch laufzeitabhängig entsteht.[61] Grundsätzlich erfolgt deshalb bei Darlehensverträgen eine vor der vereinbarten Fälligkeit vorgenommene Erfüllungshandlung nicht „zur rechten Zeit“. Die vorzeitige Darlehensrückzahlung bewirkt also grundsätzlich keine Erfüllung i.S.d. § 362 Abs. 1. § 500 Abs. 2 S. 1 hat deshalb eine **bedeutende Besserstellung** der Verbraucherinnen zur Folge. Der wirtschaftliche Vorteil der vorzeitigen Erfüllung liegt für den Darlehensnehmer darin, dass er sich von einem nachteiligen Vertrag lösen kann und ihm noch nicht verbrauchte laufzeitabhängige Kosten nach Maßgabe des § 501 zu erstatten sind.

315 Als Ausgleich für den der Darlehensgeberin entgangenen Zins muss der Darlehensnehmer gemäß § 502 Abs. 1 S. 1 eine so genannte **Vorfälligkeitsentschädigung** an die Darlehensgeberin leisten, wenn er zum Zeitpunkt der Rückzahlung Zinsen zu einem bei Vertragsschluss vereinbarten, gebundenen Sollzinssatz schuldet. Der Anspruch ist jedoch in den Fällen des § 502 Abs. 2 ausgeschlossen, insbesondere, wenn im Vertrag die Angaben über die Laufzeit, das Kündigungsrecht des Darlehensnehmers oder die Berechnung der Vorfälligkeitsentschädigung unzureichend sind. Außerdem ist der Anspruch auf Vorfälligkeitsentschädigung bei Allgemein-Verbraucherdarlehen gemäß § 502 Abs. 3 der Höhe nach begrenzt. Kündigt andererseits der Darlehensgeber den Vertrag vorzeitig wegen Zahlungsverzugs der Verbraucherin, soll nach umstrittener Auffassung des BGH eine Vorfälligkeitsentschädigung nicht anfallen.[62]

III. Unentgeltliche Verbraucherdarlehen

316 Gewährt ein Unternehmer einem Verbraucher ein zinsfreies Darlehen, so finden die §§ 491 ff. keine unmittelbare Anwendung. Im Einklang mit der Verbraucherkredit-RL und der Wohnimmobilienkredit-RL setzen die Definitionen des Allgemein- bzw. Immobiliar-Verbraucherdarlehensvertrags nach § 491 Abs. 1 und Abs. 2 eine entgeltliche Darlehensüberlassung voraus, d.h. eine Zinszahlung der Verbraucherin. Vergegenwärtigt man sich das Ziel der §§ 491 ff., einer unüberlegten Verschuldung der Verbraucherin vor-

60 Auch eine Anfechtung nach § 119 Abs. 2 wegen Irrtums über die Bonität des Schuldners ist in diesem Fall ausgeschlossen, vgl. BT-Drucks. 18/5922, S. 89; aA *Piekenbrock*, GRP 2015, 26 (32).

61 Jauernig/*Stadler*, § 271 Rn. 15.

62 BGH NJW-RR 2017, 424 m. abl. Anm. *Bunte*, NJW 2016, 1626 ff.

zubeugen, leuchtet der Ausschluss zinsloser Darlehen nicht unmittelbar ein. Gerade **zinslose Darlehen** verlocken Verbraucher dazu, vermeintlich risikolos längerfristige Vertragsbindungen einzugehen und sich so ggf. zu überschulden. Der deutsche Gesetzgeber hat hier Handlungsbedarf gesehen und in § 514 Abs. 1 eine entsprechende Anwendung der §§ 497 Abs. 1, Abs. 3, 498, 505a bis 505c, § 505d Abs. 2, Abs. 3 sowie § 505e auf unentgeltliche Verbraucherdarlehen angeordnet. Eine Ausnahme gilt, wenn der Nettodarlehensbetrag weniger als 200 € beträgt. Nach dem eindeutigen Wortlaut und der Stellung des § 513 gilt diese Erstreckung des Schutzes **nicht für Existenzgründer**.[63]

Die Erstreckung durch § 514 Abs. 1 bedeutet *erstens*, dass die Darlehensgeberin auch vor Vergabe eines zinslosen Kredits verpflichtet ist, die Kreditwürdigkeit des Verbrauchers zu prüfen. Keine entsprechende Anwendung finden allerdings die Regelungen über die Schriftform und den Mindestinhalt des Vertrags nach § 492. *Zweitens* wird dem Darlehensnehmer der Schutz der besonderen Regelung zur Tilgungsverrechnung in § 497 Abs. 3 sowie der erschwerten Gesamtfälligstellung nach § 498 zuteil. § 514 Abs. 2 S. 1 gesteht der Verbraucherin *drittens* ein Widerrufsrecht nach § 355 zu.[64] Da die Verbraucherin einen unentgeltlichen Darlehensvertrag nach der Zweifelsregel des § 271 Abs. 2 jederzeit vorzeitig erfüllen darf, entfaltet dieses Widerrufsrecht seine besondere Bedeutung vor allem bei verbundenen Verträgen (siehe dazu Rn. 362). Die 14-tägige Widerrufsfrist beginnt gemäß § 355 Abs. 2 mit Vertragsschluss. Nach § 356d wird allerdings auch hier die Widerrufsfrist erst in Gang gesetzt, wenn die Darlehensgeberin den Verbraucher über sein Widerrufsrecht im Einklang mit den Anforderungen des § 514 Abs. 2 S. 3, Art. 246 Abs. 3 EGBGB unterrichtet hat. Anlage 9 EGBGB enthält ein entsprechendes Musterformular. **317**

IV. Zahlungsaufschub und Teilzahlungsgeschäft

1. Entgeltlicher Zahlungsaufschub

Neben dem Darlehen bildet der **entgeltliche Zahlungsaufschub** den zweiten Grundtatbestand des Verbraucherkreditrechts. **In einigen Bundesländern** zählen die nachfolgend behandelten Bestimmungen zu Zahlungsaufschub, Teilzahlungsgeschäften und sonstige Finanzierungshilfen allerdings **nicht zum Pflichtstoff der Staatsprüfungen**.[65] **318**

Nach § 506 Abs. 1 finden auf den entgeltlichen Zahlungsaufschub die **§§ 491a ff. entsprechende Anwendung**. Ein entgeltlicher Zahlungsaufschub liegt vor, wenn die Fälligkeit einer Forderung des Unternehmers zu Gunsten des Verbrauchers (oder Existenzgründers, § 513) nach hinten geschoben wird und dieser dafür ein **Entgelt** zu erbringen hat. Ein Zahlungsaufschub ist also im Grundsatz nichts anderes als eine Stundung. Auf den Zeitraum der Stundung und die Höhe der dafür anfallenden Kosten kommt es prinzipiell nicht an. Beim Grundstückserwerb gilt es nach § 506 Abs. 1 S. 3 auch als Entgelt, **319**

63 BeckOGK/*Haertlein/Schultheiß*, § 513 Rn. 2 ff.; aA BeckOGK/*Harnos*, § 514 Rn. 18.
64 Der in § 514 Abs. 2 S. 1 angeordnete Vorrang des Widerrufsrechts nach § 312g Abs. 1 ist unerheblich, da ein solches Widerrufsrecht gemäß § 312 Abs. 1 grundsätzlich nur bei einem Vertrag entsteht, bei dem sich der Verbraucher verpflichtet einen Preis zu zahlen (Rn. 94 f.).
65 Siehe Rn. 3.

wenn der Zahlungsaufschub von der Besicherung durch ein Grundpfandrecht oder eine Reallast abhängig gemacht wird. Gewährt der Unternehmer den Zahlungsaufschub hingegen unentgeltlich, so gilt § 515.

320 Über § 506 Abs. 4 S. 1 beanspruchen die Ausnahmetatbestände des § 491 Abs. 2 S. 2 Nr. 1 bis 5, Abs. 3 S. 2 und Abs. 4 Geltung. Entsprechend § 491 Abs. 2 S. 2 Nr. 3 greifen die Regeln des Verbraucherkreditrechts daher nicht ein, wenn der Zahlungsaufschub weniger als drei Monate umfasst und für den Kunden nur geringe Kosten anfallen. Ausdrücklich ausgenommen von der Verweisung auf das Verbraucherdarlehensrecht ist § 492 Abs. 4 (Formbedürftigkeit der Vollmacht). Es bleibt daher bei der allgemeinen Regel des § 167 Abs. 2, wonach eine Vollmacht nicht der Form bedarf, die für das Rechtsgeschäft vorgeschrieben ist.

321 Entscheidender **Vergleichspunkt** für das Bestehen eines Zahlungsaufschubs ist immer das einschlägige **dispositive Recht**.[66] Da der Schuldner seine Leistung gemäß § 271 Abs. 1 im Zweifel sofort zu erbringen hat, begründet die Vereinbarung eines späteren Zahlungsziels in der Regel einen Zahlungsaufschub. Abweichende spezielle Fälligkeitsregeln sind aber selbstverständlich vorrangig zu berücksichtigen.

322 **Fall 34:** U betreibt eine Schule, in der Heilpraktiker ausgebildet werden. Ein Kurs erstreckt sich über 21 Monate. Die Kunden können wählen, ob sie die Unterrichtsgebühr im Voraus bar oder in 21 Monatsraten bezahlen. Die Summe der Raten ist höher als der Betrag, der im Fall der Vorauszahlung zu entrichten ist. Teilnehmerin T, die sich für die Ratenvariante entschieden hat, meint den Vertrag nachträglich widerrufen zu dürfen. Zu Recht?

T kann den Ausbildungsvertrag nach §§ 506 Abs. 1, 495 Abs. 1, 355 widerrufen, wenn ein entgeltlicher Zahlungsaufschub vereinbart wurde. Das scheint auf den ersten Blick der Fall zu sein, übersteigt doch der Ratenzahlungspreis den bei einmaliger Zahlung fälligen Betrag. Rechtlich ist jedoch allein maßgeblich, ob die Fälligkeit gegenüber dem einschlägigen dispositiven Recht zu Gunsten der Verbraucherin hinausgeschoben wurde. Der Ausbildungsvertrag ist ein Dienstvertrag, bei dem die Vergütung gemäß **§ 614** eigentlich **nach der Leistungserbringung** fällig wird. Die Festlegung von Monatsraten entspricht also dem Regelungsmodell des dispositiven Rechts und begründet **keinen Zahlungsaufschub**. Vielmehr stellt U seinen Kunden mit dem Sofortzahlungsrabatt einen wirtschaftlichen Vorteil dafür in Aussicht, dass er vorzeitig über die Geldmittel verfügen kann.[67] Es handelt sich letztlich um eine besondere Erscheinungsform eines **Skontos**. In der Möglichkeit, bei frühzeitiger Zahlung einen Teilbetrag abzuziehen, liegt aber keine Kreditierung, sondern eine Vergütung des Anbieters für die in der alsbaldigen Zahlung liegende zusätzliche Leistung des Abnehmers.[68] Demnach kann T den Vertrag nicht widerrufen.

66 BGHZ 196, 150 Rn. 11 = NJW 2013, 2195; Grüneberg/*Weidenkaff*, Vor § 506 Rn. 3.
67 **BGH NJW 1996, 457**; *Oechsler*, Vertragliche Schuldverhältnisse Rn. 694.
68 MünchKomm/*Weber*, § 506 Rn. 9; Staudinger/*Kessal-Wulf*, § 506 Rn. 9.

2. Teilzahlungsgeschäft

a) Tatbestand

Ein praktisch besonders bedeutender Sonderfall des Zahlungsaufschubs ist das Teilzahlungsgeschäft. Nach der **Legaldefinition des § 506 Abs. 3** versteht das Gesetz darunter einen Vertrag, der die Lieferung einer bestimmten Sache oder die Erbringung einer bestimmten anderen Leistung gegen Teilzahlungen zum Gegenstand hat und dem Verbraucher gegen einen Preisaufschlag das Recht einräumt, das Entgelt erst nach dem gesetzlich vorgesehenen Fälligkeitstermin zu entrichten. Beispielhaft hierfür steht ein Kaufvertrag mit Ratenzahlung. Nach dem Sinn und Zweck der Vorschrift wird aber auch der Fall erfasst, dass die gesamte Vergütung gestundet und zu einem späteren Termin auf einmal fällig gestellt wird.[69] Ausgenommen sind nach §§ 506 Abs. 4 S. 1, 491 Abs. 2 S. 2 Nr. 1 **Bagatellgeschäfte** unter 200 €. Als Bezugspunkt fungiert nach Maßgabe des § 506 Abs. 4 S. 2 der **Barzahlungspreis** oder, wenn der Unternehmer den Gegenstand für den Verbraucher erworben hat, der **Anschaffungspreis**. Dabei ist der Barzahlungspreis derjenige Preis, den der Verbraucher zu entrichten hätte, wenn die Zahlung unmittelbar nach Lieferung der Ware oder Erbringung der Leistung zu erfolgen hätte. Der Barzahlungspreis ist mit anderen Worten das Entgelt, das der Unternehmer ohne Kreditierung üblicherweise fordert. 323

Da das Teilzahlungsgeschäft eine Erscheinungsform des entgeltlichen Zahlungsaufschubs ist, gilt zunächst der Verweis des § 506 Abs. 1 auf die Vorschriften der §§ 491a ff. Jedoch finden gemäß § 506 Abs. 3 **zusätzlich die in §§ 507 und 508 geregelten Besonderheiten** Anwendung. Im Einzelnen ergibt sich daraus das im Folgenden dargestellte Rechtsregime. 324

b) Verhandlungsphase und Vertragsschluss

Im Vorfeld des Vertragsschlusses sind dem Verbraucher nach näherer Maßgabe des § 491a vorvertragliche Informationen zur Verfügung zu stellen. Hierzu ist gemäß Art. 247 § 12 Abs. 1 S. 1, § 2 Abs. 2 EGBGB das Muster „Europäische Standardinformation für Verbraucherkredite" zwingend zu verwenden. Ferner ist der Unternehmer nach §§ 505a ff. vor Vertragsschluss zur Prüfung der Kreditwürdigkeit des Verbrauchers verpflichtet. Der Vertragsschluss selbst bedarf nach §§ 506 Abs. 1, 492 Abs. 1 S. 1 der **modifizierten Schriftform des § 492 Abs. 1**. Eine noch weitere Lockerung der Schriftform enthält § 507 Abs. 1 S. 2 für den Vertragsschluss im **Fernabsatz**: Ausreichend ist es, wenn die Unternehmerin dem Verbraucher den Vertragsinhalt spätestens unverzüglich nach Vertragsabschluss auf einem dauerhaften Datenträger mitteilt. Generell sind in die Vertragsurkunde nach §§ 506 Abs. 1, 492 Abs. 2 die **Pflichtangaben** des Art. 247 § 6 EGBGB sowie ggf. weitere Angaben nach Art. 247 §§ 7 und 8 EGBGB aufzunehmen. Zusätzlich bedarf es gemäß Art. 247 § 12 Abs. 1 S. 2 Nr. 2a EGBGB der Angabe des finanzierten Gegenstands und des Barzahlungspreises. Nach § 507 Abs. 3 S. 1 entfällt die Pflicht zur Angabe des Barzahlungspreises sowie des effektiven Jahreszinses, wenn der Unternehmer den betreffenden Gegenstand ohnehin nur gegen Teilzahlungen liefert. Es ließen sich dann nämlich letztlich nur fiktive Beträge angeben, die für den Verbraucher keinen Aussagewert hätten. 325

69 Grüneberg/*Weidenkaff*, § 506 Rn. 6; PWW/*Pöschke*, § 506 Rn. 15; Erman/*Nietsch*, § 506 Rn. 27.

326 Sehr unübersichtlich sind die Rechtsfolgen eines Formverstoßes geregelt. Im Ausgangspunkt verweist § 506 Abs. 1 hierfür auf § 494. Dessen Anwendung schließt jedoch § 507 Abs. 1 S. 1 für Teilzahlungsgeschäfte zu größeren Teilen wieder aus. Stattdessen findet sich in § 507 Abs. 2 eine Sondervorschrift. Diese passt das Regelungsmodell des § 494 den Besonderheiten des Teilzahlungsgeschäfts an. Nach § 507 Abs. 2 S. 1 ist der Vertrag **nichtig**, wenn die vorgeschriebene **Schriftform** des § 492 Abs. 1 nicht eingehalten ist oder eine der in **Art. 247 §§ 6, 12 und 13 EGBGB vorgeschriebenen Angaben fehlt**. Wie schon im Darlehensrecht ziehen fehlende Angaben nach Art. 247 §§ 7 und 8 EGBGB sowie lediglich unrichtige Angaben nicht die Unwirksamkeit des Vertrags nach sich.[70] Ein **formnichtiger Vertrag** wird gemäß § 507 Abs. 2 S. 2 **geheilt**, wenn dem Verbraucher die Sache übergeben oder die Leistung erbracht wird. Die Vertragskonditionen werden dann aber nach Maßgabe des § 507 Abs. 2 S. 3 bis 5 zugunsten des Verbrauchers modifiziert.

327 Zu beachten ist schließlich, dass § 507 Abs. 1 S. 1 die Anwendung des § 494 nicht vollständig ausschließt. Auch für das Teilzahlungsgeschäft beanspruchen vielmehr § 494 Abs. 4 betreffend nicht angegebener Kosten und § 494 Abs. 6 S. 2 HS 1 betreffend nicht angegebener Sicherheiten Geltung. Vertragstypisch ist beim Teilzahlungsgeschäft die Vereinbarung eines **Eigentumsvorbehalts** (§ 449 Abs. 1). Unterbleibt die entsprechende Angabe im Vertrag entgegen Art. 247 § 7 Abs. 1 Nr. 2 EGBGB, ist der Vertrag zwar nicht formnichtig. Jedoch hat der Unternehmer gemäß § 494 Abs. 6 S. 2 keinen Anspruch auf die Stellung der Sicherheit. Auf den Umfang des Geschäfts kommt es dabei nicht an, weil die Anwendung des § 494 Abs. 6 S. 2 Hs. 2, der einen Grenzbetrag von 75.000 € vorsieht, durch § 507 Abs. 1 S. 1 ausgeschlossen ist. Der Verbraucher kann vielmehr stets eine unbedingte Übereignung verlangen.[71] Stellt der Verkäufer den Eigentumsübergang gleichwohl unter die aufschiebende Bedingung vollständiger Kaufpreiszahlung (§§ 929 S. 1, 158 Abs. 1), verhält er sich vertragswidrig.

c) Kündigung der Teilzahlungsabrede und Rücktritt

328 Gerät der Verbraucher oder Existenzgründer mit den Teilzahlungen in Verzug, kann der Unternehmer den **Verzugsschaden** (inklusive Verzugszinsen) nach §§ 280 Abs. 1, Abs. 2, 286, 288 verlangen, wobei über § 506 Abs. 1 die Bestimmung des § 497 entsprechende Anwendung findet. Oftmals wird der Unternehmer aber stattdessen daran interessiert sein, die **Teilzahlungsabrede zu kündigen** oder **vom gesamten Vertrag zurückzutreten**. Aufgrund der Verweisung des § 506 Abs. 1 kann der Unternehmer unter Einhaltung der in § 498 genannten Voraussetzungen (oben Rn. 312) die noch ausstehenden Teilzahlungsraten fällig stellen. Dies führt zur sofortigen Fälligkeit der nach §§ 506 Abs. 1, 501 abgezinsten Restforderung bei Aufrechterhaltung des Vertrags im Übrigen. Dieses Vorgehen ist aus Sicht des Gläubigers insbesondere dann sinnvoll, wenn sich die finanzielle Situation des Schuldners verschlechtert und daher eine schnelle Rechtsdurchsetzung geboten ist.

---

70 Vgl. zum Ganzen Rn. 296.
71 PWW/*Pöschke*, § 507 Rn. 13; *Bülow/Artz*, Rn. 366.

Alternativ kann der Unternehmer wegen der Nichtleistung des Verbrauchers nach § 323 vom Vertrag zurücktreten. Auch insoweit sind nach §§ 506 Abs. 3, 508 S. 1 aber die **qualifizierten Voraussetzungen** des § 498 Abs. 1 S. 1 einzuhalten (oben Rn. 312). Hinsichtlich der Ausübung des Rücktrittsrechts bestimmen § 508 S. 5 und 6, dass die **Wiederannahme der gelieferten Sache** durch den Unternehmer als **Ausübung des Rücktrittsrechts** gilt – es sei denn, der Unternehmer einigt sich mit dem Verbraucher, diesem den gewöhnlichen Verkaufswert der Sache im Zeitpunkt der Wegnahme zu vergüten. Die Norm will den Verbraucher davor schützen, Besitz und Nutzung der Sache zu verlieren, gleichzeitig aber zur Weiterzahlung der Raten verpflichtet zu bleiben.[72] Es kommt daher gar nicht entscheidend darauf an, dass der Unternehmer selbst Besitz an der Sache begründet, solange nur der Verbraucher die Nutzungsmöglichkeit verliert. Mithin liegt auch in der vom Unternehmer im Anschluss an eine erfolgreiche Zahlungsklage veranlassten Pfändung und Verwertung der Sache eine Wiederansichnahme.[73] **329**

Hinsichtlich der Rechtsfolgen eines solchen Rücktritts stellt § 508 S. 2 und 3 den Verbraucher gegenüber dem allgemeinen Rücktrittsfolgenrecht schlechter. Neben der Rückgewähr der empfangenen Leistung schuldet der Verbraucher Wertersatz für die gezogenen **Nutzungen**, zu denen nach § 100 auch die Gebrauchsvorteile gehören. Gemäß § 508 S. 4 ist dabei die inzwischen eingetretene Wertminderung der Sache zu berücksichtigen. Der Verbraucher ist deshalb abweichend von § 346 Abs. 2 Nr. 3 Hs. 2 auch zum **Wertersatz für die bestimmungsgemäße Ingebrauchnahme** verpflichtet. Er schuldet folglich Ersatz für die Wertminderung, die dadurch resultiert, dass die zurückzugebende Sache nicht mehr neu, sondern gebraucht ist.[74] Gerade in Fällen kurzer Laufzeit kann sich daraus für den Verbraucher gegenüber dem allgemeinen Regime der Rücktrittsfolgen eine merkliche Mehrbelastung ergeben. Daneben besteht nach allgemeinen Grundsätzen ein Anspruch auf Schadensersatz, wenn der Verbraucher die Sache über die übliche Nutzung hinaus schuldhaft beschädigt.[75] Schließlich kann der Unternehmer gemäß § 508 S. 3 auch die infolge des Vertrags gemachten **Aufwendungen** ersetzt verlangen. Hierunter fallen etwa Porto-, Montage- und Verpackungskosten, die sich konkret diesem Vertrag zuordnen lassen und infolge des Rücktritts nutzlos geworden sind.[76] **330**

Fall 35: K kauft bei Möbelhändlerin M eine neue Designercouch. Weil sie den Barzahlungspreis von 3.450 € nicht aufbringen kann, wird vereinbart, dass K stattdessen 24 Monate lang zum Monatsersten je 150 € zahlen soll. Bis zur vollständigen Bezahlung behält sich M das Eigentum an der Couch vor; alle gesetzlichen Formerfordernisse werden gewahrt. Einige Zeit später wird K auf unabsehbare Zeit arbeitslos und stellt jegliche Zahlung ein, weil sie über keinerlei Geldmittel verfügt. Nachdem bereits zwei Monatsraten ausgeblieben sind, fragt sich M, welche Rechte ihr K gegenüber zu stehen. **331**

72 BGH NJW 2002, 133, 135.
73 Zu der im Einzelnen sehr str. Kasuistik MünchKomm/*Weber*, § 508 Rn. 53 ff.
74 *Bülow/Artz*, Rn. 191: „Entwertungszuschlag"; eingehend MünchKomm/*Weber*, § 508 Rn. 26 ff.
75 *Looschelders*, Schuldrecht AT § 40 Rn. 14; *Kaiser*, in: Staudinger, Eckpfeiler, H. Rn. 118 ff.
76 Zur Kasuistik im Einzelnen Staudinger/*Kessal-Wulf*, § 508 Rn. 83 ff.

Zunächst ist an die **Geltendmachung des Verzugsschadens** zu denken. Weil die Leistungszeit nach dem Kalender bestimmt ist, befindet sich K gemäß § 286 Abs. 1 S. 1, Abs. 2 Nr. 1 in Verzug, ohne dass M sie hätte mahnen müssen. Der jeweils fällige Betrag ist nach §§ 506 Abs. 1, 497 Abs. 1 S. 1, 288 Abs. 1 mit einem Zinssatz von 5 Prozentpunkten über dem Basiszins zu verzinsen, soweit ein Teilzahlungsgeschäft im Sinne von § 506 Abs. 3 vorliegt. K ist Verbraucherin (§ 13) und M Unternehmerin (§ 14). Weiterhin muss ein Vertrag über Teilzahlungen vorliegen, der einen entgeltlichen Zahlungsaufschub beinhaltet. Da der Kaufpreis nach der dispositiven Vorschrift des § 271 Abs. 1 eigentlich sofort fällig wäre, liegt in der Einräumung der Ratenzahlung ein Zahlungsaufschub und zugleich eine Teilzahlungsabrede. Die Entgeltlichkeit wiederum folgt daraus, dass die Summe der Raten (= 3.600 €) den Barzahlungspreis (= 3.450 €) übersteigt. Damit liegt ein Teilzahlungsgeschäft vor und die Schadenspauschale des § 497 Abs. 1 S. 1 greift ein. Freilich könnte M einen höheren, K einen niedrigeren Schaden nachweisen (§ 497 Abs. 1 S. 2).

332 Weiterhin kommt eine **Kündigung der Teilzahlungsabrede** in Betracht. Diese lässt den Bestand des Teilzahlungsgeschäfts unberührt. Sie führt lediglich zur sofortigen Fälligkeit der nach § 501 abgezinsten Restforderung der M.[77] K dürfte mithin die Couch behalten, hätte aber sogleich den noch ausstehenden Kaufpreis sowie die aufgelaufenen Zinsen zu bezahlen. Allerdings machen §§ 506 Abs. 1, 498 die Gesamtfälligstellung zum Schutze der Verbraucherin von **qualifizierten Voraussetzungen** abhängig. Die Verbraucherin muss nach § 498 Abs. 1 S. 1 Nr. 1 zunächst mit zwei aufeinander folgenden Teilzahlungen ganz oder teilweise in Verzug sein. Das ist hier der Fall. Weiterhin muss insgesamt ein Rückstand von 10 Prozent vorliegen. Bezugsgröße ist bei Teilzahlungsgeschäften nach der Wertung des § 508 S. 2 der Gesamtbetrag. Dieser wiederum ist in Art. 247 § 3 Abs. 2 S. 1 EGBGB definiert und schließt das für den Kredit verlangte Entgelt ein. Ausgehend von der von K zu erbringenden Gesamtleistung in Höhe von 3.600 € beträgt die qualifizierte Rückstandsquote vorliegend 360 € und ist noch nicht erreicht. Eine Kündigung der Teilzahlungsabrede ist folglich derzeit nicht möglich.

333 Schließlich kann es M darum gehen, möglichst bald die Couch zurückzubekommen, um wenigstens diese noch anderweitig verwerten zu können. Hierzu stellt § 449 Abs. 2 klar, dass die Verkäuferin aufgrund des Eigentumsvorbehalts die Sache nur herausverlangen kann, wenn sie vom Vertrag zurückgetreten ist. Die Voraussetzungen des **Rücktritts** von einem gegenseitigen Vertrag richten sich im Grundsatz nach § 323 Abs. 1. Beim Teilzahlungsgeschäft bedarf es jedoch nach §§ 506 Abs. 3, 508 S. 1 auch insofern der Einhaltung der **qualifizierten Voraussetzungen** des § 498 Abs. 1 S. 1. Während nach § 323 die bloße Nichtleistung der Schuldnerin genügt, ist nach § 498 Abs. 1 S. 1 Nr. 1 zunächst der Schuldnerverzug und damit nach § 286 Abs. 4 das Vertretenmüssen der Verbraucherin erforderlich.[78] Insbesondere müssen die im Gesetz genannten Rückstandsquoten erreicht sein. Weil es daran fehlt, kann M momentan auch nicht vom Kaufvertrag zurücktreten.

334 Bleibt K noch eine weitere Rate schuldig, ist die 10%-Grenze hingegen überschritten. M kann K dann nach § 498 Abs. 1 S. 1 Nr. 2 eine zumindest zweiwöchige Zahlungsfrist unter Nennung des rückständigen Betrags in richtiger Höhe setzen und der K zugleich andro-

77 MünchKomm/*Weber*, § 501 Rn. 5 f.; *Bülow/Artz*, Rn. 351.
78 Näher *Habersack/Schürnbrand*, JuS 2002, 833, 835.

hen, dass sie bei Nichtzahlung innerhalb der Frist die Teilzahlungsabrede kündigen oder vom Vertrag zurücktreten werde. Sie muss sich dabei bereits im Zeitpunkt der Erklärung auf eines der beiden Gestaltungsrechte festlegen. Zwar ist M gehalten, der K nach § 498 Abs. 1 S. 2 ein Gesprächsangebot zu machen. Hierbei handelt es sich aber nicht um eine Tatbestandsvoraussetzung für die Kündigung oder den Rücktritt („soll").[79] Um die Kündigung oder den Rücktritt zu vermeiden, müsste K den gesamten rückständigen Betrag bezahlen. Es ist nicht ausreichend, wenn sie durch eine Teilzahlung den rückständigen Betrag lediglich unter die qualifizierte Rückstandsquote von 10% zurückführt.[80]

Fall 36: In Fall 35 (Rn. 331) empfindet M die Rechtslage als unbefriedigend und hilft sich daher selbst. Sie klingelt einfach bei K und teilt dieser mit, dass sie die Couch nunmehr wieder mitnehme. K ist völlig perplex und lässt M gewähren. Kann K von M nunmehr Rückzahlung der von ihr geleisteten Raten verlangen? **335**

Als Anspruchsgrundlage für den Rückzahlungsanspruch kommt § 346 Abs. 1 in Betracht. Die Umwandlung des Vertrags in ein Rückgewährschuldverhältnis kann **§ 508 S. 5** ausgelöst haben. Demnach gilt es als Ausübung des Rücktrittsrechts, wenn die Unternehmerin die aufgrund des Teilzahlungsgeschäfts gelieferte Sache wieder an sich nimmt, es sei denn, sie einigt sich mit der Verbraucherin, dieser den gewöhnlichen Verkaufswert der Sache im Zeitpunkt der Wegnahme zu vergüten.

Ersetzt wird durch § 508 S. 5 jedenfalls die nach § 349 erforderliche **Rücktrittserklärung**. Das Gestaltungsrecht gilt als ausgeübt, ohne dass es der Feststellung eines konkreten Rücktrittswillens bedürfte. Nach hM erschöpft sich die Bedeutung der Vorschrift darin. § 508 S. 5 hilft mit anderen Worten nicht über das Fehlen eines **Rücktrittsgrundes** hinweg.[81] Weil die Voraussetzungen der §§ 506 Abs. 1, 498 Abs. 1 S. 1 hier (noch) nicht erfüllt sind, kann demnach die Rücktrittsfiktion nicht eingreifen. Anderenfalls könnte die Unternehmerin durch die vertragswidrige Wiederansichnahme die zum Schutz der Verbraucherin eingeführten qualifizierten Rücktrittsvoraussetzungen des § 498 umgehen. Das Nutzungsrecht der Verbraucherin fiele weg, obwohl diese vielleicht ein Interesse an der Aufrechterhaltung des Vertrags hat. Gegen diese Rechtsfolge wird von Stimmen in der Literatur eingewandt, dass M hier das tatsächliche Gebrauchs- und Nutzungsrecht der K vereitelt habe und somit genau die Situation eingetreten sei, vor der § 508 S. 5 die Verbraucherin schützen will.[82] Doch zwingt dies nicht dazu, auf die Rücktrittsvoraussetzungen nach §§ 508 S. 1, 498 Abs. 1 S. 1 zu verzichten. Vielmehr sollte der Verbraucherin die Entscheidung überlassen werden, ob sie die Rückgewähr der Sache verlangt oder wegen der pflichtwidrigen Wiederansichnahme der Sache durch die Unternehmerin selbst den Rücktritt vom Vertrag erklärt.[83] **336**

79 BGHZ 147, 7, 13 = NJW 2001, 1349, krit. dazu BeckOGK/*Kops*, § 498 Rn. 29.
80 BGH ZIP 2005, 406, 407 f.
81 OLG Köln WM 1998, 381, 382; *Bülow/Artz*, Rn. 379; Grüneberg/*Weidenkaff*, § 508 Rn. 8.
82 So die Vorauflage; ferner *Habersack/Schürnbrand*, JuS 2002, 833, 835 f.; *Oechsler*, Vertragliche Schuldverhältnisse Rn. 704.
83 *Bülow/Artz*, Rn. 379 m.w.N.

V. Sonstige Finanzierungshilfe

337 Die dritte Grundform des Verbraucherkredits ist die sonstige entgeltliche Finanzierungshilfe, die ein Unternehmer einem Verbraucher oder Existenzgründer (§ 513) gewährt. Auf sie finden gemäß § 506 Abs. 1 die das Verbraucherdarlehen betreffenden Vorschriften der **§§ 491a ff. entsprechende Anwendung**. Die sonstige entgeltliche Finanzierungshilfe bildet systematisch einen **Auffangtatbestand**. Sie ist dadurch gekennzeichnet, dass der Verbraucherin jenseits eines Darlehens oder eines Zahlungsaufschubs zeitweilig Kaufkraft zur vorgezogenen Verwendung künftigen Einkommens überlassen wird.[84] Als möglicher Anwendungsfall werden längerfristige Handy-Verträge diskutiert, die dem Verbraucher den stark verbilligten Bezug eines Endgeräts ermöglichen. In der Tat liegt die Betrachtungsweise nicht fern, dass der Kunde mit der Grundgebühr und etwaigen Mindestumsätzen zugleich die Kosten für das ihm bereits zu Beginn der Vertragslaufzeit überlassene Endgerät tilgt und dabei insgesamt einen höheren Betrag als bei einem alternativen Bargeschäft zu entrichten hat.[85]

338 Die klassische Erscheinungsform der sonstigen entgeltlichen Finanzierungshilfe ist jedoch das **Finanzierungsleasing**. Hierbei schafft die Leasinggeberin das Leasinggut nach den Wünschen des Leasingnehmers an und finanziert den Kaufpreis vor. Im Wege eines Gebrauchsüberlassungsvertrags überlässt sie ihm anschließend Besitz und Nutzung des Gegenstands. Der Finanzierungsleasingvertrag ist im Grundsatz mietrechtlich zu qualifizieren.[86] Die vom Leasingnehmer zu zahlende Vergütung beinhaltet neben dem Entgelt für die zeitweilige Gebrauchsüberlassung auch eine Gegenleistung für die vom Leasinggeber geleistete Vorfinanzierung. Die Abgrenzung von einem gewöhnlichen Gebrauchsüberlassungsvertrag, auf den die Vorschriften des Verbraucherkreditrechts keine Anwendung finden, erfolgt anhand des abschließenden **Katalogs des § 506 Abs. 2**.[87] Ihm zufolge liegt eine Finanzierunghilfe nur vor, wenn den Verbraucher eine Erwerbspflicht trifft (Nr. 1), der Unternehmer vom Verbraucher den Erwerb des Gegenstands verlangen kann (Nr. 2) oder der Verbraucher bei Beendigung des Vertrags für einen bestimmten Wert des Gegenstands einzustehen hat (Nr. 3).

VI. Unentgeltliche Finanzierungshilfen

339 Ein Zahlungsaufschub kann in Niedrigzinsphasen auch unentgeltlich erfolgen. § 515 erklärt für den unentgeltlichen Zahlungsaufschub und die sonstige unentgeltliche Finanzierungshilfe die Bestimmung des **§ 514 für entsprechend anwendbar**, welche wiederum auf zahlreiche Bestimmungen des Verbraucherdarlehensrechts verweist (oben Rn. 316 f.). Erfasst werden von § 515 etwa die sog. **Null-Prozent-Finanzierung** oder das **Null-Leasing**, bei dem die Summe der Leasingraten den Kaufpreis für das Leasinggut nicht übersteigt. Es werden nur Verbraucher, nicht auch Existenzgründer geschützt.[88]

---

84 MünchKomm/*Weber*, § 506 Rn. 24.

85 So LG Lüneburg MMR 2011, 735; s. dazu *Limbach*, NJW 2011, 3770; Jauernig/*Berger*, § 506 Rn. 7; Erman/*Nietsch*, § 506 Rn. 13.

86 *Huber/Bach*, Schuldrecht BT 1 Rn. 875 ff.; *Oetker/Maultzsch*, Vertragliche Schuldverhältnisse § 16 Rn. 47 ff.

87 OLG Düsseldorf WM 2013, 1095, 1096; *Skusa*, NJW 2011, 2993, 2995 f.; dagegen für ergänzende Anwendung des § 506 Abs. 1 *Bülow*, WM 2014, 1413 f.

88 BeckOGK/*Haertlein/Schultheiß*, § 513 Rn. 4; aA BeckOGK/*Harnos*, § 514 Rn. 18, § 515 Rn. 5.

Aufgrund des Verweises in § 514 Abs. 1 sind die Regeln des Verbraucherdarlehensrechts für die Kreditwürdigkeitsprüfung, den Verzug und die Gesamtfälligstellung entsprechend anwendbar. Der fehlende Verweis auf die besonderen Rücktrittserfordernisse beim Teilzahlungsgeschäft nach §§ 506 Abs. 3, 508 dürfte einem Versehen des Gesetzgebers zuzuschreiben sein und ist im Wege der Analogie zu schließen.[89] Ein **Widerrufsrecht** des Verbrauchers entsteht durch Verweis auf § 514 Abs. 2, wobei die dortigen Ausnahmen zu beachten sind. Insbesondere geht das Widerrufsrecht nach § 312g Abs. 1 vor, sofern das finanzierte Geschäft außerhalb von Geschäftsräumen oder im Fernabsatz geschlossen wurde.

VII. Ratenlieferungsvertrag

Die Regelung über den Ratenlieferungsvertrag in § 510 bildet einen Fremdkörper im Gefüge der §§ 491 ff. Sie ist in vielen Bundesländern vom **Prüfungsstoff** ausgenommen.[90] Eine Krediteinräumung beinhaltet ein Ratenlieferungsvertrag typischerweise nicht, vielmehr hat der Erwerber das von ihm geschuldete Entgelt jeweils direkt im Anschluss an die Lieferung der Ware zu leisten. Schützen will § 510 den Verbraucher oder Existenzgründer (§ 513) **vor dem übereilten Eingehen einer langfristigen Erwerbsverpflichtung**. Ähnlich wie bei einem Kredit trifft die gesamte finanzielle Belastung den Verbraucher nämlich nicht sofort in voller Höhe, sondern verteilt sich über einen langen Zeitraum und wird daher von ihm in ihrer Tragweite nicht selten unterschätzt. Wird zusätzlich ein Zahlungsaufschub vereinbart, greifen die weitergehenden Schutzvorschriften der §§ 506 Abs. 1, 491a ff., 515 ein.[91] Als Schutzinstrumente sieht § 510 die Schriftform sowie ein Widerrufsrecht vor. **340**

1. Tatbestand

Die Vorschrift des § 510 knüpft nicht generalklauselartig an eine langfristige Erwerbsverpflichtung an, sondern benennt in ihrem Abs. 1 S. 1 Nr. 1 bis 3 enumerativ bestimmte Konstellationen, in denen das besondere Schutzinstrumentarium eingreift. Weil auch Ausnahmetatbestände in den Grenzen ihres Gesetzeszwecks einer analogen Anwendung zugänglich sind,[92] kann zwar im Einzelfall eine maßvoll erweiternde Auslegung der einzelnen Tatbestände methodisch zulässig sein. Aus § 510 kann aber kein allgemeiner Rechtssatz abgeleitet werden, dass Verbrauchern bei langfristigen Verträgen mit laufender Zahlungsverpflichtung in jedem Fall ein Widerrufsrecht zusteht.[93] **341**

a) Lieferung in Teilleistungen

Im Einzelnen erfasst zunächst § 510 Abs. 1 S. 1 Nr. 1 Verträge über die **Lieferung mehrerer als zusammengehörig verkaufter Sachen**, bei denen das Entgelt für die Gesamtheit der Sachen in Teilleistungen zu entrichten ist. Entscheidend ist, dass der **Umfang des Kaufs schon bei Vertragsschluss feststeht** und nur die Auslieferung zeitlich versetzt **342**

89 MünchKomm/*Weber*, § 515 Rn. 3; BeckOGK/*Harnos*, § 515 Rn. 6.
90 Siehe Rn. 3.
91 Jauernig/*Berger*, § 510 Rn. 1; Staudinger/*Kessal-Wulf*, § 510 Rn. 5.
92 Grüneberg/*ders.*, Einl. Rn. 53.
93 BGH NJW 2003, 1932, 1933; MünchKomm/*Weber*, § 510 Rn. 6.

erfolgt. An der Zusammengehörigkeit der Sachen fehlt es, wenn zwischen den einzelnen Teilen weder funktionell noch nach der Parteivereinbarung ein Zusammenhang besteht. Klassische Anwendungsfälle der Norm sind der Kauf eines mehrbändigen Lexikons oder Sprachlehrbuchs.[94] Auf Werkverträge findet die Bestimmung keine Anwendung.[95]

b) Regelmäßige Lieferung von Sachen gleicher Art

343 § 510 Abs. 1 S. 1 Nr. 2 will Verträge erfassen, die dazu bestimmt sind, ein regelmäßig neu entstehendes Bedürfnis des Verbrauchers zu befriedigen. Eine Zusammengehörigkeit der Liefergegenstände ist hier nicht erforderlich. Typische Anwendungsfälle sind die **regelmäßige Lieferung von Nahrungsmitteln und Zeitschriftenabonnements**. Die Vorschrift beschränkt sich gezielt auf die Lieferung von Sachen. Auch wenn bei einer langfristigen Verpflichtung zum entgeltlichen Bezug von **Dienstleistungen** ein vergleichbares Schutzinteresse bestehen mag, kann die Vorschrift auf Dienstverträge **nicht entsprechend** angewendet werden. Zu Recht hat der BGH daher entschieden, dass der Verbraucher beim Abschluss eines Pay-TV-Abonnementvertrags kein Widerrufsrecht gemäß § 510 Abs. 2 hat.[96] Anders dürfte lediglich dann zu entscheiden sein, wenn eine Leistung unkörperlicher Art aufgrund der technischen Entwicklung an die Stelle eines körperlichen Gegenstands tritt und als Sachsubstrat fungiert (etwa elektronische Zeitung).[97]

c) Wiederkehrender Bezug von Sachen

344 Eine Verpflichtung zum wiederkehrenden Erwerb oder Bezug von Sachen, welche den Tatbestand des § 510 Abs. 1 S. 1 Nr. 3 ausmacht, beruht in aller Regel auf einem **Grund- oder Rahmenvertrag**. Zu dessen Umsetzung werden dann jeweils gesonderte Kaufverträge abgeschlossen. Weder müssen die Sachen gleichartig sein noch die Lieferung regelmäßig erfolgen.[98] Klassischer Beispielsfall ist die Mitgliedschaft in einem Buchclub. Im Bereich der Existenzgründungen spielen in der Praxis zudem Absatzmittlerverträge eine große Rolle. Bezugspflichten können sich namentlich aus **Franchise- und Bierlieferungsverträgen** ergeben.

2. Rechtsfolgen

345 Ein Ratenlieferungsvertrag bedarf nach § 510 Abs. 1 S. 1 grundsätzlich der **Schriftform**. Ausnahmen hiervon sind in § 510 Abs. 1 S. 2, 3 geregelt. Die Nichteinhaltung der Schriftform führt zur Nichtigkeit gemäß § 125 S. 1, eine Heilungsvorschrift nach dem Vorbild der §§ 494 Abs. 2, 507 Abs. 2 S. 2 sieht das Gesetz nicht vor. Außerdem hat der Verbraucher gemäß § 510 Abs. 2 ein **Widerrufsrecht**, es sei denn, der Vertrag wurde im Fernabsatz oder außerhalb von Geschäftsräumen geschlossen. Dem **Widerrufsrecht aus § 312g Abs. 1** kommt mit anderen Worten der **Vorrang** zu. Ein Widerrufsrecht aus § 510 besteht dabei auch dann nicht, wenn das Widerrufsrecht des § 312g nach dessen Abs. 2 im Einzelfall ausgeschlossen ist. Überdies ist der Vertrag in den Fällen der § 510 Abs. 3

94 Näher und mit weiteren Bsp. MünchKomm/*Weber*, § 510 Rn. 15.
95 BGHZ 165, 325, 328 ff. = NJW 2006, 904.
96 **BGH NJW 2003, 1932**; aA etwa Erman/*Nietsch*, § 510 Rn. 13.
97 *Blasek*, JA 2008, 177, 179; MünchKomm/*Weber*, § 510 Rn. 22; aA Staudinger/*Kessal-Wulf*, § 510 Rn. 15.
98 BeckOK BGB *Möller*, § 510 Rn. 12; Jauernig/*Berger*, § 510 Rn. 2.

S. 1, § 491 Abs. 2 S. 2 Nr. 1 bis 5, Abs. 3 S. 2 und Abs. 4 nicht widerruflich, was namentlich vor allem Bagatellgeschäfte unter 200 € betrifft. Maßgeblich ist dabei nach § 510 Abs. 3 S. 2 die Summe der Teilzahlungen, die bis zum frühesten Zeitpunkt einer ordentlichen Kündigung zu erbringen sind.[99]

Für die Ausübung des Widerrufsrechts gelten die allgemeinen Regeln des § 355 Abs. 1, Abs. 2. Aufgrund der Verweisung auf § 356 in § 356c Abs. 2 beginnt die vierzehntägige Widerrufsfrist bei Verbrauchsgüterkäufen erst zu laufen, wenn der Verbraucher die Ware erhalten hat (siehe näher Rn. 143 f.). Der Beginn der Widerrufsfrist ist außerdem gemäß § 356c Abs. 1 an die Unterrichtung über das Widerrufsrecht geknüpft. Unterbleibt eine (korrekte) Unterrichtung, erlischt das Widerrufsrecht aber gemäß § 356c Abs. 2 S. 2 spätestens zwölf Monate und 14 Tage nach Vertragsschluss. **346**

Hinsichtlich der **Rechtsfolgen des Widerrufs** ist zu differenzieren:[100] In den Fällen des § 510 Abs. 1 S. 1 Nr. 1, also bei einer Lieferung in Teilleistungen, bildet die Kaufsache wirtschaftlich eine Einheit. Daher erfasst der Widerruf den gesamten Vertrag. Bei einem Sukzessivlieferungsvertrag nach Nr. 2 hingegen besteht kein Grund, den Vertrag auch insoweit rückabzuwickeln, als er bereits beiderseits vollständig erfüllt ist und die erbrachten Leistungen für den Verbraucher auch ohne die weitere Durchführung des Vertrags von Wert sind. Daher entfällt bei einem Abonnement über die wöchentliche Lieferung von Gemüse die Lieferverpflichtung nur für die Zukunft. Bei den Rahmenverträgen der Nr. 3 schließlich gerät durch Widerruf nur dieser und damit allein die weitere Erwerbspflicht in Wegfall. Auch hier besteht regelmäßig kein Anlass, bereits erfüllte Einzelverträge wieder abzuwickeln. Hinsichtlich der Modalitäten des Widerrufs und eines vom Verbraucher geschuldeten Wertersatzes verweist § 357d auf die Bestimmung des § 357a (siehe Rn. 162 ff.). **347**

3. Vertragsübernahme

Fall 37: Obwohl er in der Gastronomie über keine Erfahrung verfügt, eröffnet A eine kleine Eckkneipe und schließt im Zuge dessen mit der Brauerei B in deren Geschäftsräumen einen fünfjährigen Liefervertrag ab, der ihn verpflichtet, seinen ganzen Bedarf an Bier bei der B zu decken. Über ein Widerrufsrecht wird er dabei nicht unterrichtet. Nach nur einem halben Jahr hat er von der Gastronomie genug und will nach Südamerika auswandern. Sein bislang arbeitsloser Stammgast X will die Kneipe fortführen und ist bereit, auch den Bierlieferungsvertrag zu übernehmen. B hat gegen den geplanten Wechsel nichts einzuwenden, will aber aus rechtlichen Gründen an dem Vertragsschluss nicht beteiligt sein; A und X sollten die Sache untereinander ausmachen. B erklärt aber bereits im Vorfeld ihre Zustimmung zu einer möglichen Vertragsübernahme, woraufhin A und X entsprechend verfahren. Zwei Wochen später gelangt X zu der Einsicht, sich mit der Kneipe übernommen zu haben. B meint, X müsse auf jeden Fall dem Vertrag entsprechend Bier abnehmen. Zu Recht? **348**

Zunächst war A aus dem Bierlieferungsvertrag berechtigt und verpflichtet. Der Vertrag war auch wirksam, da eine nach § 138 Abs. 1 verbotene **sittenwidrige Knebelung** des Bezugsverpflichteten von der Rechtsprechung regelmäßig erst bei Laufzeiten ab 15 Jah-

99 Staudinger/*Kessal-Wulf*, § 510 Rn. 4; Grüneberg/*Weidenkaff*, § 510 Rn. 7.
100 MünchKomm/*Weber*, § 510 Rn. 9 ff.; Grüneberg/*Weidenkaff*, § 510 Rn. 7.

ren angenommen wird.[101] Durch die Vertragsübernahme ist sodann X in den Vertrag eingetreten. Das Rechtsinstitut der Vertragsübernahme ist zwar gesetzlich nicht näher geregelt, es wird aber allgemein für zulässig gehalten.[102] Zum Abschluss der Vertragsübernahme bedarf es einer dreiseitigen Übereinkunft zwischen Veräußerer, Übernehmer und der anderen Vertragspartei. Alternativ genügt es entsprechend § 415 aber auch, wenn die andere Vertragspartei einer zwischen Veräußerer und Erwerber vereinbarten Übernahme zustimmt. Letzterer Weg wurde hier gewählt. Rechtsfolge ist, dass der Erwerber in vollem Umfang in die Vertragsposition des Veräußerers eintritt. Alle aus dem Vertrag folgenden Pflichten und Rechte gehen auf ihn über. Das hat Folgen für ein mögliches Widerrufsrecht des X; ein solches kann ihm nämlich unter zwei Gesichtspunkten zustehen.[103] Er kann einerseits im Zuge der Vertragsübernahme **derivativ** ein Widerrufsrecht des A erworben haben. Andererseits kann durch die Vertragsübernahme zu seinen Gunsten ein solches auch **originär** entstanden sein.

349 Der Bierlieferungsvertrag begründet eine wiederkehrende Verpflichtung zum Bezug von Waren und unterfällt daher § 510 Abs. 1 S. 1 Nr. 3. B hat den Vertrag in Ausübung ihrer gewerblichen Tätigkeit und damit als Unternehmerin (§ 14) abgeschlossen. A unterfiel als Existenzgründer gemäß § 513 dem Schutzbereich des Gesetzes. Dabei ist zu unterstellen, dass das aus dem Vertrag geschuldete Mindestentgelt den Betrag von 75.000 € nicht überschreitet. Maßgeblich für die Berechnung der Vertragssumme ist nach dem Rechtsgedanken des § 510 Abs. 3 S. 2 der Zeitpunkt der ersten ordentlichen Kündigungsmöglichkeit. Da der Vertrag auch weder im Fernabsatz noch außerhalb von Geschäftsräumen geschlossen wurde, stand dem A ein Widerrufsrecht gemäß §§ 510 Abs. 2, 355 zu. Mangels ordnungsgemäßer Unterrichtung hat die Widerrufsfrist nach § 356c Abs. 1 nicht begonnen; das Widerrufsrecht wird gemäß § 356c Abs. 2 S. 2 erst zwölf Monate und 14 Tage nach Vertragsschluss erlöschen. Da es sich nicht um eine höchstpersönliche Rechtsposition handelt, ist das Widerrufsrecht des A als Gestaltungsrecht im Rahmen der Vertragsübernahme auf den X übergegangen.[104] X steht daher jedenfalls ein derivativ erworbenes Widerrufsrecht zu.

350 Weiterhin hat X zwar nicht selbst einen Ratenlieferungsvertrag abgeschlossen. Das Schutzbedürfnis desjenigen, der einen Ratenlieferungsvertrag übernimmt, ist aber nicht als geringer einzustufen. Entscheidend ist vielmehr, dass durch die Vertragsübernahme zu Lasten des X erstmals eine langfristige Erwerbsverpflichtung begründet wurde. Auf die Vertragsübernahme findet die Vorschrift des § 510 daher zumindest entsprechende Anwendung.[105] Dabei kommt es nicht darauf an, ob der Ratenlieferungsvertrag ursprünglich als Verbrauchervertrag abgeschlossen wurde. Das ist Ausfluss des **Grundsatzes der Einzelbetrachtung**, welcher das Verbraucherkreditrecht prägt.[106] Auch wenn A nicht als Existenzgründer gehandelt hätte, käme mithin ein Widerrufsrecht des X in Betracht. Jedoch muss die B als Unternehmerin auch an dem Übernahmevertrag beteiligt gewesen sein, weil ihr andernfalls die Einhaltung der verbraucherprivatrechtlichen

---

101 BGH NJW 1992, 2145 f.

102 *Medicus/Lorenz*, Schuldrecht I § 62 Rn. 1 ff.; *Looschelders*, Schuldrecht AT § 53 Rn. 19 f.

103 Die folgenden Ausführungen beziehen sich auf den Ratenlieferungsvertrag, beanspruchen aber in gleicher Weise für den Verbraucherdarlehensvertrag und sonstige Finanzierungshilfen Geltung.

104 BGH NJW 1996, 2094, 2095.

105 BGHZ 129, 371, 378 f. = NJW 1995, 2290.

106 Vgl. Rn. 147.

Schutzvorschriften nicht angesonnen werden kann. Gewiss zu bejahen ist eine solche Beteiligung aber nur beim Zustandekommen in Form einer dreiseitigen Vereinbarung. Zweifelhaft ist hingegen, ob auch die hier in Rede stehende bloße Genehmigung des zwischen A und X geschlossenen Übernahmevertrags genügt.[107] Jedoch hat B auf die Wahl gerade dieser Gestaltung gedrängt und ein dreiseitiges Geschäft gezielt verhindert. Daher ist § 510 jedenfalls anzuwenden, um entsprechend der Vorgabe des § 512 S. 2 eine **Umgehung des Gesetzes** zu verhindern.

X verfügt daher über ein **zweifaches Widerrufsrecht**. Übt er es aus, fällt allerdings **351** lediglich der Bierlieferungsvertrag als Rahmenvertrag weg, so dass keine weitere Erwerbspflicht mehr besteht. Dagegen sind bereits abgewickelte Einzellieferungen nicht rückgängig zu machen.

107 Offen **BGHZ 142, 23, 29 f. = NJW 1999, 2664**; zum Streitstand MünchKomm/*Weber*, § 491 Rn. 31, 33; Staudinger/*Kessal-Wulf*, § 491 Rn. 22; *Martinek*, JZ 2000, 551, 558 f.

§ 7

Verbundene Verträge

I. Überblick

352 In §§ 358 bis 360 finden sich Sonderbestimmungen für verbundene und zusammenhängende Verträge. Es handelt sich dabei um **wirtschaftlich einheitliche Geschäfte**, die in zwei Verträge aufgespalten werden bzw. um andere Verträge, die miteinander in einer besonderen Beziehung stehen. Die Zielrichtung der §§ 358 ff. lässt sich am besten verstehen, wenn man das **Teilzahlungsgeschäft** (Ratenkauf) **als Ausgangspunkt** nimmt.[1] Hier hat es der Verbraucher, der nicht über genügend Mittel für eine Barzahlung verfügt, nur mit der Verkäuferin als Vertragspartnerin zu tun. Widerruft er den Kaufvertrag gemäß §§ 506 Abs. 1, 495 Abs. 1, muss er sich nur mit der Verkäuferin auseinandersetzen. Erweist sich der Kaufgegenstand als mangelhaft, kann der Verbraucher der Verkäuferin gegenüber die Zahlung weiterer Raten verweigern.

353 Die rechtliche Situation des Verbrauchers verschlechtert sich demgegenüber merklich, wenn die Finanzierung nicht durch Ratenkauf, sondern durch einen gesonderten Darlehensvertrag erfolgt. Dann nämlich kann der Verbraucher zwar den mit der Bank geschlossenen Kreditvertrag als Verbraucherdarlehensvertrag nach § 495 Abs. 1 widerrufen, bleibt aber an den Kaufvertrag gebunden. Gleiches gilt auch umgekehrt, wenn er den Kaufvertrag widerrufen kann, beispielweise, weil es sich um einen Fernabsatzvertrag handelt. Ist die gekaufte Sache schließlich mangelhaft, kann der Verbraucher zwar die Rückabwicklung des Kaufvertrags durchsetzen, bleibt aber gegenüber der Bank zur Zahlung der Darlehensraten verpflichtet. Das ist für ihn besonders misslich, wenn die Verkäuferin insolvent ist und der Verbraucher den Kaufpreis daher nicht zurückerhält.

354 Diese **Nachteile aus der Aufspaltung in zwei Verträge** sind Folge des Grundsatzes der Relativität der Schuldverhältnisse. Das **Aufspaltungsrisiko** ist der Verbraucherin zuzumuten, solange sie sich das Anschaffungsdarlehen auf eigene Faust sucht. Besteht hingegen zwischen dem Kauf- und dem Darlehensvertrag eine besondere Verbindung, die die Verträge als **wirtschaftliche Einheit** erscheinen lässt, ist es nicht adäquat, wenn die Verbraucherin das Aufspaltungsrisiko trägt. Eine solche wirtschaftliche Einheit ist gemäß § 358 Abs. 3 S. 2 insbesondere dann anzunehmen, wenn der Verkäufer selbst die Gegenleistung der Verbraucherin finanziert. Im Falle der Finanzierung durch einen Dritten liegt eine wirtschaftliche Einheit der Verträge vor, wenn sich die Darlehensgeberin bei der Vorbereitung oder dem Abschluss des Darlehensvertrags der Mitwirkung des Verkäufers bedient. Auch dann beansprucht jedoch weiterhin das **Trennungsprinzip** Geltung.[2] Es handelt sich nach wie vor um zwei rechtlich selbständige Verträge. Das Schicksal dieser Verträge ist lediglich insoweit verknüpft, als es das Gesetz vorsieht. Eine Durchbrechung der Relativität der Schuldverhältnisse erfolgt primär durch die **Rechtsinstitute des Widerrufs- und des Einwendungsdurchgriffs**. Widerruft der Verbraucher entweder den Darlehensvertrag oder das finanzierte Geschäft, so ist er nach

1 Zum Teilzahlungsgeschäft eingehend Rn. 323 ff.
2 BGH ZIP 2010, 2394 Rn. 14; MünchKomm/*Habersack*, § 358 Rn. 30 f.

Maßgabe von § 358 Abs. 1 und 2 auch an den jeweils anderen Vertrag nicht mehr gebunden.[3] Stehen ihm Einwendungen gegen die Verkäuferin zu, so kann er gemäß § 359 Abs. 1 S. 1 die Rückzahlung des Darlehens verweigern.

II. Definition des verbundenen Vertrags

Ein Vertrag über die Lieferung einer Ware oder die Erbringung einer Leistung und ein Darlehensvertrag sind gemäß § 358 Abs. 3 S. 1 verbunden, wenn das Darlehen ganz oder teilweise der **Finanzierung des anderen Vertrags** dient und beide Verträge eine wirtschaftliche Einheit bilden.[4] Einer ausdrücklichen Nennung des Finanzierungszwecks im Darlehensvertrag bedarf es nicht. Auch die zeitliche Reihenfolge der Vertragsabschlüsse ist nicht von Belang. Eine **wirtschaftliche Einheit** bilden der Darlehensvertrag und das finanzierte Geschäft, wenn die beiden Verträge über ein Zweck-Mittel-Verhältnis hinaus dergestalt verbunden sind, dass ein Vertrag nicht ohne den anderen abgeschlossen worden wäre. Unwiderleglich vermutet wird das in den Fällen des § 358 Abs. 3 S. 2:[5] Eine wirtschaftliche Einheit liegt danach **insbesondere** vor, wenn Darlehensgeberin und Unternehmerin personenidentisch sind oder sich die Darlehensgeberin bei der Vorbereitung oder dem Abschluss des Vertrags der Mitwirkung der Unternehmerin bedient. Von einer solchen Einschaltung beim Vertragsschluss ist regelmäßig auszugehen, wenn der Darlehensgeber dem Verkäufer gezielt seine Vertragsunterlagen überlässt oder ein von ihm benutztes Auskunftsformular auswertet.[6] Ein Beispiel hierfür ist es, wenn ein Autohändler bei den Verhandlungen zum Abschluss eines Kfz-Kaufvertrages seinen Kundinnen sogleich das Kredit-Antragsformular einer mit ihm kooperierenden Bank überreicht. **355**

§ 358 Abs. 3 S. 2 enthält indes keine abschließende Aufzählung der Kriterien für das Bestehen einer wirtschaftlichen Einheit. **Weitere Indizien**, die im Rahmen einer Gesamtwürdigung für eine wirtschaftliche Einheit sprechen, sind etwa der gleichzeitige Abschluss der Verträge und die einheitliche Gestaltung der Formulare. Auch wenn sich die Unternehmerin bei der Vorbereitung oder dem Abschluss des Vertrags der **Mitwirkung der Darlehensgeberin** bedient (umgekehrter Fall des § 358 Abs. 3 S. 2 Alt. 2), liegt eine wirtschaftliche Einheit vor.[7] Besondere Bedeutung kommt auch dem Umstand zu, dass der Verbraucher die Darlehenssumme nicht frei verwenden darf, sondern vielmehr zur Tilgung seiner Verbindlichkeit aus dem finanzierten Geschäft einsetzen muss.[8] **356**

Restriktiver ist der Begriff der wirtschaftlichen Einheit hingegen beim **finanzierten Erwerb eines Grundstücks** gefasst. Eine wirtschaftliche Einheit ist dort gemäß § 358 Abs. 3 S. 3 nur anzunehmen, wenn die Darlehensgeberin selbst das Grundstück verschafft oder aber über die Zurverfügungstellung des Darlehens hinaus den Absatz des Grundstücks in qualifizierter Weise fördert. Die vom Gesetz insoweit benannten drei **357**

---

3 Zahlreiche Fallbeispiele bei *Klocke*, JuS 2016, 875 ff., 975 ff.

4 Nach Auffassung des BGH NJW 2014, 1519 f. finden §§ 358, 359 trotz des Verweises in § 506 Abs. 1 S. 1 auf das Finanzierungsleasing im Eintrittsmodell keine Anwendung, da der Verbraucher nur entweder an den Liefer- oder den Leasingvertrag gebunden ist und es daher an einem Aufspaltungsrisiko fehle; zustimmend *Moseschus*, EWiR 2014, 351; kritisch *Harriehausen*, NJW 2014, 1521.

5 BGHZ 156, 46, 51 = NJW 2003, 2821; BGHZ 167, 252 Rn. 14 = NJW 2006, 1788.

6 BGH NJW 2007, 3200, 3201.

7 BGH NJW 2010, 531, 533.

8 MünchKomm/*Habersack*, § 358 Rn. 50 f.; Staudinger/*Herresthal*, § 358 Rn. 131.

Fallgruppen sind abschließend. Zu beachten ist, dass die Einschränkung des § 358 Abs. 3 S. 3 nicht alle Immobiliar-Verbraucherdarlehen gemäß § 491 Abs. 3 erfasst. Insbesondere gilt die Einschränkung nicht für Darlehensverträge, die zwar durch ein Grundpfandrecht besichert sind, aber nicht dem Erwerb eines Grundstücks dienen.

III. Widerrufsdurchgriff

358 Der Widerruf soll es dem Verbraucher ermöglichen, sich ohne Angabe von Gründen nachträglich vom Vertrag zu lösen. Bei verbundenen Verträgen wird dieses Ziel wirtschaftlich nur erreicht, wenn sich die Verbraucherin von beiden Verträgen lösen kann. Dem trägt das Rechtsinstitut des **Widerrufsdurchgriffs in beide Richtungen** Rechnung. Widerruft ein Verbraucher seine auf den Abschluss des finanzierten Geschäfts gerichtete Willenserklärung (z.B. nach § 312g Abs. 1, weil es sich um einen Fernabsatzvertrag handelt), so ist er gemäß § 358 Abs. 1 auch an seine auf den Abschluss des Darlehensvertrags gerichtete Willenserklärung nicht mehr gebunden. Den umgekehrten Fall regelt § 358 Abs. 2: Danach bringt der Widerruf des Verbraucherdarlehensvertrags gemäß § 495 Abs. 1 oder der Widerruf des unentgeltlichen Darlehens gemäß § 514 Abs. 2 auch das finanzierte Geschäft zu Fall. Auf die Rückabwicklung sind nach § 358 Abs. 4 S. 1 unabhängig von der Vertriebsform § 355 Abs. 3 und die §§ 357 bis 357c entsprechend anzuwenden (je nach Art des verbundenen Vertrags).[9] Es gelten mithin die allgemeinen Regeln. Widerruft die Verbraucherin den finanzierten Vertrag und bringt damit auch den Darlehensvertrag zu Fall, so sind jedoch nach § 358 Abs. 4 S. 4 Ansprüche gegen die Verbraucherin auf Zahlung von Zinsen und Kosten aus der Rückabwicklung des Darlehensvertrags (§ 357b Abs. 3) ausgeschlossen.

359 Ist der Verbraucher sowohl zum Widerruf des Darlehensvertrags als auch zum Widerruf des finanzierten Vertrags berechtigt (insbesondere, weil der finanzierte Vertrag außerhalb von Geschäftsräumen oder im Fernabsatz geschlossen wurde), so hat er ein **Wahlrecht**, welchen der Verträge er widerruft. Dem steht die Vorrangregel des § 312g Abs. 3 nicht entgegen. Denn § 312g Abs. 3 betrifft nur mehrere Widerrufsgründe, die sich auf ein und denselben Vertrag beziehen. Die Bestimmung findet keine Anwendung, wenn hinsichtlich des Darlehensvertrags ein Widerruf nach § 495 möglich ist und hinsichtlich des verbundenen Vertrags ein Widerrufsrecht nach § 312g besteht. Die Entscheidung der Verbraucherin, welchen Vertrag sie widerruft, wird sich vorrangig an der noch laufenden Widerrufsfrist orientieren. Ist ein Widerruf beider Verträge noch möglich, so ist der Verbraucherin zu raten, den finanzierten Vertrag zu widerrufen, weil in diesem Fall nach § 358 Abs. 4 S. 4 Ansprüche der Darlehensgeberin auf die Erstattung von Zinsen gemäß § 357b Abs. 3 ausgeschlossen sind.[10]

360 Was die **Parteien des Rückabwicklungsverhältnisses** angeht, so ist zu unterscheiden. Ist das Darlehen noch nicht ausbezahlt, erfolgt allein eine Rückabwicklung des finanzierten Geschäfts, etwa eines Kaufvertrags. Diese Rückabwicklung wird zwischen Verbraucherin und Unternehmer (i.d.R. dem Verkäufer) vorgenommen. Ist das Darlehen bereits an die Verbraucherin ausbezahlt und von ihr noch nicht an den Unternehmer

9 Zur Wertersatzpflicht nach § 357 Abs. 7, 8 aF siehe *Nordholtz/Bleckwenn*, NJW 2017, 2497 ff.
10 Näher *Stürner*, JURA 2016, 739, 741.

(z.B. den Verkäufer) weitergereicht worden, so bleibt es ebenfalls bei der Rückgewähr im jeweiligen Vertragsverhältnis. Die Verbraucherin hat die Darlehensvaluta mithin an die Darlehensgeberin zurückzubezahlen und die gekaufte Sache an den Verkäufer zurückzugeben. Sofern dem Unternehmer der finanzierten Leistung allerdings das Darlehen im Zeitpunkt des Wirksamwerdens des Widerrufs bereits zugeflossen ist, ordnet **§ 358 Abs. 4 S. 5** eine **bilaterale Abwicklung** aller Leistungen im Verhältnis **zwischen Darlehensgeberin und Verbraucher** an. Ziel ist es, die Verbraucherin auch im Rückabwicklungsverhältnis vor dem Aufspaltungsrisiko zu schützen. Es soll vermieden werden, dass die Verbraucherin das Darlehen zurückerstatten muss, aber den an den Unternehmer geleisteten (Kauf-)Preis ggf. nicht zurückerhält. Die Rückabwicklung im Verhältnis zur Darlehensgeberin tritt **an die Stelle** der Rückabwicklung mit dem Unternehmer.[11] Die Verbraucherin muss sich also zwingend an die Darlehensgeberin halten, wenn das Darlehen dem Unternehmer vor Wirksamwerden des Widerrufs zugeflossen ist.

Fall 38: Verbraucher K kauft im Fernabsatz eine Waschmaschine von U und leistet sogleich eine Anzahlung. Im Übrigen wird der Kaufpreis durch die B-Bank (B) finanziert. Kauf- und Darlehensvertrag bilden eine wirtschaftliche Einheit i.S.d. § 358 Abs. 3. B zahlt die Kreditsumme direkt an U aus, und dieser lässt die Waschmaschine bei K anliefern. Weil K die Waschmaschine nicht gefällt, widerruft er den Kaufvertrag fristgerecht. Kann B Rückzahlung des Darlehens von K verlangen? **361**

Da Kaufvertrag und Darlehensvertrag eine wirtschaftliche Einheit i.S.v. § 358 Abs. 3 bilden, erstreckt sich der Widerruf des Kaufvertrags nach § 312g gemäß § 358 Abs. 1 auch auf den Darlehensvertrag. B kann von K deshalb nicht mehr die Rückzahlung des Darlehens aus § 488 Abs. 1 S. 2 verlangen. Zwar kann B grundsätzlich die Rückgewähr des ausbezahlten Darlehensbetrags nach §§ 355 Abs. 3 S. 1, 358 Abs. 4 S. 1 fordern. Zu beachten ist freilich die Regelung des § 358 Abs. 4 S. 5: In dem Zeitpunkt, in dem der Widerruf durch Zugang bei U wirksam wurde, war dem U das Darlehen bereits zugeflossen. Gemäß § 358 Abs. 4 S. 5 tritt daher B als Darlehensgeberin im Verhältnis zu K hinsichtlich der Rechtsfolgen des Widerrufs in die Rechte und Pflichten des U aus dem verbundenen Kaufvertrag ein. Der Begriff des Eintritts bedeutet hier, dass die Rechte und Pflichten auf die Darlehensgeberin übergehen. Die B tritt also nicht neben, sondern an Stelle des U. Dem K soll es erspart bleiben, das Darlehen an die B zurückführen und sich seinerseits mit ungewissem Erfolg an den U halten zu müssen. Daraus folgt, dass K (in seiner Rolle als Käufer) ein Anspruch auf Rückzahlung des Kaufpreises gegen B (anstatt gegen U) zusteht. Es bestehen somit gegenseitige Ansprüche zwischen K und B, die jeweils auf Zahlung gerichtet sind: Ein Anspruch der B gegen K auf Rückgewähr des zur Verfügung gestellten Darlehensbetrags gemäß §§ 355 Abs. 3 S. 1, 358 Abs. 4 S. 1 und ein Anspruch des K gegen B auf Rückerstattung des Kaufpreises aus §§ 355 Abs. 3 S. 1, § 358 Abs. 4 S. 5. Diese Ansprüche werden kraft Gesetzes saldiert.[12] Überdies sind Ansprüche der B auf Zahlung von Zinsen und Kosten gemäß § 358 Abs. 4 S. 4 ausgeschlossen. B kann daher lediglich (anstelle des U) Herausgabe der Waschmaschine

11 BGHZ 180, 123 Rn. 26 = NJW 2009, 3572; *Oechsler*, Vertragliche Schuldverhältnisse Rn. 665; aA *Bülow/Artz*, Rn. 209 f.

12 Dies gilt auch in der Insolvenz des Verbrauchers, siehe BGH DNotZ 2016, 442.

§§ 355 Abs. 3 S. 1, 358 Abs. 4 S. 1 verlangen (sowie ggf. Übereignung der Waschmaschine, sofern ihr das Eigentum nicht ohnehin bereits sicherungshalber übertragen wurde). Der von § 358 Abs. 4 S. 5 angeordnete Eintritt der B in das Rückabwicklungsverhältnis anstelle des U geht so weit, dass K von B sogar die Rückzahlung der an U geleisteten Anzahlung verlangen kann.

362 **Fall 39:** Verbraucherin K kauft im stationären Handel einen Fernseher von H. Zwar ist K notorisch knapp bei Kasse, doch weist H in ihrer Werbung darauf hin, dass für ihre Kunden die Möglichkeit einer „Null-Prozent-Finanzierung" durch ein Darlehen der B-Bank (B) bestehe. Auf Basis des mit K geschlossenen Darlehensvertrags zahlt B die Kreditsumme direkt an H aus. Als der Fernseher in ihrer Wohnung steht, dämmert es K, dass sie sich mit dem Darlehen übernommen hat. Was ist K zu raten?

Auch hier bilden Kaufvertrag und Darlehensvertrag eine wirtschaftliche Einheit und sind verbunden i.S.d. § 358 Abs. 3. Bei einem zinslosen Darlehen ist der Anspruch auf Darlehensrückzahlung nach § 488 Abs. 1 S. 2 sofort erfüllbar, da dem Darlehensgeber durch die vorzeitige Erfüllung keine Zinsen entgehen (§ 271 Abs. 2). Doch wird es K kaum möglich sein, die Darlehenssumme aufzubringen, weil der Betrag bereits zwecks Kaufpreiszahlung an H geflossen ist. Da K den Fernseher im stationären Handel erworben hat, ist sie zudem an den Kaufvertrag gebunden. Es ist K deshalb zu raten, das zinslose Darlehen nach §§ 514 Abs. 2, 355 binnen Zwei-Wochen-Frist (§ 355 Abs. 2) zu widerrufen. Gemäß § 358 Abs. 2 erstreckt sich dieser Widerruf auch auf den im stationären Handel geschlossenen Kaufvertrag über den Fernseher. Weil die Darlehenssumme der H bereits zugeflossen ist, erfolgt die Rückabwicklung nach § 358 Abs. 4 S. 5 allein im Verhältnis zwischen K und B. Der Anspruch der B auf Rückgewähr des Darlehens aus § 355 Abs. 3 wird mit dem Anspruch der K gegen B (anstatt gegen H) auf Rückerstattung des Kaufpreises saldiert (siehe vorige Rn.). K muss deshalb nur das Eigentum und den Besitz am Fernseher an B übertragen.

363 Im Gesetz nicht geregelt ist die Folgefrage nach dem **Regress der Darlehensgeberin gegen den Unternehmer**. Im Regelfall bestehen vertragliche Abreden zwischen den Kooperationspartnern, die den Ausgleich regeln. Fehlt eine solche Abrede, besteht im Ergebnis Einvernehmen darüber, dass der Darlehensgeber vom Unternehmer die Rückzahlung des Darlehens verlangen kann. Die gesetzliche Lücke ließe sich durch eine analoge Anwendung des § 358 Abs. 4 S. 5 füllen:[13] Die Darlehensgeberin rückt im Verhältnis zum Unternehmer in die Rolle des Verbrauchers ein und hat deshalb einen Anspruch auf Rückzahlung des ausgekehrten Darlehens sowie der vom Verbraucher an den Unternehmer geleisteten Anzahlung. Nach Auffassung der Rechtsprechung fehlt es hingegen an einer Regelungslücke.[14] Vielmehr habe der Ausgleich im Wege der **Durchgriffskondiktion** zu erfolgen. Dabei besteht kein Vorrang der Leistungskondiktion. An einer Leistung der Darlehensgeberin B an die Unternehmerin H fehlt es hier nämlich, denn nur oberflächlich betrachtet ist das Geld vom Darlehensgeber an den Unternehmer geflossen. In rechtlicher Hinsicht erfolgte die Zahlung aufgrund der Anweisung der K,

13 *Grunewald/Peifer*, Rn. 103; *Oechsler*, Vertragliche Schuldverhältnisse Rn. 666; so auch MünchKomm/*Habersack*, § 358 Rn. 96.
14 BGH NJW 2019, 2780 Rn. 24.

d.h. es handelte sich um eine Leistung der Darlehensgeberin an die Verbraucherin (Erfüllung des Darlehensvertrags) und zugleich eine Leistung der Verbraucherin an die Unternehmerin (Erfüllung des Kaufvertrags). Nach bereicherungsrechtlichen Grundsätzen hätte die Rückabwicklung nun eigentlich entlang dieser Leistungsbeziehungen zu erfolgen. Doch ordnet § 358 Abs. 4 Satz 5 BGB gerade eine Ausnahme von dieser Rückabwicklung entlang der jeweiligen Leistungsbeziehungen an. Dies hat zur Folge, dass die Unternehmerin H ohne Rechtsgrund von ihrer Verbindlichkeit zur Rückzahlung des Kaufpreises gegenüber der Verbraucherin K befreit wird. Deshalb kann die B-Bank die Unternehmerin H im Wege der Durchgriffskondiktion nach § 812 Abs. 1 Satz 1 Alt. 2 BGB in Anspruch nehmen.[15]

IV. Einwendungsdurchgriff

1. Verlagerung des Verwendungsrisikos

Ist ein Widerruf nicht möglich oder wird er nicht erklärt, kann der **Einwendungsdurchgriff** Bedeutung erlangen. Nach § 359 Abs. 1 S. 1 kann die Verbraucherin die Rückzahlung des Darlehens verweigern, soweit Einwendungen aus dem verbundenen Vertrag sie gegenüber der Unternehmerin, mit der sie den verbundenen Vertrag geschlossen hat, zur Verweigerung ihrer Leistung berechtigen würden. Das Gesetz bürdet dem Darlehensgeber damit teilweise die Verwendungsrisiken des Darlehens auf, welche nach allgemeinen Grundsätzen die Darlehensnehmerin zu tragen hat. Dabei ist unerheblich, ob das gewährte Darlehen entgeltlich oder zinsfrei gewährt wurde.[16] Rechtstechnisch wird aus dem Einwand gegen den finanzierten Vertrag eine **Einrede** der Verbraucherin gegen den Darlehensrückzahlungsanspruch.[17] Auch wenn der finanzierte Vertrag aufgrund einer rechtshindernden Einwendung nichtig ist, hat die Verbraucherin gegenüber dem Darlehensgeber lediglich ein Leistungsverweigerungsrecht. Der Einwendungsdurchgriff ist deshalb im Prozess nicht von Amts wegen, sondern nur auf Vortrag der Verbraucherin zu berücksichtigen. In der Fallbearbeitung ist die Einrede des § 359 Abs. 1 S. 1 erst im Anschluss an rechtshindernde und rechtsvernichtende Einwendungen gegen den Rückzahlungsanspruch des Darlehensgebers aus § 488 Abs. 1 S. 2 zu prüfen. **364**

Transformiert werden mittels des Einwendungsdurchgriffs alle Einwendungen und alle Einreden[18] aus dem finanzierten Vertrag. Der Einwendungsdurchgriff ist **akzessorisch**, er hindert die Durchsetzung des Rückzahlungsanspruchs der Darlehensgeberin nur solange und soweit, wie die betreffende Einwendung oder Einrede tatsächlich besteht.[19] Der Verbraucher kann die Rückzahlung etwa verweigern, wenn der finanzierte Kaufvertrag nach §§ 134, 138 nichtig ist oder er die Einrede der Nichterfüllung (§ 320) erheben kann. Den Hauptanwendungsfall des Einwendungsdurchgriffs bilden aber **Sachmängelgewährleistungsrechte**, die sich auf die Fehlerhaftigkeit der finanzierten Kaufsache **365**

15 BGH NJW 2019, 2780 Rn. 23 m.w.N. *Grigoleit/Auer/Kochendörfer*, Schuldrecht III, 3. Aufl. 2022, Rn. 495; krit. dazu MünchKomm/*Habersack*, § 358 Rn. 95.

16 Anders die zur früheren Rechtslage ergangene und zwischenzeitlich überholte Entscheidung BGH BKR 2015, 33 ff.

17 *Bülow/Artz*, Rn. 167; *Soergel/Pfeiffer*, § 359 Rn. 30.

18 Der Gesetzeswortlaut ist insofern unpräzise.

19 BGH NJW 2000, 3558, 3560; MünchKomm/*Habersack*, § 359 Rn. 38.

oder des finanzierten Werks stützen. Dabei ist zu beachten, dass das Leistungsverweigerungsrecht des Verbrauchers auch nach Verjährung des Nacherfüllungsanspruchs fortbesteht. Das ergibt sich aus § 438 Abs. 4 S. 2, Abs. 5 bzw. § 634a Abs. 4 S. 2, Abs. 5. Diese Bestimmungen belassen der Käuferin bzw. Bestellerin eine entsprechende Einrede auch dann, wenn der Rücktritt oder die Minderung wegen der Verjährung des Nacherfüllungsanspruchs nach § 218 Abs. 1 unwirksam ist.

366 Stützt sich die Einwendung auf einen Sach- oder Werkmangel, ist der Einwendungsdurchgriff nach Maßgabe des **§ 359 Abs. 1 S. 3 subsidiär**. Der Verbraucher kann die Rückzahlung des Darlehens erst verweigern, wenn die Nacherfüllung fehlgeschlagen ist. Ihm wird also zugemutet, sich zunächst mit dem Partner des finanzierten Geschäfts auseinanderzusetzen. Der Begriff **„Fehlschlagen"** in § 359 Abs. 1 S. 3 ist vor dem Hintergrund dieser bezweckten Subsidiarität auszulegen. Ein Fehlschlagen ist nicht nur in den Fällen der §§ 440, 636 zu bejahen, bei einem Kaufvertrag also in der Regel nach zwei erfolglosen Nachbesserungsversuchen. Vielmehr stehen die Unzumutbarkeit oder Verweigerung der Nacherfüllung sowie der erfolglose Ablauf einer der Unternehmerin gesetzten Frist dem Fehlschlagen gleich.[20] Insofern kann eine Orientierung an § 475d Abs. 1 erfolgen. Der **Bagatelltatbestand des § 359 Abs. 2 Alt. 2** greift ein, wenn das finanzierte Entgelt weniger als 200 € beträgt. § 359 findet dann überhaupt keine Anwendung. Unberücksichtigt bleiben schließlich gemäß § 359 Abs. 1 S. 2 diejenigen Einwendungen, die auf einer zwischen dieser Unternehmerin und dem Verbraucher nach Abschluss des Darlehensvertrags vereinbarten Vertragsänderung beruhen. Damit wird verhindert, dass sich nachträgliche Abreden zu Lasten der Darlehensgeberin auswirken.

2. Rückforderungsdurchgriff

367 Der Einwendungsdurchgriff ermöglicht es der Verbraucherin, die Rückzahlung des Darlehens zu verweigern. Dieses Recht geht allerdings ins Leere, soweit die Verbraucherin schon Zahlungen geleistet hat. Es stellt sich dann die Frage, ob sie die bereits erbrachten Leistungen nachträglich zurückfordern kann.

368 **Fall 40:** Verbraucher K erwirbt bei Händlerin H einen Gebrauchtwagen für 6.500 €. Für die Finanzierung ist auch gesorgt. H hat Darlehensanträge der B-Bank (B) vorrätig und kümmert sich um alle Formalitäten. In dem Darlehensvertrag ist geregelt, dass die B das Darlehen zur Begleichung des Kaufpreises direkt an H auszahlt und K es in 24 Monatsraten à 300 € (insgesamt 7.200 €) an B zurückzahlt. Das geschieht auch sechs Monate lang. Dann stellt K fest, dass der Wagen an einem von Anfang an vorhandenen Motorschaden leidet. H weist den Wunsch nach einer Reparatur entschieden von sich. Daraufhin teilt K der B mit, er werde keine weiteren Raten mehr leisten und verlange im Gegenteil die schon gezahlten 1.800 € von B zurück. Zu Recht?

B hat gegen K aus § 488 Abs. 1 S. 2 einen Anspruch auf Rückzahlung des Darlehens. Jedoch könnte dem Rückforderungsanspruch die Einrede des § 359 Abs. 1 S. 1 entgegenstehen, weil die Kaufsache mangelhaft ist. Hierzu müssten Darlehens- und Kaufvertrag verbundene Verträge i.S.v. § 358 Abs. 3 S. 1 sein. B hat als Unternehmerin (§ 14) dem K

20 MünchKomm/*Habersack*, § 359 Rn. 53; Staudinger/*Herresthal*, § 359 Rn. 32.

als Verbraucher (§ 13) ein Darlehen gewährt, das der Finanzierung des Kaufpreises dient. Weiterhin hat sich B beim Abschluss des Darlehensvertrags der Verkäuferin H bedient. Daher wird nach § 358 Abs. 3 S. 2 unwiderleglich vermutet, dass der Darlehensvertrag und der Kaufvertrag eine wirtschaftliche Einheit bilden. Es liegen somit verbundene Verträge vor. Schließlich steht auch § 359 Abs. 1 S. 3 der Geltendmachung des Einwendungsdurchgriffs nicht entgegen. Nach dem Sinn und Zweck der Vorschrift ist die von H geschuldete Nacherfüllung nicht nur unter den Voraussetzungen des § 440, sondern auch dann fehlgeschlagen, wenn die Verkäuferin – wie hier H – die Nacherfüllung ernsthaft und endgültig verweigert. K muss daher keine weiteren Zahlungen leisten.

Zu prüfen bleibt aber noch, ob K auch die schon gezahlten 1.800 € von B zurückverlangen kann. Einen solchen Anspruch sieht § 359 jedenfalls seinem Wortlaut nach nicht vor. Von Teilen der Literatur wird dafür plädiert, in **entsprechender Anwendung des § 358 Abs. 4 S. 5** zum Schutze des Verbrauchers einen umfassenden Rückforderungsdurchgriff zu bejahen.[21] Danach wäre das Begehren des K begründet. Dem steht jedoch die Systematik des Gesetzes entgegen, die eine bilaterale Abwicklung zwischen Verbraucher und Darlehensgeber nur beim Widerruf vorsieht, während sie es im Übrigen bei einem Leistungsverweigerungsrecht des Verbrauchers belässt. Daher lehnt der BGH zutreffend eine entsprechende Anwendung des § 358 Abs. 4 S. 5 ab und erkennt als Anspruchsgrundlage für den Rückforderungsdurchgriff **nur die allgemeine Vorschrift des § 813 Abs. 1 S. 1** an.[22] Der Verbraucher kann das zum Zwecke der Erfüllung des Darlehensvertrags Geleistete somit nur zurückfordern, wenn dem Anspruch auf Darlehensrückzahlung aus § 488 Abs. 1 S. 2 im Leistungszeitpunkt eine **dauerhafte (peremptorische) Einrede** entgegenstand. Der Verbraucher muss also bereits im Zeitpunkt der Leistung dauerhaft berechtigt gewesen sein, die Leistung zu verweigern. Eine solche Einrede ergibt sich aus § 359 Abs. 1 S. 1 insbesondere im Fall der Nichtigkeit des finanzierten Geschäfts. Allerdings ist selbst dann gemäß § 814 die Rückforderung ausgeschlossen, wenn der Verbraucher um seine fehlende Verpflichtung wusste. **369**

Die Mangelhaftigkeit der Sache begründet demgegenüber zunächst nur die vorübergehende (dilatorische) Einrede des nicht erfüllten Vertrags (§ 320). Endgültig entfällt der Kaufpreiszahlungsanspruch erst mit der Erklärung des Rücktritts. Die von K an B vor Entdeckung des Mangels erbrachten Tilgungsleistungen waren demnach nicht mit einer dauernden Einrede behaftet, und die Voraussetzungen des § 813 Abs. 1 S. 1 liegen nicht vor. Die Verweigerung eines Rückforderungsdurchgriffs ist auch in der Sache gerechtfertigt.[23] Zwar bleiben dem K damit nur Ansprüche gegen die H, die wirtschaftlich wertlos sind, wenn H insolvent ist. Die §§ 358 ff. wollen den Verbraucher aber nur vor den Nachteilen der Aufspaltung eines Teilzahlungsgeschäfts in zwei Verträge schützen. Das Risiko der Insolvenz des H hingegen hätte K auch bei einem hypothetischen Teilzahlungsgeschäft tragen müssen. Somit hat K gegen B keinen Anspruch auf Rückzahlung der 1.800 €. **370**

---

21 BGHZ 156, 46, 54 ff. = NJW 2003, 2821 (noch zu § 9 VerbrKrG aF); so nach wie vor Erman/*Koch*, § 359 Rn. 11.

22 **BGHZ 183, 112 Rn. 50 ff. = NJW 2010, 596** (zu § 9 VerbrKrG aF); s. daneben *Bülow/Artz*, Rn. 170 ff.; *Grunewald/Peifer*, Rn. 105.

23 *Gsell*, in: Staudinger, Eckpfeiler, K. Rn. 79; Soergel/*Pfeiffer*, § 359 Rn. 26.

3. Unwirksamkeit des Darlehensvertrags

371 Keine besonderen Regeln sehen die §§ 358 ff. für den Fall der Nichtigkeit des Darlehensvertrags vor. Auch für die bereicherungsrechtliche Rückabwicklung gelten jedoch im Verbund Besonderheiten. Unter Berücksichtigung des Schutzzwecks des § 359 ist der Verbraucher nämlich nicht zur Rückzahlung des Darlehens verpflichtet, die herauszugebende **Bereicherung** liegt vielmehr **nur in dem finanzierten Gegenstand**.[24]

372 In die Untiefen des Bereicherungsausgleichs im Dreipersonenverhältnis führt schließlich die Frage, was gilt, wenn nicht nur der Darlehens-, sondern auch der finanzierte Vertrag nichtig ist, mithin ein Fall der **Doppelnichtigkeit** vorliegt. Insofern ist in Erinnerung zu rufen, dass eine Anweisungslage vorliegt (Rn. 363). Tatsächlich zahlt zwar die Darlehensgeberin regelmäßig direkt an den Verkäufer bzw. Unternehmer. Darin liegt jedoch aus rechtlicher Sicht eine Leistung der Darlehensgeberin an die Verbraucherin und eine Leistung der Verbraucherin an den Verkäufer. Die **Rückabwicklung** hat sich auch bei Nichtigkeit beider Verträge **in diesen Leistungsbeziehungen** zu vollziehen. Erlangt hat die Verbraucherin im Fall der Doppelnichtigkeit freilich formal betrachtet nur den Bereicherungsanspruch gegen den Verkäufer. Im Allgemeinen sprechen nun gute Gründe dafür, dass die Anweisende (also die Verbraucherin) stattdessen auf den Leistungsgegenstand selbst haftet (in diesem Fall auf die Rückzahlung der ausbezahlten Summe).[25] Sonst müsste die Darlehensgeberin nämlich nicht nur das Risiko der Insolvenz des Käufers, sondern auch dasjenige der Verkäuferin tragen. Bei verbundenen Verträgen ist das jedoch durchaus angemessen. Es erfolgt mithin nur eine **Kondiktion der Kondiktion**, d.h., die Haftung der Verbraucherin beschränkt sich auf die Abtretung des Rückzahlungsanspruchs der Verbraucherin gegen den Unternehmer.[26]

V. Rücktrittsfiktion

373 Zu erinnern ist mit Blick auf verbundene Verträge schließlich noch einmal an die **Rücktrittsfiktion** des § 508 S. 5 (Rn. 329). Danach gilt die Wiederansichnahme der Sache durch den Unternehmer bei einem Teilzahlungsgeschäft als Ausübung des Rücktrittsrechts. **§ 508 S. 6** erstreckt diese Regelung auf verbundene Verträge und will damit den Verbraucher, der einen mittels Darlehen finanzierten Kaufvertrag schließt, derjenigen Verbraucherin gleichstellen, die ein Teilzahlungsgeschäft abgeschlossen hat. Bei verbundenen Verträgen schuldet der Verbraucher zwar nicht der Verkäuferin die Kaufpreisraten, wohl aber der Darlehensgeberin die Darlehensraten. Es gilt deshalb als Ausübung des Rücktrittsrechts, wenn die Darlehensgeberin bei einem verbundenen Geschäft die **Kaufsache an sich nimmt**, ohne sich mit dem Verbraucher darauf zu einigen, diesem den gewöhnlichen Verkaufswert der Sache im Zeitpunkt der Wegnahme zu vergüten. Obgleich der Darlehensgeber keine Partei des finanzierten Vertrags ist, kann er also dessen Rückabwicklung auslösen. Die Rückabwicklung des wirtschaftlich einheitlichen Vorgangs vollzieht sich dann zwischen Darlehensgeber und Verbraucherin. An dieser Stelle setzt sich die bereits beim Teilzahlungsgeschäft behandelte Streitfrage zu § 508

24 BGHZ 159, 294, 309 ff. = NJW 2004, 2736; MünchKomm/*Habersack*, § 359 Rn. 66.

25 Näher zum Problem *Emmerich*, Schuldrecht BT § 18 Rn. 8 f.; differenzierend *Medicus/Petersen*, Bürgerliches Recht Rn. 673; aA *Musielak/Mayer*, Examenskurs Rn. 247 ff.

26 MünchKomm/*Habersack*, § 359 Rn. 57; *Hager*, JA 2011, 721, 724.

S. 5 fort, ob die Wiederansichnahme nur die Rücktrittserklärung oder auch die Rücktrittsvoraussetzungen ersetzt (Rn. 336). Nach zutreffender Auffassung ersetzt die Vorschrift nur die Rücktrittserklärung. Eine Rückabwicklung erfolgt demnach nur, wenn die Verbraucherin gegenüber dem Darlehensgeber in qualifizierter Weise (§ 498 Abs. 1 S. 1) mit ihren Zahlungspflichten in Verzug ist.[27]

VI. Zusammenhängende Verträge

1. Tatbestand

Auch jenseits der verbundenen Verträge gibt es Konstellationen, in denen zwei Verträge **374** in einer besonderen Beziehung zueinanderstehen. Das Gesetz spricht von zusammenhängenden Verträgen. Es ist möglich, aber nicht erforderlich, dass einer dieser Verträge ein Darlehensvertrag ist. Das Gesetz schützt die Verbraucher vor den Risiken zusammenhängender Verträge gemäß § 360 Abs. 1 durch eine **Widerrufserstreckung**, nicht aber durch einen Einwendungsdurchgriff. Nach § 360 Abs. 2 S. 1 ist ein zusammenhängender Vertrag ein Vertrag, der einen Bezug zu dem widerrufenen Vertrag aufweist und eine Leistung betrifft, die von dem Unternehmer des widerrufenen Vertrags oder einer Dritten auf der **Grundlage einer Vereinbarung zwischen der Dritten und dem Unternehmer** des widerrufenen Vertrags erbracht wird.[28] Das betrifft vor allem **Zusatzleistungen**, die zusammen mit einer Ware oder Dienstleistung angeboten werden. Beispielhaft ist an eine Versicherung oder einen Wartungsvertrag zu denken, der zeitgleich mit dem Kauf eines neuen Computers abgeschlossen wird[29] oder an eine Reiserücktrittsversicherung, die mit dem Abschluss eines Reisevertrags zusammenhängt.[30]

Wie § 360 Abs. 1 S. 1 klarstellt, sind die Regelungen über verbundene Verträge vorrangig. **375** Das Rechtsinstitut der zusammenhängenden Verträge greift mit anderen Worten nur **subsidiär** ein. Daraus folgt, dass das Kriterium der wirtschaftlichen Einheit i.S.d. § 358 Abs. 3 nicht über die Anwendung des § 360 umgangen werden kann. Zu beachten ist schließlich noch, dass nach § 360 Abs. 2 S. 2 ein Darlehensvertrag auch dann ein zusammenhängender Vertrag ist, wenn das Darlehen ausschließlich der Finanzierung des widerrufenen Vertrags dient und die Ware oder die Dienstleistung aus dem widerrufenen Vertrag in dem Darlehensvertrag genau angegeben ist. Dafür muss etwa ein neu zu erwerbender PKW in seinen Gattungsmerkmalen identifizierbar beschrieben sein.[31]

2. Rechtsfolge

Als Rechtsfolge ordnet § 360 Abs. 1 S. 1 einen **Widerrufsdurchgriff** an. Die Verbrau- **376** cherin soll von einem möglichen Widerruf nicht dadurch abgehalten werden, dass sie an den anderen Vertrag gebunden bleibt. Zumutbar ist das für die Anbieterseite, weil die verschiedenen Leistungen entweder von derselben Unternehmerin oder aber jedenfalls auf der Grundlage einer Vereinbarung zwischen den verschiedenen Anbietern erbracht

27 BeckOK BGB/*Möller*, § 508 Rn. 14; PWW/*Nobbe*, § 508 Rn. 17.
28 Näher dazu *Wendt/Lorscheid-Kratz*, BB 2013, 2434, 2436 f.
29 Mit einer detaillierten Falllösung *Schärtl*, JuS-Extra 2014, 12, 36 ff. (Grundfall 20).
30 Weitere Beispiele bei BeckOK/*Müller-Christmann*, § 360 Rn. 8.1 ff.
31 Grüneberg/*ders.*, § 360 Rn. 3.

werden. Für die Rückabwicklung verweist § 360 Abs. 1 S. 2 auf § 358 Abs. 4 S. 1 bis 3; die Regeln über verbundene Verträge gelten mithin grundsätzlich entsprechend. Ausgenommen ist allerdings die Vorschrift des § 358 Abs. 4 S. 5 über die bilaterale Abwicklung mit nur einem Vertragspartner (Rn. 360 ff.). In dem eben angeführten Beispielsfall muss sich der Verbraucher also einerseits mit dem Computerhändler und andererseits mit dem davon ggf. personenverschiedenen Wartungsunternehmen auseinandersetzen. Anders als bei den Verbundgeschäften greift zum Schutz des Verbrauchers überdies allein der Widerrufsdurchgriff ein. Von der Anordnung eines **Einwendungsdurchgriffs** hat der Gesetzgeber demgegenüber **bewusst abgesehen**.[32]

32 Das dürfte im Hinblick auf § 360 Abs. 2 S. 2 den Vorgaben der Verbraucherkredit-RL widersprechen, s. MünchKomm/*Habersack*, § 360 Rn. 24; *Bülow/Artz*, Rn. 162; rechtfertigend Begr. RegE, BT-Drucks. 17/12637 S. 68.

§ 8

Weitere Aspekte des Verbraucherprivatrechts

Der Schutz des Verbrauchers wird – abgesehen vom Verbrauchsgüterkaufrecht, das nicht Gegenstand dieses Buches ist – auch durch eine Reihe weiterer materiellrechtlicher und prozessualer Bestimmungen bewirkt, auf die hier kurz eingegangen werden soll. **377**

I. § 312a

§ 312a dient der Umsetzung der VRRL. Es handelt sich um eine ungewöhnliche Bestimmung des unionsrechtlichen Verbraucherprivatrechts, da sie weder an einen bestimmten Vertragsinhalt noch an eine bestimmte Vertriebsform anknüpft. § 312a findet vielmehr auf jeden Verbrauchervertrag i.S.d. §§ 312, 310 Abs. 3 Anwendung, der die Verbraucherin zu einer Zahlung verpflichtet. Die Ausnahmen des § 312 Abs. 2 bis 6 sind zu berücksichtigen (näher Rn. 103). § 312a Abs. 2 S. 1 i.V.m. Art. 246 EGBGB verpflichten den Unternehmer, dem Verbraucher im Vorfeld des Vertragsschlusses bestimmte **Informationen** über den Anbieter und das zu erwerbende Produkt zur Verfügung zu stellen. Eine Kostentragungspflicht des Verbrauchers entsteht nur, wenn der Verbraucher über den **Gesamtpreis** einschließlich aller Lieferkosten, Steuern und sonstiger Kosten ordnungsgemäß informiert worden ist, § 312a Abs. 2 S. 2, Art. 246 Abs. 1 Nr. 3 EGBGB. Für Verträge, die im Fernabsatz oder außerhalb von Geschäftsräumen geschlossen werden, sind §§ 312d, 312e vorrangig (§ 312a Abs. 2 S. 3). Darüber hinaus finden sich in § 312a Abs. 3 bis 5 Regelungen, die der **missbräuchlichen Vereinbarung von Entgelten**, insbesondere im Zusammenhang mit der bargeldlosen Bezahlung und beim Einsatz von Telefon-Hotlines entgegenwirken sollen.[1] **378**

II. Verbraucherbauverträge

Die Durchführung eines Bauvorhabens bindet oftmals einen wesentlichen Teil der Ressourcen einer privaten Bauherrin.[2] Anders als für das Kaufrecht enthält das Unionsrecht keine spezifischen Verbraucherschutzregeln für Werkverträge. Die VRRL schützt den Verbraucher zwar bei im Fernabsatz oder außerhalb von Geschäftsräumen geschlossenen Werkverträgen. Doch nimmt Art. 3 Abs. 3 lit. f VRRL Verträge über den Bau von neuen Gebäuden oder über erhebliche Umbaumaßnahmen an bestehenden Gebäuden von ihrem Anwendungsbereich aus (vgl. § 312 Abs. 2 Nr. 3). Diese Lücke hat der deutsche Gesetzgeber mit Wirkung zum 1. Januar 2018 geschlossen, indem er im Zuge einer umfassenden Neuregelung des Bauvertragsrechts auch spezielle Schutzinstrumente für Verbraucher eingeführt hat. Die im Folgenden erläuterten Vorschriften sind zugunsten der Verbraucherin **halbzwingend** und dürfen auch nicht durch anderweitige Gestaltungen umgangen werden, siehe § 650o. Die Regelungen zählen **nicht in allen Bundesländern zum Prüfungsstoff** der Staatsprüfungen.[3] **379**

---

1 Siehe zu § 312a Abs. 4 Nr. 1 BGH NJW 2017, 3289; zu unzulässigen Servicegebühren bei bargeldlosem Bezahlen s. BGH VuR 2021, 470, 471 f.

2 Begründung des Gesetzesentwurfs, BT-Drucks. 18/8486.

3 Siehe Rn. 3.

1. Tatbestand des Verbraucherbauvertrags

380 Ein Verbraucherbauvertrag wird gem. § 650i zwischen einem Verbraucher als Besteller und einer Unternehmerin als Auftragnehmerin geschlossen. Individuellen Verbrauchern gleichgestellt ist eine aus Verbrauchern bestehende GbR als Bauherrengemeinschaft.[4] Der Einzug in das Bauwerk muss von der Verbraucherin nicht beabsichtigt werden, da auch der Bau zu Vermögensanlagezwecken noch als privates Handeln einzustufen ist, sofern die Schwelle eines planmäßigen Geschäftsbetriebs nicht erreicht wird (Rn. 26).[5] In sachlicher Hinsicht muss der Vertrag den **Neubau** eines Gebäudes oder **erhebliche Umbaumaßnahmen** an einem bestehenden Gebäude zum Gegenstand haben. Es bedarf insoweit des Überschreitens einer gewissen Schwelle: Unter den Begriff eines neuen Gebäudes fallen keine untergeordneten Anbauten wie Wintergärten oder Garagen; von erheblichen Umbauarbeiten ist nur auszugehen, wenn diese dem Neubau eines Gebäudes gleichkommen.[6] Werkverträge zur reinen Instandsetzung oder Renovierung fallen bei Vertragsschluss außerhalb von Geschäftsräumen oder im Fernabsatz unter §§ 312 ff., bei Vertragsschluss im Wege einer anderen Vertriebsform unter § 312a.

2. Klassische Instrumentarien des Verbraucherprivatrechts

381 Die §§ 650i ff. folgen zunächst dem klassischen Kanon des europäischen Verbraucherprivatrechts: Nach § 650j i.V.m. Art. 249 EGBGB hat die Unternehmerin den Verbraucher rechtzeitig vor Vertragsschluss **in Textform**[7] umfassend in der so genannten Baubeschreibung über das zu errichtende Bauwerk und den Zeitpunkt der anvisierten Fertigstellung zu informieren. Die **Baubeschreibung** soll es der Verbraucherin unter anderem ermöglichen, vor Vertragsschluss einen sachverständigen Dritten hinzuzuziehen und einen Leistungsvergleich mit anderen Anbietern vorzunehmen. Deshalb soll die Baubeschreibung in der Regel mindestens zwei Wochen vor Vertragsschluss zur Verfügung gestellt werden.[8] Die Angaben der vorvertraglichen Baubeschreibung und des Fertigstellungstermins werden nach § 650k Abs. 1, Abs. 3 S. 2 Inhalt des Vertrages, sofern die Parteien nicht ausdrücklich etwas anderes vereinbaren. Auslegungszweifel gehen gemäß § 650k Abs. 2 S. 2 zu Lasten des Unternehmers. Fehlt die Baubeschreibung gänzlich, kommt ein Ersatzanspruch der Verbraucherin aus *culpa in contrahendo* in Betracht.[9]

382 Auch der **Verbraucherbauvertrag** selbst bedarf der **Textform**, §§ 650i Abs. 2, 126b. Schließlich steht dem Verbraucher gemäß § 650l ein **Widerrufsrecht** nach § 355 zu. Eine Ausnahme gilt nur, wenn der Vertrag notariell beurkundet wird. Nach § 650l S. 2 i.V.m. Art. 249 § 3 EGBGB bedarf es einer **Widerrufsbelehrung**, deren Erteilung nach § 356e konstitutiv für den Beginn der Widerrufsfrist ist (eine Muster-Widerrufsbelehrung enthält Anlage 10 EGBGB[10]). Zur Ausübung des Widerrufsrechts gelten im Übrigen die allge-

4 Zur Gleichstellung einer GbR mit Verbrauchern siehe oben Rn. 32 ff.; speziell zu Bauherrengemeinschaften *Stretz*, in: *Dammert* et al., Das neue Bauvertragsrecht, § 5 Rn. 19.
5 *Omlor*, NJW 2018, 817, 818.
6 Erwägungsgrund 26 VRRL; näher *Omlor*, NJW 2018, 817, 818.
7 Zum ggf. entstehenden Spannungsverhältnis mit der Formvorschrift des § 311b siehe *Omlor*, NJW 2018, 817, 820.
8 JurisPK/*Segger-Piening*, BGB, § 650j Rn. 10.
9 *Omlor*, NJW 2018, 817, 819 f.
10 Nach Art. 249 § 3 Abs. 2 EGBGB kommt der zutreffend ausgefüllten Muster-Widerrufsbelehrung Gesetzlichkeitsfiktion zu.

meinen Regelungen des § 355 (siehe Rn. 138 ff.). Das Widerrufsrecht **erlischt spätestens 12 Monate und 14 Tage** nach Vertragsschluss. Erklärt die Verbraucherin den Widerruf, so schuldet sie für bis zum Widerruf erbrachte Leistungen **Wertersatz** gemäß § 357e, sofern – wie regelmäßig – die Bauleistungen des Unternehmers ihrer Natur nach nicht zurückgewährt werden können. Die Berechnung des Wertersatzes bemisst sich gemäß § 357e S. 2 anhand der vertraglich vereinbarten Vergütung. Die Summe kann aber reduziert werden, wenn die vereinbarte Vergütung unverhältnismäßig hoch ist, § 357e S. 3. Bei mangelhafter Leistung ist § 441 Abs. 3 entsprechend anzuwenden.

Die Bedeutung des Widerrufsrechts verdeutlicht **Fall 41**:[11] B schließt mit Unternehmer U einen Vertrag über die Lieferung und Errichtung eines Fertighauses zum eigenen Gebrauch zum Preis von 99.900 €. Das geschuldete Entgelt ist in drei Raten zu erbringen, und zwar jeweils nach der Auftragsbestätigung, nach der Fertigstellung des Rohbaus und nach der Abnahme des Hauses. Besteht zugunsten der B ein Widerrufsrecht? **383**

B steht nach § 650l ein Widerrufsrecht zu, sofern der Vertrag ein Verbraucherbauvertrag ist. Da B als Verbraucherin und U als Unternehmer agiert, hängt die Anwendbarkeit des § 650l nur davon ab, ob die Parteien einen Werkvertrag über die Errichtung eines neuen Gebäudes geschlossen haben. Bei einem Vertrag über die Lieferung eines Fertighauses ließe sich auch an eine Qualifikation als Kaufvertrag denken. Doch steht bei einem solchen Vertrag nicht die Übereignung der vorgefertigten Bauteile im Vordergrund, sondern die Errichtung eines funktionsfähigen Wohngebäudes. B ist folglich zum Widerruf nach §§ 650l, 355 berechtigt.

Demgegenüber käme ein Widerruf nach §§ 506 Abs. 1 und 3, 495 Abs. 1 nicht in Be- **384**
tracht, weil die Leistungszeit nicht im Vergleich zum dispositiven Recht zu Gunsten der Verbraucherin hinausgeschoben wurde, vgl. § 641 Abs. 1 (Rn. 318 ff.).[12] Auch die Voraussetzungen eines Ratenlieferungsvertrags nach § 510 Abs. 1 S. 1 Nr. 1, Abs. 2 liegen nicht vor, da U keine abgrenzbaren Einzelteile und daher keine Teilleistungen schuldet. Zudem findet § 510 keine Anwendung auf Werkverträge.[13]

3. Besonderheiten der Vertragsabwicklung

Zwar ist die Vergütung für die Erstellung eines Werkes nach § 641 Abs. 1 S. 1 grundsätz- **385**
lich erst nach Abnahme des Werks zu entrichten, doch kann die Werkunternehmerin nach § 632a Abschlagszahlungen in Höhe des Wertes der bereits von ihr erbrachten Leistungen verlangen. § 650m setzt dem Gesamtbetrag dieser Abschlagszahlungen eine Grenze von 90 Prozent der vereinbarten Gesamtvergütung (Abs. 1), womit 10 Prozent der Vergütung erst mit Abnahme des Bauwerks nach § 641 Abs. 1 S. 1 fällig werden. Für den Zeitpunkt der ersten Abschlagszahlung begründet § 650m Abs. 2 einen Anspruch des Verbrauchers auf Stellung einer Sicherheit für die rechtzeitige und vertragsgemäße

11 Sachverhalt nach **BGHZ 165, 325, 328 ff. = NJW 2006, 904**.
12 Eingehend zur Abgrenzung von Kauf- und Werkvertrag MünchKomm/*Busche*, § 650 Rn. 10 ff.; zur Abgrenzung von Werk- und Dienstvertrag *Emmerich*, Schuldrecht BT § 10 Rn. 2 ff.
13 **BGHZ 165, 325, 328 ff. = NJW 2006, 904.**

Herstellung des Werks i.H.v. 5 Prozent der Gesamtvergütung. Hierdurch wird das Recht des Verbrauchers gesichert, im Falle der mangelhaften Vornahme von Werkleistungen nach § 641 Abs. 3 einen Teil der Vergütung zurückzuhalten.

386 Ebenso wie das Recht auf Abschlagszahlungen nach § 632a soll der Anspruch eines Bauunternehmers auf Stellung einer Bauhandwerkersicherung für die vereinbarte und noch nicht gezahlte Vergütung nach § 650f Abs. 1 das aus § 641 Abs. 1 S. 1 resultierende **Vorleistungsrisiko** mildern. Bei Verbraucherbauverträgen hat der Unternehmer zwar nach § 650f Abs. 6 Nr. 2 **keinen gesetzlichen Anspruch auf Stellung einer Bauhandwerkersicherung**. Doch kann ein solcher Anspruch wirksam in AGB vereinbart werden.[14] § 650m Abs. 4 setzt einer solchen Vereinbarung allerdings Grenzen, sofern die Unternehmerin gleichzeitig Abschlagszahlungen nach § 632a verlangt. § 650n schließlich verpflichtet den Unternehmer, vor und während der Ausführung der Werkleistung **Unterlagen** zu erstellen und an den Verbraucher herauszugeben. Diese Nebenleistungspflicht erlaubt es der Verbraucherin, gegenüber Behörden und anderen interessierten Dritten (z.B. der Darlehensgeberin) nachzuweisen, dass die Leistung unter Einhaltung der relevanten öffentlich-rechtlichen Vorschriften ausgeführt wird bzw. andere, zu erwartende Bedingungen eingehalten werden.

III. Unbestellte Leistungen

1. Bekämpfung einer unerwünschten Vertriebsform

387 Durch die Lieferung unbestellter Waren oder die Erbringung unbestellter sonstiger Leistungen wird der Empfänger mit einem regelmäßig unerwünschten Angebot belästigt. Geschäftsunerfahrene Personen werden überdies in anstößiger Weise zum Irrglauben verleitet, entweder zur Rücksendung oder zur geforderten Bezahlung verpflichtet zu sein. Daher ist diese Vertriebsform in Deutschland seit jeher **wettbewerbswidrig** und verboten. Durch die ungefragte Warenzusendung oder Leistungserbringung wird nach § 241a Abs. 1 **ein Anspruch gegen den Verbraucher nicht begründet**. Dies betrifft, wie sich im Umkehrschluss aus § 241a Abs. 2 ergibt, auch alle gesetzlichen Ansprüche. Lediglich dann, wenn die Leistung nicht für den Empfänger bestimmt ist oder in der irrigen Vorstellung einer Bestellung erfolgte und der Empfänger dies erkannt hat oder bei Anwendung der im Verkehr erforderlichen Sorgfalt hätte erkennen müssen, sollen die gesetzlichen Ansprüche erhalten bleiben. Die unionsrechtliche Grundlage für § 241a bildet Art. 27 S. 2 VRRL.

2. Anwendungsbereich

388 Die konzeptionelle Verknüpfung mit dem Wettbewerbsrecht und die harsche Sanktionierung machen es erforderlich, den sachlichen Anwendungsbereich der Vorschrift auf solche Konstellationen zu beschränken, in denen sich der Unternehmer tatsächlich einer anstößigen und aggressiven Vertriebsform bedient. Nicht tangiert durch § 241a werden

---

14 BGH NJW 2010, 2272, 2273 f.; im Zuge der Einführung der §§ 650i ff. implizit gebilligt durch den Gesetzgeber.

daher Ansprüche aus **Geschäftsführung ohne Auftrag.**[15] Ein Anspruchsausschluss drohte hier, den Anreiz des Gesetzes zugunsten eines fremdnützigen Handelns auszuhöhlen. Selbst ein kommerzieller Abschleppunternehmer, der einen PKW vor drohender Überschwemmung aus einer Gefahrenzone abschleppt, kann daher nach §§ 677, 683 S. 1, 670 Aufwendungsersatz verlangen. Die hM gesteht ihm im Rahmen dessen in entsprechender Anwendung des § 1877 auch eine Vergütung in marktüblicher Höhe zu.[16]

Vergleichbar gelagert sind die Fälle einer **unbewussten aliud-Lieferung**. Versendet eine Internet-Händlerin statt des bestellten *Grüneberg* versehentlich einen *Jauernig*, dann stellt § 434 Abs. 5 diese Falschlieferung für das Kaufrecht einer fehlerhaften Lieferung gleich. Der Verbraucher kann daher gemäß §§ 437 Nr. 1, 439 Abs. 1 im Wege der Nacherfüllung die Übergabe und Übereignung des eigentlich bestellten *Grüneberg* verlangen. Er muss aber im Gegenzug nach §§ 439 Abs. 6, 346 Abs. 1 den *Jauernig* an die Verkäuferin zurückgeben, ohne dass dem § 241a entgegenstünde. Soweit der Verbraucher (wie im Regelfall) den Irrtum erkennen muss, lässt sich das mit dem Rechtsgedanken des § 241a Abs. 2 begründen. Unabhängig davon ist der Normzweck des § 241a, aggressive Geschäftspraktiken zu unterbinden, nicht einschlägig.[17] Von § 241a sehr wohl erfasst wird demgegenüber die bewusste aliud-Lieferung. Selbst wenn die Unternehmerin dem Verbraucher statt der bestellten eine nach Qualität und Preis gleichwertige Leistung anbieten will, muss sie daher vor der Versendung der Ware das Einverständnis des Verbrauchers einholen.[18] **389**

3. Reichweite des Anspruchsausschlusses

a) Vertragliche Ansprüche

Zur Veranschaulichung der Rechtsfolgen des § 241a dient **Fall 42**: Händler U schickt der V ohne Vorliegen einer Bestellung einen „Echt Meißener Porzellanteller" samt einem Anschreiben, aus dem hervorgeht, dass U dieses exquisite Stück zum Sonderpreis von nur 19,95 € anbiete. Hocherfreut stellt V den Teller in ihr Wohnzimmerregal. Kann U von V Zahlung der 19,95 € oder die Herausgabe des Tellers verlangen? **390**

Der hier allein in Betracht kommende Zahlungsanspruch aus § 433 Abs. 2 setzt den Abschluss eines Kaufvertrags voraus. Die Zusendung der Ware ist ein Antrag zum Vertragsschluss, den V durch das Einstellen des Tellers in sein Regal angenommen haben könnte, wobei der Zugang dieser Annahmeerklärung nach § 151 entbehrlich wäre. Gleichwohl geht die hM zu Recht davon aus, dass im Anwendungsbereich des § 241a Aneignungs- und Gebrauchshandlungen **nicht als konkludente Annahmeerklärung** ausgelegt werden können.[19] Denn V darf den Teller schon kraft Gesetzes unentgeltlich

---

15 Im Ergebnis allg. M., s. zu den verschiedenen Begründungsansätzen Staudinger/*Olzen*, § 241a Rn. 39 ff.; *Köhler*, JuS 2014, 865, 869; *Tachau*, Jura 2006, 889 ff.

16 Vgl. nur *Medicus/Petersen*, Bürgerliches Recht Rn. 430.

17 MünchKomm/*Finkenauer*, § 241a Rn. 22; Grüneberg/*ders.*, § 241a Rn. 6 ff.; *Köhler*, JuS 2014, 865, 870: Kenntnis vom Fehlen der Bestellung erforderlich; abweichend *Grunewald/Peifer*, Rn. 65.

18 Vgl. Begr. RegE, BT-Drucks. 17/12637 S. 45.

19 Vgl. *Czeguhn/Dickmann*, JA 2005, 587, 588 f.; Erman/*Saenger*, § 241a Rn. 15 f.; aA *Riehm*, Jura 2000, 505, 508.

behalten und nutzen, wie sogleich näher zu erläutern ist (Rn. 393). Aus Sicht des nach §§ 133, 157 maßgeblichen objektiven Empfängerhorizonts kann ihr Verhalten daher nicht als Vertragserklärung ausgelegt werden.[20] In Fall 42 hat U mithin keinen Anspruch gegen V aus § 433 Abs. 2.

391 Ein Vertrag kommt hingegen zustande, wenn eine Verbraucherin beispielsweise durch Zahlung der geforderten Summe ihren Willen zum Vertragsschluss **ausdrücklich kundgibt**.[21] In der Folge ist der Vertrag als Fernabsatzgeschäft aber zumindest nach § 312g Abs. 1 Alt. 2 widerruflich. Im Übrigen kann es am **Erklärungsbewusstsein** fehlen, wenn die Verbraucherin irrig davon ausgeht, zahlen zu müssen. Nach der Lehre von der Erklärungsfahrlässigkeit liegt in solchen Fällen nur dann eine wirksame Willenserklärung vor, wenn die Erklärende den Anschein der Willenserklärung bei Anstrengung der im Verkehr erforderlichen Sorgfalt hätte vermeiden können und beim Vertragspartner einen schutzwürdigen Vertrauenstatbestand hervorgerufen hat.[22] An Letzterem wird es in den Fällen des § 241a regelmäßig fehlen.[23]

392 Kommt es nicht zum Abschluss des Kaufvertrags, erwirbt der Verbraucher auch kein Eigentum an der Ware. Zwar liegt in deren Zusendung das Angebot zur Übereignung nach § 929 S. 1; dieses steht jedoch bei verständiger Auslegung gemäß § 158 Abs. 1 unter der aufschiebenden Bedingung des Abschlusses des Kaufvertrags. Denn der Unternehmer ist nur bereit, sein Eigentum aufzugeben, wenn er im Gegenzug den Kaufpreis erlangt.[24] § 241a ordnet **keinen gesetzlichen Eigentumsübergang** an.[25]

b) Gesetzliche Ansprüche

393 Da das Gesetz den Verbraucher von jeglicher Belastung aus dem Umgang mit der aufgedrängten Ware freistellen will, sind nach § 241a Abs.1 auch alle gesetzlichen Ansprüche der Unternehmerin ausgeschlossen,[26] soweit nicht die Leistung ausnahmsweise für eine andere Empfängerin bestimmt war oder in der irrigen Vorstellung einer Bestellung erfolgte und der Empfänger dies erkannt hat oder hätte erkennen müssen (Abs. 2). Der Unternehmer kann folglich weder Schadensersatz aus §§ 989, 990 oder § 823 Abs. 1 noch Nutzungsersatz etwa gemäß §§ 987, 990 geltend machen. Nach ganz überwiegender Meinung sind auch **Herausgabeansprüche** gemäß § 985 und § 812 Abs. 1 S. 1 ausgeschlossen.[27] Zwar wird diese Rechtsfolge teilweise als unverhältnismäßig angesehen, weil die Belästigung der Verbraucherin durch die Rücknahme der Ware beendet werde. Jedoch hat der Gesetzgeber sie bewusst als Sanktion für das unternehmerische Fehlverhalten vorgesehen. In Fall 42 kann U den Teller folglich nicht von V herausverlangen.

---

20 Siehe ferner Art. 27 S. 2 VRRL, dem zufolge das Ausbleiben einer Reaktion nicht als Zustimmung zur unbestellten Sendung zu verstehen ist.

21 Jauernig/*Mansel*, § 241a Rn. 5, der für die eindeutige Bestätigung als Bsp. auf die Rücksendung einer bestätigenden Antwortkarte abstellt; *Brox/Walker*, Schuldrecht AT § 3 Rn. 7.

22 BGH NJW 1995, 953; allg. zum fehlenden Erklärungsbewusstsein mit Bsp. *Gottwald*, BGB AT Rn. 49 ff.

23 Näher zum Problem Grüneberg/*Ellenberger*, Vor § 116 Rn. 17.

24 S. auch zur Gesetzeshistorie Staudinger/*Olzen*, § 241a Rn. 44 ff.; *Löhnig*, JA 2001, 33, 34.

25 Ganz hM, s. Erman/*Saenger*, § 241a Rn. 17; aA MünchKomm/*Finkenauer*, § 241a Rn. 36.

26 Entgegen im Schrifttum geäußerter Zweifel (etwa Erman/*Saenger*, § 241a Rn. 1a) ist diese Regelung nicht richtlinienwidrig, da die Richtlinie die Ausgestaltung des Sanktionssystems den Mitgliedstaaten überlässt und etwaige gesetzliche Ansprüche überhaupt nicht regelt, siehe zutreffend PWW/*Kramme*, § 241a Rn. 14.

27 Vgl. MünchKomm/*Finkenauer*, § 241a Rn. 35; Staudinger/*Olzen*, § 241a Rn. 43 ff.

V kann die Ware behalten, nutzen, verbrauchen oder beschädigen, ohne dass der U dem etwas entgegensetzen könnte. Eigentum und Besitz fallen dauerhaft auseinander. In der Klausur genügt ein Hinweis, dass § 241a auch gesetzliche Ansprüche ausschließt.

IV. Gewinnzusagen

394 Nach § 661a hat eine Unternehmerin, die Gewinnzusagen oder vergleichbare Mitteilungen an einen Verbraucher sendet und durch die Gestaltung dieser Zusendungen den Eindruck erweckt, dass der Verbraucher einen Preis gewonnen hat, dem Verbraucher diesen Preis zu leisten.[28] Damit soll eine unlautere Geschäftspraktik unterbunden werden, im Zuge derer Unternehmer Verbraucherinnen Mitteilungen über angebliche Gewinne übersenden, um sie zur Bestellung von Waren zu veranlassen, obgleich die Gewinne später nicht ausgehändigt werden. Daher muss sich die Unternehmerin beim Wort nehmen lassen. Ob eine **verbindliche Gewinnmitteilung** vorliegt, beurteilt sich nach dem **Verständnis eines durchschnittlichen Verbrauchers**. Kleingedruckte Ausschlussklauseln, die auf die Unverbindlichkeit des Schreibens hinweisen, vermögen daher den Charakter einer Gewinnzusage nicht in Frage zu stellen. Der Anspruch gebührt auch demjenigen Empfänger, der die fehlende Ernsthaftigkeit im Einzelfall erkennt; § 116 S. 2 findet mit anderen Worten keine Anwendung.[29] Nach dem Sinn und Zweck der Norm kann der Unternehmer seine Erklärung auch nicht entsprechend § 119 mit dem Argument anfechten, er habe den Eindruck einer Gewinnmitteilung gar nicht erwecken wollen.[30] Die Gewinnmitteilung stellt eine geschäftsähnliche Handlung dar, mit deren Zugang bei der Verbraucherin der Anspruch entsteht. § 661a regelt mithin kein rechtsgeschäftliches, sondern ein **gesetzliches Schuldverhältnis**.[31] In den meisten Bundesländern bilden die Gewinnzusagen keinen Gegenstand der Staatsprüfungen.[32]

V. Time-Sharing-Verträge

395 Die in §§ 481 ff. geregelten Time-Sharing-Verträge treten in der deutschen Gerichtspraxis kaum auf und sind in den meisten Bundesländern vom **Prüfungsstoff** der Staatsprüfungen ausgenommen,[33] in anderen nur in Grundzügen zu prüfen. Die Regelungen der §§ 481 ff. setzen die reformierte Time-Sharing-Richtlinie[34] in deutsches Recht um.[35] Für den Geschäftstyp ist kennzeichnend, dass eine Unternehmerin einem Verbraucher gegen Zahlung eines Gesamtpreises das Recht verschafft, ein Wohngebäude für die Dauer von mehr als einem Jahr jeweils für einen bestimmten oder zu bestimmenden Zeitraum zu Übernachtungszwecken zu nutzen (§ 481 Abs. 1 S. 1). Gleichgestellt sind nach § 481

28 Umfassend *Bülow/Artz*, Rn. 642 ff.
29 BGH NJW 2004, 1652, 1653.
30 *Grunewald/Peifer*, Rn. 213.
31 BGHZ 165, 172, 179 = NJW 2006, 230.
32 Siehe Rn. 3.
33 Siehe Rn. 3.
34 Richtlinie 2008/122/EG, ABl. 2009 L 33/10.
35 Gesetz zur Modernisierung der Regelungen über Teilzeit-Wohnrechteverträge, Verträge über langfristige Urlaubsprodukte sowie Vermittlungsverträge und Tauschsystemverträge vom 17.1.2011, BGBl. I S. 34; näher dazu *Bülow/Artz*, Rn. 563 ff.

Abs. 3 bewegliche Übernachtungsunterkünfte wie Wohnmobile und Hausboote. Die technische Ausgestaltung des Nutzungsrechts (dinglich, schuldrechtlich, Mitgliedschaft in einer Gesellschaft) ist nach § 481 Abs. 2 ohne Belang. Solchen Teilzeit-Wohnrechteverträgen stellt das Gesetz den Vertrag über ein langfristiges Urlaubsprodukt gleich. Das sind nach § 481a Verträge, durch die sich ein Verbraucher gegen Zahlung eines Gesamtpreises das Recht verschafft, über einen längeren Zeitraum Preisnachlässe oder sonstige Vergünstigungen in Bezug auf eine Unterkunft zu erwerben.

396 §§ 482 ff. sehen für den Time-Sharing-Vertrag die klassischen Schutzinstrumente des europäischen Verbraucherprivatrechts vor. Zunächst verpflichtet § 482 die Unternehmerin, der Verbraucherin rechtzeitig vor Vertragsschluss zahlreiche Informationen zur Verfügung zu stellen. Hierzu hat sie sich gemäß Art. 242 § 1 Abs. 2 EGBGB eines Formblatts zu bedienen. Der Vertrag selbst bedarf dann der Schriftform (§ 484). Für Grundstücksverträge gilt freilich die strengere Form des § 311b Abs. 1 S. 1. Anschließend kann der Verbraucher den Vertrag widerrufen (§ 485). Einzelheiten zur Widerrufsbelehrung und zur Widerrufsfrist finden sich in §§ 482a und 356a. Zur effektiven Absicherung des Widerrufsrechts statuiert § 486 schließlich ein Anzahlungsverbot. Demnach darf der Unternehmer vor Ablauf der Widerrufsfrist weder Zahlungen des Verbrauchers fordern noch annehmen.

VI. Prozessuale Aspekte

397 Gerichtsverfahren stellen für Verbraucher in emotionaler, finanzieller und organisatorischer Hinsicht eine besondere Herausforderung dar. Neben allgemeinen prozessualen Instrumenten zum Schutze der Parteien, insbesondere des Beklagten, enthält das Prozessrecht allerdings nur wenige spezifische Schutzvorschriften für Verbraucherinnen.

1. Zuständigkeit

a) Örtliche Zuständigkeit

398 Einen allgemeinen Gerichtsstand für Verbrauchersachen kennt das autonome deutsche Verfahrensrecht nicht. Lediglich für Klagen aus **außerhalb von Geschäftsräumen** geschlossenen Verträgen gilt der **Gerichtsstand des § 29c ZPO**. Die Unternehmerin kann ihre Ansprüche gegen den Verbraucher danach ausschließlich an dessen Wohnsitz geltend machen. Umgekehrt wird dem Verbraucher ein zusätzlicher Gerichtsstand für Klagen gegen die Unternehmerin an seinem Wohnsitz eingeräumt.[36] Abweichende Gerichtsstandsvereinbarungen sind nur unter den in § 29c Abs. 4 genannten, engen Grenzen zulässig.[37] Eine entsprechende Anwendung der Vorschrift auf Fernabsatzverträge wird diskutiert, ist aber abzulehnen.[38]

36 Zum Wahlrecht unter mehreren Gerichtsständen siehe § 35 ZPO.
37 BGH NJW 2015, 169, 170.
38 So auch Musielak/Voit/*Heinrich*, ZPO, § 29c Rn. 7 m.w.N.

b) Internationale Zuständigkeit

Die Rechtsdurchsetzung oder -verteidigung im Ausland bedeutet für Verbraucher aufgrund sprachlicher Schwierigkeiten sowie der Entfernung vom Gerichtsort eine besondere Herausforderung. Art. 17 bis 19 der Verordnung über die gerichtliche Zuständigkeit und die Anerkennung und Vollstreckung von Entscheidungen in Zivil- und Handelssachen (EuGVVO) enthalten deshalb spezifische Zuständigkeitsregeln für Verbraucherverträge. Diese finden nach Art. 17 EuGVVO Anwendung, wenn die Unternehmerin im Wohnsitzstaat der Verbraucherin eine berufliche oder gewerbliche Tätigkeit ausübt oder eine solche Tätigkeit unter anderem auf den Wohnsitzstaat der Verbraucherin ausrichtet. Geschützt wird also der „passive" Verbraucher, der in seinem Wohnsitzstaat vom Unternehmer angesprochen wird. Das Kriterium des Ausrichtens der gewerblichen Tätigkeit auf den Wohnsitzstaat des Verbrauchers ist allerdings sehr vage und wirft insbesondere bei der Nutzung des Internets erhebliche Auslegungsfragen auf. Der EuGH tendiert dazu, das Kriterium weit auszulegen.[39] **399**

Sind die Voraussetzungen des Art. 17 EuGVVO erfüllt, so kann die Verbraucherin Klage gegen den Unternehmer sowohl an ihrem Wohnsitzort als auch vor den Gerichten im Wohnsitzstaat des Unternehmers erheben. Umgekehrt hat der Unternehmer nur die Möglichkeit, seine Klage im Wohnsitzstaat der Verbraucherin zu erheben. Abweichende Gerichtsstandsvereinbarungen lässt Art. 19 EuGVVO nur in sehr begrenztem Umfang zu. **400**

2. Verbandsklage

Verbraucher sind sich ihrer Rechte oft nicht umfänglich bewusst und scheuen vor allem bei geringwertigen Streitsummen die Kosten und Mühe eines Prozesses (sog. „rationale Apathie"). Als Alternative zum Individualprozess enthalten das Unterlassungsklagengesetz (UKlaG) und das Verbraucherrechtedurchsetzungsgesetz (VDuG) deshalb die Möglichkeit einer Verbandsklage durch deutsche wie europäische Verbraucherverbände (siehe §§ 3 ff. UKlaG, § 2 VDuG). Die Regelungen dienen weitgehend der Umsetzung der Verbandsklagen-RL.[40] Die daneben durch § 10 UWG bereitgestellte Option einer Gewinnabschöpfungsklage von Verbraucherbänden hat in der Praxis kaum Bedeutung erlangt. **401**

§ 1 UKlaG bereitet den Weg für ein **abstraktes Kontrollverfahren** zur Überprüfung von AGB. Dieses Verfahren ist der Praxis von erheblicher Bedeutung. Wer AGB verwendet, die nach den §§ 307 ff. unwirksam sind, kann gemäß § 1 UKlaG von einem Verband auf **Unterlassung** in Anspruch genommen werden. Die AGB werden in diesem Fall losgelöst von einem konkreten Streitfall gerichtlich überprüft. Im Falle ihrer Unwirksamkeit wird die weitere Verwendung der AGB gegenüber Neukundinnen und das Berufen auf die unwirksame Klausel gegenüber Altkunden untersagt, sofern **Wiederholungsgefahr** vorliegt (was grds. vermutet wird). Eine Pflicht zur Information der Altkundinnen über die Unwirksamkeit der Klausel lässt sich nach Auffassung des BGH zwar nicht aus § 1 UKlaG, wohl aber aus §§ 8 Abs. 1 S. 1, Abs. 3 Nr. 3, 3a UWG ableiten.[41] **402**

---

39 EuGH NJW 2012, 3225 – Mühlleitner; EuGH EuZW 2012, 943 – Emrek.

40 Richtlinie 2020/1828 über Verbandsklagen zum Schutz der Kollektivinteressen der Verbraucher, ABl. 2020 L 409/1; überblicksartig zu der RL s. *Röthemeyer*, VuR 2021, 43.

41 BGH GRUR 2018, 423 ff. m.w.N.

403 Wer in anderer Weise als durch Verwendung von AGB Verbraucherschutzgesetzen zuwiderhandelt, kann durch die betreffenden Verbände nach § 2 UKlaG auf Unterlassung und Beseitigung in Anspruch genommen werden. Auch insoweit bedarf es der Wiederholungsgefahr, die aber auch hier zu vermuten ist. § 2 UKlaG enthält einen nicht abschließenden Katalog von Verbraucherschutzgesetzen, zu denen unter anderem die in diesem Buch behandelten Vorschriften zählen.

404 Von den anderen beiden Möglichkeiten der Verbandsklage können Verbraucherinnen individuell profitieren: Mittels der **Musterfeststellungsklage** nach § 41 VDuG kann ein Verbraucherverband eine gerichtliche Feststellung des Vorliegens bzw. Nichtvorliegens bestimmter tatsächlicher und rechtlicher Voraussetzungen erwirken. Mittels der **Abhilfeklage** (§§ 14 ff. VDuG) kann ein Verbraucherverband individuelle Ansprüche verschiedener Verbraucher bündeln und eine Unternehmerin auf Leistung verklagen, insbes. auf Zahlung eines Kollektivbetrags. Die Verteilung des Kollektivbetrags an die einzelnen Verbraucherinnen erfolgt sodann durch eine gerichtlich bestellte Sachwalterin. Sowohl die Musterfeststellungsklage als auch die Abhilfeklage setzen voraus, dass die Ansprüche von mindestens 50 Verbrauchern gegenüber einer Unternehmerin betroffen sind (§ 5 Abs. 1 Nr. 2 VDuG). Diese Ansprüche müssen allerdings nicht zwingend auf der Verletzung von Verbraucherschutzgesetzen beruhen, sondern können sich auch aus anderen Bestimmungen ergeben (z.B. im sog. Dieselgate-Skandal aus § 826 BGB).

405 Von der gerichtlichen Entscheidung über eine Abhilfe- oder Musterfeststellungsklage profitiert eine Verbraucherin nur, wenn sie ihre Ansprüche bis zum Ablauf von drei Wochen nach Schluss der mündlichen Verhandlung zur Eintragung in das **Verbandsklageregister** anmeldet (§ 46 Abs. 1 VDuG). Die Verfahren haben für Verbraucher den Vorteil, dass jene sich – abgesehen von der Anmeldung der Ansprüche – nicht um das Betreiben des Rechtsstreits kümmern müssen. Dafür können sie während des Verbandsklageverfahrens kein individuelles Verfahren in derselben Sache führen und sind auch im Falle eines negativen Prozessverlaufs **an den Ausgang des Verbandsklageverfahrens gebunden** (§ 11 Abs. 2, Abs. 3 VDuG). Die Erfahrungen mit solchen Masseverfahren sind bislang gering. Aufgrund der Komplexität dieser Verfahren ist es naheliegend, dass die Parteien letztlich einen Vergleich schließen (§§ 9, 10, 17 VDuG).

3. Vollstreckung

406 Bleibt ein Verbraucher seine Zahlungspflichten aus einem noch widerrufbaren Vertrag schuldig und erwirkt die Unternehmerin deshalb einen Vollstreckungstitel gegen ihn, stellt sich die Frage, ob der Verbraucher die Vollstreckung noch durch Erklärung des Widerrufs und Erhebung einer Vollstreckungsgegenklage abwenden kann. Von praktischer Bedeutung ist dies, weil die Bestimmungen der §§ 356 ff. den Beginn der Widerrufsfrist sämtlich von einer ordnungsgemäßen Widerrufsbelehrung abhängig machen. Fehlt es an einer ordnungsgemäßen Belehrung, kommt ein Widerruf noch Monate später in Betracht. Im Falle des „ewigen“ Widerrufsrechts bei Allgemein-Verbraucherdarlehensverträgen (Rn. 308) sowie bei Fernabsatzverträgen über Finanzdienstleistungen (Rn. 149, 125) ist ein Widerruf auch nach Jahren noch möglich.

Die prozessualen Folgen illustriert **Fall 43**: K kauft im Fernabsatz bei Händlerin U einen neuen Fernseher. Über ihr Widerrufsrecht wird sie nicht belehrt. Weil K nicht zahlt, erwirkt U ein halbes Jahr später für den Kaufpreiszahlungsanspruch einen Vollstreckungsbescheid. Als sich der Gerichtsvollzieher ankündigt, sucht K eine Rechtsanwältin auf, die in Ks Namen den Vertrag widerruft und Vollstreckungsgegenklage erhebt. Hat diese Klage Aussicht auf Erfolg? **407**

Die gegen den Vollstreckungsbescheid nach §§ 767, 795, 794 Abs. 1 Nr. 4 ZPO erhobene Vollstreckungsgegenklage ist begründet, wenn Einwendungen gegen den titulierten Anspruch bestehen, deren Geltendmachung nicht präkludiert ist. Eine Einwendung gegen den dem Vollstreckungsbescheid zugrundeliegenden Anspruch liegt ohne Weiteres vor, da der Kaufpreisanspruch durch den Widerruf gemäß § 355 Abs. 1 S. 1 entfallen ist. Auch bestand das Widerrufsrecht im Zeitpunkt seiner Ausübung noch, weil die Widerrufsfrist im Fernabsatzrecht nach § 356 Abs. 3 S. 1 ohne Unterrichtung über das Widerrufsrecht nicht beginnt. Das Widerrufsrecht erlischt vielmehr gemäß § 356 Abs. 3 S. 2 erst zwölf Monate und 14 Tage nach Vertragsschluss bzw. Lieferung der Ware.

Die Einwendung der K könnte jedoch gemäß §§ 767 Abs. 2, 796 Abs. 2 ZPO präkludiert **408**
sein. Hiernach sind im Rahmen einer Vollstreckungsgegenklage Einwendungen bei einem Vollstreckungsbescheid nur insoweit berücksichtigungsfähig, als die Gründe, auf denen sie beruhen, nach Zustellung des Vollstreckungsbescheids entstanden sind und durch Einspruch nicht mehr geltend gemacht werden können. Die Einordnung von Gestaltungsrechten ist insofern seit langem streitig. Nach der Rechtsprechung des BGH kommt es aus Gründen der Rechtssicherheit grundsätzlich allein auf die **objektive Möglichkeit der Ausübung des Gestaltungsrechts** an.[42] Sofern das Gestaltungsrecht bereits zum Zeitpunkt der Titulierung bestehe, könne dessen Ausübung nach Titelerlass keine Berücksichtigung finden. Demgegenüber ist nach hM im Schrifttum der **Zeitpunkt der Gestaltungserklärung** maßgeblich, da erst diese den titulierten Anspruch zu Fall bringt.[43] Jedenfalls für die Ausübung des Widerrufsrechts überzeugt letztere Lösung.[44] Zweck des Widerrufsrechts ist es nämlich gerade, der Verbraucherin eine Lösung von der vertraglichen Bindung innerhalb der gesetzlich gewährten Bedenkfrist zu ermöglichen. Außerdem gebietet die richtlinienkonforme Auslegung des deutschen Rechts, dass die materiellrechtliche Möglichkeit des Widerrufs nicht durch prozessuale Normen eingeschränkt wird. Daher kann die Einwendung des Widerrufs noch Berücksichtigung finden. Auf die Klage der K hin ist folglich die Zwangsvollstreckung aus dem Vollstreckungsbescheid für unzulässig zu erklären.

---

42 BGHZ 42, 37 = NJW 1964, 1797 (Anfechtung), BGHZ 100, 222, 224 = NJW 1987, 1691 (Aufrechnung), BGH NJW-RR 2006, 229 (Kündigung). Ebenso zum Widerrufsrecht nach früherer Rechtslage BGHZ 131, 82 = NJW 1996, 57.

43 Stellvertretend dazu Musielak/*Voit/Lackmann*, ZPO, § 767 Rn. 27, 34 ff.

44 LG Darmstadt NJOZ 2011, 644; LG Bielefeld, BeckRS 2014, 14353; *Bülow/Artz*, Rn. 122; MünchKomm/*Fritsche*, § 355 Rn. 50; Staudinger/*Kaiser*, § 355 Rn. 38; *Petersen*, Schuldrecht AT Rn. 203 ff.

Teil 2

Klausurenkurs

Klausur 1:

Das Bade-Paradies

Jurastudentin J besucht das Caribbean Paradise, ein großes Freizeitbad mit diversen Attraktionen und gastronomischen Angeboten, das von der Caribbean Paradise GmbH (CP) betrieben wird. Am Eingang des Caribbean Paradise wird jedem Besucher ein Armband mit Chip ausgehändigt, auf dem diejenigen zusätzlichen Leistungen verbucht werden, die der Besucher während des Besuchs des Caribbean Paradise in Anspruch nimmt (z.B. große Wasserrutsche, Regenwaldtour, Speisen und Getränke). Der Wert des Armbands samt Chip liegt bei 1 €. **409**

Die AGB der Caribbean Paradise GmbH, welche gut sichtbar neben der Kasse ausgehängt sind, lauten auszugsweise:

5. Das Caribbean Paradise Armband mit Chip ist mit einem Kredit ausgestattet und berechtigt zur Inanspruchnahme von Leistungen bis zu 150 €. Das Armband ist bei Verlassen des Bades an der Kasse zurückzugeben.
6. Bei Verlust des Caribbean Paradise Armbands hat der Besucher 150 € zu entrichten. Dem Besucher bleibt der Nachweis eines niedrigeren, der Caribbean Paradise GmbH der Nachweis eines höheren Schadens vorbehalten.
7. Die Caribbean Paradise GmbH haftet für Schäden am Vermögen ihrer Kunden aufgrund von Pflichtverletzungen ihrer gesetzlichen Vertreter und Erfüllungsgehilfen nur, soweit der Schaden auf Vorsatz oder grober Fahrlässigkeit beruht.
8. Eine Aufrechnung einer Vertragspartei gegen Forderungen der anderen Vertragspartei ist nur mit rechtskräftig festgestellten Forderungen zulässig.

J genießt den Aufenthalt im Caribbean Paradise und bestellt nach einigen Schwimmrunden etwas zu essen sowie mehrere Cocktails an der Beach Bar. Als die Angestellte A der CP einen Cocktail mit Granatapfelsirup serviert, gerät das Tablett aufgrund einer leichten Unachtsamkeit der A in Schieflage. Ein Teil des Cocktails ergießt sich über Js weißen Lieblingsbikini, den sie sich vor langer Zeit einmal angeschafft hatte, und hinterlässt darauf tiefrote Flecken. Davon lässt sich J zunächst nicht den Spaß verderben und verbringt noch einige weitere Stunden in der karibischen Badelandschaft. Doch als sie das Bad verlassen will, folgt der zweite Schreck des Tages: Das Armband mit Chip ist verlorengegangen und nicht wieder aufzufinden.

J gibt an der Kasse an, welche Leistungen sie ihrer Erinnerung nach während des Aufenthalts im Caribbean Paradise in Anspruch genommen hat (Summe: 46 €). J und der zuständige Mitarbeiter der CP vereinbaren daraufhin, zunächst abzuwarten, ob das Armband im Laufe der folgenden Tage durch das Personal der CP aufgefunden wird.

Zwei Wochen später erhält J von der CP eine Zahlungsaufforderung über 150 € unter Hinweis auf Ziff. 6 der CP-AGB, verbunden mit der Erläuterung, dass das Armband nicht gefunden wurde. J überweist daraufhin einen Betrag i.H.v. 46 €.

Aufgabe 1

Die CP fordert von J Zahlung von weiteren 104 €. Zu Recht?

Aufgabe 2

Anders als in Aufgabe 1 überweist J kein Geld an die CP, sondern erklärt die Aufrechnung gegenüber allen Forderungen der CP mit einem Schadensersatzanspruch i.H.v. 59,95 €. Dies hat folgenden Hintergrund: J hat sich in der Zwischenzeit ergebnislos bemüht, die roten Flecken auf ihrem weißen Bikini zu entfernen. Glücklicherweise konnte sie ein weiteres Exemplar eines ähnlichen Modells derselben Marke zum Neupreis von 59,95 € erstehen. J ist der Meinung, die Caribbean Paradise GmbH sei ihr insoweit zum Ersatz verpflichtet. Die CP streitet dies ab, zumal der alte Bikini – was zutrifft – aufgrund des häufigen Gebrauchs durch J bereits ausgeleiert und auch ohne Flecken allenfalls noch 10 € wert sei.

Gehen Sie davon aus, dass J entsprechend ihren Angaben Leistungen i.H.v. 46 € während des Schwimmbadbesuchs in Anspruch genommen hat. Besteht ein Anspruch der CP gegen J?

Lösungsskizze

Aufgabe 1 **410**

A. Anspruch CP gegen J auf Zahlung von 104 € aus dem Bewirtungsvertrag (-)

B. Anspruch CP gegen J auf Zahlung von 104 € aus Ziff. 6 CP-AGB

- **I. Tatbestandsvoraussetzungen der Klausel**
- **II. Wirksamkeit der Klausel**
  1. Vorliegen Allgemeiner Geschäftsbedingungen, §§ 305 I, 310 III Nr. 1, 2
  2. Einbeziehung der AGB nach §§ 305 II, 305c I
  3. Inhaltskontrolle
     - a) Eröffnung der Inhaltskontrolle nach § 307 III 1 (+)
     - b) Unwirksamkeit nach § 309 Nr. 5a (+)
     - c) Unwirksamkeit nach § 309 Nr. 5b (+)
     - d) Unwirksamkeit nach § 307 I 1, II Nr. 1 (+)

Ergebnis: Ein Anspruch aus Ziff. 6 CP-AGB besteht nicht.

C. Anspruch CP gegen J auf Zahlung von 104 € aus §§ 280 I, III, 283

- **I. Schuldverhältnis**
- **II. Pflichtverletzung bzgl. Ziff. 5 S. 2 CP-AGB**
- **III. Vertretenmüssen, § 280 I 2**
- **IV. Entstandener Schaden: 1 € im Wert des Armbands**

Ergebnis Aufgabe 1

Die CP hat gegen J einen Ersatzanspruch i.H.v. 1 € gem. §§ 280 I, III, 283.

Aufgabe 2

- **I. Forderungen der CP gegen J entstanden**
  - – CP → J i.H.v. 46 € aus dem Bewirtungsvertrag (+)
  - – CP → J i.H.v. 1 € gem. §§ 280 I, III, 283 (+)
- **II. Forderungen erloschen durch Aufrechnung mit SEA der J i.H.v. 59,95 € (+)**
  1. Aufrechnungserklärung gem. § 388 S. 1 (+)
  2. Aufrechnungslage, § 387
     - a) Bestehen einer Gegenforderung der J aus § 280 I
       - aa) Verletzung einer Rücksichtnahmepflicht i.S.d. § 241 II
       - bb) Vertretenmüssen, §§ 278, 276
         - (1) Vetretenmüssen nach §§ 276, 278
         - (2) Haftungsbeschränkung durch Ziff. 7 CP-AGB (-)
       - cc) Schaden i.H.v. 59,95 €: Abzug „neu für alt" (-)
     - b) Wirksamkeit, Fälligkeit und Durchsetzbarkeit der Gegenforderung
     - c) Gleichartigkeit der Forderungen
     - d) Erfüllbarkeit der Hauptforderung
  3. Ausschluss der Aufrechnung
     - a) Gesetzlicher Ausschluss nach §§ 392 ff. (-)
     - b) Ausschluss der Aufrechnung durch Ziff. 8 CP-AGB (-)
       - – Unwirksamkeit der Klausel nach § 309 Nr. 3

Ergebnis Aufgabe 2

Die Forderungen der CP gegen J i.H.v. 46 € sind durch die Aufrechnung der J mit ihrem Schadensersatzanspruch wegen Beschädigung ihres Bikinis i.H.v. 59,95 € erloschen, § 389.

Ein Anspruch der CP gegen J besteht nicht.

Lösungsvorschlag

Aufgabe 1

A. Anspruch CP gegen J auf Zahlung von 104 € aus dem Bewirtungsvertrag

Ein Anspruch der CP gegen J auf Zahlung von weiteren 104 € könnte auf Basis eines zwischen den Parteien geschlossenen Bewirtungsvertrags gemäß §§ 650, 433 II bestehen. J hat zugestanden, während des Schwimmbadbesuchs einen oder mehrere solche Verträge i.H.v. 46 € geschlossen zu haben. Allerdings hat J bereits 46 € an die CP überwiesen, so dass insoweit Erfüllung eingetreten und der Anspruch nach § 362 I erloschen ist. Einen über die Angaben der J hinausgehenden, weitergehenden Vertragsschluss konnte die CP nicht darlegen. Ein Anspruch auf Zahlung aus einem Bewirtungsvertrag besteht somit nicht. **411**

B. Anspruch CP gegen J auf Zahlung von 104 € aus Ziff. 6 CP-AGB

Der CP könnte gegen die J jedoch ein Zahlungsanspruch i.H.v. weiteren 104 € aus Ziff. 6 CP-AGB zustehen. Dies wäre der Fall, wenn die Voraussetzungen von Ziff. 6 CP-AGB erfüllt sind, die Klausel wirksam in den Vertrag einbezogen wurde und die Klausel einer eventuellen Inhaltskontrolle nach den §§ 307 ff. standhält. **412**

I. Tatbestandsvoraussetzungen der Klausel

Nach Ziff. 6 AGB ist die CP im Falle des Verlusts des Armbands berechtigt, vom Kunden ein Entgelt i.H.v. 150 € zu verlangen. Der Nachweis eines niedrigeren Schadens ist zwar zulässig, wurde hier von J aber nicht erbracht. Vielmehr hat diese lediglich behauptet, nur für 46 € Leistungen in Anspruch genommen zu haben. Ein Anspruch auf Zahlung von weiteren 104 € aus Ziff. 6 AGB stünde der CP damit zu. **413**

II. Wirksamkeit der Klausel

1. Vorliegen Allgemeiner Geschäftsbedingungen, §§ 305 I, 310 III Nr. 1, 2 **414**

Fraglich ist allerdings, ob Ziff. 6 AGB wirksam in den Vertrag einbezogen wurde und einer AGB-rechtlichen Überprüfung standhält. Dies bestimmt sich nach den §§ 305 ff., sofern AGB im Sinne des § 305 I vorliegen. Es müsste sich um eine für eine Vielzahl von Verträgen formulierte Vertragsbedingung handeln, die einseitig von der CP gestellt und nicht im Einzelnen ausgehandelt wurde. Da die CP ihre AGB für alle ihren Kundenbeziehungen vorformuliert hat und keine Verhandlungsbereitschaft hinsichtlich Ziff. 6 AGB hat erkennen lassen, sind diese Voraussetzungen erfüllt. Da zudem keine Ausnahme nach § 310 II, IV eingreift, ist der Anwendungsbereich der §§ 305 ff. vorliegend eröffnet.

2. Einbeziehung der AGB nach §§ 305 II, 305c I

Die Einbeziehung der CP-AGB in den Vertrag mit J bestimmt sich nach § 305 II, da J das Schwimmbad zu ihrem Privatvergnügen besucht hat und folglich keine der Ausnahmen nach § 310 I 1 einschlägig ist. Es bedurfte deshalb zu einer wirksamen Einbeziehung der AGB in den Vertrag eines ausdrücklichen Hinweises auf die intendierte Einbeziehung der AGB und einer zumutbaren Möglichkeit der Kenntnisnahme durch J. Außerdem war das Einverständnis der J erforderlich.

Dem Sachverhalt lässt sich nicht entnehmen, dass J auf die von der CP beabsichtigte Einbeziehung der CP-AGB ausdrücklich hingewiesen wurde. Doch könnte ein solcher Hinweis i.S.d. § 305 II Nr. 1 Alt. 2 entbehrlich gewesen sein, wenn ein ausdrücklicher Hinweis wegen der Art des Vertragsschlusses nur unter unverhältnismäßigen Schwierigkeiten möglich gewesen wäre. Zwar wäre es dem Kassenpersonal der CP grundsätzlich möglich, jeden Kunden auf die Geltung der AGB ausdrücklich hinzuweisen. Doch erscheint bei Massengeschäften des täglichen Lebens eine ständige Wiederholung des Hinweises bei jedem Vertragsschluss für das Personal unzumutbar, zumal die Kunden auf Grund von Branchenüblichkeit ohnehin mit der Einbeziehung Allgemeiner Geschäftsbedingungen rechnen. Insoweit ist auch zu berücksichtigen, dass im Zuge des Vertrags über die Schwimmbadnutzung allenfalls Beträge im unteren dreistelligen Bereich anfallen. Ausreichend ist deshalb nach § 305 II Nr. 1 Alt. 2 ein deutlich sichtbarer Aushang am Ort des Vertragsschlusses, welcher hier auch erfolgt ist. Der Aushang ermöglichte der J zugleich eine zumutbare Kenntnisnahme der AGB, und durch den Vertragsschluss erklärte sich J implizit mit der Einbeziehung der AGB in den Vertrag einverstanden. Die Voraussetzungen des § 305 II sind somit erfüllt.

Eine Einbeziehung in den Vertrag könnte an § 305c I scheitern, wenn es sich bei der Klausel um eine überraschende Vertragsbedingung handelte. Doch ist eine Regelung für den Verlustfall des Armbands vom Verkehr durchaus zu erwarten und somit weder objektiv ungewöhnlich noch subjektiv überraschend.

Ziff. 6 CP-AGB wurde somit wirksam in den Vertrag einbezogen.

Hinweis: Da dem Verkaufspersonal der CP ein ausdrücklicher Hinweis auf die AGB prinzipiell möglich wäre, ist es gut vertretbar, das Vorliegen „unverhältnismäßiger" Schwierigkeiten zu verneinen und die Einbeziehung der AGB in den Vertrag an § 305 II Nr. 1 Alt. 1 scheitern zu lassen. Ebenso kann die Klausel aufgrund der Höhe der Schadenspauschale als überraschend i.S.d. § 305c I gewertet werden. Wer diesen Weg einschlägt, sollte sich der Inhaltskontrolle im Wege eines Hilfsgutachtens widmen.

3. Inhaltskontrolle

a) Eröffnung der Inhaltskontrolle nach § 307 III 1

Fraglich ist, ob die Klausel auch der Inhaltskontrolle standhält. Dazu müsste die Inhaltskontrolle nach § 307 III 1 eröffnet sein, d.h. es müsste sich um von Rechtsvorschriften abweichende oder diese ergänzenden Regelungen handeln. Durch Ziff. 6 AGB wird die CP von dem nach § 280 I 1 grundsätzlich erforderlichen Nachweis eines Schadens befreit. Die Inhaltskontrolle ist somit eröffnet.

b) Unwirksamkeit nach § 309 Nr. 5a

Zu prüfen ist zunächst, ob die Klausel den Klauselverboten der §§ 309, 308 standhält,[1] denn eine Ausnahme vom Kontrollmaßstab der §§ 309, 308 nach § 310 I 1 besteht nicht.

Ziff. 6 CP-AGB ordnet für den Fall des Verlusts des Armbands eine pauschale Schadensersatzsumme i.H.v. 150 € an und könnte gegen § 309 Nr. 5 verstoßen. Nach diesem Klauselverbot ist die Vereinbarung eines pauschalisierten Schadensersatzes unwirksam, wenn die vom AGB-Verwender vorgegebene Schadensersatzpauschale den nach dem gewöhnlichen Lauf der Dinge zu erwartenden Schaden übersteigt oder dem anderen Vertragsteil nicht ausdrücklich den Nachweis gestattet, dass ein Schaden nicht oder wesentlich niedriger als die Pauschale eingetreten sei.

Im Falle des Armbandverlusts entsteht der CP einerseits ein Schaden i.H.v. 1 € für dessen Materialwert. Für die CP riskanter ist der darüber hinausgehende Schaden für den Fall, dass es ihr nicht gelingt, den Umfang der von ihren Kunden während des Schwimmbadbesuchs zusätzlich in Anspruch genommenen Leistungen nachzuweisen. Da der Chip mit maximal 150 € belastet werden kann, könnte der CP bei Verschwinden des Armbands im Einzelfall ein Verlust i.H.v. 150 € plus Materialwert des Armbands entstehen. Zu beachten ist jedoch, dass eine nach § 309 Nr. 5a zulässige Schadenspauschale nur den nach dem gewöhnlichen Lauf der Dinge zu erwartenden Schaden reflektieren darf. Bei Verlust des Armbands entsteht der CP nach gewöhnlichem Lauf der Dinge ein Schaden in der Höhe des durchschnittlich auf dem Chip verbuchten Kredits. Die in Ziff. 6 CP-AGB festgesetzte Schadenspauschale orientiert sich nicht an diesem Durchschnittswert, sondern am höchstmöglichen Schaden. Da nicht davon ausgegangen werden kann, dass der Großteil der Kunden das Armband stets mit dem Maximalbetrag belastet, ist die Klausel nach § 309 Nr. 5a unwirksam.

c) Unwirksamkeit nach § 309 Nr. 5b

Zu berücksichtigen ist ferner, dass Ziff. 6 S. 2 CP-AGB zwar den Kunden den Nachweis eines niedrigeren Schadens gestattet. Anders als von § 309 Nr. 5b verlangt, erlaubt die Klausel dem Kunden jedoch nicht ausdrücklich den Nachweis, dass überhaupt kein Schaden entstanden ist. Da die beiden Sätze von Klausel 6 ein inhaltlich unteilbares Ganzes bilden, ist die in Ziff. 6 festgesetzte Schadenspauschale auch aus diesem Grund unwirksam.

d) Unwirksamkeit nach § 307 I 1, II Nr. 1

Ziff. 6 CP-AGB wäre darüber hinaus auch nach § 307 I 1, II Nr. 1 unwirksam, wenn sie mit einem wesentlichen Grundgedanken der gesetzlichen Regelung nicht zu vereinbaren wäre. Insoweit ist zu berücksichtigen, dass die Klausel von § 280 I 2 abweicht, welcher eine Schadensersatzhaftung nur im Falle des Vertretenmüssens vorsieht. Das Prinzip der verschuldensabhängigen Haftung ist prägend für das deutsche Schadensersatzrecht und zählt somit zu den wesentlichen Grundgedanken des BGB. Besondere Umstände, die vorliegend ein Abweichen vom Prinzip der Verschuldenshaftung rechtfertigen könnten, sind nicht ersichtlich. Ziff. 6 CP-AGB ist daher auch nach § 307 I 1, II Nr. 1 unwirksam.

1 Siehe zur Inhaltskontrolle BGH NJW-RR 2015, 690 ff.

Ergebnis

415 Da Ziff. 6 CP-AGB unwirksam ist, steht der CP gegen J kein Zahlungsanspruch i.H.v. 150 € zu. Nach § 306 I bleibt der Vertrag im Übrigen wirksam, und an die Stelle der unwirksamen Klausel tritt gemäß § 306 II die gesetzliche Regelung.

C. Anspruch CP gegen J auf Zahlung von 104 € aus §§ 280 I, III, 283

416 Ein Anspruch gegen J auf Zahlung von weiteren 104 € könnte der CP jedoch aus der gesetzlichen Regelung der §§ 280 I, III, 283 zustehen. Dies wäre der Fall, wenn J eine Pflicht aus einem Schuldverhältnis im Falle nachträglicher Unmöglichkeit verletzt hätte, der CP aufgrund dieser Pflichtverletzung ein Schaden entstanden wäre und sich J nicht hinsichtlich des Vertretenmüssens entlasten könnte.

I. Schuldverhältnis

417 Zwischen CP und J bestand ein Schuldverhältnis in Form eines typengemischten Vertrags über die Schwimmbadnutzung.

II. Pflichtverletzung bzgl. Ziff. 5 S. 2 CP-AGB

418 Fraglich ist, ob die J eine Pflicht aus diesem Schuldverhältnis aufgrund nachträglicher Unmöglichkeit verletzt hat. Ziff. 5 S. 2 CP-AGB begründet eine vertragliche Nebenleistungspflicht zur Rückgabe des Armbands nach Beendigung des Schwimmbadbesuchs. Diese Regelung wurde nach §§ 305 II, 305c I wirksam in den Vertrag einbezogen (siehe die Ausführungen zu Ziff. 6 CP-AGB oben). Auch der inhaltlichen Wirksamkeit der Klausel nach Maßgabe der §§ 307 ff. stehen keine Bedenken entgegen. Laut Sachverhalt hat J das Armband nicht bei Verlassen des Schwimmbads zurückgegeben und damit ihre Rückgabepflicht aus Ziff. 5 S. 2 CP-AGB verletzt. Da J das Armband verloren hat und nicht weiß, wo es sich befindet, ist dessen Rückgabe zumindest subjektiv für J unmöglich i.S.d. § 275 I Alt. 1.

III. Vertretenmüssen, § 280 I 2

419 Nach § 280 I 2 wird vermutet, dass J die fehlende Rückgabe des Armbands zu vertreten hat. Einen Entlastungsnachweis (Diebstahl, Materialbruch etc.) hat sie nicht erbracht.

IV. Entstandener Schaden

420 Aufgrund der Pflichtverletzung der J ist der CP ein nach §§ 249, 251 I Alt. 1 ersatzfähiger Schaden i.H.v. 1 € für den Materialwert des Armbands entstanden. Einen höheren Schaden vermag die CP nicht nachzuweisen.

Ergebnis

Die CP hat gegen J einen Ersatzanspruch i.H.v. 1 € gem. §§ 280 I, III, 283.

Ergebnis Aufgabe 1

Ein Anspruch der CP gegen J auf Schadensersatz aus §§ 280 I, III, 283 besteht i.H.v. 1 €. **421**
Einen darüber hinausgehenden Schaden hat die CP nicht nachgewiesen. Die in Ziff. 6 AGB vorgesehene Schadenspauschale ist unwirksam.

Aufgabe 2

I. Forderungen der CP gegen J entstanden

Laut dem Bearbeitungsvermerk zu Aufgabe 2 ist davon auszugehen, dass die CP gegen **422**
J einen Anspruch auf Zahlung i.H.v. 46 € aus dem (zusätzlich zum Rahmenvertrag über den Schwimmbadbesuch geschlossenen) Bewirtungsvertrag gemäß §§ 650, 433 II hat. Wie in Aufgabe 1 C festgestellt wurde, kann die CP zudem von der J Schadensersatz i.H.v. 1 € gem. §§ 280 I, III, 283 wegen des Verlusts des Armbands verlangen.

II. Forderung erloschen durch Aufrechnung mit Schadensersatzanspruch der J i.H.v. 59,95 €

Die Ansprüche der CP könnten jedoch aufgrund der von J erklärten Aufrechnung nach **423**
§ 389 erloschen sein.

1. Aufrechnungserklärung gem. § 388 S. 1

Laut Sachverhalt hat J gegenüber allen Forderungen der CP die Aufrechnung i.S.d. § 388 S. 1 erklärt.

2. Aufrechnungslage, § 387

Darüber hinaus müsste auch eine Aufrechnungslage i.S.d. § 387 vorliegen. Der J müsste deshalb eine wirksame, fällige und durchsetzbare Forderung gegen die CP zustehen, die gleichartig zur erfüllbaren Forderung der CP ist. Ferner dürfte der Aufrechnung kein Aufrechnungsverbot entgegenstehen.

a) Bestehen einer Gegenforderung der J aus § 280 I

Fraglich ist zunächst, ob J ihrerseits ein Anspruch gegenüber der CP zusteht. In Anbetracht des erforderlichen Neukaufs ihres Bikinis könnte J gegen die CP einen Anspruch auf Schadensersatz i.H.v. 59,95 € aus § 280 I haben, wenn die CP eine Pflicht gegenüber der J aus dem typengemischten Vertrag über die Schwimmbadnutzung verletzt hätte.

aa) Verletzung einer Rücksichtnahmepflicht i.S.d. § 241 II

Gem. § 241 II ist die CP zur Rücksichtnahme auf die Rechtsgüter der J, also u.a. zur Rücksichtnahme auf deren Eigentum, verpflichtet. Die CP als juristische Person hat hier nicht selbst gehandelt und den Bikini zerstört. Die CP könnte sich das Verhalten der A jedoch nach § 278 zuzurechnen haben, wenn die A als Erfüllungsgehilfin der CP tätig war, d.h. mit Wissen und Wollen der Organe der CP in deren Pflichtenkreis gegenüber J tätig war. Da A von der CP dazu eingesetzt wurde, die Bewirtungsleistungen im Schwimmbad zu erbringen, ist die schädigende Handlung der A der CP als Pflichtverletzung zuzurechnen.

bb) Vertretenmüssen

Die CP müsste diese Pflichtverletzung auch zu vertreten haben.

(1) Vertretenmüssen nach §§ 276, 278

Nach §§ 276, 278 hat der Schuldner das vorsätzliche und fahrlässige Handeln seiner Erfüllungsgehilfen zu vertreten. Laut Sachverhalt handelte die A leicht unachtsam und somit nicht mit der im Verkehr gebotenen Sorgfalt i.S.d. § 276 II, weshalb C die Pflichtverletzung grundsätzlich zu vertreten hätte.

(2) Haftungsbeschränkung durch Ziff. 7 CP-AGB?

(a) Tatbestand der Klausel

Allerdings könnte der Maßstab des Vertretenmüssens hier durch Ziff. 7 CP-AGB modifiziert worden sein. Nach dieser Klausel haftet die CP für Schäden am Vermögen ihrer Kunden aufgrund von Pflichtverletzungen ihrer Erfüllungsgehilfen nur, soweit der Schaden auf Vorsatz oder grober Fahrlässigkeit beruht. Da der A nur eine leichte Fahrlässigkeit vorzuwerfen ist, wäre die CP nach Ziff. 7 CP-AGB nicht zum Ersatz des Schadens verpflichtet.

Fraglich ist, ob Ziff. 7 CP-AGB der AGB-Kontrolle nach §§ 305 ff. standhält.

(b) Einbeziehung in den Vertrag

In Aufgabe 1 wurde bereits festgestellt, dass die CP-AGB nach § 305 II wirksam in den Vertrag einbezogen wurden. Eine Haftungsbeschränkung für das Fehlverhalten von Erfüllungsgehilfen ist weder objektiv ungewöhnlich noch im konkreten Fall subjektiv überraschend, so dass auch § 305c I der Einbeziehung der Klausel in den Vertrag nicht entgegen steht.

(c) Inhaltskontrolle

Doch weicht die Klausel von der gesetzlichen Regelung der §§ 278, 276 ab und unterliegt deshalb nach § 307 III 1 der Inhaltskontrolle. Ziff. 7 CP-AGB könnte wegen eines Verstoßes gegen das Klauselverbot § 309 Nr. 7a unwirksam sein, wenn die Regelung eine Haftungsbegrenzung enthielte für Schäden aus Körperverletzungen, die auf fahrlässigem Verhalten des AGB-Verwenders oder dessen Erfüllungsgehilfen beruhen. Da Klausel 7 CP-AGB ihrem Wortlaut nach nur die Haftung für Vermögensschäden begrenzt, stellt sich die Frage, wie die Klausel auszulegen ist: Sollte sich die Haftungsbeschränkung auf reine Vermögensschäden beziehen, stünde das Verbot des § 309 Nr. 7a der Wirksamkeit der Klausel nicht entgegen. Sollte die Klausel jedoch auch Vermögensfolgeschäden aus der Verletzung von Leben und Körper der Badegäste umfassen, wäre sie nach § 309 Nr. 7a unwirksam. Da die Klausel nach objektiver Auslegung beiden Auslegungsvarianten zugänglich ist, ist nach dem Auslegungsmaßstab des § 305c II diejenige Variante heranzuziehen, welche zu Lasten des Verwenders geht (sogenannte *contra proferentem*-Regel). Eine umfassende Auslegung des Begriffs „Vermögensschaden" führt dazu, dass auch Vermögensfolgeschäden von der Haftungsbeschränkung umfasst sind und die Klausel wegen Verstoßes gegen § 309 Nr. 7a nichtig ist. Da diese Auslegungsvariante zur Unwirksamkeit der Klausel führt, ist sie am kundenfreundlichsten und deshalb nach § 305c II maßgeblich.

An die Stelle der unwirksamen Haftungsbeschränkung in Klausel 7 CP-AGB tritt nach § 306 II die gesetzliche Regelung, d.h. §§ 278, 276 BGB. Somit hat die CP auch das leicht fahrlässige Verhalten ihrer Erfüllungsgehilfin A zu vertreten. Aufgrund des Verbots einer geltungserhaltenden Reduktion von AGB ist in diesem Zusammenhang unerheblich, dass J gar keinen Vermögensfolgeschaden aus einer Körper- bzw. Gesundheitsverletzung geltend macht.

cc) Schaden i.H.v. 59,95 €

Schließlich ist der J aufgrund der Pflichtverletzung ein Schaden in Form einer Eigentumsbeschädigung entstanden. Da eine Wiederherstellung des Bikinis nicht möglich ist, kann J grundsätzlich Schadensersatz in Höhe der Wiederbeschaffungskosten i.H.v. 59,95 € verlangen, §§ 249, 251 I Alt. 1.

Jedoch handelt es sich bei dem beschädigten Bikini um eine bereits seit längerer Zeit genutzte Sache, die objektiv allenfalls noch einen Wert von 10 € hat. Fraglich ist somit, ob bei Berechnung des Schadens ein sogenannter Abzug „neu für alt" vorzunehmen ist. Es handelt sich dabei um einen Aspekt des Vorteilsausgleichs als Ausfluss des schadensrechtlichen Bereicherungsverbots, der zumindest in § 88 VVG normativ Ausdruck gefunden hat. Der Geschädigte soll aufgrund des Schadensereignisses nicht bessergestellt werden, als er ohne Eintritt des schädigenden Ereignisses stünde. Bei einer Neuanschaffung wären danach nur die Kosten in Höhe eines entsprechenden Gebrauchtgegenstandes ersetzbar. Doch muss die Nutzung einer gebrauchten Ersatzsache dem Geschädigten zumutbar sein, was für den Erwerb und das Tragen gebrauchter Kleidung verneint wird. Die Berechnung des Abzugs neu für alt erfolgt bei Kleidungsstücken deshalb durch Ansetzen des Neupreises, der gegebenenfalls um den Wertzuwachs zu kürzen ist, welcher für den Geschädigten aufgrund der längeren Nutzungszeit der neuen Ersatzsache entstanden ist. Im vorliegenden Fall gibt es allerdings keine Angaben dazu, welchen Mehrwert J durch den Erhalt eines neuen Bikinis erlangt, sodass es beim Ersatz des vollen Betrags i.H.v. 59,95 € bleibt.

Somit bestehen gegenseitige Forderungen zwischen J und der CP. Es bleibt zu prüfen, ob die weiteren Voraussetzungen einer Aufrechnungslage vorliegen.

b) Wirksamkeit, Fälligkeit und Durchsetzbarkeit der Gegenforderung

Der Schadensersatzanspruch der J gegen die CP i.H.v. 59,95 € aus § 280 I ist wirksam, nach § 271 I fällig und durchsetzbar.

c) Gleichartigkeit der Forderungen

Da die gegenseitigen Forderungen der J und der CP jeweils auf die Zahlung von Geld gerichtet sind, sind die Forderungen auch gleichartig.

d) Erfüllbarkeit der Hauptforderung

Schließlich sind auch die Hauptforderungen der CP erfüllbar, § 271 I.

Eine Aufrechnungslage besteht somit.

3. Ausschluss der Aufrechnung

a) Gesetzlicher Ausschluss nach §§ 392 ff.

Zu prüfen bleibt, ob die Aufrechnung ausgeschlossen ist. Es liegt kein gesetzlicher Fall des Aufrechnungsausschlusses nach §§ 392-394 vor.

Hinweis: Zwar kämen hier auch Ansprüche der J aus § 823 und § 831 BGB in Betracht, allerdings ist dies für § 393 BGB unbeachtlich, da J nicht „gegen“, sondern mit einem solchen Anspruch aufrechnen würde.

b) Ausschluss der Aufrechnung durch Ziff. 8 CP-AGB

Jedoch könnte Ziff. 8 der CP-AGB einer Aufrechnung der J entgegenstehen. Nach dieser Klausel ist eine Aufrechnung nur mittels rechtskräftig festgestellten Gegenforderungen zulässig. Fraglich ist, ob dieser Aufrechnungsausschluss in den AGB der CP, welche nach den obigen Feststellungen wirksam in den Vertrag einbezogen wurden, der Inhaltskontrolle nach §§ 307 ff. standhält. Zu berücksichtigen ist insoweit § 309 Nr. 3, wonach ein Verbot der Aufrechnung mit unbestrittenen oder rechtskräftig festgestellten Forderungen unwirksam ist. Ziff. 8 CP-AGB nimmt nur rechtskräftig festgestellte, nicht aber unbestrittene Forderungen von dem per AGB vereinbarten Aufrechnungsverbot aus und ist somit nichtig. Nach § 306 II tritt der gesetzliche Grundsatz der Zulässigkeit der Aufrechnung an die Stelle des vertraglichen Aufrechnungsverbots.

Mangels vertraglichen Aufrechnungsverbots ist die Aufrechnung durch J folglich zulässig. Dass der Anspruch der J vorliegend nicht unbestritten ist, ist in diesem Kontext unerheblich, da eine geltungserhaltende Reduktion unwirksamer Allgemeiner Geschäftsbedingungen ausscheidet.

Ergebnis Aufgabe 2

424 Die Forderungen der CP gegen J i.H.v. 46 € sind durch die Aufrechnung der J mit ihrem Schadensersatzanspruch wegen Beschädigung ihres Bikinis i.H.v. 59,95 € erloschen, § 389. Ein Anspruch der CP gegen J besteht folglich nicht.

Klausur 2:

Die Kunstauktion

Auktionshaus A GmbH bietet im Rahmen einer Kunstauktion eine Skulptur zum Verkauf an. Die Skulptur ist im Auktionskatalog beschrieben als »Sitzender Buddha, China, Sui-Dynastie, 581–618, original« mit einem Ausrufpreis von 3.800 € (= unteres Limit der Gebote). S, Privatsammler chinesischer Kunst aus allen Epochen, inspiziert den Ausstellungskatalog vor der Versteigerung genauestens. **425**

Da S nur an bestimmten Stücken interessiert ist, nimmt er an der öffentlich zugänglichen Versteigerung nicht persönlich, sondern auf telefonischem Wege teil. Bereits vor der Auktion erteilt er der A auf einem von dieser für solche Situationen bereitgehaltenen Formular einen postalischen Ersteigerungsauftrag. S trägt in die im Formular vorgesehenen Felder handschriftlich die Höchstgrenzen seiner Gebote für die jeweiligen Objekte ein. Das Formular enthält an zentraler Stelle folgenden Satz: »Zwecks Ausführung des Auftrags wird A vom Verbot des Insichgeschäfts, § 181 BGB, befreit«. Außerdem ist in dem Formular gut sichtbar folgender Hinweis aufgenommen: »Die §§ 474 bis 479 BGB über den Verbrauchsgüterkauf finden auf Kaufverträge, die bei der Auktion geschlossen werden, keine Anwendung.« Schließlich enthält das Formular einen Hinweis auf die beiliegenden AGB des A. Während der Auktion steht der Mitarbeiter M des A in telefonischer Verbindung zu S und bietet in dessen Auftrag. Der sitzende Buddha wird mit der Auktionsbeschreibung bei der Versteigerung ausgerufen und S erhält den Zuschlag für den Buddha zu einem Kaufpreis von 20.000 €.

Ein Jahr nach der Versteigerung kommen S durch einen Zufall Zweifel an der Echtheit der Skulptur. Der von S mit einer Prüfung beauftragte Gutachter G gelangt zu dem Ergebnis, dass der von S ersteigerte sitzende Buddha kein Original, sondern eine neuzeitliche Fälschung ist. Daraufhin schreibt S der A einen erzürnten Brief, in dem er Folgendes erklärt:

„Ich widerrufe den Kaufvertrag und fordere Sie zur Rückerstattung des Kaufpreises auf. Wie Sie verstehen dürften, bin ich an einer Fälschung nicht interessiert. Die „Skulptur" können Sie gerne zurückhaben."

A ist der Meinung, nicht zu einer Rückerstattung des Kaufpreises verpflichtet zu sein und verweist auf ihre AGB. Im Zuge der Versteigerung wurde zwar auf die intendierte Einbeziehung der AGB des Auktionshauses nicht hingewiesen. Doch waren die AGB des A an jedem Sitzplatz im Versteigerungsraum ausgelegt.

In den AGB der A heißt es u.a.:

Ziff. 2

Die zur Versteigerung kommenden Gegenstände können vor der Auktion besichtigt und geprüft werden. Die Sachen sind gebraucht. Sie werden in dem Zustand versteigert, in dem sie sich bei der Auktion befinden. Die Katalogangaben sind nach bestem Wissen und Gewissen vorgenommen, sie sind aber nicht Teil der vertraglich vereinbarten Beschaffenheit der Gegenstände; das gleiche gilt für deren Bezeichnung beim Aufruf.

Ziff. 7

a) Der Käufer kann gegen das Auktionshaus keine Einwendungen oder Ansprüche wegen Sachmängeln erheben. Das Auktionshaus wird jedoch begründete Mängelrügen, die ihm innerhalb einer Frist von 1 Jahr seit Übergabe der Sache vom Käufer angezeigt werden, gegenüber dem Einlieferer geltend machen, wenn der Käufer die dafür notwendigen sachlichen und rechtlichen Voraussetzungen nachweist.

b) Die Haftung des Auktionshauses auf Schadensersatz für Vermögensschäden, gleich aus welchem Rechtsgrund, ist ausgeschlossen, es sei denn, dem Auktionshaus fiele Vorsatz oder grobe Fahrlässigkeit zur Last.

Aufgabe

Besteht ein Anspruch des S auf Rückerstattung des Kaufpreises und auf Ersatz der Gutachterkosten i.H.v. 1.000 €?

Lösungsskizze

A. Anspruch auf Kaufpreisrückerstattung i.H.v. 20.000 € aus § 355 III 1, 357 I i.V.m. §§ 312g I, 312c, 312 426

I. Bestehen eines Widerrufsrechts, §§ 312g I, 312c I, 312 I

1. Vorliegen eines Vertrags
   a) Gebotsabgabe des M in Stellvertretung des S, § 164 I 1
      – Bevollmächtigung des Untervertreters M
   b) Verbotenes Insichgeschäft
      aa) Entsprechende Anwendung des § 181 auf Untervertretung
      bb) Wirksame Befreiung von der Beschränkung des § 181 durch AGB
         (1) Vorliegen Allgemeiner Geschäftsbedingungen, § 305 I 1, 3
            – auch vom Verwender vorformulierte einseitige Erklärungen der Gegenseite können AGB sein
         (2) Einbeziehungskontrolle, §§ 305 II, 305c I
            – ausdrücklicher Hinweis (§ 305 II Nr. 1) bei Formularverträgen entbehrlich
         (3) Inhaltskontrolle
            – § 307 II Nr. 1 (-), da Ersteigerungsauftrag ohne Abbedingung des § 181 nicht möglich
   c) Zuschlag durch A
2. Anwendungsbereich der §§ 312 ff.
   – Verbrauchervertrag mit Preiszahlungspflicht des Verbrauchers, §§ 312 I, 310 III
   – (Teil-)Bereichsausnahme gemäß § 312 II–VI (-)
3. Fernabsatzvertrag i.S.d. § 312c I
4. Ausschluss des Widerrufsrechts, § 312g II Nr. 10

II. Ergebnis: Ein Anspruch auf Rückerstattung des Kaufpreises i.H.v. 20.000 € aus § 355 III 1 besteht mangels Widerrufsrecht nicht.

B. Rückerstattungsanspruch aus § 346 I i.V.m. §§ 437 Nr. 2, 326 V, 323

I. Rücktrittsgrund, §§ 437 Nr. 2, 326 V, 323

1. Sachmangel bei Gefahrübergang
   a) Beschaffenheitsvereinbarung, § 434 I, II 2 Nr. 1
   b) Abwehrklausel
      aa) Vorliegen von AGB im Sinne von § 305 I 1, 3
      bb) Einbeziehung nach §§ 305 II, 305c I
         – Auslage der AGB an jedem Sitzplatz ausreichend, § 305 II Nr. 1 Alt. 2
         – vollkommene Freizeichnung von der Leistungsbeschreibung ist überraschend i.S.d. § 305c I
      cc) Ergänzend: Inhaltskontrolle, §§ 307 ff.
         – Unwirksamkeit der vollkommenen Freizeichnung von der Leistungsbeschreibung nach § 307 II Nr. 1
2. Unmöglichkeit
3. Erheblichkeit des Mangels, §§ 326 V, 323 V 2

4. Wirksamer Ausschluss des Rücktrittsrechts durch Ziff. 7a) AGB
   a) Einbeziehung in den Vertrag nach §§ 305 II, 305c (+)
   b) Inhaltskontrolle
      - Unwirksamkeit gemäß § 309 Nr. 7 lit. a (+)
      - Unwirksamkeit gemäß § 307 II Nr. 1 und 2 (+)

II. Rücktrittserklärung, § 349
- Auslegung der Erklärung des „Widerrufs" nach §§ 133, 157

Ergebnis: Aufgrund des wirksamen Rücktritts vom Vertrag ist A nach § 346 I zur Rückzahlung des gezahlten Kaufpreises in voller Höhe verpflichtet.

C. Rückerstattungsanspruch aus § 812 I 1 Alt. 1 (-)
- Anfechtbarkeit des Kaufvertrags nach § 123 I Alt. 1 (-)

D. Schadensersatzanspruch i.H.v. 1.000 € aus §§ 311a II, 437 Nr. 3, 434 I, 433 I

I. Tatbestandsvoraussetzungen des § 311a II
- Vertrag
- Anfängliche Unmöglichkeit
- Kenntnis der A wird vermutet nach § 311a II 2
- Schaden i.H.v. 1.000 € (Gutachterkosten)

II. Ausschluss des Schadensersatzanspruchs durch Ziff. 7 AGB (-)
- Auslegung nach § 305c II: Anwendung der unwirksamen Ziff. 7a) S. 1 auch auf Schadensersatzansprüche
- Überdies ist auch Ziff. 7b) AGB gem. § 309 Nr. 7 lit. a) unwirksam, da sie ihrem Wortlaut nach auch sog. Vermögensfolgeschäden erfasst.

Ergebnis

S hat einen Anspruch gegen A auf Rückzahlung des Kaufpreises i.H.v. 20.000 € aus § 346 I sowie einen Anspruch auf Ersatz der Gutachterkosten i.H.v. 1.000 € aus §§ 311a II, 437 Nr. 3, 434 I, 433 I.

Lösungsvorschlag

A. Anspruch auf Kaufpreisrückerstattung i.H.v. 20.000 € aus §§ 355 III 1, 357 I i.V.m. §§ 312g I, 312c I, 312 I

Ein Anspruch des S gegen A auf Rückerstattung des Kaufpreises könnte sich aus §§ 355 III, 357 I i.V.m. §§ 312g I, 312c I, 312 I ergeben, wenn S mit seinem Brief ein ihm zustehendes fernabsatzrechtliches Widerrufsrecht ausgeübt hätte. Hierzu müsste der Anwendungsbereich der §§ 312 ff. eröffnet sein. Weiterhin müssten die Voraussetzungen für einen Fernabsatzvertrag gemäß § 312c I vorliegen. Nach § 312 I finden die §§ 312c, 312g Anwendung, sofern der Vertrag zwischen einem Unternehmer und einem Verbraucher geschlossen wurde und sich der Verbraucher zur Zahlung eines Preises verpflichtet hat. **427**

I. Bestehen eines Widerrufsrechts, §§ 312g I, 312c I, 312 I

1. Vorliegen eines Vertrags **428**

Fraglich ist zunächst, ob S und A überhaupt einen Vertrag im Wege der Versteigerung geschlossen haben. Bei einer Versteigerung kommt der Vertrag gemäß § 156 durch den Zuschlag des Auktionators auf das Gebot des Bieters hin zustande.

a) Gebotsabgabe des M in Stellvertretung des S, § 164 I 1

S hat hier zwar nicht selbst ein Gebot abgegeben, doch könnte das Gebot des Mitarbeiters der A nach § 164 I für und gegen den S wirken, wenn M im Namen des S agiert und mit Vertretungsmacht gehandelt hätte. Für A bestand aufgrund des von S erteilten Ersteigerungsauftrags kein Zweifel daran, dass M im Namen des S agierte.

Fraglich ist allerdings, ob der M mit Vertretungsmacht für S agierte, d.h. bevollmächtigt war. M könnte hier als Untervertreter für die Hauptvertreterin A agiert haben. S hat der A einen Ersteigerungsauftrag erteilt. Die Durchführung dieses Auftrags war nur möglich, indem S die A zum Bieten in seinem Namen bevollmächtigte. Die Bestellung eines Untervertreters durch A war zulässig, weil S davon ausgehen musste, dass die A das Bieten von einem ihrer Mitarbeiter ausführen lassen würde.

Hinweis: Die Tatsache, dass M hier aufgrund der telefonischen Kommunikation wenig Entscheidungsspielraum hatte, spricht nicht gegen das Vorliegen einer Stellvertretung („Vertreter mit gebundener Marschroute“). Aufgrund der besonderen Form des Vertragsschlusses kam M zumindest die nicht unerhebliche Entscheidung darüber zu, zu welchem Zeitpunkt er ein Gebot abgab.

b) Verbotenes Insichgeschäft

aa) Entsprechende Anwendung des § 181 auf Untervertretung

Die Vertretung könnte allerdings wegen eines Verstoßes gegen das Verbot des Selbstkontrahierens unzulässig sein. M hat hier zwar weder mit sich selbst kontrahiert, noch beide Parteien beim Vertragsschluss vertreten. Doch findet § 181 zur Vermeidung von Interessenskollisionen entsprechende Anwendung, wenn ein Hauptvertreter einen Untervertreter bestellt, der in seinem Namen mit dem Hauptvertreter kontrahiert.[1]

bb) Wirksame Befreiung von der Beschränkung des § 181 durch AGB

Allerdings könnte S die A hier im Zuge der Vollmachtserteilung bei Erteilung des Ersteigerungsauftrags von den Beschränkungen des § 181 befreit haben, weil das hierfür genutzte Formular eine entsprechende Klausel enthielt. Dies würde voraussetzen, dass die Klausel zwischen den Parteien Wirkung entfaltet.

Hinweis: Laut Sachverhalt befindet sich die Befreiung von § 181 auf dem von S unterzeichneten Formular. Der Sachverhalt enthält keine Aussage darüber, ob diese Klausel auch in den beigefügten „AGB" enthalten ist. Deshalb kann nicht einfach auf die Einbeziehung des AGB-Standardvertragswerks verwiesen werden.

(1) Vorliegen Allgemeiner Geschäftsbedingungen, § 305 I 1, 3

Hierbei wären die §§ 305 ff. zu berücksichtigen, wenn es sich bei der Klausel um eine Allgemeine Geschäftsbedingung handelte. Zwar soll die Befreiung vom Verbot des § 181 den Ersteigerungsauftrag hier nicht inhaltlich gestalten und ist folglich keine Geschäftsbedingung im engeren Sinne, doch sind auch einseitige Erklärungen des Kunden, die vom AGB-Verwender vorformuliert werden, als AGB anzusehen, wie sich unter anderem aus § 309 Nr. 12b ergibt.

Auch die weiteren Voraussetzungen des § 305 I sind erfüllt, da die Klausel für eine Vielzahl von Verträgen vorformuliert war, dem S bei Abschluss des Ersteigerungsauftrags gestellt und nicht im Einzelnen ausgehandelt wurde. Die Einbeziehung und inhaltliche Kontrolle der Klausel richtet sich folglich nach den §§ 305 ff. Hierbei ist zu berücksichtigen, dass S als Privatsammler nicht zu gewerblichen Zwecken handelte, weshalb die in § 310 I 1 benannten Ausnahmen keine Anwendung finden.

(2) Einbeziehungskontrolle, §§ 305 II, 305c I

Zur Einbeziehung einer allgemeinen Geschäftsbedingung in den Vertrag bedarf es nach § 305 II Nr. 1 Alt. 1 grundsätzlich eines Hinweises auf die intendierte Einbeziehung sowie eine Möglichkeit der zumutbaren Kenntnisnahme und eines Einverständnisses des Kunden. Hier fehlte es zwar an einem entsprechenden Hinweis, doch war die Klausel unmittelbar auf dem Auftragsformular selbst abgedruckt, so dass einer Kenntnisnahme nichts im Wege stand. Bei solchen sog. Formularverträgen bedarf es keines gesonderten Hinweises auf die Klausel. Mit der Erteilung des Ersteigerungsauftrags hat S der Einbeziehung der Klausel implizit zugestimmt. Schließlich dürfte die Klausel nicht überraschend i.S.d. § 305c I sein. Bei Erteilung eines Ersteigerungsauftrags ist eine Bevollmächtigung des Auktionators unter Befreiung vom Verbot des Insichgeschäfts nicht objektiv ungewöhnlich, so dass die Klausel wirksam einbezogen wurde.

1 BGH NJW 1991, 691 ff.

(3) Inhaltskontrolle

Fraglich ist aber, ob die Klausel der Inhaltskontrolle standhält, denn sie weicht deutlich vom Grundgedanken des § 181 ab und könnte deshalb den Kunden entgegen den Geboten von Treu und Glauben benachteiligen (§ 307 II Nr. 1). Insoweit sind allerdings die Besonderheiten eines Ersteigerungsauftrags zu berücksichtigen: Erteilt eine Person dem Auktionator einen Auftrag zur Ersteigerung, so enthält dieser Auftrag stillschweigend sowohl eine Vollmachtserteilung als auch eine Befreiung vom Verbot des Insichgeschäfts, weil der Auftrag anderenfalls undurchführbar wäre. Die Klausel formuliert hier folglich lediglich eine Erklärung, die S ohnehin stillschweigend zur Erzielung des Auftragserfolgs abgegeben hätte, und benachteiligt den S somit nicht.[2]

c) Zuschlag durch A

Da M das Gebot im Namen des S mit Vertretungsmacht abgab, kam zwischen A und S mit dem Zuschlag ein Vertrag über eine entgeltliche Leistung der A zustande, § 156.

2. Anwendungsbereich der §§ 312 ff.

Weitere Voraussetzung für die Anwendung der Bestimmungen über die besonderen Vertriebsformen ist nach § 312 I, dass der Vertrag zwischen einem Unternehmer und einem Verbraucher geschlossen wurde und sich der Verbraucher zur Entrichtung eines Preises verpflichtet hat. A handelte zu gewerblichen Zwecken und somit als Unternehmerin, § 14. S handelte zu nichtgewerblichen Zwecken und damit als Verbraucher, § 13. Da sich S im Zuge des Vertragsschlusses von M hat vertreten lassen, könnte allerdings nach dem Repräsentationsprinzip des § 166 I auf die Zwecksetzung des Stellvertreters M abzustellen sein. Doch ist zu berücksichtigen, dass die Regelung des § 166 I sich auf die Zurechnung von Willensmängeln und Kenntnisstand bezieht, nicht auf die aus dem Rechtsgeschäft folgenden Rechte und Pflichten. Deshalb ist entscheidend, ob die durch den Vertrag gebundene Person Verbraucher ist. Dies ist vorliegend der Fall.

Nach dem von S widerrufenen Kaufvertrag war zudem die Entrichtung eines Preises durch S geschuldet. Keiner der Ausnahmetatbestände des § 312 II–VI ist einschlägig. Die §§ 312 ff. finden folglich Anwendung.

3. Fernabsatzvertrag i.S.d. § 312c I

Der Kaufvertrag zwischen A und S müsste ferner ein Fernabsatzvertrag sein, d.h. ein Vertrag, für dessen Abschluss einschließlich der Vertragsverhandlungen lediglich Fernkommunikationsmittel verwendet wurden. Nur ausnahmsweise findet § 312c auf einen per Fernkommunikationsmittel geschlossenen Vertrag keine Anwendung, wenn der Vertrag nicht im Rahmen eines für den Fernabsatz organisierten Vertriebssystems geschlossen wurde. A und S sind sich bei Abschluss des Kaufvertrags zwar nicht persönlich gegenübergetreten, doch war M, welcher den S bei Abschluss des Vertrags vertrat, bei der Auktion persönlich anwesend. Da die Regelungen des Fernabsatzrechts dazu dienen, das kommunikationsspezifische Informationsdefizit des Kunden beim Einsatz dieser Vertriebsform zu kompensieren, ist hinsichtlich der Frage, ob die Voraussetzungen der besonderen Vertriebsform vorliegen, auf die Situation des Stellvertreters abzustellen. Hier war M als Stellvertreter des S persönlich bei der Versteigerung zugegen und hat den Vertrag ohne Nutzung von Fernkommunikationsmitteln geschlossen.

2 BGH NJW 1983, 1186, 1187.

Gleichwohl könnten hier mehrere Aspekte dafür sprechen, das Vorliegen eines Fernabsatzvertrags zu bejahen: Erstens wurde der M aufgrund eines postalisch erteilten und fernmündlich konkretisierten Ersteigerungsauftrags tätig, zweitens wurde die persönliche Anwesenheit des Stellvertreters durch die Bevollmächtigung der A unter Befreiung vom Verbot des Insichgeschäfts ermöglicht.[3] Schließlich spricht auch die Regelung des § 312g II Nr. 10 dafür, dass es sich bei der hier gewählten Vertriebsform um eine von § 312c erfasste Konstellation handelt. Bejaht man dies, so liegt auch ein für den Fernabsatz organisiertes Vertriebssystem vor, da A planmäßig die Teilnahme an Versteigerungen auf telefonischem Wege anbietet.

4. Ausschluss des Widerrufsrechts, § 312g II Nr. 10

Letztlich kann diese Frage jedoch dahinstehen. Selbst wenn hier von einem Fernabsatzvertrag auszugehen wäre, bei dem grundsätzlich ein Widerrufsrecht nach § 312g I entstünde, ist jedenfalls gemäß § 312g II Nr. 10 ein Widerrufsrecht bei öffentlich zugänglichen Versteigerungen ausgeschlossen. Entscheidend ist, dass die Kunden die Möglichkeit der Anwesenheit bei dieser Versteigerung haben und der Käufer in einem auf konkurrierenden Geboten basierenden Versteigerungsverfahren ermittelt wird. Diese Voraussetzungen lagen hier vor.

II. Ergebnis

429 Mangels Existenz eines Widerrufsrechts wurde der Vertrag nicht in ein Rückabwicklungsschuldverhältnis umgewandelt. Ein Anspruch auf Rückerstattung des Kaufpreises aus §§ 355 III 1, 312g I, 312c I besteht nicht.

B. Rückerstattungsanspruch aus § 346 I i.V.m. §§ 437 Nr. 2, 326 V, 323

430 S könnte jedoch ein Anspruch auf Rückerstattung des bezahlten Kaufpreises aus § 346 I zustehen, wenn ein Rücktrittsgrund vorläge und S den Rücktritt vom Vertrag erklärt hätte.

I. Rücktrittsgrund, §§ 437 Nr. 2, 326 V, 323

431 1. Sachmangel bei Gefahrübergang

a) Beschaffenheitsvereinbarung, § 434 I, II 2 Nr. 1

S könnte wegen eines unbehebbaren Sachmangels nach §§ 437 Nr. 3, 326 V, 323 zum Rücktritt berechtigt sein. Hier könnte ein Sachmangel gemäß § 434 I, II 1 Nr. 1 vorliegen, wenn die Skulptur nicht den subjektiven Anforderungen entspricht, die sich aus einer Beschaffenheitsvereinbarung zwischen A und S ergeben. A hat die Beschaffenheit der Skulptur durch Angabe des Entstehungszeitraums und des Wortes „original“ beschrieben, und S hat sich konkludent auf diese Beschreibung bezogen, als er dem A die Marschroute zur Ersteigerung der Skulptur erteilte.[4] Die Skulptur entsprach dieser Beschreibung zum Zeitpunkt des Gefahrübergangs nicht.

---

3 Siehe zum Parallelproblem bei der Einbeziehung von Allgemeinen Geschäftsbedingungen BGH NJW 1985, 850 f.

4 BGHZ 170, 86, 99; aA OLG Köln NJW 2012, 2665 ff.

b) Abwehrklausel

Doch hat A in Ziff. 2 S. 4 AGB erklärt, sich an die Beschreibung der zu versteigernden Sachen nicht binden zu wollen. Diese sog. Abwehrklausel könnte bereits nach § 476 I 1 unwirksam sein. Allerdings finden die §§ 474 ff. auf Kaufverträge über gebrauchte Sachen, die in einer öffentlich zugänglichen Versteigerung verkauft werden, nach § 474 II 2 keine Anwendung. Voraussetzung ist eine klare und umfassende Information des Verbrauchers über diese Rechtslage. Das von S unterzeichnete Formular enthält einen entsprechenden Hinweis.

Die Abwehrklausel scheitert somit nicht an § 476 I 1. Fraglich ist jedoch, ob die Klausel der AGB-Kontrolle standhält.

aa) Vorliegen von AGB im Sinne von § 305 I 1, 3

Bei der AGB-Klausel handelt es sich vorliegend zweifellos um eine für eine Vielzahl von Verträgen vorformulierte Geschäftsbedingung, die von A gestellt und nicht im Einzelnen ausgehandelt wurde (§ 305 I).

bb) Einbeziehung in den Vertrag nach §§ 305 II, 305c I

Zunächst ist zu prüfen, ob die Klausel überhaupt wirksam in den Vertrag einbezogen wurde. Dies richtet sich mangels eines Ausschlussgrunds i.S.d. § 310 I 1 nach § 305 II. Grundsätzlich wäre deshalb ein ausdrücklicher Hinweis auf die intendierte Geltung der AGB, eine zumutbare Möglichkeit der Kenntnisnahme sowie das Einverständnis des S erforderlich.

Ein ausdrücklicher Hinweis auf die AGB vor Versteigerung ist hier am Ort der Versteigerung zwar nicht erfolgt, doch könnte ein solcher nach § 305 II Nr. 1 Alt. 2 entbehrlich sein, wenn er wegen der Art des Vertragsschlusses nur unter unverhältnismäßigen Schwierigkeiten möglich war. Dies ist bei einer Versteigerung der Fall, da der Auktionator vor jedem Gebot auf die Geltung der AGB hinweisen müsste, um auch zu spät erschienenen Auktionsteilnehmern eine Möglichkeit zur Kenntnisnahme der AGB zu eröffnen.[5] Ausreichend ist deshalb nach § 305 II Nr. 1 Alt. 2 ein deutlich sichtbarer Aushang am Ort des Vertragsschlusses. Auch an einem solchen fehlt es hier. Doch ist die Auslage der Versteigerungsbedingungen an jedem Sitzplatz als äquivalent zu einem Aushang, wenn nicht sogar als günstiger für den Kunden anzusehen.[6] Das Einverständnis des M mit der Geltung der AGB folgt konkludent aus der Abgabe des Gebots.

Problematisch könnte allerdings sein, dass hier nur der als Vertreter des S fungierende Mitarbeiter der A die Gelegenheit zur zumutbaren Kenntnisnahme der AGB hatte, denn S war nicht am Versteigerungsort präsent. Nach dem Grundsatz des § 166 I kommt es zwar prinzipiell nur auf eine Kenntnisnahmemöglichkeit des Vertreters an, doch dürfte nach dem Schutzzweck der §§ 305 ff. eine Kenntnisnahmemöglichkeit durch den Kunden selbst erforderlich sein, wenn dieser den AGB-Verwender vom Verbot des Insichgeschäfts befreit.[7] Letztlich bedarf dies hier jedoch keiner Entscheidung, da S auf die AGB

5 BGH NJW 1985, 850 f.
6 OLG Celle NJW-RR 2011, 132 f.
7 Erwogen, aber offengelassen in BGH NJW 1985, 850 f.

der A im Formular für die Erteilung des Ersteigerungsauftrags hingewiesen wurde und die AGB zur Kenntnisnahme beigefügt waren. Auch in Bezug auf S sind somit die Voraussetzungen des § 305 II erfüllt.

Die Einbeziehung könnte allerdings an § 305c I scheitern, denn eine vollkommene Freizeichnung von einer Leistungsbeschreibung ist objektiv ungewöhnlich und deshalb auch für S subjektiv überraschend, weil er auf die Klausel nicht gesondert hingewiesen wurde. Zwar mögen die Teilnehmer an einer Versteigerung grundsätzlich damit rechnen, dass der Auktionator versucht, seine Haftung zu beschränken. Ein Abschneiden sämtlicher Rechte ist dennoch nicht zu erwarten und daher überraschend. Die Klausel ist somit nicht wirksam in den Vertrag einbezogen worden.

Hinweis: Wenn man hier gemäß § 166 I auf M abstellt, fehlt es an einem subjektiven Überraschungsmoment, da dieser die Klausel kennen dürfte.

cc) Ergänzend: Inhaltskontrolle, §§ 307 ff.

Ergänzend soll hier noch geprüft werden, ob die Klausel der Inhaltskontrolle nach §§ 307 ff. standhält. Nach § 307 III sind Beschreibungen der Leistung zwar von der Inhaltskontrolle ausgenommen, doch betrifft dies nur Leistungsbezeichnungen und nicht Klauseln, die das Leistungsversprechen einschränken oder aushöhlen.[8]

Mangels einschlägiger Klauselverbote nach §§ 308, 309[9] kommt als Prüfungsmaßstab § 307 II Nr. 1 in Betracht, d.h. eine den Geboten von Treu und Glauben widersprechende Benachteiligung des Kunden durch ein Abweichen von wesentlichen Grundgedanken der gesetzlichen Regelung. Im Ergebnis führt die Abwehrklausel zu einem nahezu vollständigen Ausschluss der Sachmängelrechte und stellt deshalb grundsätzlich eine unangemessene Benachteiligung des Kunden dar.

Etwas anderes könnte sich allenfalls aus den Besonderheiten bei einer Kunstauktion ergeben, insbesondere aus den Schwierigkeiten des Auktionators, die Beschreibungen der Einlieferer zu verifizieren. Doch ermöglicht Ziff. 2 AGB dem Auktionator auch, sich für eigene Fehler bei Vornahme der Beschaffenheitsbeschreibung freizuzeichnen. Außerdem ist zu berücksichtigen, dass sich der Auktionator bei der Beurteilung eingelieferter Gegenstände typischerweise gegenüber dem Kunden im Vorteil befindet, da er regelmäßig über höhere Sachkunde verfügt und Gelegenheit hat, die Angaben des Einlieferers zu überprüfen. Die Abwehrklausel benachteiligt den S deshalb unangemessen und ist unwirksam.[10] Da die Beschreibung der Skulptur als „original" in die vertragliche Vereinbarung zwischen S und A aufgenommen wurde und die Skulptur als neuzeitliche Fälschung dieser Beschreibung nicht entspricht, liegt ein Sachmangel vor.

8 BGH NJW 2010, 1958, 1959.

9 § 309 Nr. 8b ist nicht einschlägig, da dieser nur die Lieferung neu hergestellter Sachen und Werkleistungen betrifft.

10 *Beckmann*, jM 2014, 330, 331 m.w.N.; aA OLG Köln NJW 2012, 2665 ff.

Hinweis: AA vertretbar, dann wäre jedoch § 434 I, III Nr. 2 zu prüfen! Danach besteht ein Mangel, denn bei Kunstauktionen kann der Käufer nach Art der Sache erwarten, dass es sich bei der Sache um ein Original und nicht um eine neuzeitliche Fälschung handelt (Eignung als Sammlerstück und Wertanlage).[11]

2. Unmöglichkeit

Da sich der Mangel nicht durch Nacherfüllung beheben lässt, ist die Leistung für jedermann unmöglich i.S.d. § 275 I. Deshalb ist S nach § 326 V HS 2 zum Rücktritt ohne Fristsetzung berechtigt.

3. Erheblichkeit des Mangels, §§ 326 V, 323 V 2

Der Rücktritt wäre zwar nach §§ 326 V, 323 V 2 ausgeschlossen, wenn der Mangel unerheblich wäre. Hiervon kann bei einer Fälschung einer als original historisch verkauften Skulptur jedoch nicht die Rede sein.

4. Wirksamer Ausschluss des Rücktrittsrechts durch Ziff. 7a) AGB

a) Einbeziehung in den Vertrag nach §§ 305 II, 305c

Der Rücktritt könnte durch den Gewährleistungsausschluss in Ziff. 7 a) der AGB ausgeschlossen sein, wenn diese Klausel wirksam in den Vertrag einbezogen wäre. Auf die obigen Ausführungen zur Einbeziehung der AGB in den Vertrag nach § 305 II kann verwiesen werden. Fraglich ist, ob die Einbeziehung der Klausel an § 305c I scheitert, weil diese objektiv ungewöhnlich und subjektiv überraschend ist. Aufgrund der besonderen Interessenlage bei Kunstauktionen wird man einen Versuch des Versteigerungshauses, seine Sachmängelhaftung einzuschränken, nicht als überraschend werten können. Klausel 7a) eröffnet zumindest theoretisch die Option, dass das Auktionshaus gegenüber dem Einlieferer Rechte geltend macht, die dem Käufer zugutekommen. Die Einbeziehung der Klausel scheitert deshalb nicht aufgrund eines Überraschungsmoments.

b) Inhaltskontrolle

Zu prüfen bleibt, ob die Klausel der Inhaltskontrolle standhält, denn es handelt sich weder um eine Preisabrede oder Leistungsvereinbarung, noch um eine deklaratorische Klausel (§ 307 III). Die Klausel könnte zunächst nach § 309 Nr. 7 lit. a unwirksam sein, weil sie keine Ausnahme für Verletzungen des Lebens, des Körpers oder der Gesundheit enthält. Zwar mag eine solche durch die Skulptur verursachte Rechtsgutsverletzung unwahrscheinlich erscheinen, doch ist das Entstehen eines Körper- oder Gesundheitsschadens durch die von A versteigerten Gegenstände auch nicht schlechthin undenkbar. Ein Verstoß gegen § 309 Nr. 7 lit. a liegt somit vor.

Daneben kommt auch eine Unwirksamkeit der Klausel gemäß § 307 II Nr. 1, 2 in Betracht, denn ein vollständiger Ausschluss der Sachmängelrechte begründet ein unangemessenes Missverhältnis zwischen den Parteien. Hier ist zwar zu berücksichtigen, dass der Auktionator als Kommissionär handelt und es für diesen gegebenenfalls schwierig ist, die Beschreibungen der Einlieferer zu verifizieren. Doch setzt eine Frei-

11 BGH NJW 2013, 3570 ff.

zeichnung des als Kommissionärs handelnden Auktionators zumindest voraus, dass dieser seine Sorgfaltspflicht bei der Prüfung des eingelieferten Gegenstands erfüllt und dem Ersteigerer einen Anspruch auf Teilhabe an den Rechten gewährt, die dem Auktionator gegenüber dem Einlieferer zustehen.[12] Dies erfolgt hier aber durch Klausel Ziff. 7a S. 2 gerade nicht, vielmehr verpflichtet die Klausel die A lediglich, den Anspruch gegenüber dem Einlieferer unter bestimmten, einschränkenden Bedingungen geltend zu machen.

Da die Voraussetzungen der §§ 437 Nr. 2, 326 V, 323 vorliegen und das Rücktrittsrecht durch die unwirksame AGB-Klausel nicht eingeschränkt wird, ist S zum Rücktritt vom Vertrag berechtigt.

II. Rücktrittserklärung, § 349

432 S müsste den Rücktritt zudem erklärt haben. In seinem Brief an A spricht S explizit nur vom „Widerruf" des Vertrags. Doch erklärt er auch, er sei an einer Fälschung nicht interessiert und gebe die Skulptur gerne an A zurück. Die Auslegung dieser Erklärung nach den Maßstäben des objektiven Empfängerhorizonts (§§ 133, 157) ergibt, dass S unabhängig vom Bestehen eines Widerrufsrechts nicht am Vertrag festhalten möchte und dessen Rückabwicklung fordert. Eine konkludente Rücktrittserklärung liegt damit vor.

Ergebnis

433 Aufgrund des wirksamen Rücktritts vom Vertrag ist A nach § 346 I zur Rückzahlung des gezahlten Kaufpreises verpflichtet.

C. Rückerstattungsanspruch aus § 812 I 1 Alt. 1

434 S könnte schließlich ein Anspruch auf Rückerstattung des Kaufpreises aus § 812 I 1 Alt. 1 zustehen, wenn A durch Leistung des S etwas ohne rechtlichen Grund erlangt hätte.

A hat durch Leistung des S den Kaufpreis erlangt, wobei der zwischen den Parteien geschlossene Kaufvertrag den rechtlichen Grund für diese Leistung bildete. Allerdings könnte der Kaufvertrag rückwirkend durch Anfechtung des S vernichtet worden sein, § 142 I. Für eine wirksame Anfechtung bedürfte es eines Anfechtungsgrundes und einer Anfechtungserklärung; ferner dürfte die Anfechtung nicht ausgeschlossen sein.

Als Anfechtungsgrund kommt zunächst ein Eigenschaftsirrtum nach § 119 II Alt. 2 in Betracht. Jedoch ist zu berücksichtigen, dass ab dem Zeitpunkt des Gefahrübergangs die Sachmängelrechte des Käufers der Anfechtung nach § 119 II Alt. 2 vorgehen, damit die besonderen Wertungen der §§ 434 ff. nicht obsolet werden. Anders ist dies zwar für die Anfechtung wegen arglistiger Täuschung nach § 123 I Alt. 1. Hierfür müsste A den S jedoch zumindest durch Aussagen ins Blaue hinein vorsätzlich getäuscht haben. Dafür bietet der Sachverhalt keinen Anhaltspunkt.

Folglich bildet der Kaufvertrag weiterhin einen Rechtsgrund für die Leistung und ein Anspruch auf Rückzahlung des Kaufpreises aus § 812 I 1 Alt. 1 besteht nicht.

---

12 OLG München NJW 2012, 2891 ff.; aA OLG Köln NJW 2012, 2665 ff.

D. Schadensersatzanspruch i.H.v. 1000 € aus §§ 311a II, 437 Nr. 3, 434 I, 433

I. Tatbestandsvoraussetzungen des § 311a II

Fraglich ist, ob dem S ein Anspruch auf Ersatz der Gutachterkosten zusteht. Dies wäre der Fall, wenn der Erfüllung des Kaufvertrags ein Leistungshindernis bei Vertragsschluss entgegenstand, es sei denn, dass A das Leistungshindernis bei Vertragsschluss nicht kannte und diese Unkenntnis auch nicht zu vertreten hat. Wie bereits oben festgestellt wurde, stand der ordnungsgemäßen Erfüllung des Kaufvertrags ein unbehebbarer Sachmangel i.S.d. § 434 I entgegen. Die Kenntnis der A von diesem Sachmangel bei Vertragsschluss wird nach § 311a II 2 vermutet, und den Entlastungsbeweis hat A nicht erbracht. Dem S ist durch den Mangel ein Schaden in Höhe der Gutachterkosten (1.000 €) entstanden, wobei der Begriff des Schadensersatzes statt der Leistung im Rahmen des § 311a II 1 auch solche Begleitschäden umfasst. Schließlich wird der Ersatzanspruch des S auch nicht durch seinen Rücktritt vom Vertrag ausgeschlossen, vgl. § 325. **435**

Hinweis: 1. Nach BGH NJW 2014, 2351 ff. sind Sachverständigenkosten zur Feststellung des Mangels nach § 439 II ersatzfähig. Argument: Die Sachverständigenkosten würden mit der Zielrichtung aufgewandt, dem Käufer die Durchsetzung eines daran anknüpfenden Nacherfüllungsanspruchs zu ermöglichen, d.h. „zum Zwecke der Nacherfüllung". Ob die Aufwendungen anschließend tatsächlich zu einer Nacherfüllung führen oder nicht (etwa, weil der Käufer stattdessen den Kaufpreis mindert), sei für den zuvor bereits wirksam entstandenen Ersatzanspruch ohne Bedeutung.

Diese Auffassung ist im Schrifttum nicht unumstritten (aA: Ersatz für Sachverständigenkosten nur bei Vertretenmüssen nach § 280 I). Jedenfalls führt die Entscheidung zu der Folgefrage, ob Sachverständigenkosten auch nach § 439 II ersatzfähig sind, wenn sich erst durch das Gutachten herausstellt, dass eine Nacherfüllung unmöglich ist. In Fällen wie dem vorliegenden, bei dem schon vor Beauftragung des Gutachters feststeht, dass ein eventueller Mangel unbehebbar ist, scheidet § 439 II als Anspruchsgrundlage m.E. aus.

2. Vertretbar wäre es auch, die Gutachterkosten nicht als Schadensersatz statt der Leistung i.S.d. § 311a II 1 anzusehen, sondern als Schadenskategorie, die § 280 I unterfällt. Wer § 280 I heranzieht, muss sich jedoch damit auseinandersetzen, dass der Bezugspunkt des Vertretenmüssens bei § 280 I ein anderer ist als bei § 311a II: Im Rahmen des § 280 I 2 ist entscheidend, ob der Schuldner die Pflichtverletzung zu vertreten hat, während bei § 311a II maßgeblich ist, ob der Schuldner die Unkenntnis vom Leistungshindernis zu vertreten hat. Wird im obigen Fall der Ersatz des Begleitschadens auf § 280 I gestützt, so sollte für das Verschulden gleichwohl § 311a II 2 herangezogen werden.

II. Ausschluss des Schadensersatzanspruchs durch Ziff. 7 AGB

Der Ersatzanspruch des S könnte jedoch durch Ziff. 7 der A-AGB ausgeschlossen sein. **436**
Siehe zur Einbeziehung der AGB in den Vertrag bereits die obigen Ausführungen. Fraglich ist, ob auch für Schadensersatzansprüche des Kunden Klausel 7a S. 1 Anwendung finden soll, welche – wie bereits oben festgestellt wurde – unwirksam ist. Nach objektiver Auslegung, d.h. nach Maßgabe der Verständnismöglichkeiten eines rechtlich nicht vorgebildeten Durchschnittskunden, ließe sich dies durchaus annehmen. Allerdings ist

auch eine Spezialität der Klausel 7b für Schadensersatzansprüche denkbar. Soweit das Verhältnis zweier Klauseln zueinander nach ihrer objektiven Auslegung nicht eindeutig ist, gehen diese Auslegungszweifel gemäß § 305c II zu Lasten des Verwenders.[13] Eine Auslegung zu Lasten der A bedeutet hier, der unwirksamen Klausel 7a den Vorrang gegenüber der Klausel 7b einzuräumen, mit der Folge, dass auch der Ausschluss von Schadensersatzansprüchen unwirksam ist.

Darüber hinaus hält aber auch Klausel 7b der Inhaltskontrolle nach § 309 Nr. 7a nicht stand. Nach ihrem Wortlaut erfasst Klausel 7b auch sog. Vermögensfolgeschäden, die aus der Verletzung des Lebens, des Körpers oder der Gesundheit resultieren (z.B. den Anspruch auf Ersatz des aufgrund einer Körperverletzung entgangenen Gewinns). Die Tatsache, dass S hier keinen Ersatzanspruch aus der Verletzung des Lebens, des Körpers oder der Gesundheit geltend macht, ist irrelevant, denn die Klausel kann nicht auf das gerade noch zulässige Maß reduziert werden (Verbot der geltungserhaltenden Reduktion).

Ergebnis

437 S hat einen Anspruch gegen A auf Rückzahlung des Kaufpreises i.H.v. 20.000 € aus § 346 I sowie einen Anspruch auf Ersatz der Gutachterkosten i.H.v. 1.000 € aus §§ 311a II, 437 Nr. 3, 434 I, 433 I.

13 BGH NJW 2002, 2470, 2471.

Klausur 3:

Die Traumwohnung

Aufgabe 1 438

Frau E hat zehn Mietshäuser mit jeweils ca. 12 Wohneinheiten geerbt und kümmert sich nunmehr um deren Vermietung. Zu diesem Zweck unterhält sie eigens ein kleines Verwaltungsbüro. In diesem Büro schließt E auch einen Mietvertrag mit F über eine Dreizimmerwohnung (Nettokaltmiete 1.000 € plus Nebenkosten), in der die F künftig mit ihrem Ehemann leben möchte. Der Mietvertrag wurde vom örtlichen Hauseigentümerverein ausgearbeitet und ist im Handel erhältlich. Er besteht aus 10 Druckseiten in einem einheitlichen Formular, welches sowohl E als auch F auf der letzten Seite unterzeichnen.

Der Mietvertrag enthält unter anderem folgende Abschnitte:

§ 8 Mietsicherheit

Der Mieter verpflichtet sich dazu, beim Vermieter eine Mietsicherheit in Höhe von 3.000 € zu hinterlegen. Dieses kann in Form der Hinterlegung eines Kautionssparbuchs, einer Bankbürgschaft, einer Kautionsbürgschaft, welche auf erstes Anfordern an den Vermieter gezahlt wird, oder durch Barzahlung/Überweisung an den Vermieter erfolgen.

§ 9 Schönheitsreparaturen

Der Mieter ist bei Auszug zur Renovierung verpflichtet, sofern tatsächlich Renovierungsbedarf der Räumlichkeiten besteht. Bei Bedarf hat der Mieter die gegebenenfalls erforderlichen Schönheitsreparaturen durchführen zu lassen. Die Räume sind in weißer Farbe zu streichen.

§ 10 Kleinreparaturen

Der Mieter trägt die Kosten für Reparaturen von Bagatellschäden ohne Rücksicht auf ein Verschulden bis zu einem Betrag von maximal 300 € inkl. MwSt. im Jahr.

Rund 16 Monate nach Vertragsschluss erhält die F am 10. Februar einen überraschenden Besuch eines Vertreters der E. Dieser Vertreter erläutert, dass sich die von F gezahlte Miete unterhalb der ortsüblichen Vergleichsmiete befinde und E deshalb eine Mieterhöhung anstrebe. E sei an einer einvernehmlichen Regelung interessiert und biete der F deshalb hier und jetzt eine Erhöhung der Miete um 100 € an. Das Angebot sei auch für die F vorteilhaft, da der neue Mietzins immer noch unterhalb der ortsüblichen Vergleichsmiete liege. F kommt der Besuch ungelegen. Sie hat an diesem Tag den Kopf nicht für Mietsachen frei und unterschreibt daher kurzerhand das Angebot zur Mieterhöhung. Einen Hinweis auf ein etwaiges Widerrufsrecht erhält sie nicht.

Im Sommer geht F die Finanzen des Paares durch. Nunmehr ärgert sie sich über den höheren Mietzins, den sie von März bis August gezahlt hat. F sendet deshalb am 10. August eine E-Mail an E, in der sie ihre Zustimmung zur Mieterhöhung widerruft.

Frage 1: Kann F von E Rückerstattung der gezahlten 600 € verlangen?

Frage 2: Bestehen gegebenenfalls Gegenansprüche der E?

Aufgabe 2

Sieben Jahre nach Vertragsschluss kündigt F den Mietvertrag mit E fristgerecht zum 28.6.2022. Da F während der Mietzeit einige Wände in ochsenblutrot und azurblau gestrichen hatte und auch andere Wände renovierungsbedürftig sind, streicht sie die Wände einmal mit weißer Farbe. Allerdings ist dieser Anstrich nicht ausreichend, um den zuvor vorgenommenen farbigen Anstrich vollkommen zu überdecken. E beauftragt deshalb einen Maler damit, die Wohnung noch einmal fachgerecht und einheitlich zu streichen. Am 28.6.2022 übergibt F der E die Wohnung. Anfang 2023 stellt E die noch ausstehende Nebenkostenabrechnung fertig, erteilt der F eine Abrechnung und erstattet die zu Mietbeginn geleistete Kaution zuzüglich Zinsen, aber abzüglich nachzuzahlender Nebenkosten i.H.v. 200 € sowie abzüglich des dem Maler gezahlten Werklohns i.H.v. 1.200 €. F gesteht zwar ein, dass es mit der Nebenkostenabrechnung alles seine Ordnung habe. Über die Beauftragung des Malers allerdings ist sie entrüstet: Eine kurze Internet-Recherche ihrerseits habe ergeben, dass ein Vermieter eine Renovierung in Eigenleistung überhaupt nicht verbieten dürfe.

Da sie nun ohnehin im Streit mit E liegt, fällt F ein, dass sie im Januar 2022 die Kosten für die Reparatur einer Fensterscheibe i.H.v. 200 € gegenüber E übernommen hatte, weil die Scheibe aus nicht zu klärenden Gründen einen tiefen Riss aufwies. Als F der E vorwirft, diese habe damals zu Unrecht unter Berufung auf § 10 Mietvertrag Zahlung des Betrags gefordert, meint E, die Sache sei „schon längst verjährt“.

Frage 3: Steht der F gegen die E ein weiterer Anspruch auf Rückerstattung der Kaution zu?

Frage 4: Hat F einen Anspruch auf Rückzahlung der 200 € für die Kosten der Fensterreparatur?

Bearbeitungsvermerk: Bitte legen Sie Ihren rechtlichen Erwägungen die derzeitige Gesetzeslage zugrunde.

Lösungsskizze

Frage 1 439

Anspruch der F → E auf Rückerstattung von 600 € aus §§ 355 III 1, 357 I

I. Bestehen eines Widerrufsrechts, § 355 I 1 i.V.m. §§ 312g I, 312 I, 312b

1. §§ 558 ff. als *leges specialis*?
2. Anwendungsvoraussetzungen des § 312
   a) Verbrauchervertrag, §§ 312 I, 310 III (+)
   b) Zahlung eines Preises (+)
   c) Keine Ausnahme nach § 312 II–VI
3. Vertragsschluss außerhalb von Geschäftsräumen, § 312b I 1 Nr. 1 (+)
4. Kein Ausschluss gem. § 312g II, III

II. Wirksame Ausübung des Widerrufsrechts

1. Widerrufserklärung, § 355 I
2. Innerhalb der Widerrufsfrist
   – kein Beginn des Fristlaufs, § 356 III i.V.m. Art. 246a § 1 II EGBGB
3. Widerrufsrecht nicht erloschen, § 356 IV
4. Absolute Ausschlussfrist, § 356 III 2

Ergebnis: Ein Rückzahlungsanspruch der F gegen E i.H.v. 600 € besteht.

Frage 2

Ansprüche der E → F

I. Wertersatzanspruch aus § 357a II

II. Weitere Ansprüche der E gegen F infolge des Widerrufs

III. Anspruch auf Mieterhöhung aus § 558 I (-)

Frage 3

Anspruch F → E auf Rückerstattung der Kaution aus der Sicherungsabrede

I. Anspruch entstanden

1. Wirksame Vereinbarung der Mietsicherheit
   a) Anwendungsbereich der §§ 305 ff.
   b) Wirksame Einbeziehung nach §§ 305 II, 305c I
   c) Inhaltliche Wirksamkeit der Klausel nach § 551 I
2. Eintritt der aufschiebenden Bedingung des Mietendes, § 158 I
   – Anspruch auf Kautionsrückzahlung entsteht mit Beendigung des Mietvertrags
3. Fälligkeit

II. Anspruch erloschen

1. Teilweise Erfüllung durch Rückzahlung i.H.v. 1.600 € zzgl. Zinsen, § 362 I
2. Teilweises Erlöschen durch Aufrechnung, § 389
   a) Gegenforderung der E i.H.v. 200 € bzgl. Nebenkosten (+)
   b) Gegenforderung der E i.H.v. 1.200 € bzgl. der Malerkosten aus §§ 280 I, III, 281
      aa) Überwälzung von Schönheitsreparaturen grds. nach § 307 zulässig
      bb) Fachhandwerkerklausel in § 9 S. 2 Mietvertrag unwirksam

cc) Farbwahlklausel in § 9 S. 3 ebenfalls unwirksam
dd) Rechtsfolge
c) Weitere Voraussetzungen der Aufrechnung
– hinsichtlich des Anspruchs auf Zahlung von Nebenkosten (+)

Ergebnis: Ein Anspruch der F gegen E auf Kautionsrückzahlung i.H.v. 1.200 € besteht.

Frage 4

A. Anspruch F → E Auf Zahlung von 200 € aus §§ 280 I, 241 II, 311 II Nr. 1

I. Anspruch entstanden
1. Pflichtverletzung aus einem vorvertraglichen Schuldverhältnis
a) Jahreshöchstgrenze
b) Einzelfallhöchstgrenze
c) Begrenzung auf Gegenstände des häufigen Mieterzugriffs
2. Vertretenmüssen
3. Schaden i.H.v. 200 €

II. Anspruch durchsetzbar
– entsprechende Anwendung des § 548 II (str.)
– Ablauf der Verjährungsfrist am 28.12.2022

B. Anspruch F → E auf Zahlung von 200 € aus §§ 677, 683 S. 1, 670
– Führen eines fremden Geschäfts (-)

C. Anspruch F → E auf Zahlung von 200 € aus § 812 I 1 Alt. 1

I. Anspruch entstanden (+)

II. Anspruch durchsetzbar (-)
– §§ 214 I, 548 II

Ergebnis: F hat zwar einen Anspruch auf Zahlung von 200 € gegen E sowohl aus §§ 280 I, 241 II, 311 II Nr. 1 als auch aus § 812 I 1 Var. 1, doch sind diese Ansprüche verjährt.

Lösungsvorschlag

Aufgabe 1

Frage 1 Anspruch der F gegen E auf Rückerstattung von 600 € aus §§ 355 III 1, 357 I

Ein Anspruch auf Rückzahlung der aufgrund der Mieterhöhungsvereinbarung gezahlten **440**
Miete i.H.v. 600 € (100 € à 6 Monate) könnte sich aus § 355 III 1 i.V.m. § 357 I ergeben, wenn der F ein Recht zum Widerruf ihrer Annahmeerklärung zustünde und sie ihr Widerrufsrecht wirksam ausgeübt hätte.

I. Bestehen eines Widerrufsrechts, § 355 I 1 i.V.m. §§ 312g I, 312 I, 312b I

Ein Widerrufsrecht nach §§ 355 I 1, 312g I könnte der F zustehen, wenn die §§ 312 ff. **441**
auf den Vertrag Anwendung finden und der Vertragsschlusses über die Mieterhöhung außerhalb von Geschäftsräumen i.S.d. § 312b I geschlossen wurde.

1. §§ 558 ff. als *leges specialis*?

Dies setzt zunächst voraus, dass die verbraucherschützenden Vorschriften der §§ 312 ff. nicht von den Regelungen über die Mieterhöhung bis zur ortsüblichen Vergleichsmiete in §§ 558 ff. verdrängt werden. Konkret enthält § 558a I ein Textformgebot und § 558b II 1 eine zweimonatige Überlegungsfrist. Beide Regelungen sind spezifisch auf die Situation der Mieterhöhung zugeschnitten und könnten *leges specialis* zu den allgemeineren Schutzvorschriften der §§ 312 ff. darstellen.[1] Dieses Argument wäre allerdings nur überzeugend, wenn beide Normkomplexe ähnliche Schutzrichtungen verfolgten. Dies ist nicht der Fall. Während die §§ 558 ff. mietrechtlich unangemessene Vertragsinhalte verhindern wollen, bezwecken die §§ 312, 312b den Schutz der Verbraucherin vor einer Überrumpelung bei Vertragsschluss an ihrer Haustür. Vor einer solchen Überrumpelung schützt insbesondere die zweimonatige Überlegungsfrist des § 558b II 1 den Verbraucher nicht, da es sich dabei nicht um eine Mindestfrist handelt, sondern um eine Höchstfrist. Das Vorliegen eines Spezialverhältnisses ist mithin abzulehnen.[2]

Hinweis: Anders die Rechtsprechung des BGH zu Fernabsatzverträgen! Hier hält der BGH die §§ 312 ff. nicht für anwendbar.

2. Anwendungsvoraussetzungen des § 312 I

Es bleibt zu prüfen, ob die Voraussetzungen des § 312 I erfüllt sind, d.h. ob die Vereinbarung über die Mieterhöhung einen Verbrauchervertrag über eine entgeltliche Leistung eines Unternehmers darstellt.

---

1 So in der Tat LG Berlin, Urteil vom 14.9.2016 – 18 S 357/15, BeckRS 2016, 107760, Rn. 13 f.; ähnlich Schmidt-Futterer/*Blank*, Mietrecht, Vor § 535 Rn. 92 f.; anders hingegen bei Fernabsatzverträgen BGH NJW 2019, 303, 306, wo der BGH die §§ 312 ff. für nicht anwendbar hält.

2 BT-Drucksache 17/12637, S. 48; BGH NJW 2017, 2823 Rn. 12; BGH NJW 2019, 303 Rn. 26 mit Verweis auf BGH NJW 2017, 2823, 2824; BeckOK BGB/*Schüller*, BGB § 557 Rn. 12.

a) Verbrauchervertrag, §§ 312 I, 310 III

Demnach müsste zunächst ein Verbrauchervertrag gem. §§ 312 I, 310 III vorliegen, d.h. ein Vertrag zwischen einem Verbraucher und einem Unternehmer i.S.d. §§ 13, 14.

F hat den Vertrag zu Wohnzwecken geschlossen und ist somit Verbraucherin i.S.v. § 13.

Fraglich ist aber, ob E den Mietvertrag als Unternehmerin i.S.d. § 14, d.h. zu gewerblichen Zwecken, geschlossen hat. Entscheidend ist, ob die Vermietung der Mietshäuser für die E eine planmäßige und auf Dauer angelegte, wirtschaftlich selbstständige Tätigkeit unter Teilnahme am Wettbewerb darstellt. Für die E dient die Vermietung der in ihrem Eigentum stehenden Mietshäuser dem Zweck der Vermögensverwaltung, d.h. sie verfolgt damit grundsätzlich einen privatnützigen Zweck. Allerdings ist auch eine privatnützige Vermögensverwaltung als gewerbliche Tätigkeit einzustufen, sofern der mit der Vermögensverwaltung verbundene organisatorische und zeitliche Aufwand insgesamt einen planmäßigen Geschäftsbetrieb erfordert. Maßgeblich sind danach im Einzelfall Umfang, Komplexität und Anzahl der mit der Vermietung verbundenen Vorgänge.[3]

Vorliegend spricht einerseits der Umfang des mit der Vermögensverwaltung verbundenen Aufwands (10 Mietshäuser mit jeweils ca. 12 Wohneinheiten = ca. 120 Mietverträge), andererseits das Unterhalten eines eigenen Verwaltungsbüros für ein gewerbliches Ausmaß der Vermögensverwaltung. E agiert deshalb bei Abschluss des Mietvertrags als Unternehmerin i.S.v. § 14.

b) Zahlung eines Preises

Ferner müsste die Vereinbarung über die Mieterhöhung die Zahlung eines Preises durch F zum Gegenstand haben. Der Vertrag verpflichtet die F zu einer Erhöhung des von ihr geleisteten Mietzinses. Zwar wird mit dem Abschluss des Änderungsvertrags keine zusätzliche Leistung der E versprochen, diese bleibt weiterhin zur Überlassung der Wohnung verpflichtet. Doch ist eine solche zusätzliche Leistung nach dem Wortlaut des Gesetzes auch nicht erforderlich. Zudem folgt aus § 312 IV 2, dass die §§ 312 ff. auch auf Verträge Anwendung finden können, die nicht der Begründung, sondern der Änderung des Mietverhältnisses dienen (Mieterhöhung, Modernisierungs- und Erhaltungsmaßnahmen, Aufhebungsverträge). Schließlich besteht der Zweck des Widerrufsrechts bei außerhalb von Geschäftsräumen geschlossenen Verträgen unter anderem darin, einer Überrumpelung der Verbraucher entgegenzuwirken. Die Einbeziehung bestimmter Mietverträge in den Anwendungsbereich der §§ 312 ff. nach § 312 IV sollte nach dem Willen des Gesetzgebers gerade dem übereilten Abschluss von Mietänderungsverträgen vorbeugen.[4]

c) Keine Ausnahme nach § 312 II-VI

Schließlich sind die Besonderheiten für Wohnraummietverträge in § 312 IV zu beachten. Danach finden auf Wohnraummietverträge nur die in § 312 III Nr. 1-7 genannten Bestimmungen Anwendung, zu denen die Regelungen über das Widerrufsrecht zählen, vgl. § 312 III Nr. 6 und 7. Ausgenommen sind die Regelungen über das Widerrufsrecht

---

3 BGH NJW 2002, 368 ff.

4 BT-Drs. 17/12637, S. 24; *Hau*, NZM 2015, 435, 439 m.w.N. Zur früheren Rechtslage BGH NJW 2017, 2823, 2824.

zwar bei bestimmten Verträgen zur Begründung des Mietverhältnisses, § 312 IV 2, doch will F hier gerade nicht den ursprünglichen Mietvertrag, sondern die Mietänderungsvereinbarung widerrufen, so dass diese Ausnahme nicht einschlägig ist.

3. Vertragsschluss außerhalb von Geschäftsräumen, § 312b I 1 Nr. 1

Weitere Voraussetzung des Entstehens eines Widerrufsrechts nach § 312g I ist der Vertragsschluss in einer der besonderen Vertriebsformen der §§ 312b, 312c. Hier könnte ein außerhalb von Geschäftsräumen geschlossener Vertrag i.S.d. § 312b I 1 Nr. 1 vorliegen. Erforderlich wäre ein Vertragsschluss unter gleichzeitiger körperlicher Anwesenheit des Verbrauchers und des Unternehmers (oder dessen Vertreters, siehe § 312b I 2) an einem Ort, der kein Geschäftsraum des Unternehmers ist. Nach der Legaldefinition des § 312b II 1 Alt. 1 sind als Geschäftsräume unbewegliche Gewerberäume anzusehen, in denen der Unternehmer seine Tätigkeit dauerhaft ausübt. Die Mietänderungsvereinbarung wurde bei gleichzeitiger körperlicher Anwesenheit der F und des Vertreters der E in der Mietwohnung der F geschlossen. Diese Wohnung steht zwar im Eigentum der E, doch übt die E dort nicht dauerhaft ihre gewerbliche Tätigkeit aus, sondern hat die Wohnung der F zum Wohngebrauch überlassen. Der Vertrag wurde folglich außerhalb von Geschäftsräumen geschlossen.

4. Kein Ausschluss gem. § 312g II, III

Gemäß § 312g I steht der F deshalb ein Widerrufsrecht nach § 355 I 1 zu. Die Ausnahmetatbestände des § 312g II, III sind nicht einschlägig.

II. Wirksame Ausübung des Widerrufsrechts

F müsste das Widerrufsrecht zudem wirksam ausgeübt haben. **442**

1. Widerrufserklärung, § 355 I

Der Widerruf erfolgt durch form- und begründungslose, aber eindeutige Erklärung gegenüber dem Vertragspartner, § 355 I 2-4. Eine solche Erklärung hat F gegenüber der E durch ihre E-Mail vom 10. August abgegeben.

2. Innerhalb der Widerrufsfrist

Darüber hinaus müsste die F ihren Widerruf auch fristgerecht erklärt haben. Gemäß § 355 II 1 beträgt die Widerrufsfrist 14 Tage und beginnt nach § 355 II 2 regelmäßig mit Vertragsschluss (hier am 10. Februar). Doch beginnt der Fristlauf für den Widerruf nach § 356 III nicht vor der gemäß Art. 246a § 1 II EGBGB erforderlichen Unterrichtung des Verbrauchers über das Bestehen seines Widerrufsrechts. Laut Sachverhalt ist eine solche Belehrung der F unterblieben, weshalb die Widerrufsfrist noch nicht in Gang gesetzt wurde.

3. Widerrufsrecht nicht erloschen, § 356 IV

Allerdings kommt ein vorzeitiges Erlöschen des Widerrufsrechts nach § 356 IV Nr. 2 in Betracht. Da F einen Preis für die Leistung gezahlt hat, wäre zunächst erforderlich, dass der Unternehmer die Dienstleistung bereits vollständig erbracht hat. Dazu müsste es sich bei der Mietänderungsvereinbarung zwischen F und E um eine Dienstleistung handeln. Da die §§ 312 ff. der Umsetzung der Verbraucherrechte-Richtlinie der Europäischen

Union dienen, ist der Begriff der Dienstleistung richtlinienkonform auszulegen. Bei einer Dienstleistung handelt es sich danach um das Erbringen einer Tätigkeit gegen Entgelt, wozu auch die Gebrauchsüberlassung an einer Sache zählt.

Allerdings ist bereits zweifelhaft, ob E die ihr geschuldete Leistung vollständig i.S.d. § 356 IV Nr. 2 erbracht hat. Denn die von E geschuldete Leistung – die Gebrauchsüberlassung an der Wohnung – ist fortlaufend zu erbringen. Darüber hinaus wäre für ein Erlöschen des Widerrufsrechts erforderlich, dass E mit der Leistungserbringung mit ausdrücklicher Zustimmung der F begonnen, die Zustimmung auf einem dauerhaften Datenträger übermittelt und F gleichzeitig ihre Kenntnis von dem daraus resultierenden Verlust des Widerrufsrechts bestätigt hätte. Da F überhaupt nicht über das Bestehen ihres Widerrufsrechts belehrt wurde, fehlt es an dieser Voraussetzung. Das Widerrufsrecht ist somit nicht vorzeitig nach § 356 IV Nr. 2 erloschen.

4. Absolute Ausschlussfrist, § 356 III 2

Angesichts der Tatsache, dass am 10. August erst sechs Monate seit Abschluss des Mietänderungsvertrags vom 10. Februar vergangen sind, ist auch die absolute Ausschlussfrist von 12 Monaten und 14 Tagen gemäß § 356 III 2 nicht überschritten.

Ergebnis

443 F hat die Mieterhöhungsvereinbarung somit wirksam widerrufen. Ihr steht gegen E ein Rückzahlungsanspruch i.H.v. 600 € aus § 355 III 1 i.V.m. § 357 I zu.

Frage 2 Ansprüche der E gegen F

444 Fraglich ist, ob die E ihrerseits Ansprüche gegen die F geltend machen kann.

I. Wertersatzanspruch aus § 357a II

445 In Betracht kommt zunächst ein Anspruch auf Wertersatz aus § 357a II. Danach schuldet der Verbraucher nach erfolgtem Widerruf dem Unternehmer Wertersatz für die bis zum Widerruf erbrachte Dienstleistung, wenn der Verbraucher von dem Unternehmer ausdrücklich verlangt hat, dass dieser mit der Leistung vor Ablauf der Widerrufsfrist beginnt und der Unternehmer den Verbraucher ordnungsgemäß über das Bestehen des Widerrufsrechts belehrt hat. Da die E der F keine Widerrufsbelehrung erteilt hat, scheidet ein Anspruch auf Wertersatz aus.[5]

II. Weitere Ansprüche der E gegen F infolge des Widerrufs

446 Weitere Ansprüche der E gegen F infolge des Widerrufs sind gemäß § 361 I ausgeschlossen.

5 Zum Widerruf einer außerhalb von Geschäftsräumen geschlossenen Modernisierungsvereinbarung BGH NJW 2017, 2823, 2824 f.

III. Anspruch auf Mieterhöhung aus § 558 I

Schließlich könnte der E gegen F ein Anspruch auf Zustimmung zur Mieterhöhung bis zur ortsüblichen Vergleichsmiete aus § 558 I zustehen. Insofern fehlt es allerdings an Anhaltspunkten im Sachverhalt für das Vorliegen der Voraussetzungen der §§ 558, 558a. **447**

Aufgabe 2

Frage 3 Anspruch der F gegen E auf Rückerstattung der Kaution aus der Sicherungsabrede

I. Anspruch entstanden

Ein Anspruch der F gegen E auf Rückerstattung der Mietkaution i.H.v. 1.200 € könnte sich aus der Sicherungsabrede in § 8 Mietvertrag ergeben. Mit Leistung der Sicherheit erwirbt der Mieter einen aufschiebend bedingten Anspruch auf Rückgewähr der Kaution, wobei die Bedingung in der Rückgabe der Mietsache liegt.[6] **448**

1. Wirksame Vereinbarung der Mietsicherheit

Voraussetzung für das Entstehen eines Rückgewähranspruchs wäre deshalb zunächst die wirksame Einbeziehung der Klausel in den Mietvertrag. Sofern es sich bei der Klausel um eine Allgemeine Geschäftsbedingung handelt, richtet sich ihre Einbeziehung nach den §§ 305 ff.

a) Anwendungsbereich der §§ 305 ff.

Zu prüfen gilt es daher zunächst, ob § 8 Mietvertrag der AGB-Kontrolle gem. §§ 305 ff. unterliegt. Dies ist nach § 305 I der Fall, wenn die Vertragsbedingung für eine Vielzahl von Verträgen vorformuliert und von einer Vertragsseite der anderen gestellt wurde, ohne dass ein Aushandeln im Einzelnen vorliegt. Die Klausel trifft eine Regelung zum Inhalt des Mietverhältnisses und war laut Sachverhalt Teil eines Standardvertragswerks, welches vom Hausbesitzerverein formuliert wurde und im Handel erhältlich war, d.h. für eine Vielzahl von Verträgen vorformuliert wurde. Nicht erforderlich ist eine selbständige Vorformulierung durch E. Vielmehr ist es ausreichend, wenn sie die vorformulierten Vertragsbedingungen gestellt hat, d.h. wenn E die Bedingung der F einseitig auferlegt hat. Dies war hier der Fall. Der Sachverhalt enthält auch keine Hinweise auf ein Aushandeln im Einzelfall, denn hierfür müsste E die betreffende Klausel ernsthaft zur Disposition gestellt haben.

Da es sich bei § 8 Mietvertrag somit um eine Allgemeine Geschäftsbedingung handelt und keine der Ausnahmen des § 310 II, IV einschlägig ist, bestehen für die Klausel besondere Einbeziehungs- und Wirksamkeitsvoraussetzungen nach §§ 305 ff.

b) Wirksame Einbeziehung nach §§ 305 II, 305c I

Zunächst müsste § 8 Mietvertrag wirksam in den Vertrag einbezogen worden sein. Da die Klausel gegenüber der F als Verbraucherin verwendet wird und § 310 I 1 folglich

6 BGH NZM 1999, 496 ff.; *Blank/Börstinghaus/Siegmund/Börstinghaus*, § 551 Rn. 109.

nicht eingreift, richtet sich die Einbeziehung in den Vertrag nach § 305 II. Danach muss der Verwender die andere Vertragspartei bei Vertragsschluss ausdrücklich auf die intendierte Einbeziehung der AGB hinweisen und ihr eine zumutbare Möglichkeit der Kenntnisnahme verschaffen. Schließlich bedarf es des Einverständnisses der anderen Partei mit der Geltung der AGB.

Ob der Mietvertrag einen ausdrücklichen Hinweis auf die intendierte Einbeziehung der AGB enthielt, lässt sich dem Sachverhalt nicht entnehmen. Der gesamte Vertrag ist jedoch in einem einheitlichen Formular enthalten. Bei einem solchen Formularvertrag ist der nach § 305 II Nr. 1 grundsätzlich erforderliche Hinweis entbehrlich, da alle Vertragsklauseln in ein einheitliches Dokument aufgenommen sind und der Einbeziehungswille auf diesem Wege verdeutlicht wird. Auch eine zumutbare Möglichkeit der Kenntnisnahme wurde F dadurch eröffnet, und die F hat mit der Unterzeichnung auf der letzten Seite des Formulars ihr Einverständnis mit der Geltung der AGB erklärt. Schließlich ist die Klausel nicht überraschend i.S.d. § 305c I.

c) Inhaltliche Wirksamkeit der Klausel nach § 551 I

Die inhaltliche Wirksamkeit der Klausel ist zunächst anhand von § 551 I zu bemessen. Aus dieser Bestimmung ergibt sich implizit, dass Vermieter und Mieter eine Mietkaution vereinbaren können. Deren Höhe ist auf das dreifache der Monatsmiete begrenzt. Diese Grenze wird durch die Vereinbarung einer Mietsicherung von 3.000 € bei einer Kaltmiete von 1.000 € vorliegend eingehalten. § 8 Mietvertrag hält zudem der Inhaltskontrolle der §§ 307 ff. stand, denn es sind keine Gründe ersichtlich, weshalb die Klausel die Mieterin entgegen den Geboten von Treu und Glauben benachteiligen sollte.

2. Eintritt der aufschiebenden Bedingung des Mietendes, § 158 I

Mit der Rückgabe der Mietsache ist die aufschiebende Bedingung für das Entstehen des Rückgewähranspruchs eingetreten. Der Anspruch auf Rückgewähr von 3.000 € plus Zinsen ist folglich entstanden, § 158 I.

3. Fälligkeit

Mit Vornahme der Abrechnung der E ist der Rückgewähranspruch auch fällig geworden.

II. Anspruch erloschen

449 Der Anspruch auf Rückgewähr der Mietkaution könnte jedoch erloschen sein.

1. Teilweise Erfüllung durch Rückzahlung i.H.v. 1.600 € zzgl. Zinsen, § 362 I

Laut Sachverhalt hat E der F einen Betrag von 1.600 € zuzüglich Zinsen zurückerstattet. Insoweit ist der Anspruch durch Erfüllung gemäß § 362 I erloschen.

2. Teilweises Erlöschen durch Aufrechnung, § 389

Im Weiteren könnte der Rückgewähranspruch durch Aufrechnung erloschen sein, vgl. § 389. Dies wäre der Fall, wenn eine Aufrechnungslage i.S.d. § 387 bestünde und E die Aufrechnung nach § 388 erklärt hätte.

Eine Aufrechnungslage besteht, wenn sich gegenseitige und gleichartige Forderungen der Parteien gegenüberstehen, wobei die Gegenforderung fällig und durchsetzbar, die Hauptforderung erfüllbar sein muss. Fraglich ist zunächst, ob der E eine Gegenforderung gegenüber F zusteht.

a) Gegenforderung der E i.H.v. 200 € bzgl. der Nebenkosten

Hinsichtlich der Nebenkosten i.H.v. 200 € ist dies zwischen den Parteien nicht streitig.

b) Gegenforderung der E gegen F i.H.v. 1.200 € bzgl. der Malerkosten aus §§ 280 I, III, 281

Zu prüfen bleibt allerdings, ob der E gegen F auch ein Anspruch auf Ersatz der Malerkosten zusteht. Ein solcher Anspruch könnte sich aus § 280 I, III, 281 ergeben, wenn F ihre aus § 9 S. 3 Mietvertrag resultierende Pflicht, die Wohnung zu streichen, nicht erfüllt hätte.

Voraussetzung wäre allerdings, dass diese Pflicht wirksam begründet wurde. Wie oben bereits festgestellt wurde, handelt es sich bei den Klauseln des Mietvertrags um AGB, die in den Vertrag nach § 305 II einbezogen wurden. Es bleibt zu prüfen, ob § 9 Mietvertrag der Inhaltskontrolle nach den §§ 307 ff. standhält. Die Inhaltskontrolle ist eröffnet, weil die Klausel, welche Schönheitsreparaturen auf den Mieter abwälzt, von der gesetzlichen Regelung der §§ 535 I 2, 538 abweicht, welche die Pflicht zum Erhalt der Mietsache dem Vermieter auferlegt.

aa) Überwälzung von Schönheitsreparaturen grds. nach § 307 zulässig

Zunächst stellt sich die Frage, ob eine Überwälzung der Pflicht zur Ausführung von Schönheitsreparaturen auf den Mieter, wie dies § 9 S. 2 AGB vorsieht, wirksam ist. Denn die Klausel weicht deutlich vom gesetzlichen Leitbild der §§ 535 I 2, 538 ab, wonach Verschlechterungen, die durch den vertragsgemäßen Gebrauch der Mietsache entstehen, vom Vermieter zu tragen sind, und könnte deshalb eine unangemessene Benachteiligung i.S.d. § 307 II Nr. 1 darstellen. Insoweit ist allerdings zu berücksichtigen, dass das Abwälzen von Schönheitsreparaturen auf den Mieter nicht nur den Interessen des Vermieters dient, sondern auch die Interessen des Mieters berücksichtigt. Würden Schönheitsreparaturen stets durch vom Vermieter beauftragte Fachhandwerker durchgeführt, wäre mit einer Umlage durch die Vermieter auf den Mietzins und steigenden Mietpreisen zu rechnen. Vor diesem Hintergrund entspricht das Abwälzen von Schönheitsreparaturen per se der Verkehrssitte und stellt keine gegen Treu und Glauben verstoßende Benachteiligung des Mieters dar.[7]

bb) Fachhandwerkerklausel in § 9 S. 2 Mietvertrag unwirksam

Allerdings beschränkt sich § 9 des Mietvertrags nicht darauf, die Schönheitsreparaturen auf die Mieterin abzuwälzen, sondern hält auch fest, die Mieterin habe diese Reparaturen „durchführen zu lassen". Hierunter könnte verstanden werden, dass die Mieterin die Schönheitsreparaturen von einem Fachhandwerker, d.h. einem Maler vornehmen lassen muss und daran gehindert ist, selbst zu streichen. Fraglich ist zunächst, wie die Klausel auszulegen ist. Grundsätzlich sind Allgemeine Geschäftsbedingungen objektiv unter Berücksichtigung des angesprochenen Adressatenkreises auszulegen. Ergeben sich

7 St. Rspr., mit Einschränkung für völlig unrenovierte Wohnungen, siehe etwa BGH NJW 2015, 1594.

danach mehrere in Betracht kommende Inhalte, so gehen die Zweifel bei der Auslegung nach § 305c II zu Lasten des Verwenders. Dies bedeutet, dass zunächst zu untersuchen ist, ob alle in Betracht kommenden Auslegungsvarianten der Inhaltskontrolle standhalten. Sollte dies nicht der Fall sein, ist diejenige Interpretation heranzuziehen, welche zur Unwirksamkeit der Klausel führt.

Eine objektive Auslegung von § 9 S. 2 Mietvertrag unter Berücksichtigung des Adressatenkreises eines durchschnittlichen Mieters lässt einerseits die Interpretation zu, dass die Mieter die Schönheitsreparaturen entweder selbst durchzuführen haben oder durch Dritte durchführen lassen müssen. Da die Klausel die Option der Eigenleistung nicht explizit benennt, ist andererseits auch eine Interpretation dergestalt möglich, dass die Schönheitsreparaturen nur durch Dritte durchgeführt werden dürfen, wobei sodann eine Fachfirma zu beauftragen wäre.

Es stellt sich die Frage, ob die Verpflichtung zur Beauftragung einer Fachfirma wirksam vereinbart werden kann oder die Mieterin i.S.d. § 307 I 1 entgegen den Geboten von Treu und Glauben unangemessen benachteiligt. Hierbei ist zu berücksichtigen, dass eine Fachhandwerkerklausel dem Mieter mehr aufbürden würde, als § 535 I 2 dem Vermieter selbst abverlangt. Bei der Instandhaltung der Mietwohnung ist der Vermieter selbst nur zu einer fachgerechten Ausführung in mittlerer Art und Güte verpflichtet (vgl. § 243 I), d.h. er ist nicht gehalten, Reparaturen zwingend durch einen Fachhandwerker durchführen zu lassen. Es benachteiligt den Mieter entgegen den Geboten von Treu und Glauben, wenn der Vermieter nicht nur die Pflicht zur Vornahme von Schönheitsreparaturen auf den Mieter abwälzt, sondern den Mieter darüber hinaus zu einer besonders kostenträchtigen Form der Reparatur verpflichtet. Hierbei ist zu berücksichtigen, dass nach dem oben Gesagten die formularmäßige Überwälzung der Schönheitsreparaturen auch den Interessen des Mieters dient. Dies ist bei einer Fachhandwerkerklausel jedoch nicht der Fall, da dem Mieter die Möglichkeit der kostensparenden Eigenleistung verwehrt ist und zudem der Umfang der bei Vertragsschluss übernommenen Pflichten kaum überschaubar ist.[8]

Da diese Auslegung der Klausel nach § 307 I 1 zur Unwirksamkeit von § 9 S. 2 Mietvertrag führt, ist sie nach § 305c II der Auslegung zu Grunde zu legen.

cc) Farbwahlklausel in § 9 S. 3 ebenfalls unwirksam

Unwirksam könnte auch die Maßgabe des § 9 S. 3 sein, dass die Wände in Weiß zu streichen sind. Nach § 307 I 1 sind bei der Beurteilung, ob eine Vertragsklausel eine Vertragspartei nach Treu und Glauben unangemessen benachteiligt, die beiderseitigen Interessen der Vertragsparteien zu berücksichtigen. Verständlicherweise wird die Vermieterin E an einer Farbgebung in den Mieträumlichkeiten interessiert sein, die nach Beendigung des Mietverhältnisses für eine Vielzahl von Mietinteressenten akzeptabel ist. Andererseits könnte sich ein kostenbewusster Mieter durch eine Verpflichtung zur Übergabe der Wände in weißer Farbe daran gehindert sehen, noch während des Mietverhältnisses eine Wandfarbe in anderen dezenten Tönen zu streichen. Ein angemessener Ausgleich zwischen diesen Interessen ist durch eine Klausel möglich, die helle, neutrale Farbtöne für den Auszugszeitpunkt vorgibt. Eine auf den Farbton weiß beschränkte

8 BGH NJW 2010, 2877 ff.; für Gewerberaummietverträge s. BGH NJW 2011, 1011.

Farbwahlklausel kann dagegen in Situationen, in denen der Mieter beispielsweise eine Cremefarbe präferiert, zu einer unbedingten und mithin unzulässigen Endrenovierung führen und benachteiligt den Mieter daher unangemessen.[9]

dd) Rechtsfolge

Es bleibt zu prüfen, welche Folge die Unwirksamkeit von § 9 S. 2 und 3 Mietvertrag hat. Aufgrund des Verbots der geltungserhaltenden Reduktion verbietet sich eine Auslegung der Klausel, welche diese mit ihrem gerade noch zulässigen Inhalt bestehen lässt. Ist allerdings eine Klausel sprachlich und inhaltlich teilbar, so ist es möglich, allein den unzulässigen Teil der Klausel zu streichen (sogenannter *blue pencil*-Test). Hier würde ein Streichen der Sätze 2 und 3 der Klausel die Sinnhaftigkeit der generellen Renovierungspflicht in Satz 1 der Klausel nicht beeinträchtigen, d.h. die Sätze sind sprachlich teilbar. Dabei darf aber nicht verkannt werden, dass die Sätze 2 und 3 die in Satz 1 begründete Renovierungspflicht inhaltlich ausgestalten. Es fehlt folglich an der inhaltlichen Teilbarkeit der Regelungen. Darüber hinaus führen die nachteiligen Regelungen in Satz 2 und 3 zu einem Summierungseffekt, der eine generelle Außerachtlassung der Interessen des Mieters erkennen lässt. Dies führt dazu, dass auch der – an sich nicht zu beanstandende – § 9 S. 1 Mietvertrag unwirksam ist.

Nach § 306 II bleibt es somit bei der gesetzlichen Instandsetzungspflicht der E gemäß §§ 535 I 2, 538, und ein Anspruch der E gegen F auf Schadensersatz wegen der Malerkosten aus §§ 280 I, III, 281 scheidet aus.

c) Weitere Voraussetzungen der Aufrechnung

Eine Gegenforderung der E besteht somit nur mit Blick auf die geltend gemachten Nebenkosten. Dieser Anspruch ist ebenso wie der Rückerstattungsanspruch der F auf Geld gerichtet und folglich gleichartig. Außerdem ist der Anspruch der E fällig und durchsetzbar, der Anspruch der F erfüllbar. Mit der von ihr vorgenommenen Abrechnung und Verrechnung hat E zudem konkludent die Aufrechnung erklärt.

Ergebnis

Somit ist der Anspruch der F auf Rückzahlung der Mietkaution nur i.H.v. 200 € nach 450
§ 389 erloschen und F kann von E Rückzahlung der Kaution i.H.v. 1.200 € aus der Sicherungsabrede in § 8 Mietvertrag verlangen.

Hinweis: Ein Anspruch aus § 812 I 2 Alt. 1 *(condictio ob causam finitam)* besteht nicht, weil die Sicherungsabrede auch nach Kündigung des Mietvertrags einen wirksamen Rechtsgrund für das Behaltendürfen der Kaution darstellt. Ziel der Kaution ist es u.a., nach Beendigung des Mietverhältnisses entstehende bzw. erkennbare Kosten abzudecken.

9 BGH NJW 2010, 2877 ff.

Frage 4

A. Anspruch der F gegen E auf Zahlung von 200 € aus §§ 280 I, 241 II, 311 II Nr. 1

451 F könnte ein Anspruch gegen E auf Zahlung von 200 € für die Kosten der Fensterreparatur aus *culpa in contrahendo* zustehen, wenn F aufgrund der vorvertraglichen Verletzung einer Rücksichtnahmepflicht durch E ein Schaden entstanden wäre.

I. Anspruch entstanden

452 1. Pflichtverletzung aus einem vorvertraglichen Schuldverhältnis

Im Zuge der vorvertraglichen Verhandlungen hat E der F den Mietvertrag samt der Kleinreparaturklausel in § 10 unterbreitet. Sollte es sich bei § 10 Mietvertrag um eine unwirksame Klausel handeln, könnte E eine Rücksichtnahmepflicht aus dem vorvertraglichen Schuldverhältnis nach § 311 II Nr. 1 verletzt haben.

Die verschuldensunabhängige Überwälzung von Kleinreparaturen in § 10 Mietvertrag weicht von der gesetzlichen Regelung der §§ 535 I 2, 538 ab, wonach der Vermieter zur Instandhaltung der Mietsache verpflichtet ist. Die Inhaltskontrolle der Klausel ist folglich eröffnet. Fraglich ist, ob diese Abweichung von den gesetzlichen Vorschriften eine unangemessene Benachteiligung der F bedeutet. Ebenso wie eine Schönheitsreparaturklausel stellt auch eine Kleinreparaturklausel nicht per se eine unangemessene Benachteiligung des Mieters dar, weil die Interessen des Mieters durch Vorteile bei der Mietpreiskalkulation und die Vermeidung von Streitigkeiten über die Verursachung von Schäden an der Mietwohnung Berücksichtigung finden. Die Überwälzung von Kleinreparaturen auf den Mieter hat jedoch gewisse Grenzen.

a) Jahreshöchstgrenze

Eine unangemessene Benachteiligung des Mieters kann etwa dann entstehen, wenn die Gesamtsumme potentieller Reparaturen keiner oder einer unangemessen hohen Jahreshöchstgrenze unterliegt. Diskutiert wird eine Spannweite von 6 bis 10% der Jahresmiete.[10] Die in § 10 Mietvertrag festgelegte Jahreshöchstgrenze von 300 € liegt bei einer Jahresmiete von 12.000 € freilich deutlich unter dieser Grenze. Die Klausel ist insoweit unbedenklich.

b) Einzelfallhöchstgrenze

Für den einzelnen Reparaturfall benennt § 10 Mietvertrag allerdings keine Höchstgrenze. Zwar mag der Begriff „Kleinreparatur" eine gewisse Größenordnung vorgeben, diese ist jedoch höchst vage. Da die Klausel dem einzelnen Mieter nicht verdeutlicht, ob er im Einzelfall zur Übernahme der Reparaturkosten verpflichtet ist, verstößt § 10 Mietvertrag insoweit gegen das Transparenzgebot des § 307 I 2.[11]

Hinweis: Die zulässige Obergrenze für den Einzelfall wird bei ca. 100-120 € gezogen.[12]

---

10 Ausführlich dazu BeckOK Mietrecht/*Specht*, § 535 Rn. 4430 f.

11 BGH NJW 1989, 2247, 2249 f.

12 BeckOK Mietrecht/*Specht*, § 535 Rn. 4429 mit Übersicht zur Rspr.

c) Begrenzung auf Gegenstände des häufigen Mieterzugriffs

Die verschuldensunabhängige Überwälzung von Kleinreparaturen auf den Mieter wird u.a. mit dem Gedanken gerechtfertigt, dass eine solche Klausel Streit zwischen Mieter und Vermieter über die Verantwortung für relativ kleine Schäden an der Mietsache vermeidet. Vor diesem Hintergrund stellt eine solche Klausel nach Treu und Glauben nur dann keine unangemessene Benachteiligung des Mieters dar, wenn sie sich auf Schäden an Gegenständen beschränkt, die dem häufigen Zugriff des Mieters ausgesetzt sind und deren Lebensdauer der Mieter durch eine sorgsame Behandlung beeinflussen kann. Eine solche Einschränkung enthält § 10 Mietvertrag allerdings nicht. Auch aus diesem Grund ist die Kleinreparaturklausel unwirksam.

Hinweis: Gegenstände die dem häufigen Zugriff unterliegen sind bspw. Heiz- und Kocheinrichtungen, Fenster- und Türverschlüsse, Installationsgegenstände für Elektrizität, Wasser und Gas. Nicht umfasst sind: Fensterscheiben, Dichtungen, Beleuchtungskörper und Leitungen.

§ 10 Mietvertrag ist folglich unwirksam, und durch Aufnahme dieser nichtigen Klausel in den Mietvertrag hat E gegen ihre Pflicht verstoßen, bereits vor Vertragsschluss auf die Rechte und Rechtsgüter der F Rücksicht zu nehmen, §§ 311 II Nr. 1, 241 II.

2. Vertretenmüssen

E hat die Pflichtverletzung auch zu vertreten. Anhaltspunkte für eine Widerlegung der Vermutung des § 280 I 2, insbesondere für einen unverschuldeten Rechtsirrtum, bestehen nicht.

3. Schaden i.H.v. 200 €

Aufgrund der unwirksamen Klausel war F der Auffassung, zur Übernahme der Reparaturkosten i.H.v. 200 € verpflichtet zu sein. Ein Anspruch der F gegen E auf Zahlung von Schadensersatz aus §§ 280 I, 241 II, 311 II Nr. 1 ist somit entstanden.

II. Anspruch durchsetzbar

Fraglich ist allerdings, ob der Anspruch durchsetzbar ist, denn E hat die Einrede der **453**
Verjährung erhoben, § 214 I. Grundsätzlich unterliegt ein Anspruch aus *culpa in contrahendo* der Regelverjährung. Doch könnte hier ausnahmsweise die kurze Verjährungsfrist des Mietrechts gemäß § 548 II Anwendung finden. Ziel der kurzen Verjährung des § 548 II ist es, eine möglichst schnelle Klärung wechselseitiger Ansprüche nach Beendigung des Mietverhältnisses herbeizuführen. Diesem Ziel würde es entgegenstehen, wenn der Mieter Ersatz für vermögenswerte Maßnahmen, die den Bestand des Mietobjekts erhalten, wiederherstellen oder verbessern, auf Basis der *culpa in contrahendo* weiterhin innerhalb der dreijährigen Regelverjährung begehren könnte. Nach Auffassung des BGH verjähren deshalb sämtliche Ansprüche, die dem Mieter aufgrund einer irrtümlich angenommenen Pflicht zur Reparatur der Mietsache zustehen, nach § 548 II.[13] Diese

13 BGH NJW 2011, 1866 f.; aA *Wiek*, WuM 2010, 535, 537.

Auffassung ist nicht ganz unbedenklich, denn der Schadensersatzanspruch aus c.i.c. knüpft an die Verletzung der Entscheidungsfreiheit des Mieters an, nicht an die Vornahme von Aufwendungen.

Folgt man allerdings der Auffassung des BGH, so stellt das Ende des Mietverhältnisses am 28.6.2022 das fristauslösende Ereignis dar und die am 29.6.2022 begonnene Verjährungsfrist ist am 28.12.2022 abgelaufen, §§ 187 I, 188 I, II. Anfang 2019 ist der Anspruch der F gegen E folglich verjährt.

B. Anspruch der F gegen E auf Zahlung von 200 € aus §§ 677, 683 S. 1, 670

454 Auch ein Anspruch der F gegen E aus Geschäftsführung ohne Auftrag kommt in Betracht. Dafür müsste zunächst ein fremdes Geschäft vorliegen, § 677. F wollte vorliegend allerdings ein eigenes Geschäft führen, da sie sich zur Übernahme der Reparatur verpflichtet glaubte. Hierbei gilt es zu beachten, dass derartige Reparaturklauseln Entgeltcharakter haben und die Durchführung der Reparatur als Teil der Mietpreiszahlung anzusehen ist. Auch wenn die Reparaturklausel – wie vorliegend – unwirksam ist, handelt es sich deshalb allenfalls um die rechtsgrundlose Zahlung eines Entgelts (gleichzustellen mit der Überzahlung von Miete). Dementsprechend liegt nur ein Tätigwerden im eigenen Vermögensinteresse und Pflichtenkreis vor (aA vertretbar).[14] Ein Anspruch aus GoA besteht damit nicht.

C. Anspruch der F gegen E auf Zahlung von 200 € aus § 812 I 1 Alt. 1

I. Anspruch entstanden

455 F könnte gegen E schließlich einen Anspruch auf Rückzahlung der 200 € aus § 812 I 1 Alt. 1 haben, wenn E durch Leistung der F etwas ohne rechtlichen Grund erlangt hätte. E hat durch die Reparatur ihres Eigentums einen vermögenswerten Vorteil erlangt. Dies geschah auch durch Leistung der F, denn F wollte mit der Reparatur bewusst und zweckgerichtet das Vermögen der E mehren. Aufgrund der Unwirksamkeit von § 10 Mietvertrag fehlt es an einem rechtlichen Grund für diese Leistung. Ein Anspruch der F gegen E aus § 812 I 1 Alt. 1 ist somit entstanden. Er ist nach § 818 II auf Wertersatz gerichtet, da die Reparatur nicht in natura herausgegeben werden kann.

II. Anspruch durchsetzbar

456 Auch hier ist zu prüfen, ob der Anspruch nach § 214 I i.V.m. § 548 II verjährt ist. Die Rechtsprechung geht davon aus, dass § 548 II nach ihrem Sinn und Zweck auch auf

14 St. Rspr. vgl. BGH NJW 2009, 2590, 2951 f. m.w.N.

Bereicherungsansprüche Anwendung findet, die dem Mieter aufgrund während der Mietzeit getätigter Reparaturen zustehen (aA gut vertretbar).[15] Damit ist der Anspruch der F gegen E aus § 812 I 1 Alt. 1 ebenfalls verjährt.

Ergebnis

Zwar hat F gegen E Ansprüche auf Zahlung der Reparaturkosten sowohl aus §§ 280 I, 241 II, 311 II als auch aus § 812 I 1 Alt. 1, doch sind diese Ansprüche aufgrund von Verjährung nicht durchsetzbar. **457**

15 St. Rspr. vgl. BGH NJW 2009, 2590, 2951 f. m.w.N.

Klausur 4:

Sweet Dreams

458 **Aufgabe 1**

V ist soeben in eine neu erworbene Villa gezogen und deshalb auf der Suche nach einem Wasserbett für das Gästezimmer. Bei einer Internet-Recherche stößt V auf die Homepage des U, der neben seinem Webshop auch ein Ladengeschäft in der Nähe von Vs Wohnort betreibt. Da V mit der Vielzahl der online angebotenen Modelle überfordert ist, besucht er am Samstag, den 23. Juni das Ladengeschäft des U. Dort empfiehlt ihm ein Angestellter des U das Modell *Dreamzone plus* zum Preis von 1.550 €. V liegt auf dem Bett Probe, entscheidet sich aber, über dieses Angebot lieber noch eine Nacht zu schlafen, zumal der Angestellte des U ihm keinen Rabatt anbietet. Am Montag, den 25. Juni, bestellt V über die Webseite des U das Wasserbett *Ultra Comfort* zum Preis von 1.200 €, weil er für das Gästebett doch nicht so viel Geld ausgeben möchte. U bestätigt den Eingang der Bestellung per E-Mail noch am selben Tag und kündigt die Lieferung des Bettes für Samstag, den 30. Juni, an. Außerdem enthält die E-Mail den folgenden, deutlich gestalteten Hinweis:

Widerrufsbelehrung

Sie haben das Recht, binnen vierzehn Tagen ohne Angabe von Gründen diesen Vertrag zu widerrufen. Die Widerrufsfrist beträgt vierzehn Tage ab dem Tag an dem Sie oder ein von Ihnen benannter Dritter, der nicht der Beförderer ist, die Waren in Besitz genommen haben. Um Ihr Widerrufsrecht auszuüben, müssen Sie uns mittels einer eindeutigen Erklärung über Ihren Entschluss, diesen Vertrag zu widerrufen, informieren. Zur Wahrung der Widerrufsfrist reicht es aus, dass Sie die Mitteilung über die Ausübung des Widerrufsrechts vor Ablauf der Widerrufsfrist absenden. Im Falle des Widerrufs setzen Sie sich bitte mit uns wegen der Abholung der Ware in Verbindung.

U liefert das Bett wie angekündigt am Samstag, den 30. Juni, aus. V stellt das Bett auf, befüllt es mit Wasser und liegt zufrieden Probe. Auch der erste Gast schläft bereits für zwei Nächte auf dem Bett.

Am Sonntag, den 15. Juli besucht V die *Bäderwelten*, eine Ausstellungs- und Verkaufsmesse für Sanitärbedarf, weil auch das Gäste-Bad noch der Einrichtung bedarf. Zu Vs Überraschung gibt es auf der Messe einen gut erkennbaren Verkaufsstand mit Wasserbetten der W. Die W vertreibt ihre Wasserbetten einerseits über ihre fünf Filialen in verschiedenen deutschen Städten, andererseits ist sie regelmäßig deutschlandweit auf größeren Messen vertreten. V kommt mit dem Mitarbeiter M der W ins Gespräch, liegt auf diversen Wasserbetten Probe und erhält schließlich das Angebot, eines der Ausstellungsbetten zum Kaufpreis von 650 € zu erwerben. Da sich V erinnert, dass er von U über das Bestehen eines Widerrufsrechts informiert wurde, beschließt er, auf das Angebot des M einzugehen. Es wird vereinbart, dass M das Bett nach Messebeendigung bei V anliefert.

Noch in derselben Nacht, genauer gesagt um 1 Uhr morgens am Montag, 16. Juli, sendet V dem U eine E-Mail, in der er erklärt, er widerrufe den Vertrag und bitte um Abholung des Bettes. U liest die Nachricht nach Geschäftsöffnung und schreibt ebenfalls per E-Mail zurück: Für einen Widerruf sei es nunmehr zu spät. Zudem weise er für den Fall, dass V das Bett bereits mit Wasser befüllt habe, darauf hin, dass das Bett durch das Befüllen mit Wasser einen deutlichen Wertverlust erlitten habe. Selbst wenn ein Widerruf zulässig sei, könne man den Kaufpreis nur mit einem Abschlag von 30% zurückerstatten, da das Wasserbett als gebraucht anzusehen und – was zutrifft – nunmehr nur noch mit einem Abschlag von 30% verkäuflich sei. Außerdem habe V in diesem Falle die Kosten der Abholung i.H.v. 30 € zu tragen.

V war davon ausgegangen, sich problemlos von dem Vertrag mit U lösen zu können und ist deshalb über die E-Mail des U erschrocken. Als am selben Nachmittag M klingelt, um das Ausstellungsbett anzuliefern, beantwortet V deshalb nur die Fernsprechanlage und teilt dem M mit, dass er kein Interesse mehr an dem Wasserbett habe. Der verdutzte M klingelt noch ein zweites Mal und fährt, nachdem V die Tür nicht öffnet, mit dem Wasserbett davon. Eine Woche später findet V einen Brief der W im Briefkasten, in dem diese Zahlung von 650 € plus eine Fahrtkostenpauschale von 30 € für die vergebliche Anfahrt zu V fordert.

Frage 1: Hat V einen Anspruch auf Rückzahlung des Kaufpreises gegen U?

Frage 2: Stehen W Ansprüche gegen V zu?

Aufgabe 2

V ist immer noch auf der Suche nach einem Toilettensitz für das Gäste-Bad. Er informiert sich im Internet über verschiedene Modelle und bestellt schließlich am Donnerstag, den 30. Juli, einen Toilettensitz im Online-Shop der T-GmbH. Die T hat nämlich nicht nur eine große Auswahl von Toilettensitzen unterschiedlicher Markenhersteller im Angebot. Der Kunde hat im Zuge des Bestellprozesses auch die Wahl, jeden WC-Sitz in vier Varianten zu bestellen: entweder ohne Beschichtung oder mit drei unterschiedlichen „Nano-Beschichtungen", die von der T erst nach der Kundenbestellung aufgetragen werden. V entscheidet sich für einen Toilettensitz der Marke Duravit mit der Beschichtung „Nano Exclusive antibakteriell und selbstreinigend" zum reduzierten Gesamtpreis von 355 € (Originalpreis: 545 €) zuzüglich 6,95 € Versandkosten. Sowohl im Rahmen des Bestellprozesses als auch in der per E-Mail übersandten Bestellbestätigung weist T darauf hin, dass ein Widerruf des Vertrags aus Hygienegründen ausscheide.

Der WC-Sitz wird am Mittwoch, den 5. August geliefert und von V, der erst einmal auf Geschäftsreise fährt, erst am Mittwoch, den 19. August, ausgepackt. Hierzu öffnet V sowohl die äußere Verpackung als auch die Folie, in die der WC-Sitz eingeschweißt ist. Diese Folie ist mit einem kreisförmigen Aufkleber mit dem Aufdruck „Hygiene-Siegel" versehen. V montiert den WC-Sitz selbst. Allerdings ist das Ergebnis wenig erfreulich, weil es V nicht gelingt, den WC-Sitz so zu befestigen, dass ein wackelfreies Sitzen ermöglicht wird. Genervt demontiert V den Sitz wieder, klebt einen Klebezettel mit dem Wort „Widerruf" darauf, packt den Sitz in den Karton und sendet ihn am Mittwoch, den 2. September, an T zurück.

Anschließend sendet V der T eine E-Mail, mit der er Rückerstattung des Kaufpreises samt Versandkosten verlangt. Ein Mitarbeiter der T antwortet dem V und bestätigt, dass die Rücksendung bei der T eingegangen sei. Eine Erstattung der von V geforderten Beträge komme jedoch aus verschiedenen Gründen nicht in Betracht: Erstens scheide – wie allgemein bekannt – ein Umtausch bei reduzierten Preisen aus. Zweitens stelle die

Wahl der Nano-Beschichtung eine Individualisierung dar, die generell zum Ausschluss des Widerrufsrechts führe. Dies ergebe sich insbesondere aus dem Umstand, dass T über 200 WC-Sitze zur Auswahl bereithalte, die jeweils mit 4 Beschichtungen versehen werden könnten. Die gewählte Beschichtung werde erst nach der erfolgten Kundenauswahl aufgetragen. Drittens handele es sich bei dem Toilettensitz angesichts der zu erwartenden Ekelgefühle potentieller Zweitkäufer um ein nicht zur Rückgabe geeignetes Produkt. Schließlich habe T einen Paketdienst mit dem Versand des Toilettensitzes an V beauftragt, weshalb eine Rückerstattung der Versandkosten ausscheide.

Hat V gleichwohl einen Anspruch auf Rückerstattung der von ihm geforderten Beträge?

Aufgabe 3

Setzt der Wertersatzanspruch des Unternehmers für eine Wertminderung der Ware nach Widerruf eines im Fernabsatz oder außerhalb von Geschäftsräumen geschlossenen Vertrags voraus, dass der Verbraucher über das mögliche Entstehen dieses Anspruchs belehrt wird?

Begründen Sie!

Bearbeitungsvermerk. Es ist davon auszugehen, dass die in Aufgabe 1 von U veranschlagten Kosten für die Abholung des Wasserbetts sowie die von W veranschlagten Kosten für die vergebliche Anfahrt angemessen sind.

Lösungsskizze

Aufgabe 1 459

Frage 1

Anspruch des V → U auf Rückzahlung des Kaufpreises i.H.v. 1.200 € aus § 355 III 1

I. Anspruch entstanden

1. Bestehen eines Widerrufsrechts aus § 355 I 1 i.V.m. §§ 312g I, 312c I, 312 I
   a) Anwendungsvoraussetzungen des § 312 I
   b) Fernabsatzvertrag, § 312c I
      aa) Ausschließliche Verwendung von Fernkommunikationsmitteln
      bb) Für den Fernabsatz organisiertes Vertriebssystem
   c) Kein Ausschluss gem. § 312g II
2. Wirksame Ausübung
   a) Erklärung innerhalb der Widerrufsfrist
      – Beginn der 14-tägigen Widerrufsfrist nach § 356 II Nr. 1, 187 I am 1. Juli
      – Fristende nach §§ 187, 188, 193 am 6. Juli
   b) Kein Ausschluss nach § 242

II. Anspruch durch Aufrechnung des U erloschen, § 389

1. Aufrechnungserklärung, § 388
2. Aufrechnungslage, § 387
   a) Anspruch des U gegen V auf Wertersatz aus § 357a I (-)
   b) Anspruch des U gegen V auf Übernahme der Transportkosten aus § 357 V 1 (-)

III. Anspruch durchsetzbar

– Zurückbehaltungsrecht i.S.d. § 357 IV 1 (-) wegen § 357 IV 2.

Ergebnis: V steht gegen U ein Rückzahlungsanspruch i.H.v. 1.200 € aus § 355 III 1 zu.

Frage 2

A. Anspruch der W → V auf Zahlung von 650 € aus § 433 II

I. Anspruch entstanden

II. Anspruch erloschen

Bestehen eines Widerrufsrechts

1. Anwendungsbereich gemäß § 312 I
2. Vertragsschluss außerhalb von Geschäftsräumen, § 312b I (-)
   – Messestand als beweglicher Geschäftsraum (+)
   – für gewöhnliches Ausüben / Erkennbarkeit für den Verbraucher (+)

Ergebnis: W hat einen Anspruch gegen V auf Kaufpreiszahlung i.H.v. 650 €, § 433 II.

B. Anspruch der W→ V auf Zahlung der Anfahrtskosten aus 280 I (+)

C. Hilfsgutachten

Aufgabe 2
Anspruch V → T auf Rückerstattung aus §§ 355 III, 357 I, II 1

I. Bestehen eines Widerrufsrechts gemäß §§ 355, 312g I, 312c I
1. Fernabsatzvertrag i.S.d. §§ 312c I, 312 I
2. Ausschluss des Widerrufsrechts
   a) Preisreduktion irrelevant
   b) Ausschluss des Widerrufsrechts nach § 312g II Nr. 1 (-)
   c) Ausschluss des Widerrufsrechts nach § 312g II Nr. 3 Var. 2 (str.)
      – Aufkleber = Hygienesiegel? (+)
      – Wiederherstellbarkeit durch Reinigung (+)
   d) Ausschluss des Widerrufsrechts nach § 356 IV (-)

II. Ausübung des Widerrufsrechts
– Widerrufsfrist mangels Widerrufsbelehrung noch nicht in Gang gesetzt, § 356 III 1
– absolute Ausschlussfrist noch nicht verstrichen, § 356 III 2

Ergebnis: V hat einen Anspruch gegen T auf Rückerstattung des Kaufpreises und der Versandkosten, §§ 355 III 1, 357 II 1 i.H.v. 361,95 €

Aufgabe 3
Hinweispflicht auf Wertersatzanspruch für Wertminderung?
– keine explizite Belehrungspflicht nach Art. 246a § 1 II 1 EGBGB
– beachte aber Gestaltungshinweis [5] c) der Muster-Widerrufsbelehrung in Anlage 1 zu Art. 246a EGBGB
– angesichts planwidriger Regelungslücke: Gesamtanalogie zu Art. 246a § 1 II 1 Nr. 2, 3 EGBGB i.V.m. Gestaltungshinweis [5] c) der Muster-Widerrufsbelehrung

Lösungsvorschlag

Aufgabe 1

Frage 1 Anspruch des V gegen U auf Rückzahlung des Kaufpreises i.H.v. 1.200 € aus § 355 III 1

V könnte gegen U ein Anspruch auf Rückzahlung des Kaufpreises i.H.v. 1.200 € aus § 355 III 1 zustehen, wenn V seine auf den Abschluss des Kaufvertrags gerichtete Willenserklärung wirksam widerrufen hätte und der Anspruch nicht durch Aufrechnung des U erloschen wäre. **460**

I. Anspruch entstanden

1. Bestehen eines Widerrufsrechts aus § 355 I 1 i.V.m. §§ 312g I, 312c I, 312 I **461**

Dem V steht ein Widerrufsrecht gem. §§ 355 I 1, 312g I zu, sofern der Kaufvertrag über das Wasserbett ein Fernabsatzvertrag ist.

a) Anwendungsvoraussetzungen des § 312 I

Die Bestimmungen über Fernabsatzverträge sind nach §§ 312 I, 310 III nur anwendbar auf Verbraucherverträge, bei denen sich der Verbraucher zur Zahlung eines Preises verpflichtet. Vorliegend haben der rein zu privaten Zwecken handelnde V als Verbraucher (§ 13) und der als Unternehmer zu qualifizierende U (§ 14) einen Vertrag geschlossen, der die Eigentums- und Besitzverschaffung an dem Wasserbett durch U gegen Zahlung eines Kaufpreises durch V zum Gegenstand hatte. Da auch keine der Ausnahmen nach § 312 II bis VI eingreift, liegt ein Verbrauchervertrag vor, bei dem sich der Verbraucher V zur Zahlung eines Preises verpflichtet hat.

b) Fernabsatzvertrag, § 312c I

aa) Ausschließliche Verwendung von Fernkommunikationsmitteln

Vertragsverhandlungen und Vertragsschluss müssten ferner gemäß § 312c I HS 1 unter ausschließlicher Verwendung von Fernkommunikationsmitteln geschlossen worden sein. Für den Vertragsschluss trifft dies zu, da V den U über dessen Webseite kontaktierte und U den Antrag des V per E-Mail annahm. Zwar haben im Vorfeld ein persönlicher Kontakt und eine Beratung des V sowie Vertragsverhandlungen im Ladengeschäft des U stattgefunden. Gegenstand dieser Beratung war allerdings das Modell *Dreamzone plus*, während V letztlich das Modell *Ultra Comfort* erworben hat. Der persönliche Kontakt im Vorfeld des Vertrags diente somit weder den Verhandlungen noch der Information hinsichtlich des abgeschlossenen Vertrags.

bb) Für den Fernabsatz organisiertes Vertriebssystem

Der Kaufvertrag müsste ferner im Rahmen eines für den Fernabsatz organisierten Vertriebssystems geschlossen worden sein, § 312c I HS 2. Entscheidend für das Vorliegen eines Fernabsatzvertriebssystems ist, ob der Unternehmer in personeller und sachlicher Hinsicht die Voraussetzungen für einen Fernabsatzvertrieb geschaffen hat. Laut Sachverhalt verfügt U über einen Webshop, d.h. er hat organisatorische Voraussetzungen für einen planmäßigen Vertrieb über Fernkommunikationsmittel getroffen. Der Kaufvertrag ist folglich ein Fernabsatzvertrag.

c) Kein Ausschluss gem. § 312g II

Da keine der Ausnahmen des § 312g II einschlägig ist, steht dem V ein Widerrufsrecht nach §§ 312g I, 355 zu.

2. Wirksame Ausübung

a) Erklärung innerhalb der Widerrufsfrist

Fraglich ist, ob der Widerruf des V per E-Mail am frühen Morgen des 16. Juli fristgerecht innerhalb der 14-tägigen Widerrufsfrist nach § 355 II 1 abgesandt wurde (vgl. § 355 I 5). Nach §§ 355 II 2, 356 II Nr. 1a, III 1 beginnt die Widerrufsfrist bei einem Verbrauchsgüterkauf mit Vertragsschluss, aber nicht bevor der Verbraucher die Ware erhalten hat und über sein Widerrufsrecht belehrt wurde. Da das Bett am 30. Juni angeliefert wurde und V bereits zuvor über sein Widerrufsrecht belehrt worden war, fiel das Fristende nach §§ 187, 188 auf Samstag, den 14. Juli. Gemäß § 193 trat an Stelle des für die Abgabe der Widerrufserklärung maßgeblichen Sonnabends der nächste Werktag, d.h. Montag, der 16. Juli. V hat die Widerrufserklärung folglich rechtzeitig per E-Mail versandt.

b) Kein Ausschluss nach § 242

Der Ausübung des Widerrufsrechts steht auch nicht der Einwand rechtsmissbräuchlichen Verhaltens (§ 242) entgegen. Zwar soll das Widerrufsrecht im Fernabsatz dem Verbraucher grundsätzlich die Nachteile ausgleichen, die dadurch entstehen, dass er die Ware vor Vertragsschluss nicht in Augenschein nehmen kann. Hier hat sich V nicht zum Widerruf des Vertrags entschlossen, weil ihm das Wasserbett nicht gefallen hätte, sondern weil er andernorts ein besseres Angebot erhalten hat. Doch wird das Widerrufsrecht nach § 312g dem Verbraucher abstrakt gewährt, d.h. unabhängig von der individuellen Motivation zum Widerruf im Einzelfall.[1]

Aufgrund des wirksamen Widerrufs ist somit ein Anspruch des V auf Rückzahlung des Kaufpreises nach § 355 III 1 entstanden.

II. Anspruch durch Aufrechnung des U erloschen, § 389

462 Der Anspruch des V auf Rückzahlung des Kaufpreises könnte allerdings durch Aufrechnung des U erloschen sein.

1. Aufrechnungserklärung, § 388

Laut Sachverhalt hat U darauf hingewiesen, dass selbst im Falle eines zulässigen Widerrufs aufgrund der Wertminderung des Betts nur eine teilweise Erstattung des Kaufpreises in Betracht komme. Hierbei könnte es sich um eine konkludente Aufrechnungserklärung handeln. Zwar kann die Erklärung der Aufrechnung nach § 388 S. 2 nicht unter eine Bedingung gestellt werden. Eine Ausnahme von diesem Grundsatz gilt freilich für die so genannte Rechtsbedingung. Konkret ist die Frage, ob ein Anspruch des V auf

1 BGH NJW 2011, 56, 57.

Kaufpreisrückzahlung besteht, kein zukünftiges, ungewisses Ereignis i.S.d. § 158. Für V wird dadurch, dass U die Aufrechnung nur für den Fall des Bestehens des Widerrufsrechts des V erklärt, auch keine Rechtsunsicherheit geschaffen. Eine wirksame Aufrechnungserklärung liegt somit vor.

2. Aufrechnungslage, § 387

Weiterhin bedürfte es einer Aufrechnungslage i.S.d. § 387, d.h. es müssten sich gegenseitige, gleichartige Ansprüche zwischen V und U gegenüberstehen, die Hauptforderung des V müsste erfüllbar und die Gegenforderung des U fällig und durchsetzbar sein.

a) Anspruch des U gegen V auf Wertersatz aus § 357a I

Zu prüfen ist zunächst, ob der Forderung des V eine Forderung des U gegenübersteht. Als Gegenanspruch des U gegen V kommt ein Wertersatzanspruch gegen V aus § 357a I in Betracht. Laut Sachverhalt kann U das streitgegenständliche Wasserbett nur noch mit einem Abschlag von 30% weiterverkaufen. Ein Wertverlust ist somit eingetreten. Nach § 357a I setzt ein Wertersatzanspruch für einen Wertverlust der Ware voraus, dass der Unternehmer den Verbraucher über sein Widerrufsrecht belehrt hat und der Wertverlust auf einen Umgang mit der Ware zurückzuführen ist, der zur Prüfung der Beschaffenheit, der Eigenschaften und der Funktionsweise der Ware nicht notwendig war. Es ist zu klären, ob das Befüllen des Bettes mit Wasser eine Überschreitung des notwendigen Prüfungsumfangs der Ware darstellt.

Der zulässige Prüfungsumfang ist dabei mit Blick auf das Telos der Norm zu bestimmen: § 312g Alt. 2 bezweckt den Ausgleich derjenigen Nachteile, die der Verbraucher im Fernabsatz im Vergleich zum stationären Handel erfährt. Mithin kommt es entscheidend darauf an, in welchem Maße der Verbraucher die Ware in einem Ladengeschäft hätte testen können. Zwar hätte V in einem Ladengeschäft nicht die Option gehabt, das Bett mit Wasser zu befüllen. Allerdings stehen in Bettengeschäften typischerweise Musterstücke, anhand derer eine Prüfung des Liegekomforts möglich ist. V durfte deshalb das Bett mit Wasser befüllen, ohne Wertersatz zu schulden.[2] Die Nutzung als Gästebett für zwei Nächte dürfte zwar über den erforderlichen Prüfungsumfang hinausgegangen sein. Doch hat sich diese Nutzung des Bettes nicht in einem weiteren Wertverlust realisiert. Die Wertminderung ist vielmehr allein auf das Befüllen mit Wasser zurückzuführen. Ein Wertersatzanspruch des U besteht demnach nicht.

Hinweis: Wer davon ausgeht, dass der Prüfungsumfang nach § 357a I Nr. 1 das Befüllen des Wasserbetts mit Wasser nicht umfasst, hat sich mit § 357a I Nr. 2 zu befassen. Entscheidend ist in diesem Kontext, ob die Widerrufsbelehrung eine Information über den gegebenenfalls entstehenden Wertersatzanspruch enthalten muss. Siehe dazu Aufgabe 3.

b) Anspruch des U gegen V auf Übernahme der Transportkosten aus § 357 V 1

Dem U könnte ferner ein Anspruch auf Erstattung der Kosten für den Rücktransport des Bettes i.H.v. 30 € nach § 357 V 1 zustehen. Zwar ist der Verbraucher grundsätzlich ver-

2 BGH NJW 2011, 56, 57 f.

pflichtet, die Kosten für den Rücktransport zu tragen, doch gilt dies nur, wenn der Unternehmer den Verbraucher über diese Pflicht nach Art. 246a § 1 II 1 Nr. 2 EGBGB informiert hat. Einen entsprechenden Hinweis enthält die von U erteilte Widerrufsbelehrung allerdings nicht, weshalb V keinen Ersatz für die Kosten der Abholung des Wasserbetts schuldet.

Da U somit keine gleichartige Forderung gegen V zusteht, ist der Rückzahlungsanspruch des V nicht durch Aufrechnung erloschen.

III. Anspruch durchsetzbar

463 Schließlich ist der Anspruch des V nach § 271 I fällig. Der Anspruch ist auch durchsetzbar, da dem U kein Zurückbehaltungsrecht i.S.d. § 357 IV 1 zusteht. Denn U hatte bereits im Rahmen der Widerrufsbelehrung angeboten, die Ware im Falle des Widerrufs abzuholen, § 357 IV 2.

Ergebnis

464 V steht gegen U ein Rückzahlungsanspruch i.H.v. 1.200 € aus § 355 III 1 zu.

Frage 2

A. Anspruch der W gegen V auf Zahlung von 650 € aus § 433 II

I. Anspruch entstanden

465 V hat mit W, vertreten durch deren Mitarbeiter M, einen Kaufvertrag über das Wasserbett zu einem Kaufpreis von 650 € geschlossen.

II. Anspruch erloschen

466 Der Anspruch der W auf Kaufpreiszahlung i.H.v. 650 € könnte durch einen Widerruf des V erloschen sein, § 355 I 1.

Bestehen eines Widerrufsrechts

1. Anwendungsbereich gem. § 312 I

467 Dazu müsste zunächst ein Widerrufsrecht des V bestehen. In Betracht kommt ein Widerrufsrecht nach §§ 312g I, 355, sofern es sich bei dem Kaufvertrag um einen außerhalb von Geschäftsräumen geschlossenen Vertrag i.S.d. §§ 312 I, 312b I handelt. V hat sich als Verbraucher gegenüber der Unternehmerin W zur Zahlung eines Preises verpflichtet. Die Voraussetzungen des § 312 I liegen folglich vor, Ausnahmen nach § 312 II-VI sind nicht einschlägig.

2. Vertragsschluss außerhalb von Geschäftsräumen, § 312b I

Zu prüfen bleibt, ob der Vertrag außerhalb von Geschäftsräumen geschlossen wurde, d.h. unter gleichzeitiger körperlicher Anwesenheit des V und des Vertreters der W (§ 312b I 2) an einem Ort, der kein Geschäftsraum des Unternehmers ist. Geschäftsräume sind nach § 312b II unbewegliche Gewerberäume, in denen der Unternehmer seine Tätigkeit dauerhaft ausübt, und bewegliche Gewerberäume, in denen der Unternehmer seine Tätigkeit für gewöhnlich ausübt. Bei dem Stand der W handelt es sich um einen beweglichen Geschäftsraum, da sich dieser leicht auf- und abbauen lässt. Darauf, dass die Messehalle, in der sich der Stand befindet, fest mit dem Erdboden verbunden ist, kommt es nicht an.[3]

Ist der Messestand somit ein beweglicher Geschäftsraum, so liegt kein außerhalb von Geschäftsräumen geschlossener Vertrag vor, wenn die W ihre gewerbliche Tätigkeit für gewöhnlich an diesem Messestand ausübt. Da W ihre Wasserbetten regelmäßig auf Messen vertreibt, lässt sich dies bei wortgetreuer Auslegung des § 312b II 1 durchaus bejahen. Andererseits verfügt W durchaus auch über Ladengeschäfte, was gegen eine gewöhnliche Ausübung ihrer gewerblichen Tätigkeit an Messeständen sprechen könnte. Ohnehin erscheint eine Abgrenzung anhand der Häufigkeit der Nutzung von Messeständen orientierte Auslegung des § 312b II 1 nicht überzeugend. Denn der einzelne Verbraucher kann regelmäßig nicht beurteilen, wie der Unternehmer seinen Betrieb organisiert hat. Es wäre wenig sachgerecht, Vertragsschlüsse auf derselben Messe einmal als an beweglichen Geschäftsräumen geschlossene Verträge, einmal als außerhalb von Geschäftsräumen geschlossene Verträge anzusehen, je nachdem, ob der individuelle Unternehmer, der den Stand betreibt, seine Waren auch außerhalb von Messen vertreibt (aA vertretbar).

Ziel der Bestimmungen über außerhalb von Geschäftsräumen geschlossene Verträge ist insbesondere der Schutz des Verbrauchers vor Überrumpelung im Falle überraschend an ihn herangetragener Vertragsschlüsse. Als entscheidendes Abgrenzungskriterium sollte deshalb die Erkennbarkeit des Warenvertriebs auf der Messe herangezogen werden.[4] Entscheidend ist, ob ein normal informierter, angemessen aufmerksamer und verständiger Verbraucher vernünftigerweise damit rechnen konnte, dass an dem betreffenden Ort Unternehmer ihre Tätigkeiten ausüben und ihn zu kommerziellen Zwecken ansprechen.[5] Zu fragen ist deshalb, ob eine verständige Person in der Position des V bei Messebesuch damit rechnen musste, dass ihr auf der Messe der Vertragsschluss mit Unternehmern angetragen wird. Auf die konkrete Art der offerierten Ware (messetypisch oder fachfremd) sollte es dabei nicht ankommen, weil die §§ 312b ff. keinen Anhaltspunkt für eine solche Differenzierung bieten.[6] Es ist folglich unerheblich, dass V bei Besuch der Messe *Bäderwelten* nicht damit rechnete, einen Messestand mit Wasserbetten vorzufinden. Ausreichend ist, wenn der Stand für V erkennbar als Verkaufsstand gestaltet ist. Da es sich bei der *Bäderwelten* um eine Verkaufsmesse handelt und der Stand der W als Verkaufsstand gut erkennbar war, stellt der Messestand einen beweglichen Geschäftsraum dar, an dem W ihre Tätigkeit für gewöhnlich ausübt. Ein Vertragsschluss außerhalb von Geschäftsräumen, der nach § 312g I Alt. 1 widerrufen werden könnte, liegt somit nicht vor (aA gut vertretbar).

---

3 BGH EuZW 2017, 809, 810.

4 EuGH GRUR 2018, 943 – Verbraucherzentrale/Unimatic Rn. 43 ff.; BeckOK BGB/*Maume*, § 312b Rn. 29; Grüneberg/*ders.*, § 312b Rn. 2 (konkretes Erscheinungsbild maßgeblich).

5 EuGH GRUR 2018, 943 – Verbraucherzentrale/Unimatic Rn. 43 ff.

6 BeckOGK/*Busch*, § 312b Rn. 35; aA RegE, BT-Drs- 17/12367, S. 50; OLG Karlsruhe, BeckRS 2016, 11358; OLG München, BeckRS 2017, 103848.

Ergebnis

468 W hat einen Anspruch gegen V auf Kaufpreiszahlung i.H.v. 650€ aus § 433 II.

B. Anspruch der W gegen V auf Zahlung der Anfahrtskosten aus § 280 I

469 W könnte ferner ein Anspruch gegen V auf Zahlung der vergeblichen Anfahrtskosten aus § 280 I zustehen, wenn V eine Pflicht aus einem Schuldverhältnis verletzt hätte. Aus dem Kaufvertrag war V gemäß § 433 II verpflichtet, das Wasserbett abzunehmen. Da dem V ein Widerrufsrecht nach § 312g I nicht zustand (s.o.), hat er diese Pflicht durch die Zurückweisung des Wasserbetts verletzt. Diese Pflichtverletzung hat V nach § 276 I auch zu vertreten, denn selbst wenn V der Auffassung gewesen sein sollte, den Vertrag nach § 312g I widerrufen zu können, handelte es sich hier um einen fahrlässigen Rechtsirrtum. Schließlich ist W aufgrund der Pflichtverletzung ein Schaden i.H.v. 30€ entstanden.

Ein Ersatzanspruch der W gegen V i.H.v. 30€ aus § 280 I besteht somit.

C. Hilfsgutachten

Anspruch der W gegen V auf Zahlung des Kaufpreises aus § 433 II

470 Sofern dem V abweichend von der oben vertretenen Auffassung ein Widerrufsrecht nach §§ 312g I, 355 zustünde, wäre hilfsgutachterlich noch zu prüfen, ob V dieses Widerrufsrecht wirksam ausgeübt hat.

Zur Ausübung des Widerrufs genügt nach § 355 I, II eine form- und begründungsfreie, aber eindeutige Widerrufserklärung innerhalb der Widerrufsfrist. Die Erklärung des V, er habe kein Interesse mehr an dem Wasserbett, lässt den eindeutigen Willen des V erkennen, an seine auf den Vertragsschluss gerichtete Willenserklärung nicht mehr gebunden sein zu wollen. Diese mündliche Widerrufserklärung ist W auch zugegangen, da M als Empfangsvertreter der W agierte und für den Zugang bei M die wahrnehmbare Abgabe der nicht verkörperten Willenserklärung durch V ausreichte. Schließlich ist die Widerrufserklärung rechtzeitig erfolgt, da bei außerhalb von Geschäftsräumen geschlossenen Verträgen der Lauf der Widerrufsfrist erst mit Erhalt der Ware beginnt, § 356 II Nr. 1 lit. a. Die Widerrufsfrist hatte folglich zum Zeitpunkt der Widerrufserklärung noch nicht begonnen und der Anspruch der W auf Kaufpreiszahlung ist mit Ausübung des Widerrufsrechts erloschen.

Ergebnis Hilfsgutachten

471 Unter der Hypothese, dass der Vertrag zwischen W und V außerhalb von Geschäftsräumen geschlossen wurde, hat V den Vertrag wirksam widerrufen und ein Anspruch der W auf Kaufpreiszahlung besteht nicht.

Aufgabe 2 Anspruch des V gegen T auf Rückerstattung aus §§ 355 III, 357 II 1

Ein Anspruch des V gegen T auf Rückerstattung des Kaufpreises i.H.v. 355 € und der Versandkosten i.H.v. 6,95 € besteht, sofern V seine auf den Vertragsschluss gerichtete Willenserklärung wirksam widerrufen hat. **472**

I. Bestehen eines Widerrufsrechts gemäß §§ 355, 312g I, 312c I

M könnte ein Widerrufsrecht gemäß §§ 355 I 1 312g I, 312 I zustehen. **473**

1. Fernabsatzvertrag i.S.d. §§ 312c I, 312 I

Dazu müssten die §§ 312 ff. zunächst anwendbar sein. Es handelt sich um einen Verbrauchervertrag (vgl. dazu auch oben), bei dem sich V zur Zahlung eines (Kauf-)Preises verpflichtete. Ausnahmen nach § 312 II bis VI sind nicht einschlägig. Der Vertrag wurde ferner über den Online-Shop der T, d.h. unter ausschließlicher Verwendung von Fernkommunikationsmitteln und im Rahmen eines für den Fernabsatz organisierten Vertriebssystems geschlossen. Es handelt sich deshalb um einen Fernabsatzvertrag i.S.d. § 312c I.

2. Ausschluss des Widerrufsrechts

Das bei Fernabsatzverträgen grundsätzlich nach § 312g I bestehende Widerrufsrecht könnte vorliegend allerdings ausgeschlossen sein.

a) Preisreduktion irrelevant

Der reduzierte Preis des Toilettensitzes stellt keinen Grund für den Ausschluss des Widerrufsrechts dar, da der Gesetzgeber für diese Konstellation keinen Ausnahmetatbestand vorgesehen hat.

b) Ausschluss des Widerrufsrechts nach § 312g II Nr. 1

Der Ausschlusstatbestand des § 312g II Nr. 1 könnte einschlägig sein, wenn es sich bei dem Kaufvertrag über Toilettensitz um einen Vertrag zur Lieferung von Waren handelte, die nicht vorgefertigt sind und für deren Herstellung eine individuelle Auswahl oder Bestimmung durch den Verbraucher maßgeblich ist oder die auf persönliche Bedürfnisse des Verbrauchers zugeschnitten sind. Vorliegend wurde die Beschichtung des Toilettensitzes erst nach Bestellung durch V angebracht. Es ist aber für den Ausschluss des Widerrufsrechts nicht entscheidend, ob die Ware vor oder nach der Bestellung hergestellt wurde.[7] Vielmehr ist nach dem Maß der Individualisierung zu differenzieren. Maßgeblich ist, ob der Unternehmer durch den Widerruf erhebliche Nachteile erleidet, weil die Ware nach besonderen Wünschen des Kunden angefertigt wurde. Dabei ist unter anderem zu berücksichtigen, ob die Individualisierung mit zumutbarem Aufwand rückgängig gemacht werden kann oder ein Absatz an andere Kunden ohne erheblichen Preisnachlass möglich erscheint.[8] Im vorliegenden Fall sind die Individualisierungsmöglichkeiten des Kunden gering: Dieser kann sich nur zwischen 4 unterschiedlichen Varianten

7 EuGH NJW 2020, 3707 – Möbel Kraft & Co. KG.
8 BGH MMR 2003, 463, 464 f.

entscheiden (ohne Beschichtung oder mit drei unterschiedlichen Beschichtungen). Angesichts dieser geringen Anpassung an den Kundenwunsch ist ein Absatz an andere Kunden nach dem Widerruf des Verbrauchers durchaus realistisch und zumutbar. Die Tatsache, dass B über 200 WC-Sitze zur Auswahl bereithält, ist ohne Relevanz für das Maß der Individualisierung, da jeder Sitz in nur 4 Varianten zur Verfügung steht.

c) Ausschluss des Widerrufsrechts nach § 312g II Nr. 3 Alt. 2

Das Widerrufsrecht des V könnte jedoch nach § 312g II Nr. 3 Alt. 2 ausgeschlossen sein, wenn der Toilettensitz aus Gründen der Hygiene nicht zur Rückgabe geeignet wäre und V nach Warenlieferung ein Hygienesiegel von dem Sitz entfernt hätte. Es stellt sich zunächst die Frage, ob die Plastikverpackung samt dem Aufkleber als Siegel eingeordnet werden kann. Entscheidend ist hierfür nicht das gewählte Material, sondern der Warnzweck des Siegels: dem Verbraucher soll vor Augen geführt werden, dass die Verpackung nicht allein einen Schutz vor Beschädigung und Verschmutzung bewirken soll. Diesen Anforderungen wird der Aufkleber aufgrund seiner Aufschrift „Hygiene-Siegel" gerecht. Ein Vermerk auf dem Siegel, dass dessen Bruch zum Ausschluss des Widerrufsrechts führt, ist nicht erforderlich. Mit dem Öffnen der Verpackung hat V das Siegel auch entfernt.

Fraglich ist allerdings, ob der Toilettensitz aus Gründen der Hygiene zur Rückgabe nicht geeignet ist. Dabei bedarf es nicht des Risikos der Gesundheitsgefährdung, denn auf solche Konstellationen ist § 312g II Nr. 3 Alt. 1 zugeschnitten. Für einen Ausschluss des Widerrufsrechts aus Gründen der Hygiene sprechen die möglichen Ekelgefühle der anderen Kunden der T, wenn T den Sitz nach Rückgabe der Sache weiterveräußern möchte. Doch ist der Ausnahmetatbestand nur in jenen Konstellationen einschlägig, in denen für den Unternehmer keine zumutbaren Maßnahmen bestehen, die Ware wieder verkehrsfähig zu machen.[9] Eine Reinigung und Desinfektion des Toilettensitzes ist zwecks Wiederherstellung der Verkehrsfähigkeit unproblematisch möglich. Auch ist es durchaus üblich, öffentliche Toiletten zu besuchen, die von fremden Personen benutzt werden, etwa in Restaurants oder Hotels. Schließlich spricht die Zielsetzung des Gesetzgebers, einen möglichst weitreichenden Verbraucherschutz zu gewährleisten, für eine enge Auslegung der Ausnahmetatbestände des § 312g II. Das Widerrufsrecht des V ist somit nicht nach § 312g II Nr. 3 Alt. 2 durch den Bruch des Siegels erloschen.[10]

d) Ausschluss des Widerrufsrechts nach § 356 IV

Auch ein Ausschluss des Widerrufsrechts nach § 356 IV kommt nicht in Betracht, da der Vertrag trotz des Aufbringens der Beschichtung durch T nicht als Dienstleistungsvertrag einzuordnen ist. Vielmehr handelt es sich nach § 474 I 2 um einen Verbrauchsgüterkaufvertrag.

Ein Widerrufsrecht des V besteht somit.

9 EuGH NJW 2019, 1507 Rn. 40 – schlafen leben wohnen.

10 LG Düsseldorf v. 14.9.2016 – 12 O 357/15 (juris); für mit Siegel verpackte Erotikzubehörartikel s. OLG Hamm, GRUR-RR 2017, 277.

II. Ausübung des Widerrufsrechts

V müsste den Widerruf auch durch form- und begründungsfreie Erklärung gegenüber T innerhalb der Widerrufsfrist ausgeübt haben. Die Rücksendung des Pakets mit dem Wort „Widerruf" enthält eine eindeutige Widerrufserklärung. Die 14-tägige Widerrufsfrist beginnt bei einem im Fernabsatz geschlossenen Verbrauchsgüterkauf mit dem Vertragsschluss, nicht aber vor Erhalt der Ware und einer ordnungsgemäßen Widerrufsbelehrung, §§ 355 II, 356 II Nr. 1a, III 1. Da T es versäumt hat, den V über sein Widerrufsrecht zu belehren, wurde die Widerrufsfrist noch nicht in Gang gesetzt. Auch die absolute Ausschlussfrist des § 356 III 2 von 12 Monaten und 14 Tagen ab dem Tag der Lieferung am 5. August ist am 2. September noch nicht verstrichen. **474**

Ergebnis

Aufgrund des wirksamen Widerrufs hat T dem V nach §§ 355 III 1, 357 I, II 1 nicht nur den Kaufpreis, sondern auch die bezahlten Versandkosten zurückzuerstatten. Zusatzkosten aufgrund der von V gewählten Versandart i.S.d. § 357 II 2 sind hier nicht entstanden. V hat einen Anspruch gegen T auf Zahlung von 361,95 € aus §§ 355 III 1, 357 I, II 1 (aA bei entsprechender Argumentation zu § 312g II Nr. 3 Alt. 2 gut vertretbar). **475**

Aufgabe 3

Hinweispflicht auf Wertansatzanspruch **476**

Nach § 357a I Nr. 2 setzt der Wertersatzanspruch für die Wertminderung der Ware eine Widerrufsbelehrung nach Art. 246a § 1 II 1 Nr. 1 EGBGB voraus. Ob diese Belehrung auch einen Hinweis auf den eventuell entstehenden Wertersatzanspruch enthalten muss, ist umstritten. Art. 246a § 1 II 1 EGBGB enthält jedenfalls keine explizite Belehrungspflicht (ebenso auch Art. 14 II 2 VRRL, anders noch als die Fernabsatzrichtlinie). Deshalb könnte eine solche Belehrung entbehrlich sein.[11] Doch gibt es verschiedene Indizien für das Vorliegen eines Redaktionsversehens des Gesetzgebers. Zunächst sieht Gestaltungshinweis [5] c) der Muster-Widerrufsbelehrung in Anlage 1 zu Art. 246a EGBGB einen Hinweis auf den Wertersatzanspruch vor. Zwar ist die Verwendung des Musters nicht zwingend erforderlich, doch weist die Gestaltung der Musterbelehrung darauf hin, dass der Gesetzgeber eine Unterrichtung des Verbrauchers über das potentielle Entstehen eines Wertersatzanspruchs für erforderlich hielt. Das Gesetz gebietet eine Belehrung des Verbrauchers sowohl über den ggf. entstehenden Wertersatzanspruch für in Anspruch genommene Dienstleistungen (§ 357a II 1 Nr. 3 i.V.m. Art. 246a § 1 II 1 Nr. 3 EGBGB) als auch über die Kostentragung für die Rücksendung der Ware (§ 357 V 1 i.V.m. Art. 246a § 1 II 1 Nr. 2 EGBGB). In beiden Fällen ist die Unterrichtung konstitutiv für das Entstehen einer entsprechenden Zahlungspflicht des Verbrauchers. Angesichts der Vergleichbarkeit der Interessenlage sollte deshalb im Wege einer Gesamtanalogie zu Art. 246a § 1 II 1 Nr. 2, 3 EGBGB i.V.m. Gestaltungshinweis [5] c) der Muster-Widerrufsbelehrung auch die Belehrung über die Wertersatzpflicht bei einer durch Gebrauch entstandenen Wertminderung der Ware verlangt werden.[12]

11 *Schirmbacher/Schmidt*, CR 2014, 107, 116; *Schwab*, JZ 2015, 644, 650.
12 *Janal*, VuR 2015, 43 ff.

Klausur 5:

Nicht so smart wie erhofft

477 F ist begeisterte Fahrradfahrerin und als solche auch erklärter Fan der deutschen Mittelgebirge. Für ihre Fahrradtouren möchte sie einen Fahrradcomputer erwerben. Mit diesem Ziel begibt sie sich am 1. Juni zum Elektronik-Fachmarkt E.

Dort weckt kurz nach dem Eingang ein Werbeaufsteller für einen Duschkopf ihr Interesse. Aus dem Werbeaufsteller ergibt sich, dass der Duschkopf „Dusch-Groove+" mit einer Software ausgestattet ist, die mittels einer Smartphone-App bedient werden kann. Über die Groove+-App können Duschende das Wasser bereits vor dem Betreten der Dusche anstellen. Die Groove+-App gibt sodann ein Signal, wenn die eingestellte Wunschtemperatur des Wassers erreicht ist. Diese Funktion erscheint F als sehr attraktiv, weil ihre Wohnung über eine altertümliche Gastherme verfügt, die das Wasser nur langsam aufheizt. Die Groove+-App ermöglicht es auch, zwischen zehn verschiedenen Sprühmodi und Beleuchtungsmöglichkeiten des Duschkopfs auszuwählen. Schließlich kann mittels der App eine Verbindung zu Musikstreaming-Diensten hergestellt und damit die im Duschkopf integrierte wasserfeste Musikbox bedient werden. F ist von dem Duschkopf begeistert und erwirbt einen solchen zum Preis von 150 €.

Auf dem Weg zur Kasse erinnert sich F an den eigentlichen Grund ihres Besuchs bei E. Sie lässt sich von einem Mitarbeiter des E zu verschiedenen Fahrradcomputern beraten und entscheidet sich für den von Herstellerin B produzierten Fahrradcomputer der Marke „BikeForYou". Zu den Funktionen des Geräts zählen u.a. die Bestimmung und Anzeige folgender Parameter: Standort, Geschwindigkeit, zurückgelegte Entfernung, Herzfrequenz usw. Das Gerät gibt zudem personalisierte Empfehlungen für die richtige Gangeinstellung an Steigungen. Der von F befragte Mitarbeiter weist darauf hin, dass eine Möglichkeit bestehe, zusätzlich eine passende App der Herstellerin B herunterzuladen, die verschiedene Karten und Tourenoptionen umfasse. Hiermit kenne er sich allerdings nicht genauer aus, denn diese Leistungen würden allein von der B erbracht und seien nicht vom Leistungsspektrum des E umfasst.

Nach dem Kauf des Fahrradcomputers lädt F sogleich die BikeForYou-App auf ihr Smartphone und erstellt ein Nutzerkonto. Außerdem willigt sie wirksam in die Verarbeitung ihrer Daten durch die B ein. B verwendet die bei der Benutzung des Fahrradcomputers gespeicherten personenbezogenen Daten (Routen, Geschwindigkeit, Herzfrequenz), unter anderem, um ihren Kunden personalisierte Werbung für kostenpflichtige Routenempfehlungen einzuspielen. Außerdem werden die anonymisierten Standortdaten dazu genutzt, anderen Nutzerinnen des Dienstes Verkehrsstaus und wenig besuchte Routen anzuzeigen.

Auch die Groove+-App installiert F sogleich begeistert. Der Duschkopf allerdings verbleibt zunächst in seiner Verpackung, weil F laut eigener Aussage „zwei linke Hände" hat. Erst als Anfang September ihre tatkräftige Tante zu Besuch kommt, installieren sie gemeinsam den Duschkopf. Nach der ersten Dusche ist F allerdings schwer enttäuscht: Die versprochene Temperatureinstellung funktioniert nicht. Für warmes Wasser muss F weiterhin die Duscharmatur verwenden. F informiert den E am 10. September über das Problem. Eine Mitarbeiterin des E erklärt zutreffend, es handele sich hierbei um ein Problem der App und verspricht, die Herstellerin H des Duschkopfs zu kontaktieren. Ohne die Warmwasser-Funktion hat F allerdings kein Interesse an dem Duschkopf. Da die Fehlfunktion nicht behoben wird, erklärt F am 7. Oktober gegenüber E den Rücktritt vom Kaufvertrag. Dies will E nicht akzeptieren: Seine Mitarbeiter hätten – was zutrifft – bereits zweimal wegen einer Aktualisierung zur Behebung des Problems bei H nachgehakt. Auf keinen Fall könne F den gesamten Kaufpreis zurückverlangen, sondern allenfalls den auf die digitalen Funktionen entfallenden Anteil i.H.v. 30 €.

Auch hinsichtlich des Fahrradcomputers ist F nicht mehr vollständig zufrieden. Dies hat folgenden Hintergrund: Anfang Oktober stellt B eine kostenpflichtige Aktualisierung der BikeForYou-App zur Verfügung. Diese App enthält eine Verbesserung der Benutzeroberfläche und der Kartenansichten (unter anderem gibt es eine neue Funktion zur 3D-Ansicht der Karten). Außerdem unterstützt die Bezahlversion aktuellere technische Standards und zeichnet sich durch erweiterte Interoperabilität aus. B hat angekündigt, Sicherheits-Updates für die Ursprungsversion der BikeForYou-App noch für weitere zwei Jahre bereitstellen zu wollen. Dennoch würde F gerne auch die neue Version der App ohne Zusatzkosten nutzen.

Aufgabe 1

Hat F einen Anspruch gegen E auf Rückzahlung des Kaufpreises für den Duschkopf?

Aufgabe 2

Hat F einen Anspruch gegen B auf eine unentgeltliche Bereitstellung der Aktualisierung der BikeForYou-App für ihren Fahrradcomputer?

Art. 4 DSGVO lautet:

Im Sinne dieser Verordnung bezeichnet der Ausdruck:

1. „personenbezogene Daten“ alle Informationen, die sich auf eine identifizierte oder identifizierbare natürliche Person (im Folgenden „betroffene Person“) beziehen; als identifizierbar wird eine natürliche Person angesehen, die direkt oder indirekt, insbesondere mittels Zuordnung zu einer Kennung wie einem Namen, zu einer Kennnummer, zu Standortdaten, zu einer Online-Kennung oder zu einem oder mehreren besonderen Merkmalen, die Ausdruck der physischen, physiologischen, genetischen, psychischen, wirtschaftlichen, kulturellen oder sozialen Identität dieser natürlichen Person sind, identifiziert werden kann; […]

Lösungsskizze

478 **Aufgabe 1**

Anspruch der F gegen E auf Rückzahlung von 150 € gemäß § 327o II 1, § 327i Nr. 2 Alt. 1, § 327m I, II, IV, § 475a II BGB

I. Vorliegen eines Verbrauchervertrags über digitale Produkte, § 327 I, § 327a II

1. Verbrauchervertrag
2. Zahlung eines Preises
3. Bereitstellung eines digitalen Produkts
4. Anwendbare Regelungen auf die verschiedenen Vertragselemente
5. Zwischenergebnis

II. Vertragsbeendigung bzgl. des digitalen Elements, § 327m I

1. Erklärung der Vertragsbeendigung
2. Produktmangel, §§ 327e, 327f I
3. Zeitpunkt der Bereitstellung
4. Weitere Voraussetzungen der Vertragsbeendigung
   a) Beendigungsgrund i.S.d. § 327m I
   b) Kein Ausschluss nach § 327m II 1
5. Rechtsfolge
6. Lösung vom gesamten Vertrag
   a) Voraussetzungen des § 327m V
   b) Rechtsfolge

III. Ergebnis

F hat gegen E einen Anspruch auf Rückzahlung von 150 € gemäß §§ 327o II 1, 327i Nr. 2 Alt. 1, 327m I, II, 475a II BGB und §§ 346 I, 327m V.

IV. Rücktrittserklärung

Aufgabe 2

Anspruch der F gegen B auf die Aktualisierung der BikeForYou-App gemäß §§ 327i Nr. 1, 327l

I. Vorliegen eines Verbrauchervertrags über digitale Produkte, § 327 I, § 327a II, § 310 III

1. Verbrauchervertrag über ein digitales Produkt
2. Zahlen mit Daten

II. Produktmangel, §§ 327e I, III 1 Nr. 5, 6, 327f I

III. Ergebnis

Lösungsvorschlag

Aufgabe 1 Anspruch der F gegen E auf Rückzahlung von 150 € gemäß § 327o II 1, § 327i Nr. 2 Alt. 1, § 327m I, II, V, § 475a II BGB

F könnte gegen E einen Anspruch auf Rückzahlung von 150 € gemäß § 327o II 1, § 327i Nr. 2 Alt. 1, § 327m I, II, V, § 475a II BGB haben. Dies setzt voraus, dass die Parteien einen Verbrauchervertrag über ein digitales Produkt geschlossen haben, ein Produktmangel vorliegt und die Voraussetzungen für die Vertragsbeendigung bezüglich des digitalen Produkts sowie bezüglich der Lösung vom gesamten Vertrag gem. §§ 327m, 327o I erfüllt sind. **479**

I. Vorliegen eines Verbrauchervertrags über digitale Produkte, § 327 I, § 327a II

Ihren Anspruch auf Rückerstattung des gezahlten Preises könnte F nur dann auf § 327o II 1 stützen, wenn die §§ 327 ff. BGB anwendbar wären. Dafür müsste es sich bei dem zwischen E und F geschlossenen Vertrag um einen Verbrauchervertrag gemäß §§ 327 I 1, 310 II handeln, der (jedenfalls auch) die Bereitstellung digitaler Inhalte oder Dienstleistungen durch den Unternehmer gegen Zahlung eines Preises zum Gegenstand hat. **480**

1. Verbrauchervertrag

Der Vertrag zwischen F und E ist ein Verbrauchervertrag i.S.d. § 310 III, da F zu rein privaten Zwecken, also als Verbraucherin i.S.d. § 13 BGB tätig wurde, während E gewerbliche Zwecke verfolgte und somit gem. § 14 als Unternehmer einzustufen ist.

2. Zahlung eines Preises

Die Parteien haben auch die Zahlung eines Preises i.H.v. 150 € durch F vereinbart.

3. Bereitstellung eines digitalen Produkts

Fraglich ist, ob der Vertrag die Bereitstellung eines Produkts, d.h. digitaler Inhalte oder digitaler Dienstleistungen durch E zum Gegenstand hat. Bei digitalen Inhalten handelt es sich gemäß § 327 II 1 um Daten, die in digitaler Form erstellt und bereitgestellt werden. Digitale Dienstleistungen sind gemäß § 327 II 2 Leistungen, die die Erstellung, die Verarbeitung, die Speicherung von Daten in digitaler Form oder die Interaktion mit von Nutzerinnen bereitgestellten Daten zum Gegenstand haben. Gegenstand des Vertrags zwischen F und E ist zunächst die Übergabe und Übereignung eines körperlichen Gegenstands, nämlich des Duschkopfs. Der Vertrag hat aber auch digitale Inhalte zum Gegenstand, denn die digitalen Funktionen des Duschkopfs werden mittels einer darin enthaltenen Steuerungssoftware und einer damit verbundenen App gesteuert.

4. Anwendbare Regelungen auf die verschiedenen Vertragselemente

Gemäß § 327a II 1 sind die §§ 327 ff. grundsätzlich auch auf Verbraucherverträge über Sachen anzuwenden, die digitale Produkte enthalten oder mit ihnen verbunden sind (wie dies hier bei der integrierten Steuerungssoftware und der mit ihr verbundenen App der

Fall ist). Dabei finden die §§ 327 ff. gemäß § 327a II 2 nur auf diejenigen Elemente des Vertrags Anwendung, welche die digitalen Produkte betreffen. Hier könnte es sich freilich um eine so genannte Ware mit digitalen Elementen i.S.d. § 327a III 1 handeln, auf die ausschließlich die Bestimmungen des Kaufrechts Anwendung finden (mit den Modifikationen der §§ 475b f.).

Eine Ware mit digitalen Elementen liegt nach der Legaldefinition des § 327a III 1 vor, wenn die Ware in einer Weise digitale Produkte enthält oder mit ihnen verbunden ist, dass die Ware ihre Funktionen ohne dieses digitale Produkt nicht erfüllen kann. Fraglich ist, ob dies auf den Duschkopf zutrifft, denn dieser kann einige Funktionen auch ohne die zugehörige App ausführen, während für andere Funktionen das digitale Produkt zentral ist. Es kommen verschiedene Interpretationen des § 327a III 1 in Betracht: Einerseits ließe sich darauf abstellen, ob einige Funktionen der Ware auch ohne das digitale Produkt erhalten bleiben. Dies ist bei dem Duschkopf der Fall, so dass der Vertrag unter § 327a II 1 zu subsumieren wäre. Andererseits könnten die Regelungen des Verbrauchsgüterkaufrechts nach § 327a III 1 bereits dann vorrangig sein, wenn sich lediglich eine Funktion der Kaufsache nicht ohne das digitale Produkt verwenden lässt – oder jedenfalls jene Funktionen nicht verfügbar sind, die der Kaufsache ihr digitales Gepräge verleihen. Nach dieser Interpretation fänden die §§ 327 ff. vorliegend keine Anwendung, weil die App dem Duschkopf zahlreiche Zusatzfunktionen verleiht, die auch dessen Eigenschaft als vernetztes Gerät prägen.

Eine Mittelposition könnte darin bestehen, danach zu differenzieren, ob das digitale Produkt eine Hauptfunktion oder eine bloße Nebenfunktion der Sache darstellt bzw. ermöglicht.[1] Dabei ist es aus Gründen der Rechtssicherheit geboten, auf die Betrachtung einer durchschnittlichen Käuferin der Sache abzustellen, nicht auf die konkrete Zwecksetzung der individuellen Käuferin. Da die Hauptfunktion eines Duschkopfs darin besteht, das Wasser aus der Leitung angemessen zu verteilen, wären die digitalen Zusatzfunktionen des Duschkopfs lediglich als Nebenfunktionen einzuordnen. Bei dem Duschkopf handelte es sich dann um eine Sache mit nicht funktionswesentlichen digitalen Elementen i.S.d. § 327a II. Schließlich könnte auch danach unterschieden werden, ob die Funktionen der Kaufsache von dem konkreten digitalen Produkt abhängen oder ob das digitale Produkt ohne Funktionsverlust für die Sache von der Käuferin mit zumutbarem Aufwand ersetzt werden könnte. Vorliegend ist nicht ersichtlich, dass der Duschkopf mit den Apps anderer Anbieter interoperabel ist, so dass nach dieser Abgrenzung von einer Ware mit digitalen Elementen auszugehen wäre.

Da die verschiedenen Auslegungsvarianten zu unterschiedlichen Ergebnissen führen, ist ein Streitentscheid erforderlich. Die besseren Argumente streiten für eine differenzierende Auslegung des § 327a III 1, weil anderenfalls die in dieser Norm angelegte Abgrenzung zwischen Waren mit funktionswesentlichen und nicht funktionswesentlichen digitalen Produkten keine Bedeutung für Kaufverträge hätte. Würde man die Austauschbarkeit des digitalen Produkts als Differenzierungskriterium heranziehen, so hätte es die Herstellerin mit der Gestaltung des Software-Systems in der Hand, über die Anwendung der §§ 327 ff. zu entscheiden. Deshalb sollte eine Differenzierung nach Haupt- und Nebenfunktionen vorgenommen werden, auch wenn hiermit eine gewisse

1 *Kern*, in: SWZ Neues EurGewährleistungsR, 2019, 30, 47 ff.

Rechtsunsicherheit verbunden ist. Da nach hier vertretener Auffassung die digitalen Funktionen des Duschkopfs lediglich als Nebenfunktionen einzustufen sind, handelt es sich bei dem Duschkopf nicht um eine Ware mit digitalen Elementen. Vielmehr ist die Bestimmung des § 327a II einschlägig.

5. Zwischenergebnis

Auf den Kaufvertrag finden somit die §§ 433 ff. Anwendung, wobei gemäß §§ 327a II, 475a II 1 Nr. 2, 2 auf den Vertragsbestandteil der Groove+-App die §§ 327 ff. an die Stelle der in §§ 433 ff. genannten Bestimmungen treten.

Hinweis: Eine andere Ansicht ist gut vertretbar; siehe die Hinweise zu einem alternativen Lösungsweg am Ende von Aufgabe 1. Sowie die alternative Begründung bei Rn. 206.

II. Vertragsbeendigung bzgl. des digitalen Elements, § 327m I

1. Erklärung der Vertragsbeendigung **481**

F strebt die Beendigung des Vertrags über das digitale Produkt und die Lösung vom gesamten Vertrag nach § 327m I und V an. Eine entsprechende Erklärung der Vertragsbeendigung hat F gegenüber E vorgenommen, indem sie den „Rücktritt" vom Vertrag erklärt hat. Das Wort „Vertragsbeendigung" muss nicht benutzt werden. Es genügt, dass der Entschluss der F zur Beendigung nach den Maßstäben des objektiven Empfängerhorizonts zum Ausdruck kommt, § 327o I 1.

2. Produktmangel, §§ 327e, 327f I

Fraglich ist, ob F zur Vertragsbeendigung bezüglich des digitalen Produkts berechtigt ist. Dafür müsste zunächst ein Grund zur Vertragsbeendigung über das digitale Element gemäß § 327m I vorliegen. Erste Voraussetzung ist, dass das digitale Produkt mangelbehaftet ist. Ein digitales Produkt weist gemäß § 327e I einen Produktmangel auf, wenn es zum maßgeblichen Zeitpunkt den objektiven oder subjektiven Anforderungen bzw. den Anforderungen an die Integration nicht entspricht. Der maßgebliche Zeitpunkt ist dabei grundsätzlich der Zeitpunkt der Bereitstellung, § 327e I 2.

Vorliegend funktioniert die Temperatureinstellungsfunktion des Duschkopfs aufgrund einer Fehlfunktion der Groove+-App nicht. Soweit ersichtlich, haben F und E keine Vereinbarung über diese Funktion des Duschkopfs getroffen, so dass das Fehlen dieser Funktion keine Verletzung der subjektiven Anforderungen nach § 327e II darstellt. Es könnte jedoch ein Abweichen von den objektiven Anforderungen nach § 327e III 1 Nr. 2 vorliegen. Danach entspricht ein digitales Produkt nur dann den objektiven Anforderungen, wenn es eine Beschaffenheit aufweist, die bei digitalen Produkten derselben Art üblich ist und die die Verbraucherin unter Berücksichtigung der Art des digitalen Produkts erwarten kann. Den Erwartungshorizont prägen dabei nach § 327e III 2 auch Anforderungen, die die Verbraucherin aufgrund öffentlicher Äußerungen einer Person in der Vertriebskette erwarten kann, z.B. aufgrund von Werbemitteilungen oder Darstellungen auf dem Etikett der Ware bzw. Verpackung. Hier wurde die Temperatureinstellungsfunktion in dem von E aufgestellten Werbeaufsteller angepriesen. Aufgrund dieser öffentlichen Äußerung durfte F erwarten, dass die App die von ihr gewünschte Funktion ermöglicht. Unerheblich ist in diesem Zusammenhang, ob der Werbeaufsteller ursprünglich von der Herstellerin oder von E produziert wurde. Eine der Ausnahmen des § 327e III 3 ist nicht einschlägig. Da die App nicht den objektiven Anforderungen entspricht, liegt ein Produktmangel vor.

3. Zeitpunkt der Bereitstellung

Fraglich ist, ob dieser Mangel bereits zum Zeitpunkt der Bereitstellung vorlag, denn F hat den Duschkopf erstmals drei Monate nach Vertragsschluss und Übergabe des Duschkopfs verwendet und zu diesem Zeitpunkt den Mangel erkannt. Nach § 327b III ist ein digitaler Inhalt bereitgestellt, sobald der digitale Inhalt oder die geeigneten Mittel für den Zugang zu diesem der Verbraucherin unmittelbar zugänglich gemacht worden sind. F hat die App am 1. Juni installiert, d.h. zu diesem Zeitpunkt war der digitale Inhalt bereitgestellt. Ob die Temperaturfunktion bereits zu diesem Zeitpunkt beeinträchtigt war, lässt sich im Nachhinein nicht mehr feststellen. F könnte hier jedoch die Vermutung des § 327k I zugutekommen. Danach wird vermutet, dass das digitale Produkt bereits bei der Bereitstellung mangelhaft war, wenn sich ein Mangel innerhalb eines Jahres seit der Bereitstellung zeigt. Nach §§ 187 I, 188 II profitiert F bis zum 1. Juni des Folgejahres von dieser Beweislastumkehr. Da sich der Mangel Anfang September nach ca. drei Monaten gezeigt hat, wird folglich vermutet, dass das digitale Produkt zum maßgeblichen Zeitpunkt mangelhaft war.

4. Weitere Voraussetzungen der Vertragsbeendigung

a) Beendigungsgrund i.S.d. § 327m I

Für eine Vertragsbeendigung müsste über den Produktmangel hinaus ein Beendigungsgrund gem. § 327m I vorliegen. § 327m I Nr. 2 könnte einschlägig sein. Danach kann eine Verbraucherin den Vertrag beenden, wenn ihr Nacherfüllungsanspruch nicht i.S.d. § 327l I erfüllt wurde. Gem. § 327l I 2 hat die Unternehmerin die Nacherfüllung innerhalb einer angemessenen Frist und ohne erhebliche Unannehmlichkeiten für die Verbraucherin durchzuführen. Anders als nach § 323 I bedarf es nicht des Setzens einer Nachfrist durch die Verbraucherin. Vielmehr ist es ausreichend, wenn seit der Anzeige des Mangels durch die Verbraucherin eine angemessene Nacherfüllungsfrist verstrichen ist. Vorliegend hat F den E am 10. September über den Produktmangel informiert und am 7. Oktober die Vertragsbeendigung erklärt. Fraglich ist, ob ein Zeitraum von 28 Tagen für die Nacherfüllung als angemessen anzusehen ist. Dies ist nach den Umständen des Einzelfalls zu beurteilen. Grundsätzlich wird man bei Verbrauchsgüterkäufen einen Zeitraum von 28 Tagen zum Zwecke der Nacherfüllung durchaus als ausreichend betrachten können. Ein Beendigungsgrund gem. § 327m I Nr. 2 liegt somit vor.

Hinweis: Vertretbar ist es auch, einen Fall des § 327m I Nr. 1 anzunehmen, denn der Nacherfüllungsanspruch könnte gem. § 327l II 1 Alt. 1 ausgeschlossen sein. Nur die Herstellerin kann das Problem beheben. Die Nacherfüllung ist für E nach § 275 I subjektiv unmöglich, sofern sie keine Möglichkeit hat, auf die Herstellerin einzuwirken.

b) Kein Ausschluss nach § 327m II 1

Ein Recht der F zur Beendigung des Vertrages bestünde allerdings nicht, wenn der Mangel unerheblich i.S.d. § 327m II 1 wäre. Ob der Mangel erheblich ist, ist im Rahmen einer umfassenden Interessenabwägung zu beurteilen. Dabei sind insbesondere das Interesse eines typischen Verbrauchers an der Mangelbeseitigung sowie der mit dem Mangel verbundene wirtschaftliche Minderwert zu berücksichtigen. Die Beweislast bzgl. der Unerheblichkeit liegt beim Unternehmer, hier bei E. Bei der Temperatureinstellungs-Funktion handelt es sich um eine Beschaffenheit des digitalen Inhalts, die in der Werbung besonders herausgestellt wurde. Von einer Unerheblichkeit des Mangels ist deshalb nicht auszugehen.

5. Rechtsfolge

Gem. § 327o II 1 hat E der F die Zahlungen zu erstatten, welche F zur Erfüllung des digitalen Elements des Vertrags geleistet hat. Für die Erstattung gelten § 327o IV i.V.m. § 327n IV 2 entsprechend.

6. Lösung vom gesamten Vertrag

F möchte nicht nur den Vertragsbestandteil bezüglich der App beenden, sondern sich von dem gesamten Kaufvertrag über den Duschkopf lösen. Dies wäre ihr möglich, wenn die Voraussetzungen des § 327m V gegeben wären.

a) Voraussetzungen des § 327m V

Nach § 327m V ist eine Lösung vom gesamten Vertrag (also auch mit Blick auf das Sachelement) zulässig, wenn sich die Sache aufgrund des Mangels des digitalen Produkts nicht zur gewöhnlichen Verwendung eignet. Bei der Frage, ob sich der Duschkopf mangels ordnungsgemäß funktionierender digitaler Steuerung für die gewöhnliche Verwendung eignet, ist ein objektiver Maßstab zugrunde zu legen. Entscheidend ist, was eine Durchschnittsverbraucherin bei Waren derselben Art als gewöhnliche Verwendung ansehen würde. Zur „gewöhnlichen Verwendung" eines digital betriebenen Duschkopfs zählen dabei auch die digitalen Funktionen, die eine Verbraucherin vernünftigerweise erwarten kann. Von einem vernetzten Gerät kann ein Verbraucher vernünftigerweise erwarten, dass die digitale Steuerung funktioniert. F ist somit berechtigt, sich von dem Vertrag insgesamt zu lösen (aA vertretbar).

b) Rechtsfolge

F hat folglich einen Anspruch auf Rückerstattung des gesamten Kaufpreises gegenüber E. Da nach § 327a II 1 zwischen den beiden Elementen des Kaufpreises zu differenzieren ist, ist der Rückerstattungsanspruch auf unterschiedliche Normen zu stützen:[2] Mit Blick auf das digitale Element folgt der Anspruch auf Rückerstattung aus § 327o II 1. Mit Blick auf das Sachelement unterliegt der Vertrag den kaufrechtlichen Vorschriften, so dass sich der Rückerstattungsanspruch aus § 346 I ergibt.

---

2 BT-Drs. 19/27653, 52; BeckOGK/*Fries*, § 327m Rn. 17, § 327c Rn. 17.

III. Ergebnis

482 F hat gegen E einen Anspruch auf Rückzahlung von 150 € gemäß §§ 327o II 1, 327i Nr. 2 Alt. 1, 327m I, II, 475a II BGB und §§ 346 I, 327m V.

Alternativer Lösungsweg:

Einstufung des Duschkopfs als Ware mit digitalen Elementen gemäß § 327a Abs. 3

Gut vertretbar könnte der Kaufvertrag auch als Kaufvertrag über eine Ware mit verbundenen digitalen Elementen gemäß § 327a Abs. 3 S. 1 eingestuft werden. Dann empfiehlt es sich, die Prüfung mit einem Anspruch aus §§ 346 I, 323 I Alt. 2, 437 Nr. 2, 475b zu beginnen. Nachfolgend wird dieser alternative Lösungsweg dargestellt.

I. Verbrauchsgüterkauf über eine Ware mit digitalen Elementen, §§ 433, 474 I, 327a III 1

Fraglich ist, ob F ein Anspruch auf Rückerstattung des Kaufpreises aus §§ 346 I, 323 I Alt. 2, 437 Nr. 2, 475b wegen Rücktritts vom Kaufvertrag zusteht. Dies setzt zunächst voraus, dass es sich um den Kauf einer Ware mit digitalen Elementen i.S.d. § 327a III Satz 1 handelt (zu den Erwägungen siehe oben I.4.).

II. Rücktrittsgrund

1. Leistungspflicht aus einem gegenseitigen Vertrag

Ein Rücktritt vom Kaufvertrag würde nach §§ 437 Nr. 2 Alt. 1, 323 zunächst voraussetzen, dass die Parteien einen gegenseitigen Vertrag geschlossen haben und E seine fällige Leistung nicht vertragsgemäß erbracht hätte. Der Kaufvertrag ist zweifellos ein gegenseitiger Vertrag, doch ist fraglich, ob E zur Leistung der App verpflichtet ist. Zugunsten der F streitet hier die Vermutung der §§ 475b I 2, 327a III 2, dass die Leistungspflicht des E auch die Bereitstellung des digitalen Produkts erfasst. Die Leistung des E war gemäß § 271 I auch fällig.

2. Sachmangel

Eine Ware mit digitalen Elementen ist gemäß § 475b II frei von Sachmängeln, wenn sie bei Gefahrübergang bzw. während des Aktualisierungszeitraums den subjektiven Anforderungen, den objektiven Anforderungen, den Montageanforderungen und den Installationsanforderungen entspricht. Hier entspricht die Kaufsache nicht den objektiven Anforderungen der §§ 475b Abs. 4 Nr. 1, 434 Abs. 3 S. 1 Nr. 2 (siehe dazu die Argumentation oben II.2.). Dieser Sachmangel lag auch bereits im Zeitpunkt des Gefahrübergangs bei Übergabe des Duschkopfs am 1. Juni vor, wobei sich F auf die Beweislastumkehr des § 477 Abs. 1 berufen kann. Aufgrund des Sachmangels hat E ihre fällige Leistung nicht vertragsgemäß erbracht.

3. Weitere Rücktrittsvoraussetzungen

Als weitere Rücktrittsvoraussetzung bedarf es gemäß § 323 II grundsätzlich einer angemessenen Nachfristsetzung oder deren Entbehrlichkeit. Für Verbraucherverträge wie den hier vorliegenden enthält § 475d I jedoch eine abweichende Regelung, die § 323 II vorgeht. Hier liegt ein Fall des § 475d I 1 Nr. 1 vor (siehe dazu die Ausführungen oben II.4.a). Da der Mangel auch nicht unerheblich ist (siehe dazu die Ausführungen oben II.4.b), kann F von dem Kaufvertrag über den Duschkopf zurücktreten.

IV. Rücktrittserklärung

F hat gegenüber E explizit den Rücktritt vom Kaufvertrag gemäß § 349 erklärt. **483**

Ergebnis

Aufgrund des Rücktritts hat F gegen E einen Anspruch auf Rückerstattung des Kaufpreises aus § 346 Abs. 1. **484**

Aufgabe 2 Anspruch der F gegen B auf die Aktualisierung der BikeForYou-App gem. §§ 327i Nr. 1, 327l

F könnte gegen B einen Anspruch auf die Aktualisierung der BikeForYou-App im Wege der Nacherfüllung gemäß §§ 327i Nr. 1, 327l haben. Dafür müsste ein Verbrauchervertrag über ein digitales Produkt gem. §§ 327, 327a vorliegen, und das digitale Produkt müsste während des geschuldeten Bereitstellungszeitraums einen Mangel i.S.d. § 327e aufweisen. **485**

I. Vorliegen eines Verbrauchervertrags über digitale Produkte, § 327 I, § 327a II, § 310 III

1. Verbrauchervertrag über ein digitales Produkt **486**

Das Bereitstellen bzw. Herunterladen der App und die Registrierung der F ist nach dem objektiven Empfängerhorizont als Abschluss eines Vertrags zwischen B und F zu interpretieren. Dem steht auch die Vermutungsregel des § 327a III 2 nicht entgegen, denn der Mitarbeiter des E hat im Vorfeld des Vertragsschlusses über den Fahrradcomputer deutlich darauf hingewiesen, dass die App von B angeboten wird und die dadurch eröffneten Zusatzfunktionen nicht von der Bereitstellungspflicht des E umfasst sind. Die Vermutung des § 327a III 2 ist somit widerlegt. Da F Verbraucherin i.S.d. § 13 und B Unternehmerin i.S.d. § 14 ist, liegt ein Verbrauchervertrag i.S.d. § 310 III vor. Dieser bezieht sich auch auf ein digitales Produkt i.S.d. § 327 I. Als Zwischenergebnis lässt sich folglich festhalten, dass F und B einen Verbrauchervertrag über die Bereitstellung eines digitalen Produkts geschlossen haben. Es dürfte sich dabei um einen typengemischten Vertrag mit dienst- und werkvertraglichen Elementen handeln.

2. Zahlen mit Daten

Zwar hat F für die Leistung der B keinen Preis gezahlt, wie dies § 327 I grundsätzlich vorsieht. Doch könnte diese Tatsache gemäß § 327 III unerheblich sein, wenn F der B personenbezogene Daten bereitgestellt hätte. Der Begriff der personenbezogenen Daten ist in Art. 4 Nr. 1 DS-GVO legaldefiniert. Es handelt sich um „alle Informationen, die sich auf eine identifizierte oder identifizierbare natürliche Person beziehen“. Vorliegend werden bei der Benutzung der Karten unter anderem die Standortdaten der F gespeichert, d.h. auf die F bezogene Daten.

Allerdings enthalten §§ 327 III 2, 312 Ia 2 einen Ausnahmetatbestand. Danach fehlt es an einem so genannten „Bezahlen mit Daten“, wenn der Unternehmer die von der Verbraucherin bereitgestellten personenbezogenen Daten ausschließlich verarbeitet, um seine Leistungspflicht oder an ihn gestellte rechtliche Anforderungen zu erfüllen. Zwar verarbeitet B die Standortdaten der F u.a. zur Routenplanung, d.h. zur Erfüllung der Leistungspflichten der B. Die Standortdaten der F werden jedoch auch zur Anzeige von Verkehrsbehinderungen für andere Nutzer verarbeitet. Zudem nutzt B die Daten, um personalisierte Werbung einzublenden. Da die Datenverarbeitung somit nicht ausschließlich dem Zweck der Vertragserfüllung dient, ist die Ausnahme der §§ 327 III 2, 312 Ia 2 nicht einschlägig. Ein Verbrauchervertrag über die Bereitstellung eines digitalen Produkts liegt somit vor.

II. Produktmangel, §§ 327e I, III 1 Nr. 5, 6, 327f I

487 Ein Anspruch auf Nacherfüllung nach §§ 327i Nr. 1, 327l setzt ferner voraus, dass die BikeForYou-App einen Produktmangel aufweist. Dies wäre nach § 327e I 1 der Fall, wenn die App zur maßgeblichen Zeit den subjektiven Anforderungen, den objektiven Anforderungen oder den Anforderungen an die Integration nicht entspräche. Dabei ist gemäß § 327e I 2 der maßgebliche Zeitpunkt grundsätzlich jener der erstmaligen Bereitstellung – es sei denn, die Parteien hätten eine dauerhafte Bereitstellung des digitalen Inhalts vereinbart, was vorliegend allerdings nicht der Fall war. Aus dem Sachverhalt ergeben sich keine Anhaltspunkte dafür, dass die App zum Zeitpunkt der erstmaligen Bereitstellung einen Mangel aufgewiesen hätte. Insbesondere hat B der F die App gemäß § 327e III 1 Nr. 6 in der zum Zeitpunkt des Vertragsschlusses neuesten verfügbaren Version bereitgestellt, denn die Aktualisierung der App erfolgte erst zu einem späteren Zeitpunkt.

Gemäß § 327e III 1 Nr. 5 zählt es allerdings außerdem zu den objektiven Anforderungen an das digitale Produkt, dass der Verbraucherin Aktualisierungen gemäß § 327f bereitgestellt werden. Hierbei handelt es sich um solche Aktualisierungen, die für den Erhalt der Vertragsmäßigkeit des digitalen Produkts erforderlich sind, einschließlich Sicherheitsaktualisierungen (§ 327f I 1, 2). Abzugrenzen sind solche sog. *Updates* von sog. *Upgrades*, welche neue Funktionalitäten einführen und über das zur Aufrechterhaltung der Vertragsmäßigkeit erforderliche Maß hinausgehen. Die neue BikeForYou-App zeichnet sich durch eine umfassende konzeptionelle Überarbeitung aus: Die Benutzeroberfläche wurde überarbeitet, die neue Version unterstützt neuere technische Standards und die Interoperabilität wurde erweitert. Damit stellt die Aktualisierung ein *Upgrade* dar, welches über das nach § 327f I geschuldete Maß hinausgeht.

III. Ergebnis

488 Die fehlende Bereitstellung der Aktualisierung verletzt nicht die Pflicht der B zur Bereitstellung von Aktualisierungen gemäß § 327f I. Ein Produktmangel i.S.d. § 327e III Nr. 5 liegt nicht vor, weshalb auch ein Anspruch der F gegen B auf Nacherfüllung ausscheidet. F hat gegen B keinen Anspruch auf die Aktualisierung der App gemäß §§ 327i Nr. 1, 327l.

Klausur 6:

Die defekte Schaltung

Nach harten Anfangsjahren hat Rechtsanwalt R es geschafft, seine Kanzlei am Markt zu etablieren. Um diesem Erfolg gebührend Ausdruck zu verleihen, beschließt er, seinen alten Golf durch eine schicke Limousine zu ersetzen. Den Wagen will R vorwiegend in seiner Freizeit fahren, aber auch dazu nutzen, bei wichtigen Terminen seine Mandanten zu beeindrucken. R entdeckt ein Fahrzeug nach seinem Geschmack bei Autohändler H, mit dem er rasch handelseinig wird. Hinsichtlich des Kaufpreises i.H.v. 60.000 € wird vereinbart, dass R einen Betrag i.H.v. 20.000 € unmittelbar an H zahlt. Die weiteren 40.000 € sollen über ein Darlehen der S-Bank finanziert werden, rückzahlbar in 48 Monatsraten à 850 € (Sollzinssatz von 1,99 %), jeweils am 15. eines jeden Monats. H arbeitet regelmäßig mit der S-Bank zusammen und überreicht dem R einen entsprechenden Darlehensantrag, den R unterzeichnet und an die S-Bank sendet. Am 1. Juni schließen R und H den Kaufvertrag über das Auto. Am 15. Juni geht bei R die von der S-Bank automatisiert erstellte, schriftliche Annahme des Darlehensantrags ein. Auf diesem Schreiben findet sich eine eingescannte Unterschrift eines Mitarbeiters der S. Mit gleicher Post wird R eine Ausfertigung der Vertragsurkunde zugesandt. Auch über ein Widerrufsrecht wird R informiert. Einen Hinweis auf eventuelle Folgen eines Widerrufs des Darlehensvertrags für den Kaufvertrag enthält die Widerrufsbelehrung nicht. Die S-Bank zahlt den Darlehensbetrag vereinbarungsgemäß Ende Juni an H aus. H übergibt das Auto am 30. Juni an R. 489

Knapp fünf Monate später schaltet die im Fahrzeug eingebaute Automatikschaltung in der Einstellung „D“ nicht mehr selbständig in den Leerlauf, sodass der Motor häufiger ausgeht und ein Anfahren oder Rückwärtsfahren bei Steigungen nicht mehr möglich ist. Diese Fehlfunktion kann entweder auf einen bereits bei Auslieferung bestehenden Materialfehler oder auf die unsachgemäße Bedienung des Wagens zurückzuführen sein. Jedenfalls verweigert H die Nacherfüllung, wobei auch eine durch R gesetzte Frist fruchtlos verstreicht.

Aufgabe 1

Während sich R noch mit H streitet, verlangt die S-Bank von R die Zahlung der ausstehenden Dezember-Rate. R erklärt, aufgrund des Ärgers mit H zahle er erst einmal nichts. Kann die S-Bank dennoch die weitere Zahlung der Darlehensraten von R verlangen?

Aufgabe 2

Der Streit mit H lässt sich nicht außergerichtlich bereinigen. R erinnert sich daran, dass ihm mit der Annahmeerklärung der S-Bank auch eine Widerrufsbelehrung zugesandt wurde. Er sucht die Unterlagen hervor und erkennt, dass er in dieser Erklärung nicht über die eventuellen Folgen einer Ausübung des Widerrufs des Darlehensvertrags auf den Kaufvertrag belehrt wurde. Am 31. Dezember erklärt R daher gegenüber S den Widerruf des Darlehensvertrags. Die Bank fordert aber weiterhin die Rückzahlung des

Darlehens sowie die Zahlung von Zinsen. Als Rechtsanwalt seien R die Folgen des Widerrufsrechts ohnehin bekannt. R ist hingegen der Auffassung, die S müsse ihm die in den Monaten Juli bis November bereits bezahlten Raten sowie die an H erfolgte Anzahlung zurückerstatten. Welche Ansprüche bestehen zwischen R und S?

Bearbeitervermerk. Eine ggf. erforderliche Berechnung des konkreten Zinsbetrages ist erlassen.

Lösungsskizze

Aufgabe 1 **490**

Anspruch der S → R auf Rückzahlung des Darlehens aus § 488 I 2

I. Anspruch entstanden

1. Wirksamer Darlehensvertrag
   a) Formwirksamkeit
      aa) Vorliegen eines Verbraucherdarlehensvertrags i.S.d. § 491 II
         – Darlehensgeberin S ist Unternehmerin i.S.d. § 14
         – trotz der gemischten Zwecksetzung ist Darlehensnehmer R Verbraucher i.S.d. § 13
         – Entgeltlichlichkeit des Darlehensvertrags wegen Zinsvereinbarung
         – Allgemein-Verbraucherdarlehensvertrag i.S.d. § 491 II
      bb) Modifizierte Schriftform i.S.d. § 492 I
         – getrennte schriftliche Erklärung von Antrag und Annahme
         – Unterschrift auf Seiten der S entbehrlich, da automatisierte Erstellung
      cc) Mindestinhalt gemäß § 492 II
         – Vorliegen eines verbundenen Vertrags i.S.d. § 358 III (+)
         – Widerrufsbelehrung enthält keinen Hinweis gemäß Art. 247 § 12 I 2 Nr. 2 lit. b EGBGB
      dd) Heilung nach § 494 II
         – Auszahlung an H auf Anweisung des R ausreichend
2. Zur Verfügungstellung des Darlehens (+)

II. Anspruch durch Erfüllung erloschen, § 362 I (-)

III. Anspruch fällig und durchsetzbar

1. Fälligkeit
2. Einrede nach § 359 I
   a) Einwendung gegenüber H aus §§ 320, 437 Nr. 1, 434 III 1 Nr. 1, 439 I
      aa) Abweichen der Ist- von der vertraglichen Sollbeschaffenheit
         – Beweislast für Vorliegen des Defekts zum Zeitpunkt des Gefahrübergangs grds. nach § 363 bei R
      bb) Beweislastumkehr gemäß § 477
         – Defekt innerhalb von einem Jahr nach Übergabe aufgetreten
         – konkreter Defekt lag unstreitig zum Zeitpunkt des Gefahrübergangs noch nicht vor
         – Reichweite der Vermutung des § 477 umfasst auch das Bestehen eines Grundmangels im Zeitpunkt des Gefahrübergangs
   b) Nacherfüllung fehlgeschlagen, § 359 I 3
      – Dem Fehlschlagen nach § 440 S. 2 sind die in § 440 benannten Alternativen gleichzustellen

Ergebnis: Der Anspruch der S gegen den R auf Zahlung der Dezember-Rate aus § 488 I 2 besteht zwar, ist aber nicht durchsetzbar.

Aufgabe 2

A. Ansprüche der S → R

I. Anspruch der S gegen R auf Rückzahlung des Darlehens aus § 488 I 2

1. Anspruch entstanden
   a) Wirksamer Darlehensvertrag
   b) Zur Verfügungstellung des Darlehens, § 488 I 2
2. Anspruch erloschen durch Widerruf gemäß §§ 355 I 1, 495 I
   a) Bestehen eines Widerrufsrechts nach § 495
   b) Ausübung des Widerrufsrechts
      - Widerrufserklärung vom 31.12.
      - Widerrufsfrist nach § 356b II 1 noch nicht in Gang gesetzt
      - Absolute Ausschlussfrist des § 356b II 4 findet keine Anwendung auf Allgemein-Verbraucherdarlehensverträge

Ergebnis: Der Anspruch der S gegen R auf Rückzahlung des Darlehens i.H.v. 40.000 € aus § 488 I 2 ist infolge wirksamen Widerrufs erloschen.

II. Anspruch auf Darlehensrückgewähr i.H.v. 40.000 € gem. §§ 355 III 1, 357b I

1. Anspruch entstanden
2. Anspruch erloschen durch Saldierung mit Gegenanspruch des R
   a) Anspruch des R auf Rückzahlung des Kaufpreises aus § 355 III
      - aufgrund der Widerrufserstreckung nach § 358 II
   b) Eintritt der S-Bank in die Rechte und Pflichten des H nach § 358 IV 5
      - H ist das Darlehen bereits zugeflossen
   c) Erlöschen des Anspruchs durch Saldierung (+)

Ergebnis: Der Anspruch der S aus §§ 355 III 1, 357a I ist zwar entstanden, aber durch Saldierung mit dem Gegenanspruch des R aus §§ 358 IV 1, 5, 355 III erloschen.

III. Anspruch der S gegen R auf Zinszahlung nach § 357b III 1

IV. Anspruch der S gegen R auf Rückgabe des Fahrzeugs aus §§ 355 III, 358 IV 5

V. Anspruch der S gegen R auf Wertersatz aus §§ 358 IV 1, 5, 357a I

- Wertverlust durch Abnutzung
- Über Prüfung hinausgehende Nutzung i.S.d. § 357a I Nr. 1
- Widerrufsbelehrung § 357a I Nr. 2 (-)
- §§ 358, 357a I Nr. 2 als Verweis auf Art. 247 §§ 6 II, 12 I Nr. 2a EGBGB zu lesen

Ergebnis: Ein Anspruch der S gegen R auf Wertersatz nach §§ 358 IV 1, 5, 357 VII besteht nicht.

B. Ansprüche des R → S

I. Anspruch des R gegen S auf Rückerstattung bereits geleisteter Tilgung i.H.v. 4.250 € aus § 355 III 1 (+)

II. Anspruch auf Rückzahlung des Kaufpreises i.H.v. 60.000 €, §§ 355 III, 358 IV 5

- Anspruch aufgrund der Auszahlung des Darlehens an H entstanden
- Anspruch teilweise erloschen i.H.v. 40.000 € durch Saldierung mit dem Anspruch der S gegen R auf Rückerstattung des Darlehens aus § 355 III 1

Ergebnis: R kann von S Rückerstattung der an H geleisteten Anzahlung i.H.v. 20.000 € verlangen.

Lösungsvorschlag

Aufgabe 1 Anspruch der S gegen R auf Rückzahlung des Darlehens aus § 488 I 2

491 S kann von R Zahlung der weiteren Raten aus § 488 I 2 verlangen, wenn die Parteien einen wirksamen Darlehensvertrag geschlossen haben, das Darlehen dem R zur Verfügung gestellt wurde und dem Anspruch keine Einrede entgegensteht.

I. Anspruch entstanden

492 1. Wirksamer Darlehensvertrag

Zu prüfen ist zunächst, ob ein wirksamer Darlehensvertrag zwischen den Parteien besteht. R hat einen Antrag auf Vergabe eines Darlehens an die S gerichtet und die Annahme dieses Antrags ist dem R am 15. Juni zugegangen.

a) Formwirksamkeit

aa) Vorliegen eines Verbraucherdarlehensvertrags i.S.d. § 491 II

Fraglich ist, ob der Vertrag formwirksam ist. Ein Darlehensvertrag bedarf grundsätzlich keiner besonderen Form, sofern es sich nicht um einen Verbraucherdarlehensvertrag i.S.d. § 491 handelt, d.h. um ein von einem Unternehmer an einen Verbraucher gewährtes, entgeltliches Darlehen. Hier schließt die S als Darlehensgeberin den Vertrag zu gewerblichen Zwecken und ist somit Unternehmerin i.S.d. § 14. R wäre als Verbraucher i.S.d. § 13 einzustufen, wenn er das Darlehen zu Zwecken abgeschlossen hätte, die überwiegend nicht seiner selbständigen beruflichen Tätigkeit zugerechnet werden können. Laut Sachverhalt nimmt R das Darlehen zwecks Beschaffung eines Fahrzeugs auf, das er vorwiegend zu privaten und nur gelegentlich zu beruflichen Zwecken nutzen möchte. Da im Rahmen dieser gemischten Zwecksetzung der private Zweck überwiegt, ist R folglich Verbraucher i.S.d. § 13. Die Parteien haben einen Sollzinssatz von 1,99 % vereinbart, womit es sich um ein entgeltliches Darlehen handelt. Das Darlehen dient weder dem Grunderwerb noch ist es durch ein Grundpfandrecht besichert, weshalb es sich um einen Allgemein-Verbraucherdarlehensvertrag i.S.d. § 491 II handelt. Die Ausnahmebestimmungen des § 491 II 2 sind nicht einschlägig.

bb) Modifizierte Schriftform i.S.d. § 492 I

Der Verbraucherdarlehensvertrag zwischen S und R müsste der modifizierten Schriftform der §§ 492 I, 126 genügen. Danach reicht es grundsätzlich aus, wenn Antrag und Annahme durch die Vertragsparteien jeweils getrennt schriftlich erklärt worden sind. R hat den Darlehensantrag – wie von § 126 I gefordert – eigenhändig unterzeichnet. Die automatisiert erstellte Annahmeerklärung der S ist zwar nicht von einem Vertreter eigenhändig unterzeichnet, doch ist nach § 492 I 3 eine handschriftliche Zeichnung entbehrlich, sofern die Erklärung des Darlehensgebers mithilfe einer automatisierten Einrichtung errichtet wurde. Der Vertrag genügt damit den Formanforderungen des § 492 I.

cc) Mindestinhalt gemäß § 492 II

Es bleibt zu prüfen, ob der Vertrag auch die gemäß § 492 II für einen Verbraucherdarlehensvertrag vorgeschriebenen Angaben nach Art. 247 §§ 6 bis 13 EGBGB enthält. Zweifelhaft könnte dies mit Blick auf die vorgeschriebene Belehrung des R über sein Widerrufsrecht sein. Zwar wurde R laut Sachverhalt über ein Widerrufsrecht informiert, doch ließ diese Belehrung einen Hinweis auf die Folgen eines Widerrufs für den Kaufvertrag zwischen R und H vermissen. Nach Art. 247 § 12 I Nr. 2b EGBGB wäre S verpflichtet gewesen, über diese Rechtsfolgen zu informieren, wenn es sich bei dem Kaufvertrag zwischen R und H sowie dem Darlehensvertrag zwischen R und S um verbundene Verträge i.S.d. § 358 handelte.

Nach § 358 III sind ein Vertrag über die Lieferung einer Ware und ein Darlehensvertrag verbunden, wenn das Darlehen ganz oder teilweise der Finanzierung des anderen Vertrags dient und beide Verträge eine wirtschaftliche Einheit bilden. Nach dem Regelbeispiel des § 358 III 2 liegt eine wirtschaftliche Einheit vor, wenn sich der Darlehensgeber bei Vorbereitung oder Abschluss des Darlehensvertrags der Mitwirkung des Unternehmers bedient. Beide Voraussetzungen sind hier erfüllt: Das Darlehen dient der Finanzierung des Kaufpreises für den Pkw und H hat R sowohl auf die Finanzierungsmöglichkeit durch die S hingewiesen als auch R den Darlehensantrag überreicht. Da die Verträge folglich miteinander verbunden sind, hätte S den R gemäß Art. 247 § 12 I Nr. 2b EGBGB über die Rechtsfolgen der §§ 358, 359 unterrichten müssen. Aufgrund dieses Unterrichtungsmangels war der Darlehensvertrag zunächst nach § 494 I nichtig.

dd) Heilung nach § 494 II

Der Mangel könnte allerdings nach § 494 II durch Empfangnahme des Darlehens geheilt worden sein. Dazu müsste der Betrag dem Vermögen des R endgültig zugeflossen sein. Hier ist der Darlehensbetrag zwar nicht auf dem Konto des R verbucht worden, aber auf Anweisung des R an den H gezahlt worden. Auch eine solche vereinbarungsgemäße Auszahlung an einen Dritten stellt eine Empfangnahme durch den Darlehensnehmer dar. Der Darlehensvertrag ist somit wirksam.

2. Zur Verfügungstellung des Darlehens

Der Anspruch auf Darlehensrückzahlung nach § 488 I 2 setzt voraus, dass das Darlehen dem Darlehensnehmer zur Verfügung gestellt wurde. Dies ist hier ebenfalls durch die Auszahlung an H auf Anweisung des R erfolgt.

Zwischenergebnis

Der Rückzahlungsanspruch der S gegen R aus § 488 I 2 ist demnach entstanden. **493**

II. Anspruch durch Erfüllung erloschen, § 362 I

Hinsichtlich der Teilzahlungsraten ab Dezember ist der Anspruch der S gegen R auf **494**
Rückzahlung des Darlehens auch nicht durch Erfüllung nach § 362 I erloschen, da R die Zahlung verweigert hat.

III. Anspruch fällig und durchsetzbar

495 1. Fälligkeit

Die Dezember-Rate ist zum 15.12. fällig geworden, alle weiteren Raten werden jeweils am 15. eines jeden Monats fällig, vgl. § 271 Alt. 1.

2. Einrede nach § 359 I

Allerdings könnte R nach § 359 I die Rückzahlung des Darlehens verweigern, wenn ihn eine Einwendung aus dem verbundenen Vertrag mit H dazu berechtigen würde, diesem gegenüber die Leistung zu verweigern.

a) Einwendung gegenüber H aus §§ 320, 437 Nr. 1, 434 III 1 Nr. 1, 439 I

R könnte gegenüber H aufgrund der defekten Automatikschaltung zur Leistungsverweigerung aus §§ 320, 437 Nr. 1, 434 I, II 1 Nr. 1, 439 I berechtigt sein. Dazu müsste ein Sachmangel zum Zeitpunkt des Gefahrübergangs vorgelegen haben.

aa) Abweichung der Ist- von der vertraglichen Sollbeschaffenheit

Aufgrund der defekten Automatikschaltung eignet sich das Fahrzeug zum gegenwärtigen Zeitpunkt nicht mehr zur gewöhnlichen Verwendung, entspricht also im Sinne des § 434 I, III 1 Nr. 2 nicht der erforderlichen Beschaffenheit. Laut Sachverhalt lässt sich allerdings nicht klären, ob diese Beschaffenheitsabweichung auf einen bereits zum Zeitpunkt des Gefahrübergangs, d.h. bei Übergabe des Fahrzeugs am 30. Juni, vorliegenden Materialfehler zurückzuführen ist. Vielmehr könnte der Defekt auch durch Fahrfehler des R zu einem späteren Zeitpunkt entstanden sein. Gemäß § 363 trägt grundsätzlich der Käufer nach der Annahme des Kaufgegenstands die Beweislast für das Vorliegen eines Mangels bei Gefahrübergang.

bb) Beweislastumkehr gemäß § 477

R könnte aber vorliegend die Beweislastumkehr des § 477 I 1 zugutekommen, wenn sich der Mangel innerhalb von einem Jahr seit Gefahrübergang gezeigt hätte. Der zwischen H als Unternehmer und R als Verbraucher geschlossene Kaufvertrag über den Pkw als bewegliche Sache ist ein Verbrauchsgüterkauf i.S. der §§ 474 I, 13, 14, sodass § 477 gemäß § 474 II 1 zur Anwendung gelangt. Zudem hat sich der Defekt an der Schaltung innerhalb von fünf Monaten nach Übergabe des Wagens an R am 30. Juni gezeigt.

Doch könnte die Vermutung des § 477 insoweit entkräftet sein, als der konkrete Mangel (Fehlfunktion der Schaltung) bei Gefahrübergang unstreitig noch nicht vorlag. Der Schaltungsdefekt könnte hier zwar auf einem bereits bei Übergabe vorhandenen Grundmangel, nämlich einem Materialfehler beruhen, der im Laufe der Zeit den Folgemangel in Form des Schaltungsfehlers herbeigeführt haben könnte. Fraglich ist aber, ob die Beweislastumkehr des § 477 auch eine Vermutung dahingehend aufstellt, dass ein unstreitig erst nach Gefahrübergang entstandener Mangel (sog. Folgemangel) dem Kern nach bereits zum Zeitpunkt des Gefahrübergangs angelegt war.[1] Eine so weitgehende Vermutung könnte aufgrund der damit für den Verkäufer verbundenen Beweisnachteile abzulehnen sein.

---

1 Nach der früheren Rechtsprechung des BGH war eine solch weitgehende Vermutung abzulehnen, siehe die Nachweise in BGH NJW 2017, 1093, 1096.

Allerdings spricht bereits der Wortlaut des § 477 dafür, die Mangelvermutung auch auf einen bei Vertragsschluss eventuell vorliegenden Grundmangel zu erstrecken. Denn sofern sich innerhalb von einem Jahr nach Gefahrübergang ein Mangel zeigt, wird nach dem Wortlaut des § 477 nicht etwa vermutet, dass *dieser Mangel* bei Gefahrübergang vorlag, sondern vielmehr generell vermutet, dass die Sache bei Gefahrübergang mangelhaft war. Auch der Zweck des § 477, die Beweisposition des Verbrauchers aufgrund der typischerweise überlegenen Fachkenntnis des Verkäufers zu stärken, spricht für eine weite Auslegung. Anderenfalls liefe § 477 oftmals leer, weil der Verkäufer sich durch die Behauptung einer Fehlbedienung durch den Käufer entlasten könnte. Schließlich ist § 477 als durch Art. 5 III VerbrGK-RL geprägte Norm richtlinienkonform auszulegen. Nach der Rechtsprechung des EuGH ist die Vermutungsregel des Art. 5 III VerbrGK-RL weit auszulegen und erstreckt sich auch auf das Vorhandensein eines Grundmangels zum Zeitpunkt der Übergabe.[2] Der Unternehmer kann die Vermutungswirkung nur widerlegen, indem er beweist, dass der Ursprung des Mangels in einem Handeln bzw. Unterlassen des Verbrauchers oder eines Dritten nach der Lieferung liegt. Da H diesen Nachweis vorliegend nicht erbracht hat, wird die Mangelhaftigkeit des Wagens bei Gefahrübergang vermutet.

Gemäß §§ 320, 437 Nr. 1, 439 I ist R somit zur Leistungsverweigerung gegenüber H berechtigt.

b) Nacherfüllung fehlgeschlagen, § 359 I 3

Gründet die Einwendung – so wie hier – auf einem Nacherfüllungsverlangen, so kann sie dem Darlehensgeber gem. § 359 I 3 erst entgegenhalten werden, wenn die Nacherfüllung fehlgeschlagen ist, vgl. § 440 S. 2. Dem Fehlschlagen der Nacherfüllung sind allerdings die in § 440 benannten Alternativen gleichzustellen. Angesichts der erfolglosen Nachfristsetzung des R gegenüber H i.S.d. §§ 281 I, 323 I ist der Einwendungsdurchgriff gegenüber S nicht ausgeschlossen.

Ergebnis

Der Anspruch der S gegen den R auf Zahlung der Dezember-Rate aus § 488 I 2 besteht **496**
zwar, ist aber derzeit nicht durchsetzbar.

Aufgabe 2

A. Ansprüche der S gegen R

I. Anspruch der S gegen R auf Rückzahlung des Darlehens aus § 488 I 2

S könnte gegen R einen Anspruch auf Rückzahlung des Darlehens i.H.v. 40.000 € **497**
gemäß § 488 I 2 haben.

2 EuGH NJW 2015, 2237 ff. – Faber. Dieser Ansicht hat sich zwischenzeitlich auch der BGH angeschlossen, siehe BGH NJW 2017, 1093, 1097, so dann auch BGH NJW 2021, 151, 152; NJW 2022, 686, 692.

1. Anspruch entstanden

a) Wirksamer Darlehensvertrag

Zwischen R und S ist vorliegend ein entgeltlicher Allgemein-Verbraucherdarlehensvertrag zustande gekommen, §§ 488 I, 491 II 1 (s.o.). Dieser war zwar zunächst wegen fehlender Widerrufsbelehrung gem. §§ 494 I, 492 II i.V.m. Art. 247 § 12 I Nr. 2b EGBGB formnichtig. Durch die Empfangnahme des Darlehens in Gestalt der Auszahlung an H auf Anweisung des R hin ist jedoch nach § 494 II 1 Heilung der Formnichtigkeit eingetreten.

b) Zur Verfügungstellung des Darlehens, § 488 I 2

Das Darlehen ist dem R zudem auch im Rechtssinne ausgezahlt worden (s.o.), sodass der Anspruch der S gegen R entstanden ist.

2. Anspruch erloschen durch Widerruf gemäß §§ 355 I 1, 495 I

Der Rückzahlungsanspruch der S könnte vorliegend aber infolge des Widerrufs des Darlehenvertrags erloschen sein.

a) Bestehen eines Widerrufsrechts nach § 495

Nach § 495 I steht dem Darlehensnehmer bei einem Verbraucherdarlehensvertrag ein Widerrufsrecht nach § 355 zu. Keine der Ausnahmen nach § 495 II ist einschlägig.

b) Ausübung des Widerrufsrechts

Nach § 355 I erfolgt der Widerruf durch form- und begründungsfreie empfangsbedürftige Erklärung gegenüber dem Unternehmer. Laut Sachverhalt hat R gegenüber S am 31.12. den Widerruf des Darlehensvertrags erklärt. Der Widerruf müsste zudem fristgerecht erklärt worden sein. Nach § 355 II beginnt die 14-tägige Widerrufsfrist mit Vertragsschluss, nicht jedoch, bevor der Verbraucher über sein Widerrufsrecht belehrt worden ist, § 356b II 1. Vorliegend wurde die Widerrufsfrist aufgrund der fehlerhaften Widerrufsbelehrung (s.o.) überhaupt nicht in Gang gesetzt. Eine absolute Ausschlussfrist für die Ausübung des Widerrufsrechts sieht das Gesetz nur für Immobiliar-Verbraucherdarlehen in § 356b II 4 vor. Der Vertrag zwischen R und S ist jedoch ein Allgemein-Verbraucherdarlehensvertrag, sodass dem R der Widerruf noch möglich war.

Ergebnis

498 Der Rückzahlungsanspruch der S gegen R i.H.v. 40.000 € aus § 488 I 2 ist infolge wirksamen Widerrufs erloschen.

Hinweis: Ein Widerrufsrecht nach § 312g I besteht nicht. Zwar ist der Darlehensvertrag im Fernabsatz geschlossen worden; doch kommt hier gem. § 312g III nur das Widerrufsrecht gem. § 495 I zum Tragen.

II. Anspruch auf Darlehensrückgewähr i.H.v. 40.000 € gem. §§ 355 III 1, 357b I

Der Rückzahlungsanspruch der S könnte allerdings aus §§ 355 III 1, 357b I folgen. **499**

1. Anspruch entstanden

Infolge des wirksamen Widerrufs des Darlehensvertrags (s.o.) ist R gem. §§ 355 III 1, 357b I zur Rückgewähr des empfangenen Darlehensbetrags i.H.v. 40.000 € verpflichtet.

2. Anspruch erloschen durch Saldierung mit Gegenanspruch des R

Dieser Anspruch könnte indes durch Saldierung (automatische Verrechnung) mit dem Anspruch des R auf Rückerstattung des Kaufpreises aus dem Vertrag mit H erloschen sein.

a) Anspruch des R auf Rückzahlung des Kaufpreises aus § 355 III 1

Wie bereits erörtert, handelt es sich bei Kauf- und Darlehensvertrag um zwei verbundene Verträge i.S.v. § 358 III 1. Nach § 358 II erstreckt sich der Widerruf des Darlehensvertrags daher auch auf den Kaufvertrag mit H. R hätte folglich grundsätzlich einen Anspruch auf Rückzahlung des Kaufpreises gegen H gemäß § 355 III 1.

b) Eintritt der S-Bank in die Rechte und Pflichten des H nach § 358 IV 5

Allerdings könnte die S nach § 358 IV 5 in die Rechte und Pflichten des H aus dem Rückabwicklungsschuldverhältnis eingetreten sein. Erforderlich ist insofern, dass das Darlehen dem H als Unternehmer des verbundenen Vertrags im Zeitpunkt des Wirksamwerdens des Widerrufs bereits zugeflossen ist. Laut Sachverhalt wurde der Darlehensbetrag unmittelbar an H ausbezahlt. Folglich richtet sich der Anspruch des R auf Rückzahlung des Kaufpreises gegen S.

c) Erlöschen des Anspruchs durch Saldierung

Stehen sich der Anspruch auf Rückgewähr des Kaufpreises und auf Rückzahlung des Darlehens aufgrund des Eintritts des Darlehensgebers in das Rückabwicklungsschulverhältnis nach § 358 IV 5 gegenüber, so sind die gegenseitigen Ansprüche unmittelbar miteinander zu verrechnen. Denn Ziel des § 358 IV 5 ist es, den Verbraucher nicht besser und nicht schlechter zu stellen, als den Käufer bei einem Teilzahlungsgeschäft. Der Anspruch der S gegen R auf Rückzahlung des Darlehens i.H.v. 40.000 € ist somit mit dem Anspruch des R auf Rückerstattung des Kaufpreises i.H.v. 60.000 € zu verrechnen.[3]

Ergebnis

Der Anspruch der S gegen R aus §§ 355 III 1, 357b I ist deshalb erloschen. **500**

III. Anspruch der S gegen R auf Zinszahlung nach § 357b III 1

Infolge des wirksamen Widerrufs des Darlehensvertrags hat S gegen R einen Anspruch **501**
auf Zinszahlung in Höhe des Sollzinses zwischen Auszahlung und Rückzahlung der Valuta gemäß § 357b III 1. Da der Anspruch auf Darlehensrückzahlung hier durch Sal-

3 BGH, NJW 2016, 2118 m.w.N.

dierung erloschen ist, ist auf den Zeitraum zwischen Auszahlung des Darlehens und Widerruf abzustellen (denn der Widerruf hatte das Erlöschen des Rückzahlungsanspruchs zur Folge). Die Berechnung des angefallenen Zinsbetrags war laut Bearbeitungsvermerk erlassen.

IV. Anspruch der S gegen R auf Rückgabe des Fahrzeugs aus §§ 355 III, 358 IV 5

502 R ist ferner nach §§ 358 IV 1, 355 III 1 verpflichtet, das Fahrzeug an S herauszugeben. Der Widerruf des Darlehensvertrags erstreckt sich nach § 358 II auch auf den Kaufvertrag, und nach § 358 IV 5 ist S in die Rechte und Pflichten des H aus dem Kaufvertrag eingetreten. Folglich schuldet R der S die Rückgewähr des Fahrzeugs.

V. Anspruch der S gegen R auf Wertersatz aus §§ 358 IV 1, 5, 357a I

503 Schließlich kommt ein Anspruch der S gegen R auf Wertersatz für den nutzungsbedingten Wertverlust des Fahrzeugs nach §§ 358 IV 1, 5, 357a I in Betracht. Denn nach § 358 IV 1 ist auf die Rückabwicklung des verbundenen Vertrags unabhängig von der Vertriebsform die nach Art des Vertrags passende Rückabwicklungsnorm entsprechend anzuwenden, d.h. bei dem hier vorliegenden Verbrauchsgüterkaufvertrag die Bestimmung des § 357a I Nr. 1. R hätte Wertersatz für den durch die Fahrzeugnutzung eingetretenen Wertverlust zu leisten, wenn dieser Wertverlust auf einen über die Prüfung hinausgehenden Umgang mit der Ware zurückzuführen wäre und er nach Art. 246a § 1 II 1 Nr. 1 EGBGB über sein Widerrufsrecht informiert wurde. Das erste Kriterium wirft keine Probleme auf, denn R hat das Fahrzeug fünf Monate lang gefahren, d.h. deutlich länger, als dies für eine Prüfung erforderlich gewesen wäre.

Auslegungsfragen ergeben sich hingegen beim zweiten Kriterium, denn die Bezugnahme auf Art. 246a § 1 II 1 Nr. 1 EGBGB in § 357a I Nr. 1 ergibt in Fällen, in denen § 357a über die Verweisung in § 358 IV 1 Anwendung findet, keinen Sinn. Da R vorliegend kein Widerrufsrecht aus § 312g zustand, bestand weder für H noch für S ein Anlass für eine Belehrung nach Art. 246a § 1 II 1 Nr. 1 EGBGB. Bei verbundenen Verträgen ist die „entsprechende“ Anwendung des § 357a I Nr. 2 deshalb lediglich als Verweis auf die Wertersatzpflicht nach §§ 358 IV, 357a I zu verstehen.[4] Da R nicht auf die Rechtsfolgen des § 358 hingewiesen wurde, ist diese Voraussetzung nicht erfüllt. Mangels der nach §§ 358 IV 1, 357a I Nr. 2 erforderlichen Belehrung scheidet ein Anspruch der S gegen R auf Wertersatz aus.

B. Ansprüche des R gegen S

I. Anspruch des R gegen S auf Rückerstattung bereits geleisteter Tilgung i.H.v. 4.250 € aus § 355 III 1

504 Infolge des wirksamen Widerrufs des Darlehensvertrags hat R gegen S nach § 355 III 1 einen Anspruch auf Rückerstattung der bereits geleisteten Darlehensraten von Juli bis November, d.h. in Höhe von fünf Monatsraten à 850 €.

---

4 BGH BKR 2021, 100 Rn. 31.

II. Anspruch auf Rückzahlung des Kaufpreises i.H.v. 60.000 €, §§ 355 III, 358 IV 5

Da sich der Widerruf des Darlehensvertrags auch auf den Kaufvertrag erstreckt und S nach § 358 IV 5 in die Rechte und Pflichten des H aus dem finanzierten Vertrag eingetreten ist, kann R von S die Rückzahlung des Kaufpreises i.H.v. 60.000 € gemäß §§ 355 III 1, 358 IV 5 verlangen. **505**

Dieser Anspruch ist allerdings durch Saldierung i.H.v. 40.000 € (plus den Zinsbetrag nach § 357b III) erloschen (hierzu bereits oben). Der Rückzahlungsanspruch der S beläuft sich somit auf 20.000 €, abzüglich des Zinsanspruchs der Bank aus § 357b III. Zu beachten gilt es insofern, dass S die Rückzahlung bis zur Rückgabe des Fahrzeugs verweigern kann, §§ 358 IV 1, 357 IV 1.

Hinweis: Die gegenseitigen Ansprüche zwischen R und S aus §§ 355 III, 357b werden nur saldiert, soweit § 358 IV 5 eingreift. Hinsichtlich der übrigen Ansprüche hätten aber sowohl S als auch R die Möglichkeit, die Aufrechnung zu erklären.

Ergebnis

R kann von S Rückerstattung der an H geleisteten Anzahlung i.H.v. 20.000 € verlangen.

Anhang I

Prüfungsschemata

A. AGB-Kontrolle

Die Notwendigkeit einer AGB-Kontrolle ergibt sich in der Klausur meist inzident, z.B. im Hinblick auf die Frage, welcher Maßstab des Vertretenmüssens anzulegen ist. Oftmals liegt der Schwerpunkt der Prüfung bei der Inhaltskontrolle nach §§ 307–309, so dass die Voraussetzungen der §§ 305, 310 III bzw. das Nichtvorliegen der Voraussetzungen der §§ 305a–305c, 310 I, II, IV nur kurz festzustellen sind. Die im folgenden Schema kursiv gedruckten Aspekte sollten in der Klausur mitbedacht, aber nur dann erwähnt werden, wenn sie tatsächlich zum Tragen kommen. 506

I. Anwendungsbereich der §§ 305 ff.

1. Gesetzliche Regelung ist dispositiv
   - *bei zwingenden Normen keine AGB-Kontrolle erforderlich*

2. Kein Ausschluss nach § 310 IV 1

3. Vorliegen Allgemeiner Geschäftsbedingungen, § 305 I 1
   a) Vertragsbedingung
   b) Für eine Vielzahl von Verträgen vorformuliert
      - mindestens dreifache Verwendung durch Verfasser beabsichtigt
      - *beachte § 310 III Nr. 2 im B2C-Verhältnis*
   c) Vom Verwender gestellt
      - einseitiges Auferlegen durch eine Vertragspartei
      - *beachte § 310 II Nr. 1 im B2C-Verhältnis*
   d) Kein Aushandeln im Einzelfall, § 305 I 3

II. Einbeziehung der AGB in den Vertrag

1. Einbeziehung von AGB gegenüber Unternehmern nach §§ 145 ff., 305c I (§ 310 I 1)
2. Einbeziehung von AGB gegenüber Verbrauchern, §§ 305 II, 305c I
   a) ausdrücklicher Hinweis
      - entbehrlich bei Formularverträgen
      - bei unverhältnismäßigen Schwierigkeiten: deutlich sichtbarer Aushang
   b) Zumutbare Möglichkeit der Kenntnisnahme
   c) Einverständnis der Gegenseite (konkludent mit Vertragsschluss)
   d) Keine Ausnahme nach §§ 305a, 310 IV 2
   e) Keine überraschende Klausel, § 305c I
      - objektiv ungewöhnlich und subjektiv überraschend

III. Vorrang der Individualabrede, § 305b
- bei Kollision zwischen einer AGB und einer Individualabrede

IV. Inhaltskontrolle

1. Keine Kontrolle deklaratorischer Klauseln oder der *essentialia negotii*, § 307 III
   - Ausnahme: Verstoß gegen das Transparenzgebot, § 307 I 2
   - Beachte zudem: Kontrolle von Preisnebenabreden / Leistungsnebenabreden (+)

2. Auslegung zu Lasten des Verwenders, § 305c II
   - Grundsatz der objektiven Auslegung
   - bei mehreren Auslegungsalternativen: Klausel ist unwirksam, wenn eine Auslegungsvariante zur Nichtigkeit der Klausel führt
   - halten alle Auslegungsvarianten der Inhaltskontrolle stand, ist die kundenfreundlichste Auslegung heranzuziehen.
3. Klauselverbote ohne Wertungsmöglichkeit, § 309
4. Klauselverbote mit Wertungsmöglichkeit, § 308
5. Generalklausel, § 307
   a) Unvereinbarkeit mit wesentlichen Grundgedanken d. gesetzl. Regelung, § 307 II Nr. 1
   b) Gefährdung des Vertragszwecks, § 307 II Nr. 2
   c) unangemessene Benachteiligung, § 307 I 1
   d) Verletzung des Transparenzgebots, § 307 I 2

V. Rechtsfolgen
1. Klausel ist unwirksam, § 306 I
   - Verbot der geltungserhaltenden Reduktion
   - Ausnahme *blue-pencil*-Test: unwirksamer Teil kann „gestrichen" werden, wenn die Klausel sprachlich und sachlich teilbar ist
2. Vertrag bleibt im Übrigen wirksam, § 306 I HS 1
3. Lückenschließung
   - nach den gesetzlichen Regelungen, § 306 II
   - hilfsweise durch ergänzende Vertragsauslegung
4. Härtefallklausel, § 306 III

B. Widerrufrecht bei besonderen Vertriebsformen (§ 312g)

507 Das Widerrufsrecht aus §§ 312g, 355 ist regelmäßig inzident als rechtsvernichtende Einrede zu prüfen. Widerruft ein Verbraucher z.B. die auf einen Kaufvertrag gerichtete Willenserklärung, und verlangt der Verkäufer dennoch Kaufpreiszahlung aus § 355 II, so ist zu prüfen: (1) Anspruch nach § 433 II entstanden, (2) Anspruch erloschen durch Widerruf. Der wirksame Widerruf kann aber auch eine Tatbestandsvoraussetzung sein, nämlich wenn die Rechtsfolgen des Widerrufs zu prüfen sind (z.B. der Anspruch auf Rückerstattung aus § 355 III 1 oder der Anspruch des Unternehmers auf Wertersatz aus §§ 357a ff.).

I. Existenz eines Widerrufsrechts
1. Anwendungsvoraussetzungen gemäß § 312
   a) Verbrauchervertrag, §§ 312 I, 310 III
      - Vertrag zwischen einem Verbraucher und einem Unternehmer, §§ 13, 14
   b) Vertrag, der den Verbraucher zur Zahlung eines Preises verpflichtet, § 312 I
      - jedenfalls bei AGV weite Auslegung geboten (im Einzelnen str.): auch Beteiligung an einer Gesellschaft, Schuldbeitritt
      - auch Bereitstellung personenbezogener Daten, § 312 I a
   c) Keine Ausnahme nach § 312 II bis VIII

2. AGV **oder** Fernabsatzvertrag
   a) außerhalb von Geschäftsräumen geschlossener Vertrag, § 312b I
   – Vertrag unter gleichzeitiger Anwesenheit des Verbrauchers und des Unternehmers außerhalb von Geschäftsräumen des Unternehmers, § 312b I Nr. 1
   – ausreichend: bindendes Angebot durch den Verbraucher, § 312b I Nr. 2
   – gleichgestellt: Hereinlocken, § 312b I Nr. 3
   – gleichgestellt: vom Unternehmer organisierte Ausflüge, § 312b I Nr. 4
   – zum Begriff des Geschäftsraums siehe § 312b II
   b) alternativ: Fernabsatzvertrag, § 312c I
   – ausschließliche Verwendung von Fernkommunikationsmitteln i.S.d. § 312c II
   – Ausnahme: Vertragsschluss erfolgt nicht im Rahmen eines für den Fernabsatz organisierten Vertriebs- oder Dienstleistungssystems
3. Kein Ausschluss des Widerrufsrechts nach § 312g II

II. Wirksame Ausübung des Widerrufsrechts
1. Empfangsbedürftige Willenserklärung gegenüber dem Unternehmer (§ 355 I 2)
   – Form- und begründungsfrei, aber eindeutig (§ 355 I 3, 4)
2. Fristgerecht
   a) Fristdauer: 14 Tage
   b) Fristbeginn: mit Vertragsschluss (§ 355 II), aber nicht vor ordnungsgemäßer Widerrufsbelehrung gem. § 312d i.V.m. § 246a § 1 II 1 Nr. 1 EGBGB (§ 356 III 1) sowie nicht vor Erhalt der Ware beim Verbrauchsgüterkauf (§ 356 II)
   c) Zur Fristwahrung genügt rechtzeitige Absendung, § 355 I 5
3. Widerrufsrecht noch nicht erloschen
   – bei Dienstleistungen / Verträgen über digitale Inhalte: § 356 IV, V
4. Absolute Ausschlussfrist nicht verstrichen, § 356 III 2
   – keine Ausschlussfrist bei Finanzdienstleistungen, § 356 III 3

III. Rechtsfolgen
1. Erlöschen primärer Leistungspflichten, § 355 I 1
2. Pflicht zur Rückgewähr der empfangenen Leistungen
   – grds. einschließlich der Hinsendekosten, §§ 355 III 1, 357 I, II
3. Rücksendepflicht des Verbrauchers
   – beachte Ausnahmen in §§ 357 VI, VII
4. Zurückbehaltungsrecht des Unternehmers gemäß § 357 IV
5. Rücksendung auf Kosten des Verbrauchers und auf Gefahr des Unternehmers, §§ 357 V, 355 III 4
   – sofern vorvertragliche Information über Kostentragungspflicht
6. Wertersatz für Wertverlust der Ware, § 357a I
   – erforderlich: ordnungsgemäße Widerrufsbelehrung, § 357a I Nr. 2
   – keine Wertersatzpflicht, wenn nur Prüfung der Ware erfolgt ist, § 357a I Nr. 1
7. Wertersatz für erbrachte Dienstleistungen, § 357a II
   – unter den in § 357a II genannten Voraussetzungen
   – beachte vorzeitiges Erlöschen des Widerrufsrechts im Falle des § 356 IV!

C. Verträge über digitale Inhalte

Kernstück der Regelungen über digitale Inhalte sind die Bestimmungen zu den Rechtsbehelfen der Verbraucher im Falle einer mangelhaften Leistung. In der Praxis dürfte vor allem die Vertragsbeendigung von Bedeutung sein. Das folgende Schema verdeutlicht die Prüfung eines Rückerstattungsanspruchs nach Vertragsbeendigung. Für andere **508**

Rechtsbehelfe ist das Schema entsprechend zu modifizieren: Der Nacherfüllungsanspruch nach §§ 327i Nr. 1, 327l setzt lediglich einen Mangel des digitalen Produkts voraus. Für die Minderung nach §§ 327i Nr. 2 Alt. 2, 327n müssen grundsätzlich die Voraussetzungen der Vertragsbeendigung gegeben sein, sie ist allerdings auch möglich, wenn ein unerheblicher Mangel vorliegt. Für Schadensersatzansprüche bedarf es nach §§ 327i Nr. 3, 280, 327m III des Vertretenmüssens.

Anspruch der Verbraucherin auf Rückerstattung des gezahlten Preises aus § 327o II 1

I. Anwendbarkeit der §§ 327 ff. gemäß § 327 I

1. **Verbrauchervertrag i.S.d. § 310 III**
   a) Verbraucher i.S.d. § 13
   b) Unternehmer i.S.d. § 14
2. **Zahlen eines Preises durch den Verbraucher**
   – alternativ: „Zahlen mit Daten" gemäß §§ 327 III, 312 Ia 2
   (dann freilich kein Anspruch auf Rückerstattung des gezahlten Preises)
3. **Vertragsgegenstand: Bereitstellung eines digitalen Produkts durch Unternehmer**
   a) Digitaler Inhalt, § 327 II 1
   b) Digitale Dienstleistung, § 327 II 2
4. **Paketverträge und Sachen mit enthaltenen oder verbundenen digitalen Produkten, § 327a I, II:**
   – Anwendung der §§ 327 ff. nur auf digitale Vertragsbestandteile
5. **Kaufverträge:**
   a) Lediglich digitales Produkt: § 453 I 2, 3
   b) körperlicher Datenträger, der ausschließlich als Träger digitaler Inhalte dient: § 475a I
   c) Digitales Produkt, das in einer Kaufsache enthalten oder mit ihr verbunden ist, sofern Sachfunktionen auch ohne das digitalen Produkt erfüllbar: §§ 475a II, 327a II; hier ist eine Abgrenzung zu § 327a III erforderlich

II. Recht zur Vertragsbeendigung gemäß § 327m

1. **Mangel i.S.d. §§ 327e, 327g**
   a) Subjektive Anforderungen, § 327e II
   b) Objektive Anforderungen, § 327e III
      – insbesondere: Aktualisierungen nach Maßgabe der §§ 327e III 1 Nr. 5, 327f
   c) Anforderungen an die Integration, § 327e IV
   d) Nutzbarkeit, ohne Rechte Dritter zu verletzen, § 327g
2. **Maßgeblicher Zeitpunkt**
   a) Bereitstellungszeitpunkt: §§ 327e I 2, 327b
   b) Bei fortlaufender Bereitstellung: während des vereinbarten Zeitraums, § 327e I 3
   c) Bei punktueller Bereitstellung: Aktualisierungspflicht für einen vernünftig erwartbaren Zeitraum, § 327f I 3 Nr. 2
   d) Vermutungsregel des § 327k
3. **Vertragsbeendigungsgrund i.S.d. § 327m I**
4. **Kein Ausschluss der Vertragsbeendigung wegen unerheblichem Mangel, § 327m II**

III. Erklärung der Vertragsbeendigung gemäß § 327o I

IV. Auswirkung auf andere Vertragsbestandteile

1. Paketvertrag:

– Rücktritt oder Kündigung bzgl. anderer Vertragsbestandteile zulässig, sofern Interessenfortfall aufgrund des mangelhaften digitalen Produkts, § 327m IV

2. Sache mit enthaltenem oder verbundenen nicht funktionswesentlichen digitalen Produkt:

– Rücktritt oder Kündigung bzgl. Sachbestandteil des Vertrags zulässig, wenn sich die Sache nicht zur gewöhnlichen Verwendung eignet, § 327m V

D. Verbraucherdarlehensrecht

Im Verbraucherdarlehensrecht stellt sich regelmäßig die Frage, ob ein Anspruch auf Darlehensrückzahlung besteht. Ein solcher Anspruch kann an der Formnichtigkeit des Darlehensvertrags bzw. fehlender vertraglicher Informationen scheitern (selten, wegen Heilung nach § 494 II). Das Fehlen vertraglicher Informationen hat zudem Einfluss auf den Schuldinhalt des Darlehensnehmers nach § 494 II-VI. Oftmals ist inzident als rechtsvernichtende Einrede ein Widerrufsrecht aus §§ 495, 355 zu prüfen, ggf. ergibt sich dieses auch aus einem verbundenen Vertrag. Ist der Anspruch auf Rückzahlung des Darlehens nach § 355 I 1 erloschen, so muss im Anschluss zwingend ein Anspruch auf Rückerstattung des ausbezahlten Darlehens nach § 355 III geprüft werden, ggf. i.V.m. einem Zinsanspruch nach § 357b III. 509

I. Anspruch des Darlehensgebers auf Rückzahlung des Darlehens aus § 488 I 2

1. Anspruch entstanden

a) Wirksamer Darlehensvertrag gemäß § 488 I

aa) Vertragsschluss

bb) Ggf. Nichtigkeit wegen Sittenwidrigkeit nach § 138 I, II (Wucher)

cc) Weitere Wirksamkeitsvoraussetzungen des **Verbraucherkreditrechts**

(1) Anwendbarkeit der §§ 491 ff.

– Entgeltlicher Darlehensvertrag, § 491 II, III
– Unternehmer (§ 14) als Darlehensgeber
– Verbraucher (§ 13) als Darlehensnehmer
– keine Ausnahme nach § 491 II, III (unterschiedliche Ausnahmen für Allgemein- und Immobiliar-Verbraucherdarlehensvertrag!)

(2) rechtshindernde Einwendung der Formnichtigkeit, § 494 I

– modifizierte Schriftform nach §§ 492 I, 126
– i.d.R. Heilung des Formmangels nach § 494 II 1

(3) rechtshindernde Einwendung der fehlenden Information nach § 494 I

– § 492 II i.V.m. Art. 247 §§ 6 und 10-13 EGBGB
– i.d.R. Heilung nach § 494 II 1

b) Darlehen zur Verfügung gestellt

2. Anspruch erloschen durch Widerruf

a) Widerrufsrecht nach §§ 495, 355 I

aa) Bestehen eines Widerrufsrechts (keine Ausnahme nach § 495 II)

bb) Widerrufserklärung gegenüber dem Unternehmer

– empfangsbedürftig, eindeutig, formfrei, § 355 I 2-5

cc) Innerhalb der Widerrufsfrist
- Fristbeginn bei Allgemein-Verbraucherdarlehen: §§ 355 II 2, 356b I, II 1, III
- Fristbeginn bei Immobiliar-Verbraucherdarlehen: §§ 355 II 2, 356b I, II 2
- Fristlänge: 14 Tage (§ 355 II 1) bzw. ein Monat (§ 356b II 3)

dd) Absolute Ausschlussfrist nicht verstrichen
- Immobiliar-Verbraucherdarlehen: zwölf Monate und 14 Tage nach Vertragsschluss oder Erhalt der Vertragsurkunde bzw. eines Äquivalents, § 356b II 4
- Allgemein-Verbraucherdarlehen: keine absolute Ausschlussfrist

b) alternativ zu § 495: Erstreckung des Widerrufs nach § 358 I

aa) Verbundene Verträge i.S.d. § 358 III
- Darlehen dient der Finanzierung eines anderen Vertrags
- Wirtschaftliche Einheit (beachte Regelbeispiele in § 358 III 2)

bb) Wirksamer Widerruf des finanzierten Vertrags (insbes. aus § 312g I)

3. Anspruch fällig und durchsetzbar

a) Fälligkeit
- zum vertraglich vereinbarten Zeitpunkt
- durch Kündigung (bei Kündigung wegen Zahlungsverzugs beachte § 498)

b) Durchsetzbarkeit
- ggf. Einrede aus § 359, sofern eine Einwendung aus einem verbundenen Vertrag besteht

II. Anspruch des Darlehensgebers auf Rückzahlung des Darlehens aus § 355 III 1

1. Anspruch entstanden
- Wirksame Ausübung eines bestehenden Widerrufsrechts (siehe oben unter I.2.)

2. Anspruch erloschen

a) Z.B. durch Erfüllung oder Aufrechnung

b) Bei verbundenen Verträgen ggf. durch Saldierung, siehe § 358 IV 5
- Vorliegen eines verbundenen Vertrags i.S.d. § 358 III
- Darlehen ist dem Unternehmer des verbundenen Vertrags bereits zugeflossen
- Rechtsfolge: Verrechnung des Rückforderungsanspruchs des Darlehensgebers mit dem Rückzahlungsanspruch des Darlehensnehmers aus dem finanzierten Vertrag

3. Anspruch fällig und durchsetzbar
- Fälligkeit nach § 271 I
- § 357b I hat Bedeutung für § 286 II Nr. 2

III. Weitere Rechtsfolgen des Widerrufs

1. Anspruch des Darlehensgebers auf Zahlung von Zinsen gemäß § 357b III
   - vereinbarter Sollzins zwischen Auszahlung und Rückzahlung des Darlehens
2. Anspruch des Darlehensnehmers auf Rückerstattung nach § 355 III 1
   - bei verbundenen Verträgen: Rückerstattungsanspruch nach § 358 IV 5 (einschließlich evtl. Anzahlung an den Unternehmer, Saldierung ex lege)

Anhang II

Glossar

Abhilfeklage: Form der Verbandsklage, die in der Bündelung von Ansprüchen und 510
Rechtsverhältnissen mehrerer Verbraucher in einem einheitlichen Verfahren besteht. Mit der Abhilfeklage begehrt die klageberechtigte Stelle (zumeist ein Verbraucherverband) die Verurteilung des Unternehmens zu einer Leistung an die betroffenen Verbraucherinnen, § 14 VDuG

AGB: alle für eine Vielzahl von Verträgen vorformulierten Vertragsbedingungen, die eine Vertragspartei der anderen bei Abschluss eines Vertrages stellt (§ 305 I 1), es sei denn, die Bedingungen sind im Einzelnen ausgehandelt worden

Allgemein-Verbraucherdarlehensvertrag: entgeltlicher Darlehensvertrag zwischen einem Unternehmer als Darlehensgeber und einem Verbraucher als Darlehensnehmer, der keinen Immobiliar-Verbraucherdarlehensvertrag darstellt, § 491 II

Aushandeln: im Einzelnen ausgehandelt ist eine Klausel, wenn sie ernsthaft zur Disposition gestellt wurde

außerhalb von Geschäftsräumen geschlossener Vertrag: Verbrauchervertrag, der die Zahlung eines Preises durch den Verbraucher beinhaltet und bei gleichzeitiger körperlicher Anwesenheit von Verbraucher und Unternehmer an einem Ort geschlossen wird, der kein Geschäftsraum des Unternehmers ist, §§ 312, 312b Nr. 1 oder eine der Alternativen in § 312b Nr. 2–4

blue pencil-Test: teilweise Aufrechterhaltung einer AGB-Klausel, wenn sich die Klausel nach ihrem Wortlaut verständlich und sachlich sinnvoll in einen zulässigen und einen unzulässigen Regelungsteil trennen lässt

Button-Lösung: besondere Anforderung an den Vertragsschluss im elektronischen Geschäftsverkehr zwischen Unternehmer und Verbraucher nach § 312j III

Dienstleistung i.S.d. Unionsrechts: Erbringung einer Tätigkeit gegen Entgelt

Digitale Dienstleistung: siehe die Legaldefinition in § 327 II 2 (= Unterfall eines digitalen Produkts i.S.d. § 327 I), bspw. die Bereitstellung eines Zugangs zu einem Online-Game (§ 327 II 2 Nr. 1) oder zu einem sozialen Netzwerk (§ 327 II 2 Nr. 2)

Digitaler Inhalt: siehe die Legaldefinition in § 327 II 1 (= Unterfall eines digitalen Produkts i.S.d. § 327 I), bspw. eine per Download gelieferte Musikdatei oder App

Einwendungsdurchgriff: Recht des Verbrauchers, die Darlehensrückzahlung aufgrund einer Einwendung aus einem verbundenen Vertrag zu verweigern, § 359

Existenzgründer: natürliche Person, die ein Rechtsgeschäft zum Zweck der Aufnahme einer gewerblichen oder selbstständigen beruflichen Tätigkeit abschließt

Fernabsatzvertrag: Verbrauchervertrag, der den Verbraucher zur Zahlung eines Preises verpflichtet und der ausschließlich über Fernkommunikationsmittel verhandelt und geschlossen wird, es sei denn, dass der Vertragsschluss nicht im Rahmen eines für den Fernabsatz organisierten Vertriebs- oder Dienstleistungssystems erfolgt, §§ 312, 312c

Fernabsatzvertriebssystem: ein für den Fernabsatz organisiertes Vertriebs- oder Dienstleistungssystems besteht, wenn ein Unternehmer in seinem Betrieb die erforderlichen personellen, sachlichen und organisatorischen Voraussetzungen geschaffen hat, um regelmäßig Geschäfte im Fernabsatz zu bewältigen

geltungserhaltende Reduktion: Aufrechterhaltung einer nach §§ 307 ff. unwirksamen Klausel mit ihrem gesetzlich gerade noch zulässigen Inhalt. Eine geltungserhaltende Reduktion ist grds. unzulässig, siehe aber → blue pencil test

halbzwingende Regelung: Regelung, von der nur zu Gunsten des Verbrauchers abgewichen werden darf

Immobiliar-Verbraucherdarlehensvertrag: entgeltlicher Darlehensvertrag zwischen einem Unternehmer als Darlehensgeber und einem Verbraucher als Darlehensnehmer, der durch ein Grundpfandrecht besichert ist oder dem Erwerb eines Grundstücks dient, § 491 III

Kardinalpflichten: wesentliche Pflichten (ggf. auch Nebenpflichten), deren Erfüllung die ordnungsgemäße Durchführung des Vertrages überhaupt erst ermöglicht und auf deren Einhaltung der Vertragspartner daher vertraut

Kündigungsbutton: gut lesbare und eindeutige Schaltfläche auf einer Webseite oder App, über die der Verbraucher per Klick eine ordentliche oder außerordentliche Kündigung vornehmen kann (§ 312k II)

Musterfeststellungsklage: Form der Verbandsklage, mittels derer das Bestehen der Ansprüche mehrerer Verbraucherinnen gegenüber Unternehmen gerichtlich festgestellt werden kann, s. §§ 41 f. VDuG

objektive Auslegung: Auslegung aus der typischen Sicht eines durchschnittlichen, verständigen Vertragspartners des AGB-Verwenders

Paketvertrag: Vertrag, der sowohl die Bereitstellung eines digitalen Produkts als auch die Bereitstellung anderer Sachen oder Dienstleistungen zum Inhalt hat, z.B. Kaufvertrag über einen Smart-TV mit Streaming-Abo (siehe Legaldefinition in § 327a I)

Preisnebenabrede: ergänzende Vereinbarung, die den Preis näher ausgestaltet, verändert oder einschränkt. Preisnebenabreden unterliegen anders als die Preisabrede der Inhaltskontrolle nach §§ 307 ff.

richtlinienkonforme Auslegung: Auslegung des nationalen Rechts im Lichte der zugrundeliegenden Richtlinie. Die nationalen Gerichte sind verpflichtet, ihren nationalen Methodenkanon voll auszuschöpfen, um eine richtlinienkonforme Auslegung zu ermöglichen.

Stellen: (i.S.d § 305) einseitiges Auferlegen der AGB durch eine Vertragspartei

Teilzahlungsgeschäft: Vertrag über die Lieferung einer bestimmten Sache oder die Erbringung einer bestimmten anderen Leistung, der dem Verbraucher gegen zusätzliches Entgelt einen Zahlungsaufschub gewährt, § 506 III

überraschende Klausel: Bestimmung, die aus der Sicht eines verständigen Durchschnittskunden objektiv derart ungewöhnlich ist, dass der Vertragspartner nicht mit ihr zu rechnen braucht und daher auch subjektiv überrascht wird. Das Überraschungsmoment entfällt im Einzelfall, wenn der Verwender auf die betreffende Klausel besonders hinweist

unangemessene Benachteiligung: wenn der Klauselverwender mittels seiner einseitig konzipierten Vertragsgestaltung eigene Interessen auf Kosten seines Vertragspartners in missbräuchlicher Weise durchzusetzen sucht, ohne dessen Belange hinreichend zu berücksichtigen

Unklarheitenregel: Zweifel bei der Auslegung von AGB gehen zu Lasten des Verwenders, § 305c II

Unternehmer: jede natürliche oder juristische Person oder rechtsfähige Personengesellschaft, die bei Abschluss eines Rechtsgeschäfts überwiegend in Ausübung ihrer gewerblichen oder selbständig beruflichen Tätigkeit handelt, § 14

Verbraucher: jede natürliche Person, die ein Rechtsgeschäft zu einem Zweck abschließt, der weder überwiegend ihrer gewerblichen noch ihrer selbständig beruflichen Tätigkeit zugerechnet werden kann, § 13

Verbrauchervertrag: Vertrag zwischen Unternehmer und Verbraucher, § 310 III

Verbrauchsgüterkauf: Vertrag, durch den ein Verbraucher von einem Unternehmer eine bewegliche Sache kauft, auch wenn der Unternehmer daneben die Erbringung einer → Dienstleistung schuldet, § 474 I

verbundene Verträge: ein Darlehensvertrag und ein Vertrag über die Lieferung einer Ware bzw. die Erbringung einer anderen Leistung sind gem. § 358 III 1 verbunden, wenn das Darlehen ganz oder teilweise der Finanzierung des anderen Vertrags dient und beide Verträge eine wirtschaftliche Einheit bilden

Vertragsbedingung: Bestimmung, die den Inhalt des Vertrags oder die Modalitäten des Vertragsschlusses regeln soll

Vielzahl von Verträgen: für eine Vielzahl von Verträgen vorformuliert sind Bedingungen, sofern die Absicht einer mindestens dreimaligen Verwendung besteht

Ware mit digitalen Elementen: Bewegliche Sache, die ein digitales Produkt i.S.d § 327 I enthält oder mit diesem verbunden ist und ihre Funktionen ohne das digitalen Produkte nicht erfüllen kann (s. Legaldefinition in § 327a III 1), z.B. ein Smartphone mit Betriebssystem

Sachregister

Die Zahlen verweisen auf die Randnummern des Buches